DER KORAN
Arabisch-Deutsch

DER KORAN

Arabisch-Deutsch

Übersetzung
und wissenschaftlicher Kommentar
von
Adel Theodor Khoury

Band 7

Gütersloher Verlagshaus

DER KORAN

Arabisch-Deutsch

Übersetzung
und wissenschaftlicher Kommentar
von
Adel Theodor Khoury

Band 7

Sure 7,1–206
Sure 8,1–75
Sure 9,1–129

1996
Gütersloher Verlagshaus

Die Deutsche Bibliothek – CIP-Einheitsaufnahme

Der Koran : arabisch-deutsch / Übers. u. wiss. Kommentar
von Adel Theodor Khoury. – Gütersloh : Gütersloher Verl.-
Haus.
Einheitssacht.: Qur'ān
NE: Khoury, Adel Theodor [Hrsg.]; EST

Bd. 7. Sure 7,1–206; Sure 8,1 – 75; Sure 9,1 – 129. – 1996
ISBN 3-579-00342-9

ISBN 3-579-00342-9

Umschlaggestaltung: Dieter Rehder, Aachen
Gesamtherstellung: ICS Communikations-Service GmbH, Bergisch Gladbach
Printed in Germany

Inhalt

Vorwort . . . 9

Umschrift und Lautwerte arabischer Buchstaben . . . 12

Abkürzungen . . . 13
- Der Koran . . . 13
- Die Bibel . . . 13
- Arabische Kommentare . . . 13
- Koranübersetzungen . . . 13
- Allgemeine Literatur . . . 14
- Jüdische und christliche Literatur . . . 15
  - *Altes Testament* 15 – *Rabbinische Texte* 16 – *Neues Testament* 16
- Allgemeine Abkürzungen . . . 17
- Zeitschriften, Lexika . . . 17

Die Suren des Korans . . . 18

Hinweise für den Leser . . . 21

Wissenschaftlicher Kommentar

Sure 7: Der Bergkamm *(al-Aʿrāf)*, 1–206 . . . 23
- Allgemeine Fragen . . . 25
  - Bezeichnung . . . 25
  - Datierung . . . 25
  - Struktur . . . 26
  - Wichtigste Aussagen . . . 27
  - Vorzüge der Sure 7 . . . 28
- Kommentar . . . 29
- 7,1–9 . . . 30
- 7,10–27 . . . 36
- 7,28–39 . . . 48
- 7,40–58 . . . 62
- 7,59–84 . . . 80
  - *Exkurs:* Uroffenbarung und Rolle der Propheten . . . 89

7,85–102 . . . 102
7,103–141 . . . 116
7,142–158 . . . 134
7,159–171 . . . 154
7,172–176 . . . 166
7,177–186 . . . 172
7,187–206 . . . 180

Sure 8: Die Beute *(al-Anfāl)*, 1–75 . . . 195

Allgemeine Fragen . . . 197
Bezeichnung . . . 197
Datierung . . . 197
Struktur und Inhalt . . . 198
Wichtige Aussagen . . . 198
Kommentar . . . 201
8,1–14 . . . 202
8,15–29 . . . 214
8,30–40 . . . 226
8,41–48 . . . 236
8,49–66 . . . 246
Exkurs: Vertragstreue und Erfüllung getroffener Abmachungen . . . 255
8,67–75 . . . 262

Sure 9: Die Umkehr *(al-Tauba)*, 1–129 . . . 273

Allgemeine Fragen . . . 275
Bezeichnung . . . 275
Datierung . . . 275
Struktur und Inhalt . . . 276
Wichtige Inhalte . . . 277
Eine Besonderheit der Sure 9 . . . 278
Vorzüge der Sure 9 . . . 279
Kommentar . . . 281
9,1–16 . . . 282
9,17–28 . . . 296
9,29–35 . . . 306
Exkurs: Die Rechtsstellung der Juden und der Christen im islamischen Staat . . . 313
9,36–37 . . . 320
9,38–52 . . . 326
9,53–63 . . . 340
9,64–72 . . . 350

9,73–80 360
9,81–90 368
9,91–100 376
9,101–110 386
9,111–119 396
9,120–129 404

Bibliographie 415
Koranstellen 419
Bibelstellen 437
Personen 438

Vorwort

Dieser auf mehrere Bände angelegte Korankommentar ist für Religionswissenschaftler und Theologen sowie für alle bestimmt, die den Islam nicht in erster Linie als ein gesellschaftliches Gebilde und ein politisches System betrachten und die an den Koran nicht vor allem als ein philologisch zu erschließendes Material herangehen.

Der Autor richtet sein Augenmerk über das Philologische, das Gesellschaftliche und das Politische hinaus auf das Religiöse im heiligen Buch des Islam. Das Religiöse, zumal im Islam, umfaßt zwar nicht nur die Aussagen des Glaubens, die Formen der Frömmigkeit und die Normen des sittlichen Handelns, sondern auch die Regeln des gesellschaftlichen Lebens und die Grundlagen der politischen Staatsführung. Es begründet aber all dies und sanktioniert es durch die Berufung auf die Autorität einer unmittelbaren Offenbarung Gottes.

Gerade diese Dimension des Islam als Ergebung in den Willen Gottes und Stehen unter dem Wort des Herrn der Welten erlaubt es, nach der Möglichkeit zu fragen, Verbindungslinien zwischen dem Inhalt des Korans und ähnlichen Aussagen anderer Offenbarungen aufzuzeigen. Gedacht ist hier vornehmlich an die Offenbarungen Gottes im Alten und Neuen Testament. Dies um so mehr, als der Koran selbst sich nicht als ein einmaliges Ereignis in der Geschichte der Menschheit versteht, sondern sich in eine Kontinuität mit der Tora und dem Evangelium und zugleich in ein Spannungsverhältnis zu ihnen stellt. Daher wird in diesem Kommentar nicht ausschließlich das Material rezipiert, das die muslimischen Kommentatoren mit Eifer und Scharfsinn gesammelt haben, sondern es werden, wo es möglich ist und sich anzeigt, die Parallelen aus den heiligen Schriften der Juden und der Christen sowie aus der jüdischen und der christlichen Literatur zitiert oder wenigstens angegeben.

Aber der Koran ist das heilige Buch der Muslime. So ist der Autor vorrangig bemüht, das Verständnis der muslimischen Gelehrten von der Hauptquelle ihrer eigenen Religion zu berücksichtigen. Zunächst werden also die großen islamischen Kommentare herangezogen, und zwar die der klassischen Zeit sowie ausgewählte moderne Werke. Da jedoch bei vielen Stellen die islamische Tradition keine einheitliche Deutung der betreffenden Verse enthält, wird auf die wichtigsten vertretenen Meinungen hingewiesen. Es gibt auch bei der Erklärung mancher Verse bzw. Kleinabschnitte Meinungsverschiedenheiten zwischen der Auslegung, die von Muslimen vertreten wird, und der Deutung, die Islamwissenschaftler ausarbeiten: Hier werden auch die Forschungsergebnisse bzw. Thesen und Hypothesen der westlichen Islamwissenschaft wiedergegeben, insofern sie zu einem besseren Verständnis der Stelle beitragen.

Viele Abschnitte des Korans beinhalten theologische Aussagen über Gott, die Schöpfung, den Menschen in seinem Leben und seinem jenseitigen Los, über die Normen des religiösen Vollzugs und über die Rechtsbestimmungen, die die verschiedenen Bereiche in Familie und Gesellschaft regeln. Was die Gelehrten des Islam aus diesen Stellen an theologischen Lehren und konkreten Gesetzen ausgearbeitet haben, wird durch Hinweise erwähnt oder näher dargestellt.

Es gibt auch Verse des Korans, die die geistlichen Bemühungen der Asketen und Mystiker angeregt, ja gefördert haben und diese Gottsucher zu besonders prägnanten und lehrreichen Äußerungen veranlaßt haben. Solche Äußerungen werden in diesem Kommentar wiedergegeben. Erwähnt werden auch die Stellen, die die religiöse Auseinandersetzung zwischen Christen und Muslimen im Lauf der Jahrhunderte bis in unsere Tage hinein genährt haben. Bei der Behandlung dieser Koranstellen werden die wichtigsten Positionen der beiden Protagonisten angegeben bzw. in der gebotenen Kürze dargelegt.

Dies und alles andere geschieht mit Maß. Denn der vorliegende Kommentar will nicht eine Kompilation aller geäußerten Meinungen und vertretenen Deutungen sein, sondern vor allem ein Gefährte und Wegweiser für Theologen, Religionswissenschaftler und Islamwissenschaftler sowie für die gebildeten Leser, der ihnen allen zu einem genaueren und besseren Verstehen des Korantextes helfen will. Damit soll eine Doppelbewegung der Öffnung in Gang gesetzt und gefördert werden: Öffnung der Christen, der Juden und der anderen Gläubigen auf den Islam und Öffnung der Muslime auf das Christentum und die biblische Tradition allgemein.

Die deutsche Übersetzung, die hier wiederaufgenommen wird, ist die des Autors, die er unter der Mitwirkung von Muhammad Salim Abdullah angefertigt hat und die bereits im Gütersloher Verlagshaus erschienen ist (1987, 2. Auflage 1992), versehen mit einem Geleitwort des früheren Generalsekretärs des Islamischen Weltkongresses, Dr. Inamullah Khan, der das Unternehmen ausdrücklich gutheißt. Es werden hier nur die Druckfehler, die sich eingeschlichen haben, korrigiert. Nur an sehr wenigen Stellen wird die Übersetzung selbst verbessert, und dies, damit die Treue zum arabischen Original noch größer wird.

Gerade weil jede Übersetzung nur eine mögliche Deutung übernimmt, wird hier das arabische Original des Korantextes der Übersetzung gegenübergestellt. Somit haben Muslime, die des Arabischen mächtig sind, sowie Islamwissenschaftler und andere Leser die Möglichkeit, die Qualität und die Richtigkeit der Übersetzung zu überprüfen.

Außerdem wird im Kommentar zu jedem Vers angegeben, ob der Text grammatikalisch und sprachlich sowie aufgrund der islamischen Auslegungstradition selbst andere Deutungs- und Übersetzungsmöglichkeiten zuläßt und welches diese Möglichkeiten konkret sind. Der unbeschwerteren Benutzung des Werkes dienen die Hinweise für den Leser (siehe unten).

Anders als in den ersten vier Bänden dieses Kommentars werden in diesem Band die Angaben zur internen Koran-Konkordanz spärlicher ausfallen, weil sich eine vollständige Konkordanz in Bearbeitung befindet.

Die ersten Bände dieses Korankommentars haben von seiten zahlreicher, namhafter Fachkollegen eine freundliche und überaus positive Aufnahme gefunden. Ich danke all denen, die mir schriftlich oder mündlich ihre zustimmende Beurteilung des Werkes und ihre Ermunterung mitgeteilt und einige nützliche Vorschläge zur praktischen Gestaltung des Textes unterbreitet haben.

Adel Theodor Khoury

Umschrift und Lautwerte arabischer Buchstaben

'	=	Explosionslaut – vor jedem anlautenden Vokal gesprochen
th	=	stimmloses englisches th (thing)
dj	=	stimmhaftes dsch
djj	=	Doppel dj
ḥ	=	scharfes, ganz hinten in der Kehle gesprochenes h
kh	=	ch (wie in: ach)
dh	=	stimmhaftes englisches th (the)
z	=	französisches z
sh	=	sch
ṣ	=	dumpfes stimmloses s
ḍ	=	dumpfes stimmloses d
ṭ	=	dumpfes stimmloses t
ẓ	=	dumpfes englisches th (the)
ʿ	=	gepreßter, in der Kehle gebildeter, stimmhafter Reibelaut
gh	=	Gaumen-r
w	=	englisches w
y	=	englisches y; deutsches j
ā, ī, ū	=	lange Vokale

ء	'	ض	ḍ
ب	b	ط	ṭ
ت	t	ظ	ẓ
ث	th	ع	ʿ
ج	dj (جّـ، جّ djj)	غ	gh
ح	ḥ	ف	f
خ	kh	ق	q
د	d	ك	k
ذ	dh	ل	l
ر	r	م	m
ز	z	ن	n
س	s	هـ	h
ش	sh	و	w
ص	ṣ	ي	y

Abkürzungen

Der Koran

Die arabische Standardausgabe: al-Muṣḥaf al-sharīf, oder: al-Qur'ān al-karīm, Kairo 1344 H/1923.

Es gibt auch verschiedene Ausgaben, deren Text allgemein dieser Standardausgabe entspricht, mit Ausnahme der Hinweise für die Rezitation, welche von einer Ausgabe zur anderen variieren können.

Die Bibel

Sie wird hier nach der Einheitsübersetzung zitiert.

Arabische Kommentare

Bayḍāwī: Nāṣir al-Dīn Abū l-Khayr al-Bayḍāwī: Anwār al-tanzīl wa asrār al-ta'wīl, 2 Bde., Istanbul 1296 H/1889; auch Ausgabe Fleischer, Leipzig 1846–1848.

Ibn Kathīr: Abū l-Fidā' Ismā'īl Ibn Kathīr: Tafsīr al-Qur'ān al-'aẓīm, 4 Bände, Kairo 1408 H/1988.

Manār: Tafsīr al-Qur'ān al-ḥakīm (Tafsīr al-Manār) von Muḥammad 'Abduh/Muḥammad Rashīd Riḍā, 11 Bde., Kairo 1325–1353 H/1907–1934; Neudruck in 12 Bänden, Kairo 1367–1375 H/1948–1956; erneuter Neudruck in 12 Bänden, Beirut o.J.

Rāzī: Fakhr al-Dīn al-Rāzī: Mafātīḥ al-ghayb, 8 Bde., Kairo 1308 H/1891; 16 Bde. (32 Teile), Beirut 1990. (Hier wird nach der Beiruter Ausgabe zitiert.)

Ṭabarī: Djāmi' al-bayān fī tafsīr al-Qur'ān, 30 Teile in 10 Bänden, Kairo 1323–1329 H/1900–1911; neuere Ausgabe unter dem Titel: Djāmi' al-bayān 'an ta'wīl al-Qur'ān, hrsg. von Maḥmūd Shākir/Aḥmad Shākir, 15 Bde. (bis Sure 16), Kairo ab 1374 H/1954.

Ṭabāṭabā'ī: al-Mīzān fī tafsīr al-Qur'ān, 20 Bde., 3. Aufl., Beirut 1393 H/1973 (Shī'it).

Zamakhsharī: Maḥmūd ibn 'Umar al-Zamakhsharī: al-Kashshāf, 4 Bd., 3. Aufl., Beirut 1987 (Mu'tazilit).

Koranübersetzungen

Bell: Richard Bell. The Qur'ān. Translated, with a critical re-arrangement of the Surahs, 2 Bde., Edinburgh 1937/1939.

Blachère: Régis Blachère, Le Coran. Traduction selon un essai de reclassement des Sourates, 2 Bde., Paris 1949/1951.

Paret: Rudi Paret, Der Koran. Übersetzung, Taschenbuchausgabe, 3. Aufl., Stuttgart 1986.

Paret: Rudi Paret, Der Koran. Kommentar und Konkordanz, Taschenbuchausgabe, 3. Aufl., Stuttgart 1986.
Yusuf Ali: Abdallah Yusuf Ali, The glorious Qur'ān. Translation and commentary, 2 Bde., Lahore 1935; Neudruck nach der 3. Aufl. von 1938: Beirut o.J.
In den Bänden des vorliegenden Werkes wird meine Übersetzung gegenüber dem arabischen Original abgedruckt:
Der Koran. Übersetzung von *Adel Theodor Khoury.* Unter Mitwirkung von Muhammad Salim Abdullah, Gütersloher Taschenbücher, Siebenstern 783, Gütersloh 1987, 2. Auflage: 1992.

Allgemeine Literatur

Buhl: Frants Buhl, Das Leben Muhammeds (deutsch von H.H. Schaeder), Leipzig 1930; 3. Aufl., Heidelberg 1961.
EIs²: The Encyclopaedia of Islam, neue Ausgabe, Leiden/London ab 1960.
Geschichte des Qorāns (= GdQ):
Th. Nöldeke/F. Schwally, I. Teil: Über den Ursprung des Qorāns, 2. Aufl., Leipzig 1909; II. Teil: Die Sammlung des Qorāns, 2. Aufl., Leipzig 1919.
Th. Nöldeke/G. Bergsträsser/O. Pretzl, III. Teil: Die Geschichte des Korantexts, 2. Aufl., Leipzig 1938.
Neudruck der drei Teile in einem Band: Hildesheim 1961.
Hirschfeld: H. Hirschfeld, New Researches into the composition and the exegesis of the Qoran, London 1902.
J. Horovitz: Koranische Untersuchungen, Berlin 1926.
Jeffery, Foreign vocabulary: A. Jeffery, The foreign vocabulary of the Qur'ān, Baroda 1938.
Jeffery, Materials: A. Jeffery, Materials for the history of the text of the Qur'ān, Leiden 1937.
Laḥḥām: Sa'īd Muḥammad al-Laḥḥām: Fayḍ al-Raḥīm fī qirā'āt al-Qur'ān al-karīm. Al-qirā'āt al-sab' bi riwāyāt 'idda, Beirut 1995.
Masson: Denise Masson, Le Coran et la révélation judéo-chrétienne, 2 Bde., Paris 1958.
Speyer: H. Speyer, Die biblischen Erzählungen im Qoran, Gräfenhainichen 1931; Neudruck: Hildesheim 1961.
Stieglecker: H. Stieglecker, Die Glaubenslehren des Islam, 2. Aufl., Paderborn 1983.
Watt/Bell: W.M. Watt, Bell's introduction to the Qur'ān, completely revised and enlarged, Edinburgh 1970.
Watt/Welch: W.M. Watt/A.T. Welch, Der Islam I, Stuttgart 1980.

Jüdische und christliche Literatur

Altes Testament

Gen	Genesis	Spr	Sprüche
Ex	Exodus	Koh	Kohelet
Lev	Levitikus	Hld	Hoheslied
Num	Numeri	Weis	Weisheit
Dtn	Deuteronomium	Sir	Jesus Sirach
Jos	Josua	Jes	Jesaja
Ri	Richter	Jer	Jeremia
Rut	Rut	Klgl	Klagelieder
1 Sam	1 Samuel	Bar	Baruch
2 Sam	2 Samuel	Ez	Ezechiel
1 Kön	1 Könige	Dan	Daniel
2 Kön	2 Könige	Hos	Hosea
1 Chr	1 Chronik	Joël	Joël
2 Chr	2 Chronik	Am	Amos
Esra	Esra	Obd	Obadja
Neh	Nehemia	Jona	Jona
Tob	Tobit	Mi	Micha
Jdt	Judit	Nah	Nahum
Est	Ester	Hab	Habakuk
1 Makk	1 Makkabäer	Zef	Zefanja
2 Makk	2 Makkabäer	Hag	Haggai
Ijob	Ijob	Sach	Sacharja
Ps	Psalmen	Mal	Maleachi

Rabbinische Texte

Babylonischer Talmud
Palästinischer Talmud
Mischna
Tosefta

(Die Traktate dieser Werke sind folgende:)

Abot	Joma	Pea
Arakhin	Kelim	Pesachim
Aboda Zara	Ketubbot	Quidduschin
Baba Batra	Kilajim	Quinnim
Bekhorot	Masserot	Rosch ha-Schana
Berakhot	Makkot	Sanhedrin
Betsa	Makhschirin	Schabbat
Bikkurim	Maaser Scheni	Schebiit
Baba Metsia	Megilla	Schebuot
Baba Qamma	Meila	Scheqalim
Chagiga	Menachot	Sota
Challa	Middot	Subka
Chullin	Miqwaot	Taanit
Demai	Moed Qatan	Tamid
Edujot	Nazir	Tebul Jom
Erubin	Nedarim	Temurot
Gittin	Negaim	Terumot
Horajot	Ohalot	Uqtsin
Jadajim	Orla	Zabim
Jebamot	Para	Zebachim

Neues Testament

Mt	Matthäus	1 Tim	1 Timotheus
Mk	Markus	2 Tim	2 Timotheus
Lk	Lukas	Tit	Titus
Joh	Johannes	Phlm	Philemon
Apg	Apostelgeschichte	Hebr	Hebräer
Röm	Brief an die Römer	Jak	Jakobus
1 Kor	1 Korinther	1 Petr	1 Petrus
2 Kor	2 Korinther	2 Petr	2 Petrus
Gal	Galater	1 Joh	1 Johannes
Eph	Epheser	2 Joh	2 Johannes
Phil	Philipper	3 Joh	3 Johannes
Kol	Kolosser	Jud	Judas
1 Thess	1 Thessalonicher	Offb	Offenbarung des Johannes
2 Thess	2 Thessalonicher		

Allgemeine Abkürzungen

a.a.O.	am angegebenen Ort	gest.	gestorben
Anm.	Anmerkung	Hidjra	(islamische Zeitrechnung)
arab.	arabisch	hrsg.	herausgegeben
Art.	Artikel	Hrsg.	Herausgeber
Bd.	Band	Jg.	Jahrgang
Bde.	Bände	Jh.	Jahrhundert/Jhs.
bzgl.	bezüglich	Nr.	Nummer
bzw.	beziehungsweise	N.S.	Neue Serie
ca.	circa	o.J.	ohne Jahr
ders.	derselbe	p.	pagina = Seite
d.h.	das heißt	S.	Seite
dt.	deutsch	s.o.	siehe oben
ebd.	ebenda	sog.	sogenannt
ed.	editiert	s.u.	siehe unten
etc.	et cetera = und so weiter	u.a.	unter anderem; und andere
f.	folgend	u.ö.	und öfter
ff.	folgende	usw.	und so weiter
GdQ	Geschichte des Qorāns:	vgl.	vergleiche
	siehe Nöldeke	vol.	volumen = Band
geb.	geboren	z.B.	zum Beispiel

Zeitschriften, Lexika

EIs²	The Encyclopaedia of Islam, neue Ausgabe, Leiden/London ab 1960.
MW	The Muslim World, Hartford ab 1911 (bis 1947: The Moslem World).
PG	Patrologia Graeca, ed. J.P. Migne, 161 Bde., Paris 1857–1866.
PL	Patrologia Latina, ed. J.P. Migne, 217 Bde., 4 Registerbde., Paris 1878–1890.
ShEIs	Shorter Encyclopaedia of Islam, hrsg. von H.A.R. Gibb/J.H. Kramers, Leiden 1953; Neudruck: Leiden/London 1961.
ZDMG	Zeitschrift der Deutschen Morgenländischen Gesellschaft, Leipzig ab 1847.

Die Suren des Korans

Im Anhang des Kapitels über den Koran befindet sich eine komplette Liste der in der islamischen Literatur gebräuchlichen Bezeichnungen der Suren des Korans. Hier werden nur die üblichen Surennamen wiedergegeben.

Sure 1: Die Eröffnung (al-Fātiḥa), zu Mekka, 7 Verse
Sure 2: Die Kuh (al-Baqara), zu Medina, 286 Verse
Sure 3: Die Sippe ʻImrāns (Āl ʻImrān), zu Medina, 200 Verse
Sure 4: Die Frauen (al-Nisā'), zu Medina, 176 Verse
Sure 5: Der Tisch (al-Mā'ida), zu Medina, 120 Verse
Sure 6: Das Vieh (al-Anʻām), zu Mekka, 165 Verse
Sure 7: Der Bergkamm (al-Aʻrāf), zu Mekka, 206 Verse
Sure 8: Die Beute (al-Anfāl), zu Medina, 75 Verse
Sure 9: Die Umkehr (al-Tauba), zu Medina, 129 Verse
Sure 10: Jonas (Yūnus), zu Mekka, 109 Verse
Sure 11: Hūd, zu Mekka, 123 Verse
Sure 12: Josef (Yūsuf), zu Mekka, 111 Verse
Sure 13: Der Donner (al-Raʻd), zu Medina, 43 Verse
Sure 14: Abraham (Ibrāhīm), zu Mekka, 52 Verse
Sure 15: Ḥidjr (al-Ḥidjr), zu Mekka, 99 Verse
Sure 16: Die Bienen (al-Naḥl), zu Mekka, 128 Verse
Sure 17: Die Nachtreise (al-Isrā') – oder:
Die Kinder Israels (Banī Isrā'īl), zu Mekka, 111 Verse
Sure 18: Die Höhle (al-Kahf), zu Mekka, 110 Verse
Sure 19: Maria (Maryam), zu Mekka, 98 Verse
Sure 20: Ṭā Hā, zu Mekka, 135 Verse
Sure 21: Die Propheten (al-Anbiyā'), zu Mekka, 112 Verse
Sure 22: Die Wallfahrt (al-Ḥadjj), zu Medina, 78 Verse
Sure 23: Die Gläubigen (al-Mu'minūn), zu Mekka, 118 Verse
Sure 24: Das Licht (al-Nūr), zu Medina, 64 Verse
Sure 25: Die Unterscheidungsnorm (al-Furqān), zu Mekka, 77 Verse
Sure 26: Die Dichter (al-Shuʻarā'), zu Mekka, 227 Verse
Sure 27: Die Ameisen (al-Naml), zu Mekka, 93 Verse
Sure 28: Die Geschichte (al-Qaṣaṣ), zu Mekka, 88 Verse
Sure 29: Die Spinne (al-ʻAnkabūt), zu Mekka, 69 Verse
Sure 30: Die Byzantiner (al-Rūm), zu Mekka, 60 Verse
Sure 31: Luqmān, zu Mekka, 34 Verse
Sure 32: Die Anbetung (al-Sadjda), zu Mekka, 30 Verse
Sure 33: Die Parteien (al-Aḥzāb), zu Medina, 73 Verse
Sure 34: Saba', zu Mekka, 54 Verse
Sure 35: Schöpfer (Fāṭir), zu Mekka, 45 Verse
Sure 36: Yā Sīn, zu Mekka, 83 Verse

Sure 37: Die sich reihen (al-Ṣāffāt), zu Mekka, 182 Verse
Sure 38: Ṣād, zu Mekka, 88 Verse
Sure 39: Die Scharen (al-Zumar), zu Mekka, 75 Verse
Sure 40: Der vergibt (Ghāfir) – oder: Der Gläubige (al-Mu'min), zu Mekka, 85 Verse
Sure 41: Im einzelnen dargelegt (Fuṣṣilat) – oder:
Ḥā Mīm Sich niederwerfen (Ḥā Mīm al-Sadjda), zu Mekka, 54 Verse
Sure 42: Die Beratung (al-Shūrā) zu Mekka, 53 Verse
Sure 43: Der Prunk (al-Zukhruf), zu Mekka, 89 Verse
Sure 44: Der Rauch (al-Dukhān), zu Mekka, 59 Verse
Sure 45: Die auf den Knien sitzt (al-Djāthiya), zu Mekka, 37 Verse
Sure 46: Die Dünen (al-Aḥqāf), zu Mekka, 34 Verse
Sure 47: Muḥammad, zu Medina, 38 Verse
Sure 48: Der Erfolg (al-Fatḥ), zu Medina, 29 Verse
Sure 49: Die Gemächer (al-Ḥudjurāt), zu Medina, 18 Verse
Sure 50: Qāf, zu Mekka, 45 Verse
Sure 51: Die aufwirbeln (al-Dhāriyāt), zu Mekka, 60 Verse
Sure 52: Der Berg (al Ṭūr), zu Mekka, 49 Verse
Sure 53: Der Stern (al-Nadjm), zu Mekka, 62 Verse
Sure 54: Der Mond (al-Qamar), zu Mekka, 55 Verse
Sure 55: Der Erbarmer (al-Raḥmān), zu Medina, 78 Verse
Sure 56: Die eintreffen wird (al-Wāqi'a), zu Mekka, 96 Verse
Sure 57: Das Eisen (al-Ḥadīd), zu Medina, 29 Verse
Sure 58: Der Streit (al-Mudjādala), zu Medina, 22 Verse
Sure 59: Die Versammlung (al-Ḥashr), zu Medina, 24 Verse
Sure 60: Die Prüfung (al-Mumtaḥina), zu Medina, 13 Verse
Sure 61: Die Reihe (al-Ṣaff), zu Medina, 14 Verse
Sure 62: Der Freitag (al-Djumu'a), zu Medina, 11 Verse
Sure 63: Die Heuchler (al-Munāfiqūn), zu Medina, 11 Verse
Sure 64: Die Übervorteilung (al-Taghābun), zu Medina, 18 Verse
Sure 65: Die Entlassung (al-Ṭalāq), zu Medina, 12 Verse
Sure 66: Das Verbot (al-Taḥrīm), zu Medina, 12 Verse
Sure 67: Die Königsherrschaft (al-Mulk), zu Mekka, 30 Verse
Sure 68: Das Schreibrohr (al-Qalam), zu Mekka, 52 Verse
Sure 69: Die fällig wird (al-Ḥāqqa), zu Mekka, 52 Verse
Sure 70: Die Himmelsleiter (al-Ma'āridj), zu Mekka, 44 Verse
Sure 71: Noach (Nūḥ), zu Mekka, 28 Verse
Sure 72: Die Djinn (al-Djinn), zu Mekka, 28 Verse
Sure 73: Der sich eingehüllt hat (al-Muzzammil), zu Mekka, 20 Verse
Sure 74: Der sich zugedeckt hat (al-Muddaththir), zu Mekka, 56 Verse
Sure 75: Die Auferstehung (al-Qiyāma), zu Mekka, 40 Verse
Sure 76: Der Mensch (al-Insān) – oder:
Die Zeit (al-Dahr), zu Medina oder zu Mekka, 31 Verse
Sure 77: Die gesandt werden (al-Mursalāt), zu Mekka, 50 Verse
Sure 78: Der Bericht (al-Naba'), zu Mekka, 40 Verse
Sure 79: Die entreißen (al-Nāzi'āt), zu Mekka, 46 Verse

Sure 80: Er runzelte die Stirn (ʿAbasa), zu Mekka, 42 Verse
Sure 81: Umwinden (al-Takwīr), zu Mekka, 29 Verse
Sure 82: Zerbrechen (al-Infiṭār), zu Mekka, 19 Verse
Sure 83: Die das Maß verkürzen (al-Muṭaffifīn), oder:
Das Maß verkürzen (al-Taṭfīf), zu Mekka, 36 Verse
Sure 84: Sie spalten (al-Inshiqāq), zu Mekka, 25 Verse
Sure 85: Die Sternzeichen (al-Burūdj), zu Mekka, 22 Verse
Sure 86: Der Nachtstern – oder:
Was in der Nacht erscheint (al-Ṭāriq), zu Mekka, 17 Verse
Sure 87: Der Allerhöchste (al-Aʿlā), zu Mekka, 19 Verse
Sure 88: Die bedecken wird (al-Ghāshiya), zu Mekka, 26 Verse
Sure 89: Die Morgenröte (al-Fadjr), zu Mekka, 30 Verse
Sure 90: Das Gebiet (al-Balad), zu Mekka, 20 Verse
Sure 91: Die Sonne (al-Shams), zu Mekka, 15 Verse
Sure 92: Die Nacht (al-Layl), zu Mekka, 21 Verse
Sure 93: Der Morgen (al-Ḍuḥā), zu Mekka, 11 Verse
Sure 94: Das Weiten (al-Sharḥ), – oder:
Sich weiten (al-Inshirāḥ), zu Mekka, 8 Verse
Sure 95: Der Feigenbaum (al-Tīn), zu Mekka, 8 Verse
Sure 96: Der Embryo (al-ʿAlaq), zu Mekka, 19 Verse
Sure 97: Die Bestimmung (al-Qadr), zu Mekka, 5 Verse
Sure 98: Das deutliche Zeichen (al-Bayyina), zu Medina oder zu Mekka, 8 Verse
Sure 99: Das Beben (al-Zalzala, oder: al-Zilzāl), zu Medina oder zu Mekka, 8 Verse
Sure 100: Die laufen (al-ʿĀdiyāt), zu Mekka, 11 Verse
Sure 101: Die Katastrophe (al-Qāriʿa), zu Mekka, 11 Verse
Sure 102: Wettstreit um noch mehr (al-Takāthur), zu Mekka, 8 Verse
Sure 103: Der Nachmittag (al-ʿAṣr), zu Mekka, 3 Verse
Sure 104: Der Stichler (al-Humaza), zu Mekka, 9 Verse
Sure 105: Der Elefant (al-Fīl), zu Mekka, 5 Verse
Sure 106: Quraysh, zu Mekka, 4 Verse
Sure 107: Die Hilfeleistung (al-Māʿūn), zu Mekka, 7 Verse
Sure 108: Die Fülle (al-Kauthar), zu Mekka, 3 Verse
Sure 109: Die Ungläubigen (al-Kāfirūn), zu Mekka, 6 Verse
Sure 110: Die Unterstützung (al-Naṣr), zu Medina, 3 Verse
Sure 111: Die Palmenfaser (al-Masad), – oder: Lodern (al-Lahab), zu Mekka, 5 Verse
Sure 112: Der aufrichtige Glaube (al-Ikhlāṣ), zu Mekka, 4 Verse
Sure 113: Das Frühlicht (al-Falaq), zu Mekka, 5 Verse
Sure 114: Die Menschen (al-Nās), zu Mekka, 6 Verse

Hinweise für den Leser

Dieser Kommentar in mehreren Lieferungen gibt neben einer deutschen Übersetzung den arabischen Originaltext der offiziellen Ausgabe des Korans in der schönen osmanischen Handschrift wieder. Dieser Text fand die Zustimmung einer Kontrollkommission der Kairoer Universität Azhar.

Die Übersetzung ist die des Autors. Sie ist bereits veröffentlicht worden in: Der Koran. Übersetzung von Adel Theodor Khoury. Unter Mitwirkung von Muhammad Salim Abdullah. Mit einem Geleitwort von Inamullah Khan, Generalsekretär des Islamischen Weltkongresses, Gütersloher Taschenbücher/Siebenstern 783, Gütersloher Verlagshaus Gerd Mohn, Gütersloh 1987, 2. Auflage: 1992. Diese Übersetzung ist um größtmögliche Treue zum arabischen Original bemüht. Notwendige Zusätze werden in Klammern ( ) gesetzt. Wo Abweichungen vom genauen Wortlaut des Originals unumgänglich sind, um Verwechslungen und Mißdeutungen vorzubeugen, wird die wörtliche Wiedergabe des Originals im Kommentar zu dieser Stelle angegeben.

Zur Gestaltung der Rezitation und des frommen Gebrauchs des koranischen Textes gliedert sich dieser Text in 30 Teile, welche wiederum in je zwei Abschnitte aufgeteilt sind. Insgesamt sind es also 60 Abschnitte. Teile, Abschnitte und deren Untergliederungen (¼, ½ und ¾) werden durch ein Sternchen (*) vor dem jeweiligen Vers angezeigt. Wenn der Beginn dieser Gliederung mit dem Anfang einer Sure zusammenfällt, wird auf das Sternchen verzichtet.

Der Kommentar des Korantextes befaßt sich zunächst einmal mit allgemeinen Fragen, die die jeweilige Sure betreffen, wie Name der Sure, Datierung, Struktur, besondere Inhalte, Aussagen über die Vorzüge der Sure. Dann folgt der Kommentar, wobei der Text der Sure, insofern diese eine gewisse Länge besitzt, in übersichtlichen und zusammenhängenden Abschnitten behandelt wird.

Bei jedem Abschnitt werden bekannte Varianten zum offiziellen Text hinter dem arabischen Original angegeben. Diese Varianten sind die, die bei den muslimischen Kommentaren sowie bei Jeffery, Materials..., erwähnt werden. Die Angabe hinter der Klammer lautet *bei*, wenn die Variante in einem Codex enthalten ist; sie lautet *nach*, wenn es sich um die Tradition der Rezitatoren handelt. Wenn eine Variante eine andere Bedeutung hat als die offizielle Version, wird sie übersetzt.

Die zu kommentierenden Verse werden halbfett angegeben, dahinter in Klammern eventuell abweichende Verszahlen der Ausgabe von Gustav Flügel/Gustav Redslob aus dem Jahr 1834. Beispiel: **2,35**(33).

Der Kommentar ist bemüht, bis zum Erscheinen der vollständigen Konkordanz des Korans hier eine ausreichende Konkordanz der Begriffe und Wörter zu erstellen. Dies erfolgt meistens dort, wo im Koran eine Vokabel zum ersten Mal vorkommt. Wenn die gleiche Vokabel später nochmals erscheint, wird auf die erste Stelle mit einem → verwiesen. Dort findet dann der Leser die weiteren Koranstellen und auch eventuell eine Liste der Verse aus der Bibel, die einen ähnlichen Inhalt aufweisen oder gleiche Ausdrücke gebrauchen.

Die Wörter, Halbsätze bzw. Sätze, die Gegenstand der Kommentierung sind, werden halbfett gesetzt. Kursiv erscheinen die arabischen Termini, nicht jedoch die arabischen Personennamen.

Oben ist eine Liste häufig zitierter arabischer Kommentare und wissenschaftlicher Bücher aufgestellt. Der Leser möge sich deren bedienen, vor allem bei der Bearbeitung der Anmerkungen.

﴿٧﴾ سُورَةُ الْأَعْرَافِ مَكِّيَّةٌ
وَآيَاتُهَا سِتٌّ وَمِائَتَانِ

Sure 7

Der Bergkamm (al-Aʿrāf)

zu Mekka, 206 Verse

7,1-206

Sure 7

Der Bergkamm (al-A'rāf)

zu Mekka, 206 Verse

Allgemeine Fragen

Bezeichnung

Die Sure 7 trägt den Titel: der Bergkamm (al-A'rāf), dies in Anspielung auf die Stelle der Sure, in der das Verhalten der Leute beschrieben wird, die weder in der Hölle noch im Paradies verweilen: 7,46–49. Man findet auch in der Tradition den Titel: Alif Lām Mām Ṣād: Das ist der Vers 1 der Sure. Zur Interpretation der am Anfang einiger Suren vorgeschalteten geheimnisvollen Buchstaben siehe die Aufführungen im Band 1 dieses Kommentars (Gütersloh 1990), S. 85–89.

Die komplette hier wiedergegebene Buchstaben-Kombination findet sich nur zu Beginn der Sure 7.

Die Rezitatoren von Baṣra und Syrien zählen 205 Verse, so auch die sogenannte wissenschaftliche Ausgabe nach Flügel.

Datierung

Die islamische Tradition gibt an, daß diese Sure bis auf den Vers 7 (so Qatāda) oder mit Ausnahme der Verse 7,163–171[1], welche aus der Zeit in Medina stammen, in die mekkanische Zeit (vor allem zweite und dritte Periode) zu datieren ist. Manār wendet hier ein, daß die Verse 7,163–171 in den Ductus des gesamten Berichts über Mose und die Kinder Israels passen, so daß man sie wohl in die gleiche Zeit datieren soll wie die übrigen Teile des Berichtes[2].

Für die Islamwissenschaftler würden außer den oben erwähnten Versen auch folgende eher in die medinische Zeit passen: 7,31–34; 7,44–47 (Einschub innerhalb einer Stelle, die in die Zeit kurz vor der Auswanderung nach Medina im Jahre 622 zu datieren ist); 7,156–176 (hier sind Spuren einer redaktionellen Arbeit nach der Auswanderung erkennbar)[3].

1. Vgl. Zamakhsharī II, S. 685.
2. Vgl. Manār VIII, S. 294.
3. Vgl. *R. Blachère:* Le Coran II, Paris 1951, S. 606, 631.

Struktur

Es ist schwer, im Inhalt der Sure 7 eine einheitliche Struktur zu erkennen. Man kann ihn in folgende Teile gruppieren:

1. Verschiedene Aussagen
- Drohung gegen die Frevler und Erinnerung an die Vergeltung nach den Taten der Menschen: 7,3–10.
- Rebellischer Satan. Fall von Adam und Eva: 7,11–27.
- Ermahnung und Erinnerung an das Gericht Gottes und an die Vergeltung (Hölle, Himmel, Bergkamm): 7,28–58.

2. Geschichten von den Propheten
- Noach: 7,59–64.
- Hūd: 7,65–72.
- Ṣāliḥ: 7,63–79.
- Lot: 7,80–84.
- Shuʿayb: 7,85–93.
- Die sündigen Städte: 7,94–102.

3. Die Sendung Moses
- Mose, Pharao und die Zauberer. Unterdrückung der Israeliten und die Bestrafung Ägyptens: 7,103–141.
- Mose am Sinai. Der Abfall des Volkes: 7,142–156.
- Einschub über Muḥammad: 7,157–158.
- Ungehorsam in den Reihen der Kinder Israels: 7,159–171.
- Einschub über die Uroffenbarung: 7,172–174.
- Unbenannter Prophet: 7,175–176.

4. Verschiedenes
- Gott und seine Rechtleitung: 7,177–186.
- Die Stunde des Gerichtes: 7,187–188.
- Falsches Verhalten der Menschen: 7,189–190.
- Irrglaube der Polytheisten: 7,191–198.
- Ermahnung an Muḥammad und die Gläubigen: 7,199–206.

Wichtigste Aussagen

Man kann aus dem Inhalt der Sure 7 folgende Aussagen besonders hervorheben[4]:

1. Monotheismus
- Der Mensch muß aufrichtig in der Religion sein (7,29) und Gott allein dienen (7,59). Das ist die Botschaft aller hier erwähnten Propheten.
- Der Monotheismus ist die Botschaft der Uroffenbarung Gottes (7,172).
- Die Weisungen Gottes führen zum Guten (7,33).
- Gott leitet recht, wen er will, und er führt in die Irre, wen er will (7,178.186).
- Gott ist den Rechtschaffenen mit seiner Barmherzigkeit nahe (7,56); seine »Barmherzigkeit umfaßt alle Dinge« und wird den Gottesfürchtigen geschenkt (7,156).
- Man soll Gott anrufen in Demut (7,55), in »Furcht und Begehren« (7,56), und ihn mit seinen »schönsten Namen« anrufen (7,180).

2. Prophetische Botschaft
- Übereinstimmung der Propheten in ihrer Grundbotschaft: Monotheismus und Pflicht der Menschen, Gott allein zu dienen: Noach (7,59), Hūd (7,65), Ṣāliḥ (7,73), Shu'ayb (7,85), Muḥammad (7,158).
- Ermahnung durch die Propheten. Ungläubige Haltung der Menschen. Bestrafung der Ungläubigen (passim).

3. Jenseits und Vergeltung
- Die Stunde des Gerichtes (7,186–188).
- Vergeltung nach der Haltung zur Ermahnung durch die Propheten und nach den Taten (7,36–53 u. a.).

4. Grundsätze der Gesetzgebung
- Gott ist der Gesetzgeber, nicht die Menschen oder die menschliche Tradition (7,28.173).
- Man darf nur das übermitteln, wovon man ein sicheres Wissen besitzt (7,28.33.169).
- Grundlage der Rechtleitung sind die Wahrheit und die Gerechtigkeit (7,159.181).

5. Handeln Gottes an den Menschen
- Gott läßt die Völker wegen des Unrechtes, das sie begehen, verderben (7,4–5).
- Gott prüft die Menschen durch Leid und auch durch Wohlstand (7,94–95).

4. Vgl. Manār IX, S.559–580.

- Die Gottesfurcht bringt den Menschen die Huld Gottes und seine Gaben (7,96).
- Gott läßt auf die bestrafte Generation eine andere folgen. Auch die Nachfolger kann das Strafgericht ereilen, wenn sie Unrecht tun (7,96–99.100.128.137).

Vorzüge der Sure 7

In einem Ḥadīth wird folgender Ausspruch Muḥammads überliefert: »Wenn einer die Sure al-A'rāf liest, setzt Gott am Tag der Auferstehung zwischen ihm und dem Teufel eine Schutzwand. Und Adam wird ihm ein Fürsprecher sein am Tag der Auferstehung[5].«

5. Vgl. Zamakhsharī II, S. 193.

7,1–206

7,1–9

Im Namen Gottes, des Erbarmers, des Barmherzigen.
[16] 1 Alif Lām Mīm Ṣād. 2 Dies ist ein Buch, das zu
dir herabgesandt worden ist - es soll in deiner
Brust keine Bedrängnis seinetwegen sein –, damit
du mit ihm warnst, und auch als Ermahnung für
die Gläubigen. 3 Folgt dem, was zu euch von
eurem Herrn herabgesandt worden ist, und folgt
nicht an seiner Stelle (anderen) Freunden. Ihr laßt
euch wenig ermahnen. 4 Wie manche Stadt haben
Wir verderben lassen! Da kam unsere Schlagkraft
über sie nachts, oder während sie zu Mittag ruhten. 5 So war ihr Rufen, als unsere Schlagkraft
über sie kam, nur, daß sie sagten: »Wir haben
gewiß Unrecht getan.« 6 Ja, Wir werden gewiß
die, zu denen Gesandte geschickt worden sind, zur
Verantwortung ziehen, und Wir werden gewiß die
Gesandten zur Verantwortung ziehen. 7 Wir werden ihnen bestimmt aus (richtigem) Wissen (alles)
erzählen, denn Wir waren ja nicht abwesend. 8
Das Wägen an jenem Tag erfolgt der Wahrheit
entsprechend. Diejenigen, deren Waagschalen
schwer sind, das sind die, denen es wohl ergeht. 9
Diejenigen, deren Waagschalen leicht sind, das
sind die, die sich selbst verloren haben, weil sie
sich gegenüber unseren Zeichen ungerecht verhielten.

بِسۡمِ ٱللَّهِ ٱلرَّحۡمَٰنِ ٱلرَّحِيمِ

الٓمٓصٓ ﴿١﴾ كِتَٰبٌ أُنزِلَ إِلَيۡكَ فَلَا يَكُن فِي صَدۡرِكَ
حَرَجٌ مِّنۡهُ لِتُنذِرَ بِهِۦ وَذِكۡرَىٰ لِلۡمُؤۡمِنِينَ ﴿٢﴾ ٱتَّبِعُواْ
مَآ أُنزِلَ إِلَيۡكُم مِّن رَّبِّكُمۡ وَلَا تَتَّبِعُواْ مِن دُونِهِۦٓ أَوۡلِيَآءَۗ
قَلِيلٗا مَّا تَذَكَّرُونَ ﴿٣﴾ وَكَم مِّن قَرۡيَةٍ أَهۡلَكۡنَٰهَا فَجَآءَهَا
بَأۡسُنَا بَيَٰتًا أَوۡ هُمۡ قَآئِلُونَ ﴿٤﴾ فَمَا كَانَ دَعۡوَىٰهُمۡ
إِذۡ جَآءَهُم بَأۡسُنَآ إِلَّآ أَن قَالُوٓاْ إِنَّا كُنَّا ظَٰلِمِينَ ﴿٥﴾
فَلَنَسۡـَٔلَنَّ ٱلَّذِينَ أُرۡسِلَ إِلَيۡهِمۡ وَلَنَسۡـَٔلَنَّ ٱلۡمُرۡسَلِينَ ﴿٦﴾
فَلَنَقُصَّنَّ عَلَيۡهِم بِعِلۡمٖۖ وَمَا كُنَّا غَآئِبِينَ ﴿٧﴾ وَٱلۡوَزۡنُ يَوۡمَئِذٍ
ٱلۡحَقُّۚ فَمَن ثَقُلَتۡ مَوَٰزِينُهُۥ فَأُوْلَٰٓئِكَ هُمُ ٱلۡمُفۡلِحُونَ ﴿٨﴾
وَمَنۡ خَفَّتۡ مَوَٰزِينُهُۥ فَأُوْلَٰٓئِكَ ٱلَّذِينَ خَسِرُوٓاْ أَنفُسَهُم
بِمَا كَانُواْ بِـَٔايَٰتِنَا يَظۡلِمُونَ ﴿٩﴾

Varianten: 7,1–9

7,3: tadhakkarūna: tatadhakkarūna (bei Ibn ʿAbbās; nach al-Sulamī); tadhdhakkarūna (nach den Rezitatoren außer Ḥamza, Kisāʾī, Ḥafṣ in der Tradition von ʿĀṣim); yatadhakkarūna: Sie lassen sich (wenig) ermahnen (nach Ibn ʿĀmir). wa lā tattabiʿū: wa lā tabtaghū: und sucht nicht (nach Mālik ibn Dīnār).

7,4: ahlaknāhā fa djāʾahā baʾsunā: ahlaknāhum fa djāʾahum baʾsuhum: Wir haben sie verderben lassen! Da kam ihr Unglück über sie (bei Ubayy). baʾsunā: bāsunā (nach al-Sūsī).

7,5: baʾsunā: bāsunā (nach al-Sūsī).

7,6: ilayhim: ilayhum (nach Ḥamza, Kisāʾī).

7,8: al-ḥaqqu: al-qisṭu: der Gerechtigkeit entsprechend (laut Zamakhsharī II, S. 89).

Kommentar

Im Namen Gottes, des Erbarmers, des Barmherzigen: Zu dieser einführenden Formel siehe die Angaben im Band 1 dieses Koran-Kommentars (Gütersloh 1990): S. 84 (ob dieser Satz als Koranvers zu betrachten ist), S. 147–150 (Kommentierung des Inhalts); → 1,1.

7,1(1): **Alif Lām Mīm Ṣād:** zu den verschiedenen Versuchen, die den Suren vorangestellten sogenannten »geheimnisvollen Buchstaben« zu enträtseln, siehe den Band 1 dieses Koran-Kommentars (Gütersloh 1990), S. 85–90.

7,2(1): **Dies ist ein Buch, das zu dir herabgesandt worden ist:** → 2,2.4.
Das Buch ist hier der Koran. Einige wollen es auf die Sure selbst beziehen, die ihrer Meinung nach der Titel Alif Lām Mīm Ṣād trägt, was folgende Übersetzung ergibt: Alif Lām Mīm Ṣād ist ein Buch ...

es soll in deiner Brust keine Bedrängnis seinetwegen sein: Zu Bedrängnis *(ḥaradj)* siehe → 4,65; → 5,6; → 6,125; auch *ḍīq* (Beklommenheit): 11,12; 15,87; → 6,125. Einige Kommentatoren deuten das Wort *ḥaradj* mit Zweifel (vgl. 10,94: Wenn du über das, was Wir dir hinabgesandt haben, im Zweifel bist ...).

damit du mit ihm warnst: → 2,6. Es ist zu dir herabgesandt, damit du warnst; oder: es soll in deiner Brust keine Bedrängnis sein, daß du mit ihm warnen sollst; oder: es soll in deiner Brust keine Bedrängnis sein, so daß du nun mit ihm warnen sollst. Oder: es soll in deiner Brust kein Zweifel sein, daß du warnen sollst.

und auch als Ermahnung für die Gläubigen: herabgesandt als Ermahnung; oder: ein Buch ... und eine Ermahnung; oder: damit du es als Ermahnung verkündest
dhikrā (Ermahnung): → 6,90; *dhikr:* → 3,58.

7,3(2): **Folgt dem, was zu euch von eurem Herrn herabgesandt worden ist:** → 2,170.

und folgt nicht an seiner Stelle (anderen) Freunden: wie dem Satan (→ 2,208), den Götzendienern (→ 2,257); den Neigungen (→ 2,120).

Ihr laßt euch wenig ermahnen: auch in 27,62; 40,58; 69,42.

7,4(3): **Wie manche Stadt haben Wir verderben lassen!:** auch in 21,6.95; 22,45; – 18,59; → 6,6.

Da kam unsere Schlagkraft über sie nachts, oder während sie zu Mittag ruhten: → 6,43.47; 7,97–98; 10,24.50; 12,107.

7,5(4): **So war ihr Rufen, als unsere Schlagkraft über sie kam, nur, daß sie sagten: »Wir haben gewiß Unrecht getan«:** Ein Zusammenhang zwischen dem Strafgericht Gottes und dem Unrecht der Menschen wird erkannt auch in 21,14.15.46.87.97; – 11,31; 23,107; 28,59; 29,14.31; 68,29.31.

7,6(5): **Ja, Wir werden gewiß die, zu denen Gesandte geschickt worden sind, zur Verantwortung ziehen:** wörtlich: fragen → 2,119; siehe auch 15,92; 16,56.93; 29,13; 43,44; → 6,130.

und Wir werden gewiß die Gesandten zur Verantwortung ziehen: und sie fragen, ob sie die Botschaft ausgerichtet und die Menschen ermahnt haben[1].

Ein Ḥadīth (in mehreren Varianten) macht deutlich, nach welchen Taten die Menschen am Tag des Gerichts gefragt werden:

Nach Abū Baraza al-Aslamī

Kaum sind die Schritte des Dieners (Gottes) zu Ende gegangen sind, da wird er gefragt nach seinem Leben, wie er es verbracht hat, und nach seinem Wissen, was er damit gemacht hat, und nach seinem Vermögen, wie er es erworben und wozu er es ausgegeben hat, und nach seinem Körper, wofür er ihn gebraucht hat.

Tirmidhī[2]

7,7(6): **Wir werden ihnen bestimmt aus (richtigem) Wissen (alles) erzählen, denn Wir waren ja nicht abwesend:** Das Wissen Gottes umfaßt alles. Gott läßt nicht unbeachtet, was die Menschen tun: → 2,74.

1. In einigen Koran-Stellen wird gesagt, daß am Tag des Gerichtes niemand gefragt wird (55,39), daß die Übeltäter nicht gefragt werden (28,78). Rāzī meint, daß man unterscheiden soll zwischen dem Fragen nach den Taten selbst oder dem Fragen nach den Beweggründen zu diesen Taten, oder zwischen einem Fragen zur Information und einem Fragen zum Tadeln; schließlich sei der Tag des Gerichtes so lang, daß man sich vorstellen kann, daß einige gefragt und andere eben nicht gefragt werden (vgl. VII, 14, S. 26).
2. Vgl. Sunan, hg. von 'Abd al-Raḥmān M. 'Uthmān, IV, Beirut 1980, Nr. 2532 S. 26.

7,8(7): **Das Wägen an jenem Tag erfolgt der Wahrheit entsprechend:** oder: das wahre Wägen erfolgt an jenem Tag. Siehe 21,47.

Diejenigen, deren Waagschalen schwer sind, das sind die, denen es wohl ergeht: auch in 23,102; 101,6.

7,9(8): **Diejenigen, deren Waagschalen leicht sind, das sind die, die sich selbst verloren haben:** auch in 23,103; 101,8; vgl. 18,105.

sich selbst verloren haben: → 6,12.

weil sie sich gegenüber unseren Zeichen ungerecht verhielten: Der Ausdruck ist selten im Koran. Siehe 18,57 (Wer ist denn ungerechter als der, der mit den Zeichen seines Herrn ermahnt wird und sich dann von ihnen abwendet); 32,22.

Unter den muslimischen Kommentatoren denken einige, vor allem unter den späteren, beim Wort Waagschalen an das Gericht Gottes und seine Gerechtigkeit (so u. a. Mudjāhid, al-Ḍaḥḥāk, al-Aʿmash), während die früheren sich eine Himmelswaage und ein richtiges Wägen vorstellen.

10 Und Wir haben euch auf der Erde eine feste Stellung gegeben, und Wir haben für euch auf ihr
Unterhaltsmöglichkeiten bereitet. Ihr seid aber
wenig dankbar. 11 Und Wir haben euch erschaffen.
Dann haben Wir euch gestaltet. Dann haben Wir
zu den Engeln gesprochen: »Werft euch vor Adam
nieder.« Da warfen sie sich nieder, außer Iblīs: er
gehörte nicht zu denen, die sich niederwarfen. 12
Er sprach: »Was hat dich daran gehindert, dich niederzuwerfen, als Ich (es) dir befohlen habe?« Er
sagte: »Ich bin besser als er. Du hast mich aus Feuer
erschaffen, ihn aber hast Du aus Ton erschaffen.«
13 Er sprach: »Geh aus ihm hinunter. Dir steht es
nicht zu, dich darin hochmütig zu verhalten. Geh
hinaus. Du gehörst zu den Erniedrigten.« 14 Er
sagte: »Gewähre mir Aufschub bis zu dem Tag, da
sie erweckt werden.« 15 Er sprach: »Du sollst nun
zu denen gehören, denen Aufschub gewährt wird.«
16 Er sagte: »Weil Du mich hast abirren lassen,
werde ich, ich schwöre es, ihnen auf deinem
geraden Weg auflauern. 17 Dann werde ich zu
ihnen treten von vorn und von hinten, von ihrer
rechten und von ihrer linken Seite. Und Du wirst
die meisten von ihnen nicht dankbar finden.« 18 Er
sprach: »Geh aus ihm hinaus, verabscheut und verstoßen. Wer auch immer von ihnen dir folgt, füllen
werde Ich die Hölle mit euch allen.«

وَلَقَدْ مَكَّنَّٰكُمْ فِى ٱلْأَرْضِ
وَجَعَلْنَا لَكُمْ فِيهَا مَعَٰيِشَ ۗ قَلِيلًا مَّا تَشْكُرُونَ ﴿١٠﴾
وَلَقَدْ خَلَقْنَٰكُمْ ثُمَّ صَوَّرْنَٰكُمْ ثُمَّ قُلْنَا لِلْمَلَٰٓئِكَةِ ٱسْجُدُوا۟
لِءَادَمَ فَسَجَدُوٓا۟ إِلَّآ إِبْلِيسَ لَمْ يَكُن مِّنَ ٱلسَّٰجِدِينَ ﴿١١﴾
قَالَ مَا مَنَعَكَ أَلَّا تَسْجُدَ إِذْ أَمَرْتُكَ ۖ قَالَ أَنَا۠ خَيْرٌ مِّنْهُ
خَلَقْتَنِى مِن نَّارٍ وَخَلَقْتَهُۥ مِن طِينٍ ﴿١٢﴾ قَالَ فَٱهْبِطْ
مِنْهَا فَمَا يَكُونُ لَكَ أَن تَتَكَبَّرَ فِيهَا فَٱخْرُجْ إِنَّكَ
مِنَ ٱلصَّٰغِرِينَ ﴿١٣﴾ قَالَ أَنظِرْنِىٓ إِلَىٰ يَوْمِ يُبْعَثُونَ ﴿١٤﴾
قَالَ إِنَّكَ مِنَ ٱلْمُنظَرِينَ ﴿١٥﴾ قَالَ فَبِمَآ أَغْوَيْتَنِى لَأَقْعُدَنَّ
لَهُمْ صِرَٰطَكَ ٱلْمُسْتَقِيمَ ﴿١٦﴾ ثُمَّ لَءَاتِيَنَّهُم مِّنۢ بَيْنِ أَيْدِيهِمْ
وَمِنْ خَلْفِهِمْ وَعَنْ أَيْمَٰنِهِمْ وَعَن شَمَآئِلِهِمْ ۖ وَلَا تَجِدُ
أَكْثَرَهُمْ شَٰكِرِينَ ﴿١٧﴾ قَالَ ٱخْرُجْ مِنْهَا مَذْءُومًا مَّدْحُورًا ۖ
لَّمَن تَبِعَكَ مِنْهُمْ لَأَمْلَأَنَّ جَهَنَّمَ مِنكُمْ أَجْمَعِينَ ﴿١٨﴾

19 »O Adam, bewohne, du und deine Gattin, das
Paradies. Eßt, wo ihr wollt, und nähert euch nicht
diesem Baum, sonst gehört ihr zu denen, die
Unrecht tun.« 20 Der Satan flüsterte ihnen ein,
um ihnen zu zeigen, was ihnen von ihrer Blöße
verborgen geblieben war. Und er sagte: »Nur deswegen hat euch euer Herr diesen Baum verboten,
damit ihr nicht zu Engeln werdet oder zu denen
gehöret, die ewig leben.« 21 Und er schwor ihnen:
»Ich bin zu euch einer von denen, die (euch) gut
raten.« 22 Er ließ sie durch Betörung abfallen.
Und als sie dann von dem Baum gekostet hatten,
wurde ihnen ihre Blöße offenbar, und sie begannen, Blätter des Paradieses über sich zusammenzuheften. Und ihr Herr rief ihnen zu: »Habe Ich
euch nicht jenen Baum verboten und euch gesagt:
Der Satan ist euch ein offenkundiger Feind?« 23 Sie
sagten: »Unser Herr, wir haben uns selbst Unrecht
getan. Und wenn Du uns nicht vergibst und dich
unser (nicht) erbarmst, werden wir bestimmt zu
den Verlierern gehören.« 24 Er sprach: »Geht hinunter. Die einen von euch sind Feinde der anderen.
Ihr habt auf der Erde Aufenthalt und Nutznießung
auf eine Weile.« 25 Er sprach: »Auf ihr werdet ihr
leben, und auf ihr werdet ihr sterben, und aus ihr
werdet ihr hervorgebracht werden.« 26 O Kinder

وَيَٰٓـَٔادَمُ ٱسْكُنْ أَنتَ وَزَوْجُكَ ٱلْجَنَّةَ فَكُلَا مِنْ حَيْثُ
شِئْتُمَا وَلَا تَقْرَبَا هَٰذِهِ ٱلشَّجَرَةَ فَتَكُونَا مِنَ ٱلظَّٰلِمِينَ ﴿١٩﴾
فَوَسْوَسَ لَهُمَا ٱلشَّيْطَٰنُ لِيُبْدِىَ لَهُمَا مَا وُۥرِىَ عَنْهُمَا مِن
سَوْءَٰتِهِمَا وَقَالَ مَا نَهَىٰكُمَا رَبُّكُمَا عَنْ هَٰذِهِ ٱلشَّجَرَةِ إِلَّآ أَن
تَكُونَا مَلَكَيْنِ أَوْ تَكُونَا مِنَ ٱلْخَٰلِدِينَ ﴿٢٠﴾ وَقَاسَمَهُمَآ
إِنِّى لَكُمَا لَمِنَ ٱلنَّٰصِحِينَ ﴿٢١﴾ فَدَلَّىٰهُمَا بِغُرُورٍ ۚ فَلَمَّا ذَاقَا
ٱلشَّجَرَةَ بَدَتْ لَهُمَا سَوْءَٰتُهُمَا وَطَفِقَا يَخْصِفَانِ عَلَيْهِمَا
مِن وَرَقِ ٱلْجَنَّةِ ۖ وَنَادَىٰهُمَا رَبُّهُمَآ أَلَمْ أَنْهَكُمَا عَن تِلْكُمَا
ٱلشَّجَرَةِ وَأَقُل لَّكُمَآ إِنَّ ٱلشَّيْطَٰنَ لَكُمَا عَدُوٌّ مُّبِينٌ ﴿٢٢﴾
قَالَا رَبَّنَا ظَلَمْنَآ أَنفُسَنَا وَإِن لَّمْ تَغْفِرْ لَنَا وَتَرْحَمْنَا لَنَكُونَنَّ
مِنَ ٱلْخَٰسِرِينَ ﴿٢٣﴾ قَالَ ٱهْبِطُوا۟ بَعْضُكُمْ لِبَعْضٍ عَدُوٌّ ۖ
وَلَكُمْ فِى ٱلْأَرْضِ مُسْتَقَرٌّ وَمَتَٰعٌ إِلَىٰ حِينٍ ﴿٢٤﴾ قَالَ فِيهَا
تَحْيَوْنَ وَفِيهَا تَمُوتُونَ وَمِنْهَا تُخْرَجُونَ ﴿٢٥﴾ يَٰبَنِىٓ ءَادَمَ قَدْ

Adams, Wir haben auf euch Kleidung hinabgesandt, die eure Blöße bedeckt, und auch Prunkgewänder. Aber die Kleidung der Gottesfurcht, die ist besser. Das gehört zu den Zeichen Gottes, auf daß sie es bedenken. 27 O Kinder Adams, der Satan soll euch bloß nicht verführen, wie er eure Eltern aus dem Paradies vertrieben hat, indem er ihnen die Kleidung wegnahm, um sie ihre Blöße sehen zu lassen. Er sieht euch, er und seine Genossen, von wo ihr sie nicht seht. Wir haben die Satane denen zu Freunden gemacht, die nicht glauben.

أَنزَلْنَا عَلَيْكُمْ لِبَاسًا يُوَٰرِى سَوْءَٰتِكُمْ وَرِيشًا ۖ وَلِبَاسُ ٱلتَّقْوَىٰ
ذَٰلِكَ خَيْرٌ ۚ ذَٰلِكَ مِنْ ءَايَٰتِ ٱللَّهِ لَعَلَّهُمْ يَذَّكَّرُونَ ﴿٢٦﴾
يَٰبَنِىٓ ءَادَمَ لَا يَفْتِنَنَّكُمُ ٱلشَّيْطَٰنُ كَمَآ أَخْرَجَ أَبَوَيْكُم مِّنَ
ٱلْجَنَّةِ يَنزِعُ عَنْهُمَا لِبَاسَهُمَا لِيُرِيَهُمَا سَوْءَٰتِهِمَآ ۚ إِنَّهُۥ يَرَىٰكُمْ
هُوَ وَقَبِيلُهُۥ مِنْ حَيْثُ لَا تَرَوْنَهُمْ ۚ إِنَّا جَعَلْنَا ٱلشَّيَٰطِينَ
أَوْلِيَآءَ لِلَّذِينَ لَا يُؤْمِنُونَ ﴿٢٧﴾

Varianten: 7,10–27

7,10: ma'āyisha: ma'ā'isha (nach Ibn 'Āmir).
7,18: madh'ūman: madhūman (nach al-Zuhrī).
laman: liman (nach 'Āṣim laut 'Iṣma).
7,20: wūriya: ūriya (bei Ibn Mas'ūd)
sau'ātihimā: sau'atihimā (laut Zamakhsharī II, S. 95); sawwātihimā (bei Mudjāhid; nach Ḥamza, Zayd ibn 'Alī); sawwatihimā (laut Zamakhsharī, II, S. 95).
malakayni: malikayni: zu Königen (bei Ibn 'Abbās laut al-Wāḥidī).
7,22: ṭafiqā: ṭafaqā (nach Abū al-Sammāl).
yakhṣifāni: yukhṣifāni (nach al-Zuhrī); yakhiṣṣafāni (nach Ḥasan al-Baṣrī); yakhtaṣifāni, yukhaṣṣifāni (laut Zamakhsharī II, S. 96).
alam anhakumā: alam tunhayā: ist euch nicht ... verboten worden (bei Ubayy).
wa aqul lakumā: wa qīla lakumā: und zu euch gesagt worden (bei Ubayy).
7,23: qālā: qālū (bei Ibn Mas'ūd).
in lam taghfir lanā wa tarḥāmṇā: alā taghfiru lanā wa tarḥamunā: Willst du nicht uns vergeben und dich unser erbarmen? (bei Ibn Mas'ūd).
7,25: tukhradjūna: takhradjūna (nach Ibn 'Āmir); takhrudjūna: ihr werdet herauskommen (nach Ḥamza, Kisā'ī).
7,26: dhālika khayrun: khayrun (bei Ibn Mas'ūd, al-A'mash); khayrun lakum (bei Ubayy).
wa rīshan: wa riyāshan (bei Ibn 'Abbās, 'Ikrima, Mudjāhid; nach 'Uthmān, 'Āṣim, Ḥasan al-Baṣrī); wa zīnatan: Schmuck (bei Ubayy).
wa libāsu: wa labūsu (bei Ubayy, Mudjāhid; nach al-Djaḥdarī); wa libāsa (nach Nāfi', Ibn 'Āmir, Kisā'ī).
7,27: huwa wa qabīluhū: wa qabīluhū (bei Ubayy, Mu'ādh; nach Ibn Midjlaz); huwa wa qabīlahū (nach al-Yazīdī).

Kommentar

7,10(9): **Und Wir haben euch auf der Erde eine feste Stellung gegeben:** → 6,6.

Und Wir haben für euch auf ihr Unterhaltsmöglichkeiten bereitet: wörtlich: gemacht. Siehe auch 15,20; 78,11. Gott sorgt für das Leben der Menschen: → 2,29; 16,80–81 (Behausung, Herden, Bäume, Berge, Kleidung usw.); 17,70.

Ihr seid aber wenig dankbar: auch in 23,78; 32,9; 67,23; – siehe auch 7,17; vgl. → 2,88.

7,11(10): **Und Wir haben euch erschaffen. Dann haben Wir euch gestaltet:** → 3,6. *erschaffen:* auch → 4,1.

Dann haben Wir zu den Engeln gesprochen: »Werft euch vor Adam nieder.« Da warfen sie sich nieder, außer Iblīs: er gehörte nicht zu denen, die sich niederwarfen: → 2,34.

Der erste Teil dieses Verses scheint an die Adresse der damaligen Menschen gerichtet zu sein, während der zweite Teil wieder in die Urzeit verlegt wird. Um diese Ungereimtheit zu beseitigen, wurden mehrere Deutungen angeboten:

– Wir haben euren Vater Adam erschaffen und gestaltet. Dann haben Wir den Engeln befohlen, sich vor Adam niederzuwerfen (so Ḥasan al-Baṣrī und die Mehrheit der Kommentatoren).

– Wir haben Adam erschaffen. Dann haben Wir seine Nachkommenschaft gestaltet. Dann haben Wir den Engeln befohlen, sich vor Adam niederzuwerfen (Mudjāhid).

– Wir haben euch erschaffen und gestaltet. Sodann teilen Wir euch mit, daß Wir damals den Engeln befohlen haben, sich vor Adam niederzuwerfen.

– Wir haben die Ereignisse eurer Schöpfung bestimmt (= erschaffen) und dies alles im himmlischen Buch aufgezeichnet (= gestaltet). Dann haben Wir Adam ins Dasein gerufen und den Engeln den Befehl erteilt, sich vor Adam niederzuwerfen[1].

7,12(11): **Er sprach:** Die Erzählung wird hier in der 3. Person fortgesetzt. Zum Inhalt des Verses siehe auch 15,32–33; 17,61–62; 38,75–76.

1. Rāzī, der alle diese Deutungen erwähnt, spricht sich für die letzte aus: VII, 14, S. 31–32.

»Was hat dich daran gehindert, dich niederzuwerfen, als Ich (es) dir befohlen habe?«: Man kann auch übersetzen: »Was hat dich gehindert, daß du dich nicht niedergeworfen hast ...«

Er sagte: »Ich bin besser als er. Du hast mich aus Feuer erschaffen: siehe auch 15,27; 55,15; – die Djinne aus Feuer: 38,76.

ihn aber hast Du aus Ton erschaffen« siehe auch 23,12; 32,7; – 15,28; 18,37; 22,5.

7,13(12): **Er sprach: »Geh aus ihm hinunter:** aus dem Paradies. Zum Inhalt des Verses siehe auch 7,18; 15,34–35; 38,77–78.

Dir steht es nicht zu, dich darin hochmütig zu verhalten: *fīhā* (darin): im Paradies bzw. im Himmel, im Ort, den Gott für seinen Dienst bereitet hat, oder im Rang, den du bekleidest.

hochmütig: auch 7,146; vgl. → 2,34.

Geh hinaus. Du gehörst zu den Erniedrigten« 7,119; 9,29; 12,32; 27,37; Erniedrigung: → 6,124.

7,14(13): **Er sagte: »Gewähre mir Aufschub bis zu dem Tag, da sie erweckt werden«:** im parallelen Vers 38,81 steht: »bis zum Tag der bestimmten Zeit«: da alle Lebenden sterben werden, oder den Gott bestimmt hat.

7,15(14): **Er sprach: »Du sollst nun zu denen gehören, denen Aufschub gewährt wird«:** zu 7,14–15 siehe auch 15,36–38 = 38,79–80; 17,62.

7,16(15): **Er sagte: »Weil Du mich hast abirren lassen«:** oder: verderben lassen. Diese zweite Deutung ist denen lieber, die – wie die Mu'taziliten - Gott nicht als Ursache für das Abirren des Satans ansehen wollen[2].

werde ich, ich schwöre es, ihnen auf deinem geraden Weg auflauern: Zu den Nachstellungen des Satans siehe → 4,118–119.

2. Rāzī erwähnt eine dritte Deutung: Womit hast Du mich abirren lassen?; VII, 14 S. 41.

7,17(16): **Dann werde ich zu ihnen treten von vorn und von hinten, von ihrer rechten und von ihrer linken Seite:** Der Satan kündigt hier eine harte Bekämpfung der Menschen an, er will sie mit allen Mitteln betören und ins Verderben stürzen. Einige Kommentatoren haben sich dem Gedankenspiel hingegeben, jede Seite konkret zu deuten[3]:
– *von vorn:* Zweifel an der Auferstehung; Abneigung gegen die Seligkeit des Jenseits; Interesse am Diesseits, Bezichtigung der zeitgenössischen Propheten der Lüge.
– *von hinten:* Glaube an die Ewigkeit der Welt; Neigung zu den Annehmlichkeiten des Diesseits; Beschäftigung mit dem irdischen Leben; Bezichtigung der früheren Propheten der Lüge.
– *von ihrer rechten Seite:* Hang zum Unglauben; Abneigung gegen die Wahrheit; Vernachlässigung der guten Werke.
– *von der linken Seite:* die vielen Laster; Hang zum Falschen; Neigung zu den Missetaten.

Und Du wirst die meisten von ihnen nicht dankbar finden: → 7,10.

7,18(17): **Er sprach:** siehe auch 15,41–43; 17,63; 38,84–85.

»Geh aus ihm hinaus, verabscheut und verstoßen: verstoßen: auch 17,18.39; vgl. 37,9.

Wer auch immer von ihnen dir folgt, füllen werde Ich die Hölle mit euch allen«: auch in 11,119; 32,13; 38,85. Der Übergang von der 3. zur 2. Person, soll die Angeredeten dazu führen, die Dringlichkeit der Ermahnung zu spüren.

7,19–25: → 2,35–39; 20,117–124.

7,19(18): **»O Adam, bewohne, du und deine Gattin, das Paradies. Eßt, wo ihr wollt, und nähert euch nicht diesem Baum, sonst gehört ihr zu denen, die Unrecht tun«:** fast wörtlich → 2,35.

7,20(19): **Der Satan flüsterte ihnen ein:** auch in 20,120; – 7,27; vgl. → 2,36; – einflüstern: 114,4.5. Vgl. die *Bibel,* Gen 3,1–13.

3. Vgl. Rāzī VII, 14, S. 43–45.

um ihnen zu zeigen, was ihnen von ihrer Blöße verborgen geblieben war: oder: so daß er ihnen zeigte ... Zu Blöße vgl. 5,31; 7,22.26.27; 20,121.

Und er sagte: »Nur deswegen hat euch euer Herr diesen Baum verboten, damit ihr nicht zu Engeln werdet oder zu denen gehöret, die ewig leben«: Die Kommentatoren fragen sich, ob das Begehren nach der Stellung der Engel - angesichts ihrer Niederwerfung vor Adam - diesen überhaupt hätte betören können. Die gegebenen Antworten lauten:

– Nicht alle Engel haben sich vor Adam niederwerfen sollen, sondern nur die Engel der Erde, nicht aber die Engel, die im Himmel wohnen, um den Thron Gottes stehen und in seine Nähe zugelassen sind.

– Adam wußte, daß die Engel bis zum Tag der Auferstehung nicht sterben werden, er wußte aber nicht, ob er selbst dieselbe Gabe besaß[4].

7,21(20): **Und er schwor ihnen: »Ich bin zu euch einer von denen, die (euch) gut raten«:** auch in 7,68.79; 12,11; 28,12.20; vgl. 7,62.79.93; 11,34.

7,22(21): **Er ließ sie durch Betörung abfallen. Und als sie dann von dem Baum gekostet hatten, wurde ihnen ihre Blöße offenbar, und sie begannen, Blätter des Paradieses über sich zusammenzuheften:** siehe auch 20,121.

und ihr Herr rief ihnen zu: »Habe Ich euch nicht jenen Baum verboten und euch gesagt: Der Satan ist euch ein offenkundiger Feind?«: zum letzten Satz →2,168.

7,23(22): **Sie sagten: »Unser Herr, wir haben uns selbst Unrecht getan:** → 2,54.59.

Und wenn Du uns nicht vergibst und dich unser (nicht) erbarmst: → 2,286.

werden wir bestimmt zu den Verlierern gehören«: → 2,27. Zum ganzen Satz siehe auch 7,149; 11,47.

7,24(23): **Er sprach: »Geht hinunter. Die einen von euch sind Feinde der anderen. Ihr habt auf der Erde Aufenthalt und Nutznießung auf eine Weile«:** wörtlich in → 2,36.

4. Vgl. Rāzī VII, 14, S. 50; Manār VIII, S. 348.

7,25(24): **Er sprach: »Auf ihr werdet ihr leben, und auf ihr werdet ihr sterben, und aus ihr werdet ihr hervorgebracht werden«:** ähnlich in → 2,28; 10,56; 15,23; 45,26; 50,43.

7,26(25): **O Kinder Adams, Wir haben auf euch Kleidung hinabgesandt, die eure Blöße bedeckt, und auch Prunkgewänder:** Wie in 39,6 (acht Paare von den Herdentieren) und 57,25 (das Eisen) wird auch hier von einer *Herabsendung* der Kleider gesprochen. Sonst wird das Wort im Zusammenhang mit der Offenbarung gebraucht: → 2,4.

Aber die Kleidung der Gottesfurcht, die ist besser: Von den muslimischen Kommentatoren denken einige hier an Kleider im eigentlichen Sinn (die für die Verrichtung der Gebete oder als Schutz beim Kampf oder endlich zur Bedeckung der Blöße beim Vollzug der Wallfahrtsriten getragen werden: siehe unten 7,31: gegen die Sitte der Altaraber, nackt den Umlauf um die Kaʿba zu vollziehen).

Andere deuten das Wort im übertragenen Sinn: es seien gemeint der Glaube (Qatāda, als-Suddī, Ibn Djuraydj), oder die guten Werke (Ibn ʿAbbās, Ḥasan al-Baṣrī), oder endlich (so Maʿbad al-Djahnī) die Schamhaftigkeit[5].

die ist besser: vgl. 2,54.

Das gehört zu den Zeichen Gottes: auch in 18,17. Dies sind die Zeichen Gottes: → 2,252.

auf daß Sie es bedenken: → 6,152.

7,27(26): **O Kinder Adams, der Satan soll euch bloß nicht verführen:** → 2,102.

wie er eure Eltern aus dem Paradies vertrieben hat, indem er ihnen die Kleidung wegnahm, um sie ihre Blöße sehen zu lassen: oder: so daß er sie ihre Blöße hat sehen lassen. Mit der Kleidung ist hier das Licht des Paradieses gemeint oder die Frömmigkeit oder die Kleidung des Paradieses[6].

Er sieht euch, er und seine Genossen, von wo ihr sie nicht seht: Satan und seine Anhänger.

Wir haben die Satane denen zu Freunden gemacht, die nicht glauben: auch in 3,175; 4,38.76; 6,121; 7,30; 17,27; 19,83 (Hast du nicht gesehen, daß Wir die Satane gegen die Ungläubigen gesandt haben, damit sie sie heftig aufstacheln?). Die Gläubigen sollen keinen Freunden anstelle Gottes folgen: → 7,3.

5. Vgl. Zamakhsharī II, S. 97; Rāzī VII, 14 , S. 55-56; Ibn Kathīr II, S. 198; Manār VIII, S. 360.
6. Vgl. Rāzī VII, 14, S. 57; Manār VIII, S. 362-363.

28 Und wenn sie etwas Schändliches tun, sagen
sie: »Wir haben es bei unseren Vätern vorgefunden, und Gott hat es uns geboten.« Sprich: Gott
gebietet nicht das Schändliche. Wollt ihr denn
über Gott sagen, was ihr nicht wißt? 29 Sprich:
Mein Herr hat die Gerechtigkeit geboten, und daß
ihr euer Gesicht bei jeder Moschee aufrichtet und
ihn anruft, wobei ihr Ihm gegenüber aufrichtig in
der Religion seid. So wie Er euch anfangs gemacht
hat, werdet ihr zurückkehren. 30 Einen Teil hat Er
rechtgeleitet, über einen Teil ist der Irrtum zu
Recht gekommen, denn sie haben sich die Satane
anstelle Gottes zu Freunden genommen und meinen, sie seien der Rechtleitung gefolgt.
[16¼] *31 O Kinder Adams, legt euren Schmuck bei jeder
Moschee an, und eßt und trinkt, aber seid nicht
maßlos. Er liebt ja die Maßlosen nicht. 32 Sprich:
Wer hat denn den Schmuck verboten, den Gott
für seine Diener hervorgebracht hat, und auch die
köstlichen Dinge des Lebensunterhalts? Sprich:
Sie sind im diesseitigen Leben für die bestimmt,
die glauben, und am Tag der Auferstehung
(ihnen) besonders vorbehalten. So legen Wir die
Zeichen im einzelnen dar für Leute, die Bescheid
wissen. 33 Sprich: Siehe, mein Herr hat die
schändlichen Taten verboten, was von ihnen offen

وَإِذَا فَعَلُوا۟ فَٰحِشَةً قَالُوا۟
وَجَدْنَا عَلَيْهَآ ءَابَآءَنَا وَٱللَّهُ أَمَرَنَا بِهَا ۗ قُلْ إِنَّ ٱللَّهَ لَا يَأْمُرُ
بِٱلْفَحْشَآءِ ۖ أَتَقُولُونَ عَلَى ٱللَّهِ مَا لَا تَعْلَمُونَ ﴿٢٨﴾ قُلْ أَمَرَ
رَبِّى بِٱلْقِسْطِ ۖ وَأَقِيمُوا۟ وُجُوهَكُمْ عِندَ كُلِّ مَسْجِدٍ وَٱدْعُوهُ
مُخْلِصِينَ لَهُ ٱلدِّينَ ۚ كَمَا بَدَأَكُمْ تَعُودُونَ ﴿٢٩﴾ فَرِيقًا هَدَىٰ
وَفَرِيقًا حَقَّ عَلَيْهِمُ ٱلضَّلَٰلَةُ ۚ إِنَّهُمُ ٱتَّخَذُوا۟ ٱلشَّيَٰطِينَ
أَوْلِيَآءَ مِن دُونِ ٱللَّهِ وَيَحْسَبُونَ أَنَّهُم مُّهْتَدُونَ ﴿٣٠﴾
* يَٰبَنِىٓ ءَادَمَ خُذُوا۟ زِينَتَكُمْ عِندَ كُلِّ مَسْجِدٍ وَكُلُوا۟
وَٱشْرَبُوا۟ وَلَا تُسْرِفُوٓا۟ ۚ إِنَّهُۥ لَا يُحِبُّ ٱلْمُسْرِفِينَ ﴿٣١﴾
قُلْ مَنْ حَرَّمَ زِينَةَ ٱللَّهِ ٱلَّتِىٓ أَخْرَجَ لِعِبَادِهِۦ وَٱلطَّيِّبَٰتِ
مِنَ ٱلرِّزْقِ ۚ قُلْ هِىَ لِلَّذِينَ ءَامَنُوا۟ فِى ٱلْحَيَوٰةِ ٱلدُّنْيَا
خَالِصَةً يَوْمَ ٱلْقِيَٰمَةِ ۗ كَذَٰلِكَ نُفَصِّلُ ٱلْءَايَٰتِ لِقَوْمٍ
يَعْلَمُونَ ﴿٣٢﴾ قُلْ إِنَّمَا حَرَّمَ رَبِّىَ ٱلْفَوَٰحِشَ مَا ظَهَرَ مِنْهَا

und was verborgen ist; und auch die Sünde und die Gewaltanwendung ohne vorliegende Berechtigung, und auch, daß ihr Gott solche beigesellt, für die Er keine Ermächtigung herabgesandt hat, und daß ihr über Gott das sagt, was ihr nicht wißt.
34 Für jede Gemeinschaft ist eine Frist festgesetzt. Und wenn ihre Frist kommt, können sie nicht einmal eine Stunde zurückbleiben oder vorausgehen.
35 O Kinder Adams, wenn Gesandte aus eurer Mitte zu euch kommen, um euch von meinen Zeichen zu erzählen, dann haben diejenigen, die gottesfürchtig sind und Besserung bringen, nichts zu
befürchten, und sie werden nicht traurig sein. 36
Und diejenigen, die unsere Zeichen für Lüge erklären und sich ihnen gegenüber hochmütig verhalten, das sind die Gefährten der Hölle; darin
werden sie ewig weilen. 37 Und wer ist denn
ungerechter als der, der gegen Gott eine Lüge erdichtet oder seine Zeichen für Lüge erklärt? Jene wird ihr Anteil dem Buch gemäß erreichen. Und wenn dann unsere Boten zu ihnen kommen, um sie abzuberufen, sagen sie: »Wo sind diejenigen, die ihr anstelle Gottes anzurufen pflegtet?« Sie sagen: »Sie sind uns entschwunden.« Und sie bezeugen gegen sich selbst, daß sie ungläubig
waren. 38 Er spricht: »Geht ein ins Feuer mit
Gemeinschaften von den Djinn und den Menschen, die vor euch dahingegangen sind.« Sooft

وَمَا بَطَنَ وَٱلْإِثْمَ وَٱلْبَغْىَ بِغَيْرِ ٱلْحَقِّ وَأَن تُشْرِكُوا۟ بِٱللَّهِ مَا لَمْ
يُنَزِّلْ بِهِۦ سُلْطَـٰنًا وَأَن تَقُولُوا۟ عَلَى ٱللَّهِ مَا لَا تَعْلَمُونَ ﴿٣٣﴾
وَلِكُلِّ أُمَّةٍ أَجَلٌ ۖ فَإِذَا جَآءَ أَجَلُهُمْ لَا يَسْتَأْخِرُونَ سَاعَةً ۖ
وَلَا يَسْتَقْدِمُونَ ﴿٣٤﴾ يَـٰبَنِىٓ ءَادَمَ إِمَّا يَأْتِيَنَّكُمْ رُسُلٌ مِّنكُمْ
يَقُصُّونَ عَلَيْكُمْ ءَايَـٰتِى ۙ فَمَنِ ٱتَّقَىٰ وَأَصْلَحَ فَلَا خَوْفٌ عَلَيْهِمْ
وَلَا هُمْ يَحْزَنُونَ ﴿٣٥﴾ وَٱلَّذِينَ كَذَّبُوا۟ بِـَٔايَـٰتِنَا وَٱسْتَكْبَرُوا۟
عَنْهَآ أُو۟لَـٰٓئِكَ أَصْحَـٰبُ ٱلنَّارِ ۖ هُمْ فِيهَا خَـٰلِدُونَ ﴿٣٦﴾ فَمَنْ
أَظْلَمُ مِمَّنِ ٱفْتَرَىٰ عَلَى ٱللَّهِ كَذِبًا أَوْ كَذَّبَ بِـَٔايَـٰتِهِۦٓ ۚ
أُو۟لَـٰٓئِكَ يَنَالُهُمْ نَصِيبُهُم مِّنَ ٱلْكِتَـٰبِ ۖ حَتَّىٰٓ إِذَا جَآءَتْهُمْ
رُسُلُنَا يَتَوَفَّوْنَهُمْ قَالُوٓا۟ أَيْنَ مَا كُنتُمْ تَدْعُونَ مِن دُونِ
ٱللَّهِ ۖ قَالُوا۟ ضَلُّوا۟ عَنَّا وَشَهِدُوا۟ عَلَىٰٓ أَنفُسِهِمْ أَنَّهُمْ كَانُوا۟
كَـٰفِرِينَ ﴿٣٧﴾ قَالَ ٱدْخُلُوا۟ فِىٓ أُمَمٍ قَدْ خَلَتْ مِن قَبْلِكُم
مِّنَ ٱلْجِنِّ وَٱلْإِنسِ فِى ٱلنَّارِ ۖ كُلَّمَا دَخَلَتْ أُمَّةٌ لَّعَنَتْ أُخْتَهَا

eine Gemeinschaft hineingeht, verflucht sie ihresgleichen. Und wenn sie dann alle darin einander
eingeholt haben, sagt die letzte von ihnen in
bezug auf die erste: »Unser Herr, diese da haben
uns in die Irre geführt. So laß ihnen eine doppelte
Pein vom Feuer zukommen.« Er sprich: »Jeder
erhält das Doppelte, aber ihr wißt nicht Bescheid.«
39 Und die erste von ihnen sagt zu der letzten:
»Ihr habt nun keinen Vorzug gegenüber uns.
Kostet die Pein für das, was ihr erworben habt.«

حَتَّىٰٓ إِذَا ٱدَّارَكُواْ فِيهَا جَمِيعًا قَالَتۡ أُخۡرَىٰهُمۡ لِأُولَىٰهُمۡ رَبَّنَا
هَٰٓؤُلَآءِ أَضَلُّونَا فَـَٔاتِهِمۡ عَذَابًا ضِعۡفًا مِّنَ ٱلنَّارِۖ قَالَ لِكُلٍّ
ضِعۡفٌ وَلَٰكِن لَّا تَعۡلَمُونَ ﴿٣٨﴾ وَقَالَتۡ أُولَىٰهُمۡ لِأُخۡرَىٰهُمۡ
فَمَا كَانَ لَكُمۡ عَلَيۡنَا مِن فَضۡلٍ فَذُوقُواْ ٱلۡعَذَابَ بِمَا كُنتُمۡ
تَكۡسِبُونَ ﴿٣٩﴾

Varianten: 7,28–39

7,28: ataqūlūna: yataqūlūna (nach Nāfi; Ibn Kathīr, Abū ʿAmr).
7,30: farīqan hadā wa farīqan ḥaqqa: farīqayni farīqan ḥaqqa: in zwei Teile, über einen Teil ist ... zu Recht gekommen (bei Ubayy, ʿAlī). ʿalayhimu: ʿalayhimi (nach Ḥasan al-Baṣrī); ʿalayhumu (nach Ḥamza, Kisāʾī).
wa yaḥsabūna: wa yaḥsibūna (nach Ḥamza, Kisāʾī, Ḥasan al-Baṣrī).
7,32: khāliṣatan: khāliṣatun (nach Nāfiʿ); khālisatan lahū, – laham (bei ʿAlī).
7,33: rabbiya: rabbī (nach Ḥamza).
yunazzil: yunzil (nach Ibn Kathīr, Abū ʿAmr).
7,34: adjaluhum: ādjāluhum (bei Ibn Masʿūd, Ubayy; nach ʿĪsā al-Thaqafī).
yastaʾkhirūna: yastākhirūna (nach Warsh, al-Sūsī).
7,35: yaʾtiyannakum: taʾtiyannakum (bei Ubayy; nach Ḥumayd al-Aʿradj, Ḥasan al-Baṣrī).
ʿalyhim: ʿalayhum (nach Ḥamza, Kisāʾī).
7,37; rusulunā: ruslanā (nach Abū ʿAmr).
7,38: idhā ddārakū: idhā tadārakū (bei Ibn Masʿūd, Ubayy, al-Aʿmash; nach Abū Razīn); idhā adrakū (bei Ibn Masʿūd und Mudjāhid nach einigen Gewährsmännern); idhā ddarakū (bei Ibn Masʿūd; nach Ḥumayd al-Aʿradj).
aḍallūna: yaḍallūnā (nach Nāfīʿ, Ibn Kathīr, Abū ʿAmr).
taʿlamūna: yaʿlamūna (nach Abū Bakr in der Tradition von ʿĀṣim).

Kommentar

728(27): **Und wenn sie etwas Schändliches tun, sagen sie: »Wir haben es bei unseren Vätern vorgefunden, und Gott hat es uns geboten«:** Der Koran setzt sich hier und in den folgenden Versen mit einigen Sitten der Polytheisten auseinander, die sie zu rechtfertigen suchen, und zwar durch Berufung auf die Tradition ihrer Vorfahren (vgl. auch → 2,170; → 5,104) oder auf die Weisung Gottes.

fāḥisha (Schändliches): → 2,169. Entweder geht es hier um die Tabu-Vorschriften, die der Koran auf ihre Willkür zurückführt, oder um die Sitte, den Umlauf in der Ka'ba bei den Wallfahrtsriten nackt zu vollziehen, oder allgemein um schwerwiegende Verfehlungen aller Art.

Sprich: Gott gebietet nicht das Schändliche: → 2,169.268.

Wollt ihr denn über Gott sagen, was ihr nicht wißt?: → 2,80.169.

Dieser Vers unterstützt die Lehre der Mu'taziliten über die Bestimmung der moralischen Qualität des menschlichen Tuns. Diese lehren, daß die menschliche Handlung eine innere moralische Qualität aufweist, die nicht direkt und ausschließlich von der positiven Festsetzung Gottes abhängt. Eine Tat sei gut oder böse aufgrund einer ihr innewohnenden sittlichen Qualität, die für die menschliche Vernunft erkennbar ist. Die Vernunft erkennt diese sittliche Qualität der Taten entweder unmittelbar oder nach einiger Überlegung oder endlich nach Bestätigung durch die Offenbarung Gottes.

Die Ash'ariten lehren im Gegenteil, daß Gott in seiner freien Entscheidung festsetzt, was als gut und was als böse zu gelten hat. Gut und böse sind demnach keine objektiven Qualitäten einer menschlichen Tat und sind nicht durch Vergleich mit objektiven Normen erkennbar. Sie sind die positiven Festsetzungen des göttlichen Willens. Die Verfügungen Gottes sind die einzigen Normen von Gut und Böse. Die Rolle der Vernunft besteht lediglich darin, die Dekrete Gottes festzustellen, zu beschreiben und in ihren Konsequenzen für das praktische Handeln auszulegen[1].

1. Vgl. *Hermann Stieglecker:* Die Glaubenlehren des Islams, 2. Auflage, Paderborn 1983, S. 127–134; *Adel Theodor Khoury:* Gottesbegriff im Streit von Theologie und Philosophie. Bemerkungen zum islamischen Voluntarismus, in: D. Papenfuß/J. Söring (Hg.): Transzendenz und Immanenz. Philosophie und Theologie in der veränderten Welt, Stuttgart 1977, S. 169–178. – Auch Rāzī sieht im vorliegenden Vers ein mögliches Argument zugunsten der mu'tazilitischen Lehre: VII, 14, S. 59, 60.

7,29(28): **Sprich: Mein Herr hat die Gerechtigkeit geboten:** → 2,282; → 3,21.

Ibn 'Abbās vertritt hier die Meinung, daß das Wort *qisṭ* nicht die Gerechtigkeit und das Rechte im allgemeinen (so 'Aṭā' und al-Suddī)[2], sondern Gerechtigkeit im Sinne Gottes, d. h. im Verweis auf → 3,18 (Gott erfüllt die Gerechtigkeit, indem er den Monotheismus bezeugt) Bekenntnis des Monotheismus bedeutet.

und daß ihr euer Gesicht bei jeder Moschee aufrichtet: Andere mögliche Übersetzung: und (spricht): Ihr sollt euer Gesicht ...

masdjid: Moschee als Ort des Gebetes, oder auch Niederwerfung, d. h. zur Zeit des Gebetes. Das Gesicht aufrichten *(aqīmū)* bedeutet hier wohl sich entsprechend der Gebetsrichtung hinstellen.

und ihn anruft, wobei ihr Ihm gegenüber aufrichtig in der Religion seid: → 4,146; → 2,139.

So wie Er euch anfangs gemacht hat, werdet ihr zurückkehren: Dies bezieht sich auf den Beginn des Lebens und die Auferstehung der Toten (so Ḥasan al-Baṣrī und Mudjāhid): siehe auch in 10,4.34; 20,55; 21,104; 27,64; 29,19; 30,11.27; 34,49; 85,13; vgl. 7,56; 71,17-18.

Ibn 'Abbās meint, es ginge hier um den jeweiligen Zustand des Glaubens und des Unglaubens: Wer von Gott als Gläubiger bzw. Ungläubiger gemacht wurde, wird auch als solcher auferweckt werden. Er beruft sich auf den nächsten Vers, in dem die zwei Gruppen der Gläubigen und der Ungläubigen erwähnt werden.

7,30(28): **Einen Teil hat Er rechtgeleitet, über einen Teil ist der Irrtum zu Recht gekommen:** siehe 16,36; → 2,253.

denn sie haben sich die Satane anstelle Gottes zu Freunden genommen: → 7,3.27.

und meinen, sie seien der Rechtleitung gefolgt: auch in 43,37; ähnlicher Ausdruck in 18,104; 58,18.

7,31(29): **O Kinder Adams, legt euren Schmuck bei jeder Moschee an:** Es geht hier wie in → 7,26 um die Kleidung. Die Kommentatoren beziehen diese Weisung auf die Sitte der arabischen Beduinen, während der Wallfahrt nackt den Umlauf in der Ka'ba zu vollziehen, die Männer tagsüber und die Frauen nachts. Sie begründeten diese rituelle Nacktheit damit, daß sie den Umlauf nicht in den

2. Vgl. auch Zamakhsharī II, S. 99.

Kleidern vollziehen wollen, in denen sie auch die Sünden begehen, oder daß sie damit hoffen, sich ihrer Sünden zu entledigen. Die Quarayshiten der Stadt Mekkas pflegten, anders als die Beduinen, bekleidet die Riten zu vollziehen, sie enthielten sich aber des Fettes und aßen nur das Nötigste. Daher auch die nächste Weisung des Korans an die Adresse der Muslime[3].

und eßt und trinkt: Einige beziehen diesen Satz auf die willkürlich festgelegten Tabu-Vorschriften im Hinblick auf die Herdentiere: → 5,103; → 6,138–141. Sonst beinhaltet dieser Satz die generelle Erlaubnis, alle Speisen und Getränke zu gebrauchen mit Ausnahme derer, die ausdrücklich verboten sind; → 6,145; auch → 2,57.60; → 5,88.

aber sei nicht maßlos: → 6,141; → 3,147.

7,32(30): **Sprich: Wer hat denn den Schmuck verboten, den Gott für seine Diener hervorgebracht hat, und auch die köstlichen Dinge des Lebensunterhalts?:** Die meisten Kommentatoren denken hier, wie Ibn 'Abbās, an die Kleidung, während andere alle Arten von Schmuck für erlaubt erklären ausgenommen dessen, was ausdrücklich im Koran oder in den Sprüchen Muḥammads verboten wurde.

Sprich: Sie sind im diesseitigen Leben für die bestimmt, die glauben: jedoch nich ausschließlich, denn auch die Ungläubigen haben Anteil daran; vgl. 2,126 (Und wer nicht glaubt, den lasse Ich ein wenig genießen, alsdann zwinge Ich ihn in die Pein des Feuers).

und am Tag der Auferstehung (ihnen) besonders vorbehalten: ähnlich in 52,19; 69,24; 77,43.

So legen Wir die Zeichen im einzelnen dar für Leute, die Bescheid wissen: auch in 6,97; 9,11; 10,5; 41,3; → 6,46.

7,33(31): **Sprich: Siehe, mein Herr hat die schändlichen Taten verboten, was von ihnen offen und was verborgen ist:** → 6,120.151.

und auch die Sünde: Die muslimischen Kommentatoren haben versucht, den Unterschied zwischen den schändlichen Taten *(fawāḥish)* und der Sünde *(ithm)* deutlich zu machen: Die schändlichen Taten seien die schweren Übertretungen

3. Vgl. Zamakhsharī II, S. 100; Rāzī VII, 14, S. 64; Manār VIII, S. 379–380.

und die Sünde hier nur die kleineren Vergehen, oder das sei der Unterschied zwischen den Sünden, für die eine gesetzliche Strafe *(ḥadd)* vorgesehen ist, und den Sünden, für die keine gesetzliche Strafe festgelegt ist, oder zwischen den großen Sünden und den Sünden im allgemeinen, oder zwischen Unzucht und Ehebruch auf der einen und den übrigen Sünden auf der anderen Seite[4].

und die Gewaltanwendung ohne vorliegende Berechtigung: → 6,151.

und auch, daß ihr Gott solche beigesellt, für die Er keine Ermächtigung herabgesandt hat: → 3,151.

und daß ihr über Gott das sagt, was ihr nicht wißt: 7,28; → 2,80.169.

7,34(32): **Für jede Gemeinschaft ist eine Frist festgesetzt. Und wenn ihre Frist kommt, können sie nicht einmal eine Stunde zurückbleiben oder vorausgehen:** siehe auch 10,49; 15,5; 16,61; 23,43; 34,30; – 11,104; 63,11.

Es geht um die Frist, die Gott abwartet, bis die Gemeinschaften der Botschaft ihres Propheten Glauben schenken. Danach, wenn sie in ihrem Unglauben verharren, bricht über sie das Strafgericht Gottes herein (so Ibn 'Abbās, Ḥasan al-Baṣrī, Muqātil). Andere denken auch an das Lebensende der einzelnen, dann werden sie zur festgelegten Zeit dahingerafft.

Das Verb *kommen* weist hier wohl nicht auf den genauen Zeitpunkt, sondern auf den nahen Zeitpunkt, so daß der Ausdruck *vorausgehen* einen Sinn hat[5].

7,35(33): **O Kinder Adams, wenn Gesandte aus eurer Mitte zu euch kommen, um euch von meinen Zeichen zu erzählen:** siehe 39,71; → 6,130. Zu den Zeichen Gottes zählt man den Koran, die Beweise für die Allmacht des Schöpfers und die Sendung der Propheten sowie die Rechtsbestimmungen und Weisungen Gottes.

dann haben diejenigen, die gottesfürchtig sind und Besserung bringen, nichts zu befürchten, und sie werden nicht traurig sein: → 6,48; → 2,38.62.

7,36(34): **Und diejenigen, die unsere Zeichen für Lüge erklären und sich ihnen gegenüber hochmütig verhalten, das sind die Gefährten der Hölle; darin werden sie ewig weilen:** auch 7,40; → 2,39; sich hochmütig verhalten: → 2,34.

4. Vgl. Rāzī VII, 14 S. 69. Siehe zum ganzen Vers Manār VIII, S. 394-401.
5. Vgl. Rāzī VII, 14, S. 72.

7,37(35): **Und wer ist denn ungerechter als der, der gegen Gott eine Lüge erdichtet oder seine Zeichen für Lüge erklärt?:** → 6,21.

Jene wird ihr Anteil dem Buch gemäß erreichen: wörtlich: vom Buch, vom Buch der Offenbarung oder vom Buch der ewigen Bestimmungen Gottes. Es ist entweder die Pein, die für sie bestimmt ist, oder etwas anderes als die Strafe Gottes:
– die Erfüllung der Pflichten der Muslime gegenüber den Juden und Christen, ihren Schutzbürgern (Schutz des Lebens, des Eigentums, der Religionsfreiheit und der bürgerlichen Rechte),
– oder was für sie bestimmt ist an Not und Glück (so Ibn ʻAbbās, Mudjāhid, Saʻīd ibn Djubayr),
– oder was für sie bestimmt ist an Lebensdauer, Lebensunterhalt und Werken (so al-Rabīʻ ibn Khuthaym)[6].

Und wenn dann unsere Boten zu ihnen kommen, um sie abzuberufen: Es sind die Engel des Todes: → 6,61.

Sie sagen: »Wo sind diejenigen, die ihr anstelle Gottes anzurufen pflegtet?«: → 6,22

Sie sagen: »Sie sind uns entschwunden«: auch in 40,73–74; → 6,24.

Und sie bezeugen gegen sich selbst, daß sie ungläubig waren: → 6,130; 9,17; 39,71.

7,38(36): **Er spricht: »Geht ein ins Feuer mit Gemeinschaften von den Djinn und den Menschen, die vor euch dahingegangen sind«:** *Er:* Gott, oder (laut Muqātil) der Vorsteher der Hölle.

Sooft eine Gemeinschaft hineingeht, verflucht sie ihresgleichen: wörtlich: ihre Schwester. Ähnlich in 43,67 (Vertraute werden an jenem Tag einer des anderen feind sein, außer den Gottesfürchtigen).

Und wenn sie dann alle darin einander eingeholt haben, sagt die letzte in bezug auf die erste: die letzte und die erste entweder nach der Zeit des Eingehens ins Feuer oder nach ihrer Rangordnung in der Gesellschaft.

6. Vgl. dazu Rāzī VII, 14, S. 75; Manār VIII, S. 412.

»Unser Herr, diese da haben uns in die Irre geführt: entweder durch direkte Anweisung zum Irrtum oder durch eine Tradition, die sie gegründet haben und die uns in die Irre geführt hat. Die Suche nach einer Ausrede findet sich auch in → 6,23 (... wir waren keine Polytheisten).

So laß ihnen eine doppelte Pein vom Feuer zukommen«: *doppelte Pein* oder: soviel Pein und mehr (ohne nähere Bestimmung). Es geht nicht um mehr Pein, als sie verdienen, sondern darum, daß ihre Pein sich selbst vermehren möge.

Zu den zwei letzten Sätzen siehe auch 33,67–68; 38,60-61; 41,29; vgl. 29,25.

Er spricht: »Jeder erhält das Doppelte, aber ihr wißt nicht Bescheid«: Die Entscheidung Gottes betrifft alle, ihre aller Pein wird sich vermehren.

7,39(37): **Und die erste von ihnen sagt zu der letzten: »Ihr habt nun keinen Vorzug gegenüber uns:«:** Alle Verdammten erleiden dasselbe Los.

Kostet die Pein für das, was ihr erworben habt: Der Satz ist die Fortsetzung der Worte der Gruppe, oder es ist der Schlußsatz Gottes an die Adresse aller.

Siehe 39,24; – 10,52; → 3,106. *erworben:* → 2,79.

40 Denen, die unsere Zeichen für Lüge erklären
und sich ihnen gegenüber hochmütig verhalten,
werden die Tore des Himmels nicht geöffnet, und
sie werden nicht ins Paradies eingehen, ehe denn
ein Kamel durch ein Nadelöhr geht. So vergelten
Wir denen, die Übeltäter sind. 41 Ihnen wird die
Hölle zur Lagerstätte, und über ihnen sind Dek-
ken. So vergelten Wir denen, die Unrecht tun. 42
Diejenigen, die glauben und die guten Werke tun
– Wir fordern von einem jeden nur das, was er
vermag –, das sind die Gefährten des Paradieses;
darin werden sie ewig weilen. 43 Und Wir nehmen
weg, was in ihrer Brust an Groll dasein mag. Es
fließen unter ihnen Bäche. Und sie sagen: »Lob sei
Gott, der uns hierher geleitet hat! Wir hätten
unmöglich die Rechtleitung gefunden, hätte uns
Gott nicht rechtgeleitet. Die Gesandten unseres
Herrn sind wirklich mit der Wahrheit gekommen.« Und es wird ihnen zugerufen: »Dies ist das
Paradies. Es ist euch zum Erbe gegeben worden
für das, was ihr zu tun pflegtet.« 44 Die Gefährten
des Paradieses rufen den Gefährten des Feuers zu:
»Wir haben gefunden, daß das, was uns unser
Herr versprochen hat, wahr ist. Habt ihr auch
gefunden, daß das, was euch euer Herr versprochen hat, wahr ist?« Sie sagen: »Ja.« Da ruft ein
Rufer unter ihnen aus: »Gottes Fluch komme über

إِنَّ ٱلَّذِينَ كَذَّبُوا۟ بِـَٔايَـٰتِنَا وَٱسْتَكْبَرُوا۟ عَنْهَا
لَا تُفَتَّحُ لَهُمْ أَبْوَٰبُ ٱلسَّمَآءِ وَلَا يَدْخُلُونَ ٱلْجَنَّةَ حَتَّىٰ يَلِجَ
ٱلْجَمَلُ فِى سَمِّ ٱلْخِيَاطِ ۚ وَكَذَٰلِكَ نَجْزِى ٱلْمُجْرِمِينَ ﴿٤٠﴾
لَهُم مِّن جَهَنَّمَ مِهَادٌ وَمِن فَوْقِهِمْ غَوَاشٍ ۚ وَكَذَٰلِكَ
نَجْزِى ٱلظَّـٰلِمِينَ ﴿٤١﴾ وَٱلَّذِينَ ءَامَنُوا۟ وَعَمِلُوا۟ ٱلصَّـٰلِحَـٰتِ
لَا نُكَلِّفُ نَفْسًا إِلَّا وُسْعَهَآ أُو۟لَـٰٓئِكَ أَصْحَـٰبُ ٱلْجَنَّةِ ۖ
هُمْ فِيهَا خَـٰلِدُونَ ﴿٤٢﴾ وَنَزَعْنَا مَا فِى صُدُورِهِم مِّنْ غِلٍّ
تَجْرِى مِن تَحْتِهِمُ ٱلْأَنْهَـٰرُ ۖ وَقَالُوا۟ ٱلْحَمْدُ لِلَّهِ ٱلَّذِى هَدَىٰنَا
لِهَـٰذَا وَمَا كُنَّا لِنَهْتَدِىَ لَوْلَآ أَنْ هَدَىٰنَا ٱللَّهُ ۖ لَقَدْ جَآءَتْ
رُسُلُ رَبِّنَا بِٱلْحَقِّ ۖ وَنُودُوٓا۟ أَن تِلْكُمُ ٱلْجَنَّةُ أُورِثْتُمُوهَا بِمَا
كُنتُمْ تَعْمَلُونَ ﴿٤٣﴾ وَنَادَىٰٓ أَصْحَـٰبُ ٱلْجَنَّةِ أَصْحَـٰبَ ٱلنَّارِ
أَن قَدْ وَجَدْنَا مَا وَعَدَنَا رَبُّنَا حَقًّا فَهَلْ وَجَدتُّم مَّا وَعَدَ
رَبُّكُمْ حَقًّا ۖ قَالُوا۟ نَعَمْ ۚ فَأَذَّنَ مُؤَذِّنٌۢ بَيْنَهُمْ أَن لَّعْنَةُ

die, die Unrecht tun, 45 die vom Weg Gottes
abweisen und sich ihn krumm wünschen, und die
ja das Jenseits verleugnen.« 46 Und zwischen
ihnen ist ein Vorhang. Und auf dem Bergkamm
sind Männer, die jeden an seinem Merkmal erkennen. Sie rufen den Gefährten des Paradieses zu:
»Friede sei über euch!« Sie selbst aber sind nicht
[16½] hineingegangen, obwohl sie es begehren. *47 Und
wenn ihre Blicke sich den Gefährten des Feuers
zuwenden, sagen sie: »Unser Herr, stelle uns nicht
zu den Leuten, die Unrecht tun.« 48 Und die
Gefährten des Bergkammes rufen Männern, die
sie an ihrem Merkmal erkennen, zu. Sie sagen:
»Es hat euch nicht genützt, daß ihr (Vermögen
und Freunde) gesammelt und euch hochmütig
verhalten habt. 49 Sind das diejenigen, von denen
ihr geschworen habt, Gott werde ihnen keine
Barmherzigkeit erweisen? – Geht (ihr) ins Paradies ein. Ihr habt nichts zu befürchten, und ihr
werdet nicht traurig sein.« 50 Die Gefährten des
Feuers rufen den Gefährten des Paradieses zu:
»Schüttet auf uns etwas Wasser aus oder etwas
von dem, was Gott euch beschert hat.« Sie sagen:
»Gott hat beides den Ungläubigen verwehrt, 51
die ihre Religion zum Gegenstand von Zerstreuung und Spiel genommen haben und die das diesseitige Leben betört hat.« Heute werden Wir sie
vergessen, wie sie die Begegnung mit diesem
ihrem Tag vergaßen und wie sie unsere Zeichen

ٱللَّهِ عَلَى ٱلظَّٰلِمِينَ ﴿٤٤﴾ ٱلَّذِينَ يَصُدُّونَ عَن سَبِيلِ ٱللَّهِ
وَيَبْغُونَهَا عِوَجًا وَهُم بِٱلْأَخِرَةِ كَٰفِرُونَ ﴿٤٥﴾ وَبَيْنَهُمَا
حِجَابٌ ج وَعَلَى ٱلْأَعْرَافِ رِجَالٌ يَعْرِفُونَ كُلًّا بِسِيمَٰهُمْ ج
وَنَادَوْاْ أَصْحَٰبَ ٱلْجَنَّةِ أَن سَلَٰمٌ عَلَيْكُمْ ج لَمْ يَدْخُلُوهَا
وَهُمْ يَطْمَعُونَ ﴿٤٦﴾ ۞ وَإِذَا صُرِفَتْ أَبْصَٰرُهُمْ تِلْقَآءَ
أَصْحَٰبِ ٱلنَّارِ قَالُواْ رَبَّنَا لَا تَجْعَلْنَا مَعَ ٱلْقَوْمِ ٱلظَّٰلِمِينَ ﴿٤٧﴾
وَنَادَىٰٓ أَصْحَٰبُ ٱلْأَعْرَافِ رِجَالًا يَعْرِفُونَهُم بِسِيمَٰهُمْ
قَالُواْ مَآ أَغْنَىٰ عَنكُمْ جَمْعُكُمْ وَمَا كُنتُمْ تَسْتَكْبِرُونَ ﴿٤٨﴾
أَهَٰٓؤُلَآءِ ٱلَّذِينَ أَقْسَمْتُمْ لَا يَنَالُهُمُ ٱللَّهُ بِرَحْمَةٍ ج ٱدْخُلُواْ ٱلْجَنَّةَ
لَا خَوْفٌ عَلَيْكُمْ وَلَآ أَنتُمْ تَحْزَنُونَ ﴿٤٩﴾ وَنَادَىٰٓ أَصْحَٰبُ
ٱلنَّارِ أَصْحَٰبَ ٱلْجَنَّةِ أَنْ أَفِيضُواْ عَلَيْنَا مِنَ ٱلْمَآءِ أَوْ مِمَّا
رَزَقَكُمُ ٱللَّهُ ج قَالُوٓاْ إِنَّ ٱللَّهَ حَرَّمَهُمَا عَلَى ٱلْكَٰفِرِينَ ﴿٥٠﴾
ٱلَّذِينَ ٱتَّخَذُواْ دِينَهُمْ لَهْوًا وَلَعِبًا وَغَرَّتْهُمُ ٱلْحَيَوٰةُ ٱلدُّنْيَا صلى
فَٱلْيَوْمَ نَنسَىٰهُمْ كَمَا نَسُواْ لِقَآءَ يَوْمِهِمْ هَٰذَا وَمَا كَانُواْ

zu leugnen pflegten. 52 Wir haben ihnen ein Buch gebracht, das Wir mit Wissen im einzelnen dargelegt haben, als Rechtleitung und Barmherzigkeit für Leute, die glauben. 53 Erwarten sie denn etwas anderes als seine Deutung? An dem Tag, an dem seine Deutung eintrifft, werden diejenigen, die es vorher vergessen haben, sagen: »Die Gesandten unseres Herrn sind mit der Wahrheit gekommen. Haben wir denn Fürsprecher, daß sie für uns Fürsprache einlegen? Oder können wir zurückgebracht werden, daß wir anders handeln, als wir gehandelt haben?« Sie haben sich selbst verloren, und es ist ihnen entschwunden, was sie immer wieder erdichtet haben.

54 Euer Herr ist Gott, der die Himmel und die Erde in sechs Tagen erschuf und sich dann auf dem Thron zurechtsetzte. Er läßt die Nacht den Tag überdecken, wobei sie ihn eilig einzuholen sucht. (Er erschuf auch) die Sonne, den Mond und die Sterne, welche durch seinen Befehl dienstbar gemacht wurden. Siehe, Ihm allein steht das Erschaffen und der Befehl zu. Gesegnet sei Gott, der Herr der Welten! 55 Und ruft euren Herrn in Demut und im Verborgenen an. Er liebt die nicht, die Übertretungen begehen. 56 Und stiftet nicht Unheil auf der Erde, nachdem sie in Ordnung gebracht worden ist. Und ruft Ihn in Furcht und Begehren an. Die Barmherzigkeit Gottes ist den Rechtschaffenen nahe. 57 Und Er ist es, der die

بِـَٔايَـٰتِنَا يَجْحَدُونَ ﴿٥١﴾ وَلَقَدْ جِئْنَـٰهُم بِكِتَـٰبٍ فَصَّلْنَـٰهُ
عَلَىٰ عِلْمٍ هُدًى وَرَحْمَةً لِّقَوْمٍ يُؤْمِنُونَ ﴿٥٢﴾ هَلْ يَنظُرُونَ
إِلَّا تَأْوِيلَهُۥ ۚ يَوْمَ يَأْتِى تَأْوِيلُهُۥ يَقُولُ ٱلَّذِينَ نَسُوهُ مِن
قَبْلُ قَدْ جَآءَتْ رُسُلُ رَبِّنَا بِٱلْحَقِّ فَهَل لَّنَا مِن
شُفَعَآءَ فَيَشْفَعُوا۟ لَنَآ أَوْ نُرَدُّ فَنَعْمَلَ غَيْرَ ٱلَّذِى كُنَّا نَعْمَلُ ۚ
قَدْ خَسِرُوٓا۟ أَنفُسَهُمْ وَضَلَّ عَنْهُم مَّا كَانُوا۟ يَفْتَرُونَ ﴿٥٣﴾
إِنَّ رَبَّكُمُ ٱللَّهُ ٱلَّذِى خَلَقَ ٱلسَّمَـٰوَٰتِ وَٱلْأَرْضَ فِى سِتَّةِ
أَيَّامٍ ثُمَّ ٱسْتَوَىٰ عَلَى ٱلْعَرْشِ يُغْشِى ٱلَّيْلَ ٱلنَّهَارَ يَطْلُبُهُۥ
حَثِيثًا وَٱلشَّمْسَ وَٱلْقَمَرَ وَٱلنُّجُومَ مُسَخَّرَٰتٍۭ بِأَمْرِهِۦٓ ۗ
أَلَا لَهُ ٱلْخَلْقُ وَٱلْأَمْرُ ۗ تَبَارَكَ ٱللَّهُ رَبُّ ٱلْعَـٰلَمِينَ ﴿٥٤﴾
ٱدْعُوا۟ رَبَّكُمْ تَضَرُّعًا وَخُفْيَةً ۚ إِنَّهُۥ لَا يُحِبُّ ٱلْمُعْتَدِينَ ﴿٥٥﴾
وَلَا تُفْسِدُوا۟ فِى ٱلْأَرْضِ بَعْدَ إِصْلَـٰحِهَا وَٱدْعُوهُ خَوْفًا
وَطَمَعًا ۚ إِنَّ رَحْمَتَ ٱللَّهِ قَرِيبٌ مِّنَ ٱلْمُحْسِنِينَ ﴿٥٦﴾ وَهُوَ

Winde als frohe Kunde seiner Barmherzigkeit vorausschickt. Wenn sie dann eine schwere Bewölkung herbeitragen, treiben Wir sie zu einem abgestorbenen Land, senden dadurch das Wasser hernieder und bringen dadurch allerlei Früchte hervor. So bringen Wir (auch) die Toten hervor, auf daß ihr es bedenket. 58 Und das gute Land – seine Pflanzen kommen mit der Erlaubnis seines Herrn hervor. Und auf dem, das schlecht ist, kommen sie nur mühsam hervor. So legen Wir die Zeichen auf verschiedene Weise dar für Leute, die dankbar sind.

ٱلَّذِى يُرْسِلُ ٱلرِّيَٰحَ بُشْرًۢا بَيْنَ يَدَىْ رَحْمَتِهِۦ ۖ حَتَّىٰٓ
إِذَآ أَقَلَّتْ سَحَابًا ثِقَالًا سُقْنَٰهُ لِبَلَدٍ مَّيِّتٍ فَأَنزَلْنَا بِهِ
ٱلْمَآءَ فَأَخْرَجْنَا بِهِۦ مِن كُلِّ ٱلثَّمَرَٰتِ ۚ كَذَٰلِكَ نُخْرِجُ
ٱلْمَوْتَىٰ لَعَلَّكُمْ تَذَكَّرُونَ ﴿٥٧﴾ وَٱلْبَلَدُ ٱلطَّيِّبُ يَخْرُجُ نَبَاتُهُۥ
بِإِذْنِ رَبِّهِۦ ۖ وَٱلَّذِى خَبُثَ لَا يَخْرُجُ إِلَّا نَكِدًا ۚ كَذَٰلِكَ
نُصَرِّفُ ٱلْءَايَٰتِ لِقَوْمٍ يَشْكُرُونَ ﴿٥٨﴾

Varianten: 7,40–58

7,40: lā tufattaḥu: lā tuftaḥu (nach Abū ʿAmr); lā yuftaḥu (nach Ḥamza, Kisāʾī).
al-djamalu: al-djamalu al-aṣfaru: das gelbe Kamel (bei Ibn Masʿūd); al-djamalu al-asgharu: das kleinste Kamel (bei Ibn Masʿūd nach einigen Gewährsmännern); al-djummalu: der dicke Faden (bei Ibn Masʿūd nach einigen Gewährsmännern, Ubayy, Ibn ʿAbbās); al-djumalu (bei Saʿīd ibn Djubayr), al-djumlu, al-djamalu, al-djamlu: alle diese Wörter bedeuten: dicker Faden (laut Zamakhsharī II, S. 103).
sammi: summi (bei Ibn Masʿūd; nach Qatāda, Abū Razīn, Ibn Dīrīn).
al-khiyāṭi: al-makhyaṭi (bei Ibn Masʿūd, Ṭalḥa); al-mikhyaṭi (bei Ibn Masʿūd und Ṭalḥa nach einigen Gewährsmännern; nach Abū Razīn).
ghawāshin: ghawāshun (laut Zamakhsharī II, S. 104).

7,43: min taḥtihim: taḥtahum (bei Codex von Ḥimṣ).
wa mā kunnā: ohne mā (nach Ibn ʿĀmir).

7,44: naʿam: naʿim (nach Kisāʾī).
muʾdhdhinun: muwadhdhinun (nach Warsh).
an laʿnatu: anna laʿnata (nach den Rezitatoren außer Nāfiʿ, Abū ʿAmr, ʿĀṣim); inna laʿnata (bei al-Aʿmash).

7,46: tilqāʾa: tilqā (nach Abū ʿAmr, Qālūn).

7,47: ṣurifat: qulibat (bei Ibn Masʿūd, Ubayy, al-Aʿmash, Sālim)
lā tadjʿalnā: ʿāʾidhun bika an tadjʿalanā: ich suche Zuflucht bei Dir, Du mögest uns nicht stellen ... (bei Ubayy; nach Ibn Midjlaz).

7,48: tastakbirūna: tastakthirūna: ihr begehrt mehr (laut Zamakhsharī II, S. 108).

7,49: biraḥmatini dkhulū: biraḥmatinu dkhulū (nach den Rezitatoren außer Abū ʿAmr, ʿĀṣim, Ḥamza).
udhkhlū: udkhilū: sie wurden (ins Paradies) hineingeführt (laut Zamakhsharī II, S. 107); dakhalū: sie traten ein (bei Ubayy; nach Abū ʿImrān al-Djaunī); dakhala: sie traten ein (bei ʿIkrima, Ṭalḥa nach einigen Gewährsmännern).

7,50: al-māʾi au: al-māʾi yau (nach Nāfiʿ, Ibn Kathīr, Abū ʿAmr).

7,53: au nuraddu: au nuradda (nach Ibn Abī Isḥāq, Ḥasan al-Baṣrī).
fanaʿmala: fanaʿmalu (nach Ḥasan al-Baṣrī).

7,54: yughshī: yughashshī (nach Abū Bakr, Ḥamza, Kisāʾī, ʿĀṣim laut Abū Bakr).
yaghshā llayla l-nahāru: der Tag überdeckt die Nacht (nach Ḥamīd ibn Qays).
wal-shamsa wal-qamara musakhkharātin: wal-shamsu wal-qamaru musakhkharātun (nach Ibn ʿĀmir).

7,55: khufyatan: khifyatan (nach Abū Bakr).
innahū: inna llāha: Gott (liebt ...) (bei Ubayy; nach Ibn Abī ʿAbla).

7,57: bushran: bashran (laut Zamakhsharī II, S. 111); nushuran (bei Ibn Masʿūd; nach Nāfiʿ, Ibn Kathīr, Abū ʿAmr), nushran (nach Ibn ʿĀmir, Ḥasan al-Baṣrī, Qatāda); naṣhran (nach Ḥamza, Kisāʾī), nishran (nach Masrūq): alle diese Varianten bedeuten: verstreute (Wolken).

mayyitin: maytin (nach den Rezitatoren außer Nāfi', Ḥamza, Kisā'ī, Ḥafṣ).
tadhakkarūna: tadhdhakarūna (nach den Rezitatoren außer Ḥamza, Kisā'ī, Ḥafṣ).

7,58: yakhrudju nabātuhū: yukhridju nabātahū: bringt seine Pflanzen hervor (laut Zamakhsharī II, S. 112).
nakidan: nakadan, nakdan (laut Zamakhsharī II, S. 112).
nuṣarrifu: yuṣarrifu: legt Er (die Zeichen) dar (laut Zamakhsharī II, S. 112).

Kommentar

7,40(38): **Denen, die unsere Zeichen für Lüge erklären und sich ihnen gegenüber hochmütig verhalten:** → 7,36; → 2,39.

werden die Tore des Himmels nicht geöffnet: Die Tore des Himmels werden ihnen, d. h. ihren Seelen oder ihren Taten und Gebeten, verschlossen bleiben. Zu Gott gelangen nur das gefällige Wort und die gute Tat der Gläubigen (35,10).

Zum Ausdruck siehe auch 15,14; 38,50; 39,73; 54,11; 78,19; die Tore des Feuers: 23,77; 39,71. Im übertragenen Sinn bedeutet der Ausdruck: den Segen des Himmels und alles Gute herabsenden 6,44; 7,96; 54,11.

und sie werden nicht ins Paradies eingehen, ehe denn ein Kamel durch ein Nadelöhr geht: ähnlich im *Evangelium,* Mt 19,24; Mk 10,25; Lk 18,25.

So vergelten Wir denen, die Übeltäter sind: auch in 10,12; 46,25; – vgl. zur Strafe der Ungläubigen und Übeltäter 7,48; 12,110; 18,53; 19,86; 20,74.102; 25,22; 27,69; 30,12; 32,12.22; 43,37; 54,47; 55,41; 77,18.

7,41(39): **Ihnen wird die Hölle zur Lagerstätte:** → 2,206.

und über ihnen sind Decken: andere mögliche Übersetzung: Die Hölle wird ihnen zur Lagerstätte und zu Decken über ihnen.

Damit wird das Feuer sie von unten und von oben umhüllen. Siehe zu *ghawāshin* (Decken) auch 12,107; 88,1; – 14,50; 29,55; vgl. 18,29; 90,20; 104,6–9.

So vergelten Wir denen, die Unrecht tun: → 7,40.

7,42(40): **Diejenigen, die glauben und die guten Werke tun – Wir fordern von einem jeden nur das, was er vermag – das sind die Gefährten des Paradieses; darin werden sie ewig weilen:** → 2,82; zum Einschub: → 2,233.

7,43(41): **Und Wir nehmen weg, was in ihrer Brust an Groll dasein mag:** auch in 15,47; 59,10. Groll über andere Menschen oder die Widerwärtigkeiten des Lebens im Diesseits, oder Neid im Paradies wegen der höheren Rangstufe anderer. Im Paradies ist eine solche Haltung nicht mehr anzutreffen.

Es fließen unter ihnen Bäche: Der Ausdruck wird sonst auf die Gärten des Paradieses bezogen; → 2,25.

Und sie sagen: »Lob sei Gott, der uns hierher geleitet hat!: zum Paradies und zum beschriebenen Zustand der Zufriedenheit und des Glücks.
Lob sei Gott: auch in 10,10; 35,34; 39,74–75.

Wir hätten unmöglich die Rechtleitung gefunden, hätte uns Gott nicht rechtgeleitet: Der Mensch ist ganz auf Gott und seine Rechtleitung angewiesen; vgl. → 2,120 (Nur die Rechtleitung Gottes ist die [wahre] Rechtleitung); 10,35.

Die Gesandten unseres Herrn sind wirklich mit der Wahrheit gekommen«: auch in 7,53; bezogen auf Muḥammad: → 4,170; 9,33; 10,108; 35,24; 37,37; 48,28; 61,9.

Und es wird ihnen zugerufen: von Gott oder von den Engeln.

»Dies ist das Paradies. Es ist euch zum Erbe gegeben worden für das, was ihr zu tun pflegtet«: Das Paradies ist ihnen als Erbe zugedacht, oder auch: Sie erben die leer gebliebenen Stellungen der Verdammten und werden in diese Stellungen eingewiesen.
Die Werke der Bewohner des Paradieses sind, so die Erläuterungen der Kommentatoren, nicht die direkte Ursache für das Antreten dieses Erbes. Gott sieht in seiner Barmherzigkeit und in seiner Huld auf diese Werke und bemißt danach die von ihm beschlossene Belohnung. Der Ausdruck *für das, was ihr zu tun pflegtet* bedeutet somit: Wegen eurer Werke behandelt Gott euch nach seiner Barmherzigkeit, so geht ihr ins Paradies ein; vgl. 7,49.
In einem Ḥadīth bei Bukhārī und Muslim wird ein Ausspruch Muḥammads wiedergegeben[1]: »Wißt, daß niemand von euch das Paradies aufgrund seiner Werke betreten wird. Sie fragten ihn: Auch du nicht, o Gesandter Gottes. Er sagte: Auch ich nicht, es sei denn, Gott will mich nach seiner Barmherzigkeit und Huld behandeln.«

7,44(42): **Die Gefährten des Paradieses rufen den Gefährten des Feuers zu: »Wir haben gefunden, daß das, was uns unser Herr vesprochen hat, wahr ist. Habt ihr auch gefunden, daß was, was euch euer Herr versprochen hat, wahr ist?«:** jeweils die Belohnung und die Strafe Gottes, seine Verheißung und seine Drohung.

1. Vgl. Ibn Kathīr II, S. 206; auch Rāzī VII, 14, S. 87.

Sie sagen: »Ja.« Da ruft ein Rufer unter ihnen aus: oder von ihnen. Es ist ein Engel (der Engel mit der Posaune, so Ibn ʿAbbās).

»Gottes Fluch komme über die, die Unrecht tun«: auch in 11,18; → 2,89; → 3,61.

7,45(43): **die vom Weg Gottes abweisen und sich ihn krumm wünschen, und die ja das Jenseits verleugnen:** auch in 11,19; zum ersten Satz: 14,3; vgl. → 3,99; 7,86; zum zweiten Satz: 12,37; 41,7; – 6,113.150; 39,45; vgl. 23,33.

7,46(44): **Und zwischen ihnen ist ein Vorhang:** zwischen dem Paradies und der Hölle, oder zwischen den beiden Gruppen. In 57,13 steht: »Da wird zwischen ihnen eine Mauer errichtet mit einem Tor ...«

Vgl. *Evangelium,* Lk 16,26: Dort spricht Abraham zum verdammten Reichen: »Außerdem ist zwischen uns und euch ein tiefer, unüberwindbarer Abgrund ...«

Und auf dem Bergkamm sind Männer, die jeden an seinem Merkmal erkennen: Das arabische Wort *aʿrāf* bedeutet: hochgelegener Ort, Anhöhe (so die Deutung von Ibn ʿAbbās und der Mehrheit). Ḥasan al-Baṣrī und al-Zadjjādj denken an die Wurzel *ʿarafa:* kennen und beziehen das Wort auf die Erkenntnis, die diese Männer von den Leuten des Paradieses und den Leuten des Feuers und deren jeweiligen Merkmalen besitzen.

Über diesen Ort und die Identität der dort angesiedelten Männer gibt es unterschiedliche Meinungen unter den muslimischen Kommentatoren[2].

– Der hochgelegene Ort gehört zu den Höhen des Paradieses, und die Männer sind besonders begnadete Auserwählte.

– Der Ort ist der Bergkamm auf der Trennungslinie zwischen Paradies und Hölle, und die Männer sind Vornehme unter denen, die sich im Gehorsam gegen Gott hervorgetan haben und seinen besonderen Lohn erhalten. Näherhin sind es Engel oder Propheten oder Märtyrer. Von der Anhöhe aus beobachten sie den Eingang der Geretteten ins Paradies und den Sturz der Verdammten in die Hölle. Sie selbst haben erst auf das heiß ersehnte Glück im Paradies zu warten, bis Gerettete und Verdammte ihre jeweiligen Stellungen endgültig bezogen haben. Dann werden sie das Paradies betreten und die für sie bestimmten hohen Rangstufen besetzen.

– Andere (die Mehrheit nach Manār[3]) denken hier eher an Männer in der untersten Stufe unter den Geretteten, oder an diejenigen, deren gute und böse Taten sich ausgleichen, die warten müssen, bis Gott in seiner Barmherzigkeit und Huld sie ins Paradies bringt (so Ḥudhayfa, Ibn Masʿūd, al-Farrāʾ). Oder es sind die

2. Vgl. die langen Ausführungen von Rāzī II, 14, S. 92-95; Manār VIII, S. 431-434.
3. Manār VIII, S. 433.

Frevler unter den Gläubigen, denen Gott nach einer gewissen Wartezeit vergibt und den Zugang zum Paradies ermöglicht.

sīmāhum (Merkmal): auch in 47,30; 55,41. Ibn ʿAbbās denkt hier an die Farbe der Gesichter der Geretteten und der Verdammten: weiß/schwarz: → 3,106; strahlende/finstere: 75,23–24; strahlende Gesichter, die lachen und sich freuen/von Staub und Ruß bedeckte Gesichter: 80,38–41.

Andere Kommentatoren beziehen diese Kenntnis auf die Merkmale der Menschen während ihres Erdenlebens und auf die entsprechende Erfahrung der Männer auf dem Bergkamm.

Sie rufen den Gefährten des Paradieses zu: »Friede sei über euch!«: auch in 10,10; 14,23; 16,32; 33,44; 36,58; 39,73.

Und wenn ihre Blicke sich den Gefährten des Feuers zuwenden: wörtlich: wenn ihre Blicke ... zugewandt werden.

sagen sie: »Unser Herr, stelle uns nicht zu den Leuten, die Unrecht tun«: siehe 7,150; 23,94; → 2,35.

7,48(46): **Und die Gefährten des Bergkammes rufen Männern, die sie an ihrem Merkmal erkennen, zu:** → 7,46.

Sie sagen: »Es hat euch nicht genützt, daß ihr (Vermögen und Freunde) gesammelt: zum Thema siehe → 2,264; → 3,10.116; 15,84; 26,207; 39,50; 40,82; 45,10; 58,17; 69,28; 92,11; 111,2. Zum Begriff sammeln siehe auch → 3,157; 10,58; 28,78; 43,32; 70,18; 104,1–3.

und euch hochmütig verhalten habt: → 2,34.

7,49(47): **Sind das diejenigen, von denen ihr geschworen habt, Gott werde ihnen keine Barmherzigkeit erweisen?:** Gemeint sind Leute, die ins Paradies Einlaß gefunden haben, die aber im Diesseits von den Angeredeten verachtet wurden.

Geht (ihr) ins Paradies ein: Der Satz wird bezogen auf die eben beschriebene Gruppe der Bewohner des Paradieses oder auf die Männer auf dem Bergkamm selbst[4].

Ihr habt nichts zu befürchten, und ihr werdet nicht traurig sein«: → 2,38.

4. Manār VIII, S. 437. Zamakhsharī (II, S. 107) und Rāzī (VII, 14, S. 97) beziehen den Satz nur auf die Männer auf dem Bergkamm.

7,50(48): **Die Gefährten des Feuers rufen den Gefährten des Paradieses zu: »Schüttet auf uns etwas Wasser aus oder etwas von dem, was Gott euch beschert hat.« Sie sagen: »Gott hat beides den Ungläubigen verwehrt:** wohl den Ungläubigen, die bereits ihre irdische Frist vollendet haben und nun die Vergeltung Gottes erleiden.

Ähnliche Bitte im *Evangelium*, im Beispiel vom reichen Mann und vom armen Lazarus: Lk 16,24–25.

7,51(49): **die ihre Religion zum Gegenstand von Zerstreuung und Spiel genommen haben und die das diesseitige Leben betört hat«:** → 5,57; → 6,70; 45,35.

Heute werden Wir sie vergessen, wie sie die Begegnung mit diesem ihrem Tag vergaßen: Das Vergessen Gottes bedeutet, daß er ihre Gebete nicht erhört und sich ihrer nicht erbarmt.

Zum ganzen Satz vgl. 32,14; 38,26; 45,34. Gott vergißt: 9,67; den Tag der Abrechnung vergessen: 38,26; die Begegnung mit diesem Tag: → 6,130.

und wie sie unsere Zeichen zu leugnen pflegten: → 6,33.

7,52(50): **Wir haben ihnen ein Buch gebracht, das Wir mit Wissen im einzelnen dargelegt haben:** ein Buch: den Koran; im einzelnen darlegen: → 6,55; mit Wissen *(ʿalā ʿilmin):* 28,78; 39,49; 44,32; 45,23; – 11,14; 46,23.

als Rechtleitung und Barmherzigkeit: → 6,157; → 6,154.

für Leute, die glauben: → 6,99.

7,53(51): **Erwarten sie denn etwas anderes als seine Deutung?:** → 3,7; → 4,59; 10,39. *taʾwīl* (Deutung, Ergebnis): das deutlich machen, was es enthält, und zwar an Gedanken und Lehren sowie an Folgen und Ergebnissen.

An dem Tag, an dem seine Deutung eintrifft, werden diejenigen, die es vorher vergessen haben, sagen: »Die Gesandten unseres Herrn sind mit der Wahrheit gekommen: → 7,43.

vergessen haben: sich davon abgewandt haben, so daß ihre Haltung wie ein Vergessen aussehen mußte, oder sich nicht bemüht haben, an seine Botschaft zu glauben und danach zu handeln.

Haben wir denn Fürsprecher, daß sie für uns Fürsprache einlegen?: → 2,48.255; → 6,51.

Oder können wir zurückgebracht werden, daß wir anders handeln, als wir gehandelt haben?«: → 2,167.

Sie haben sich selbst verloren: → 6,12. Die allzu späte Erkenntnis nützt ihnen nichts mehr.

und es ist ihnen entschwunden, was sie immer wieder erdichtet haben: → 6,24. Zum ganzen Satz auch 11,21.

7,54(52): **Euer Herr ist Gott, der die Himmel und die Erde in sechs Tagen erschuf:** → 6,1.

und sich dann auf dem Thron zurechtsetzte: → 2,29; 10,3; 13,2; 20,5.
Zum ganzen Satz siehe auch 25,59; 32,4; 57,4.

Er läßt die Nacht den Tag überdecken, wobei sie ihn eilig einzuholen sucht: → 3,27.

(Er erschuf auch) die Sonne, den Mond und die Sterne, welche durch seinen Befehl dienstbar gemacht wurden: auch in 13,2; 14,33; 16,12; 21,33; 29,61; 31,20; 35,13; 39,5; – zum Befehl Gottes siehe auch 14,32; 21,81; 22,25; 30,65; 45,12.

Siehe, Ihm allein steht das Erschaffen und der Befehl zu: Gott allein ist der Schöpfer: siehe u. a. 6,102; 13,16; 35,3; 39,62; 40,62; – 52,35.

Gesegnet sei Gott: Gott ist der Ursprung des Segens und ihm gebührt das Lob und die Anerkennung seiner Heiligkeit und Erhabenheit. Der Ausdruck findet sich auch in 23,14; 25,1.10.61; 40,64; 43,85; 55,78; 67,1.

dem Herrn der Welten!: → 1,2.

7,55(53): **Und ruft euren Herrn in Demut und im Verborgenen an:** → 6,63; 7,205; 17,110.

Er liebt die nicht, die Übertretungen begehen: → 2,190; 5,87.

7,56(54): **Und stiftet nicht Unheil auf der Erde, nachdem sie in Ordnung gebracht worden ist:** 7,85; → 2,11.

Und ruft Ihn in Furcht und Begehren an: auch in 32,16; vgl. 13,12; 30,24; – in Verlangen und Ehrfurcht: 21,90.

Die Barmherzigkeit Gottes ist den Rechtschaffenen nahe: vgl. 31,3; – 21,86. Zur Barmherzigkeit Gottes: → 2,64.

7,57(55): **Und Er ist es, der die Winde als frohe Kunde seiner Barmherzigkeit vorausschickt:** Die Winde schickte Er seiner Barmherzigkeit voraus: d. h. als Ankündigung barmherzigen Handelns; auch in 25,48; 27,63; – 30,46; → 2,164.

Wenn sie dann eine schwere Bewölkung herbeitragen: siehe 13,12; – 30,48; 32,27.

treiben Wir sie zum einem abgestorbenen Land: auch in 25,49; 35,9; 43,11; 50,11.

senden dadurch das Wasser hernieder und bringen dadurch allerlei Früchte hervor: Das erste *dadurch* kann auch übersetzt werden mit darauf. Zum Thema → 6,99; → 2,22.

So bringen Wir (auch) die Toten hervor: → 2,28.73. Wie das abgestorbene Land wieder Leben hervorbringt, so wird Gott die Toten zum Leben erwecken. Andere deuten den Satz wie folgt: Durch das Gießen von Wasser auf die abgestorbenen Knochen werden diese zu neuem Leben erweckt[5].

auf daß ihr es bedenket: → 2,221.

7,58(56): **Und das gute Land – seine Pflanzen kommen mit der Erlaubnis seines Herrn hervor. Und aus dem, das schlecht ist, kommen sie nur mühsam hervor:** Siehe im *Evangelium* das Gleichnis vom Sämann Mt 13,3-9; Mk 4,1-9; Lk 8,4-8; vgl. auch Mt 7,17 (Jeder gute Baum bringt gute Früchte hervor, ein schlechter Baum aber schlechte); auch Mt 12,33.

So legen Wir die Zeichen auf verschiedene Weise dar für Leute, die dankbar sind: → 6,46.

5. Vgl. Rāzī VII, 14, S. 149.

59 Wir sandten Noach zu seinem Volk. Er sagte:
»O mein Volk, dienet Gott. Ihr habt keinen Gott
außer Ihm. Ich fürchte für euch die Pein eines
gewaltigen Tages.« 60 Die Vornehmen aus seinem
Volk sagten: »Wir sehen, daß du dich in einem
offenkundigen Irrtum befindest.« 61 Er sagte: »O
mein Volk, bei mir befindet sich kein Irrtum, sondern ich bin ein Gesandter vom Herrn der Welten.
62 Ich richte euch die Botschaften meines Herrn
aus und rate euch gut. Und ich weiß von Gott her,
was ihr nicht wißt. 63 Wundert ihr euch etwa
darüber, daß eine Ermahnung von eurem Herrn
zu euch gekommen ist durch einen Mann aus
eurer Mitte, damit er euch warne und damit ihr
gottesfürchtig werdet, auf daß ihr Erbarmen findet?« 64 Sie aber ziehen ihn der Lüge. Da retteten
Wir ihn und diejenigen, die mit ihm waren, im
Schiff. Und Wir ließen diejenigen ertrinken, die
unsere Zeichen für Lüge erklärten; sie waren ja
ein blindes Volk.
[16¼] *65 Und (Wir sandten) zu ʿĀd ihren Bruder Hūd.
Er sagte: »O mein Volk, dienet Gott. Ihr habt keinen Gott außer Ihm. Wollt ihr nicht gottesfürchtig
sein?« 66 Die Vornehmen aus seinem Volk, die
ungläubig waren, sagten: »Wir sehen, daß du der
Torheit verfallen bist, und wir meinen, daß du zu
den Lügnern gehörst.« 67 Er sagte: »O mein Volk,

لَقَدْ أَرْسَلْنَا نُوحًا إِلَىٰ
قَوْمِهِۦ فَقَالَ يَٰقَوْمِ ٱعْبُدُوا۟ ٱللَّهَ مَا لَكُم مِّنْ إِلَٰهٍ غَيْرُهُۥٓ ۖ
إِنِّىٓ أَخَافُ عَلَيْكُمْ عَذَابَ يَوْمٍ عَظِيمٍ ﴿٥٩﴾ قَالَ ٱلْمَلَأُ
مِن قَوْمِهِۦٓ إِنَّا لَنَرَىٰكَ فِى ضَلَٰلٍ مُّبِينٍ ﴿٦٠﴾ قَالَ يَٰقَوْمِ
لَيْسَ بِى ضَلَٰلَةٌ وَلَٰكِنِّى رَسُولٌ مِّن رَّبِّ ٱلْعَٰلَمِينَ ﴿٦١﴾
أُبَلِّغُكُمْ رِسَٰلَٰتِ رَبِّى وَأَنصَحُ لَكُمْ وَأَعْلَمُ مِنَ ٱللَّهِ مَا لَا
تَعْلَمُونَ ﴿٦٢﴾ أَوَعَجِبْتُمْ أَن جَآءَكُمْ ذِكْرٌ مِّن رَّبِّكُمْ عَلَىٰ
رَجُلٍ مِّنكُمْ لِيُنذِرَكُمْ وَلِتَتَّقُوا۟ وَلَعَلَّكُمْ تُرْحَمُونَ ﴿٦٣﴾
فَكَذَّبُوهُ فَأَنجَيْنَٰهُ وَٱلَّذِينَ مَعَهُۥ فِى ٱلْفُلْكِ وَأَغْرَقْنَا ٱلَّذِينَ
كَذَّبُوا۟ بِـَٔايَٰتِنَآ ۚ إِنَّهُمْ كَانُوا۟ قَوْمًا عَمِينَ ﴿٦٤﴾ * وَإِلَىٰ عَادٍ
أَخَاهُمْ هُودًا ۗ قَالَ يَٰقَوْمِ ٱعْبُدُوا۟ ٱللَّهَ مَا لَكُم مِّنْ إِلَٰهٍ غَيْرُهُۥٓ ۚ
أَفَلَا تَتَّقُونَ ﴿٦٥﴾ قَالَ ٱلْمَلَأُ ٱلَّذِينَ كَفَرُوا۟ مِن قَوْمِهِۦٓ إِنَّا
لَنَرَىٰكَ فِى سَفَاهَةٍ وَإِنَّا لَنَظُنُّكَ مِنَ ٱلْكَٰذِبِينَ ﴿٦٦﴾

bei mir befindet sich keine Torheit, sondern ich bin ein Gesandter vom Herrn der Welten. 68 Ich richte euch die Botschaften meines Herrn aus, und ich bin für euch ein treuer Ratgeber. 69 Wundert ihr euch etwa darüber, daß eine Ermahnung von eurem Herrn zu euch gekommen ist durch einen Mann aus eurer Mitte, damit er euch warne? Gedenket, als Er euch zu Nachfolgern nach dem Volk des Noach machte und euch eine beachtlichere Stellung in seiner Schöpfung verlieh. Gedenket also der Wohltaten Gottes, auf daß es euch wohl ergehe.« 70 Sie sagten: »Bist du zu uns gekommen, damit wir Gott allein dienen und das verlassen, was unsere Väter verehrt haben? Bring uns doch her, was du uns androhst, so du zu denen gehörst, die die Wahrheit sagen.« 71 Er sagte: »Es überfallen euch Greuel und Zorn von eurem Herrn. Streitet ihr denn mit mir über Namen, die ihr genannt habt, ihr und eure Väter, für die aber Gott keine Ermächtigung herabgesandt hat? So wartet ab. Ich bin mit euch einer von denen, die abwarten.« 72 Da retteten Wir ihn und diejenigen, die mit ihm waren, aus Barmherzigkeit von Uns. Und Wir merzten den letzten Rest derer aus, die unsere Zeichen für Lüge erklärten und nicht gläubig waren.

73 Und (Wir sandten) zu Thamūd ihren Bruder Ṣāliḥ. Er sagte: »O mein Volk, dienet Gott. Ihr habt keinen Gott außer Ihm. Ein deutliches Zei-

قَالَ يَٰقَوۡمِ لَيۡسَ بِي سَفَاهَةٞ وَلَٰكِنِّي رَسُولٞ مِّن رَّبِّ
ٱلۡعَٰلَمِينَ ﴿٦٧﴾ أُبَلِّغُكُمۡ رِسَٰلَٰتِ رَبِّي وَأَنَا۠ لَكُمۡ نَاصِحٌ
أَمِينٌ ﴿٦٨﴾ أَوَعَجِبۡتُمۡ أَن جَآءَكُمۡ ذِكۡرٞ مِّن رَّبِّكُمۡ عَلَىٰ رَجُلٖ
مِّنكُمۡ لِيُنذِرَكُمۡۚ وَٱذۡكُرُوٓاْ إِذۡ جَعَلَكُمۡ خُلَفَآءَ مِنۢ بَعۡدِ
قَوۡمِ نُوحٖ وَزَادَكُمۡ فِي ٱلۡخَلۡقِ بَصۜۡطَةٗۖ فَٱذۡكُرُوٓاْ ءَالَآءَ
ٱللَّهِ لَعَلَّكُمۡ تُفۡلِحُونَ ﴿٦٩﴾ قَالُوٓاْ أَجِئۡتَنَا لِنَعۡبُدَ ٱللَّهَ وَحۡدَهُۥ
وَنَذَرَ مَا كَانَ يَعۡبُدُ ءَابَآؤُنَاۖ فَأۡتِنَا بِمَا تَعِدُنَآ إِن كُنتَ
مِنَ ٱلصَّٰدِقِينَ ﴿٧٠﴾ قَالَ قَدۡ وَقَعَ عَلَيۡكُم مِّن رَّبِّكُمۡ
رِجۡسٞ وَغَضَبٌۚ أَتُجَٰدِلُونَنِي فِيٓ أَسۡمَآءٖ سَمَّيۡتُمُوهَآ أَنتُمۡ
وَءَابَآؤُكُم مَّا نَزَّلَ ٱللَّهُ بِهَا مِن سُلۡطَٰنٖۚ فَٱنتَظِرُوٓاْ إِنِّي مَعَكُم
مِّنَ ٱلۡمُنتَظِرِينَ ﴿٧١﴾ فَأَنجَيۡنَٰهُ وَٱلَّذِينَ مَعَهُۥ بِرَحۡمَةٖ مِّنَّا
وَقَطَعۡنَا دَابِرَ ٱلَّذِينَ كَذَّبُواْ بِـَٔايَٰتِنَاۖ وَمَا كَانُواْ مُؤۡمِنِينَ ﴿٧٢﴾
وَإِلَىٰ ثَمُودَ أَخَاهُمۡ صَٰلِحٗاۚ قَالَ يَٰقَوۡمِ ٱعۡبُدُواْ ٱللَّهَ مَا لَكُم

chen ist von eurem Herrn zu euch gekommen.
Dies ist die Kamelstute Gottes, euch zum Zeichen.
Laßt sie auf Gottes Erde weiden und rührt sie
nicht mit etwas Bösem an, sonst ergreift euch eine
schmerzhafte Pein. 74 Und gedenket, als Er euch
zu Nachfolgern nach ʿĀd machte und euch auf der
Erde in Stätten einwies, so daß ihr euch in ihren
Ebenen Schlösser nahmt und die Berge zu
Häusern meißeltet. Gedenket also der Wohltaten
Gottes und verbreitet nicht Unheil auf der Erde.«
75 Die Vornehmen aus seinem Volk, die sich
hochmütig verhielten, sagten zu denen, die wie
Schwache behandelt wurden, ja zu denen von
ihnen, die gläubig waren: »Wißt ihr sicher, daß
Ṣāliḥ von seinem Herrn gesandt worden ist?« Sie
sagten: »Wir glauben gewiß an das, womit er
gesandt worden ist.« 76 Diejenigen, die sich hochmütig verhielten, sagten: »Wir verleugnen das,
woran ihr glaubt.« 77 Sie schnitten der Kamelstute die Flechsen durch und stachen sie, und sie
rebellierten gegen den Befehl ihres Herrn. Und sie
sagten: »O Ṣāliḥ, bring uns doch her, was du uns
androhst, so du einer der Gesandten bist.« 78 Da
ergriff sie das Beben, und am Morgen lagen sie in

مِّنْ إِلَٰهٍ غَيْرُهُۥ ۖ قَدْ جَآءَتْكُم بَيِّنَةٌ مِّن رَّبِّكُمْ ۖ هَٰذِهِۦ
نَاقَةُ ٱللَّهِ لَكُمْ ءَايَةً ۖ فَذَرُوهَا تَأْكُلْ فِىٓ أَرْضِ ٱللَّهِ ۖ وَلَا
تَمَسُّوهَا بِسُوٓءٍ فَيَأْخُذَكُمْ عَذَابٌ أَلِيمٌ ﴿٧٣﴾ وَٱذْكُرُوٓا۟
إِذْ جَعَلَكُمْ خُلَفَآءَ مِنۢ بَعْدِ عَادٍ وَبَوَّأَكُمْ فِى ٱلْأَرْضِ
تَتَّخِذُونَ مِن سُهُولِهَا قُصُورًا وَتَنْحِتُونَ ٱلْجِبَالَ بُيُوتًا ۖ
فَٱذْكُرُوٓا۟ ءَالَآءَ ٱللَّهِ وَلَا تَعْثَوْا۟ فِى ٱلْأَرْضِ مُفْسِدِينَ ﴿٧٤﴾
قَالَ ٱلْمَلَأُ ٱلَّذِينَ ٱسْتَكْبَرُوا۟ مِن قَوْمِهِۦ لِلَّذِينَ ٱسْتُضْعِفُوا۟
لِمَنْ ءَامَنَ مِنْهُمْ أَتَعْلَمُونَ أَنَّ صَٰلِحًا مُّرْسَلٌ مِّن رَّبِّهِۦ ۚ
قَالُوٓا۟ إِنَّا بِمَآ أُرْسِلَ بِهِۦ مُؤْمِنُونَ ﴿٧٥﴾ قَالَ ٱلَّذِينَ ٱسْتَكْبَرُوٓا۟
إِنَّا بِٱلَّذِىٓ ءَامَنتُم بِهِۦ كَٰفِرُونَ ﴿٧٦﴾ فَعَقَرُوا۟ ٱلنَّاقَةَ وَعَتَوْا۟
عَنْ أَمْرِ رَبِّهِمْ وَقَالُوا۟ يَٰصَٰلِحُ ٱئْتِنَا بِمَا تَعِدُنَآ إِن كُنتَ
مِنَ ٱلْمُرْسَلِينَ ﴿٧٧﴾ فَأَخَذَتْهُمُ ٱلرَّجْفَةُ فَأَصْبَحُوا۟ فِى دَارِهِمْ

ihrer Wohnstätte nieder. 79 So kehrte er sich von
ihnen ab und sagte: »O mein Volk, ich habe euch
die Botschaft meines Herrn ausgerichtet, und ich
habe euch gut geraten. Aber ihr liebt die nicht, die
gut raten.«
80 Und (Wir sandten) Lot. Als er zu seinem Volk
sagte: »Wollt ihr denn das Schändliche begehen,
wie es vor euch keiner von den Weltenbewohnern
begangen hat? 81 Ihr geht in Begierde zu den
Männern, statt zu den Frauen. Nein, ihr seid
maßlose Leute.« 82 Die Antwort seines Volkes
war nur, daß sie sagten: »Vertreibt sie aus eurer
Stadt. Das sind Menschen, die sich rein stellen.«
83 Da retteten Wir ihn und seine Angehörigen,
außer seiner Frau. Sie gehörte zu denen, die
zurückblieben und dem Verderben anheimfielen.
84 Und Wir ließen einen Regen auf sie niedergehen. Schau, wie das Ende der Übeltäter war.

جَٰثِمِينَ ﴿٧٨﴾ فَتَوَلَّىٰ عَنْهُمْ وَقَالَ يَٰقَوْمِ لَقَدْ أَبْلَغْتُكُمْ رِسَالَةَ
رَبِّى وَنَصَحْتُ لَكُمْ وَلَٰكِن لَّا تُحِبُّونَ ٱلنَّٰصِحِينَ ﴿٧٩﴾
وَلُوطًا إِذْ قَالَ لِقَوْمِهِۦٓ أَتَأْتُونَ ٱلْفَٰحِشَةَ مَا سَبَقَكُم بِهَا
مِنْ أَحَدٍ مِّنَ ٱلْعَٰلَمِينَ ﴿٨٠﴾ إِنَّكُمْ لَتَأْتُونَ ٱلرِّجَالَ شَهْوَةً
مِّن دُونِ ٱلنِّسَآءِ ۖ بَلْ أَنتُمْ قَوْمٌ مُّسْرِفُونَ ﴿٨١﴾ وَمَا كَانَ
جَوَابَ قَوْمِهِۦٓ إِلَّآ أَن قَالُوٓا۟ أَخْرِجُوهُم مِّن قَرْيَتِكُمْ ۖ
إِنَّهُمْ أُنَاسٌ يَتَطَهَّرُونَ ﴿٨٢﴾ فَأَنجَيْنَٰهُ وَأَهْلَهُۥٓ إِلَّا ٱمْرَأَتَهُۥ
كَانَتْ مِنَ ٱلْغَٰبِرِينَ ﴿٨٣﴾ وَأَمْطَرْنَا عَلَيْهِم مَّطَرًا ۖ فَٱنظُرْ
كَيْفَ كَانَ عَٰقِبَةُ ٱلْمُجْرِمِينَ ﴿٨٤﴾

Varianten: 7,59–84

7,59: gahyruhū: ghayrihī (nach Kisā'ī), ghayrahū (laut Zamakhsharī II, S. 113).
7,62: innī: inniya (nach Nāfi', Ibn Kathīr).
uballighukum: ublighukum (nach Abū 'Amr).
7,64: 'amīna: 'āmīna (laut Zamakhsharī II, S. 115).
7,65: ghayruhū: ghayrihī (nach Kisā'ī).
7,68: uballighukum: ublighukum (nach Abū 'Amr).
7,69: basṭatan: naṣṭatan (nach Nāfi').
7,70: adji'tanā: adjītanā (nach al-Sūsī).
7,73: thamūda: thamūdin (laut Rāzī VII, 14, S. 168).
ghayruhū: ghayrihī (nach Kisā'ī).
7,74: wa tanḥitūna: wa tanḥatūna (bei Sa'īd ibn Djubayr; nach Yaḥyā ibn Ya'mur, Ḥasan al-Baṣrī, al-Djaḥdarī).
buyūtan: biyūtan (nach den Rezitatoren außer Warsh, Abū 'Amr, Ḥafṣ).
7,75: qāla: wa qāla (nach Ibn 'Āmir).
7,77: yā Ṣāliḥu 'tinā: yā Ṣāliḥu wtinā (nach Warsh, al-Sūsī).
7,81: innakum: a'innakum (nach den Rezitatoren außer Nāfi', Ḥafṣ);
ā'innakum (nach Abū 'Amr): (Geht) ihr denn ...?; Wollt ihr denn ...?
7,83: al-ghābirīna: al-ghādirīna (bei Ubayy,; nach Abū Radjā', Abū l-Djauzā').
7,84: 'alayhim: 'alayhum (nach Ḥamza, Kisā'ī).

Kommentar

Die Verse 7,59–102 bilden einen zusammenhängenden Abschnitt mit mehreren Redaktionseinheiten, die ähnliche, in manchen Teilen stereotype Geschichten über verschiedene Propheten enthalten. Folgende Ausführungen wollen den Rahmen abstecken, in den hinein diese Geschichten gehören.

Die Uroffenbarung und der Urpakt

Die Propheten erhalten eine Offenbarung, die sie den Menschen weitergeben. Aber diese Offenbarung ist keine neue Wahrheit, keine neue Enthüllung verborgener Geheimnisse. Diese prophetische Offenbarung ist vielmehr in ihrem Wesen die eindringliche *Erinnerung* an die ursprüngliche Offenbarung, die Gott allen Menschen zuteil werden ließ. Sie ist außerdem eine *Mahnung* zur Treue zur ursprünglichen Verpflichtung, zum Urpakt, den Gott mit der Menschheit in ihren urzeitlichen, besser: in ihren vorzeitlichen Anfängen abgeschlossen hat. So ist die Botschaft des Propheten jeweils kein neuer Anfang oder eine neue Lehre, sondern immer wieder nur ein *Zeugnis* für die Uroffenbarung und eine Bekräftigung des bestehenden Urpakts.

Die vorzeitliche Uroffenbarung wird im Koran in folgender Form dargestellt: »Und als dein Herr aus den Lenden der Kinder Adams ihre Nachkommenschaft nahm und gegen sich selbst zeugen ließ: ›Bin Ich nicht euer Herr?‹ Sie sagten: ›Jawohl, wir bezeugen es‹« (7,172).

Somit wird festgestellt, daß der Glaube an den einen, einzigen Gott und die Anerkennung seiner Souveränität und Herrschaft im Herzen eines jeden Menschen eingepflanzt ist. Obwohl viele Menschen sich mit dem Glauben schwertun, sich von Gott und seinen Wegen durch verschiedenartige Gründe abbringen lassen, so bleibt jedoch die Spur dieser Uroffenbarung so tief im Menschen, daß ihm der Zugang zur Gotteserkenntnis nie endgültig versperrt wird. Wer ein ehrliches Herz, ein reines Auge, einen einsichtigen Verstand besitzt, kommt zur Erkenntnis des einen, einzigen Gottes. Denn die Zeichen Gottes sind so zahlreich und so deutlich in seiner Schöpfung vorhanden, daß man sie als Hinweis auf Gottes Allmacht und Vorsehung leicht verstehen kann. (Vgl. 2,164; 6,99; 24,44; 30,22; 43,9; – 2,163–165; 3,190; 6,99; 13,2–4; 24,43–44; 41,37: Siehe besonders 30,17–25.)

Wenn die Uroffenbarung im Herzen des Menschen so tief verwurzelt ist, wenn sie zudem die Vernunft des Menschen nicht vergewaltigt, sondern im Gegenteil noch verständiger, noch einsichtiger macht, so gehören die Erkenntnis Gottes und die Anerkennung seiner Souveränität zu den natürlichen Anlagen eines jeden Menschen. Und der Islam, der sich darauf beschränkt, dieses Zeugnis des Glaubens wachzuhalten, wird die »schöpfungsmäßige Religion« (30,30: *dīn al-fiṭra)* genannt.

Die vorzeitliche Offenbarung beinhaltet nicht nur die Aufforderung, an Gott zu glauben, sondern auch die Bezeugung seiner Souveränität durch die Menschen. Daraufhin nahm Gott von den Menschen ihre Verpflichtung entgegen, Gott allein zu dienen. Das ist der Urpakt zwischen Gott und den Menschen. Die Antwort des Menschen auf die Offenbarung Gottes ist der totale Gehorsam des Glaubens und die totale Hingabe in den Willen des absoluten Herrn: »Habe Ich euch, o ihr Kinder Adams, nicht auferlegt, ihr sollt nicht dem Satan dienen – er ist euch ja ein offenkundiger Feind –, ihr sollt Mir dienen – das ist ein gerader Weg?« (36,60–61).

Uroffenbarung und Urpakt umschließen derart das Leben des Menschen, daß eigentlich keine Entschuldigung für den Unglauben und den Frevel mehr möglich ist. »(Dies,) damit ihr nicht am Tag der Auferstehung sagt: ›Wir ahnten nichts davon‹, oder auch nicht sagt: ›Unsere Väter waren doch zuvor Polytheisten, und wir sind nur eine Nachkommenschaft nach ihnen. Willst Du uns denn verderben für die Taten derer, die Falsches tun?‹« (7,172–173).

Rolle der Propheten

Die Erfahrung lehrt, daß die Menschen dennoch den Weg zu Gott und zum Gehorsam des Glaubens nur schwer finden. So sendet Gott Propheten zu den Menschen, um ihnen die Augen für die Zeichen der Schöpfung zu öffnen, um sie von ihren Irrwegen abzubringen und um sie zu mahnen, Gott zu gehorchen und in einem untadeligen Leben ihren ehrlichen Glauben zum Ausdruck zu bringen.

So verkünden die Propheten grundsätzlich dieselbe Botschaft. Die kleinen Unterschiede im Inhalt ihrer Predigt erklären sich aus den konkreten Lebensumständen ihrer Landsleute. Wesentlich bleibt die Aufforderung, an den einen Gott zu glauben und ihm allein zu dienen: »Und Wir haben keinen Gesandten vor dir geschickt, dem Wir nicht offenbart hätten: ›Es gibt keinen Gott außer Mir, so dienet Mir‹« (21,25).

Mit dieser Botschaft wendet sich der Prophet an seine Gemeinschaft, und jede Gemeinschaft hat ihren Gesandten gehabt: »Und Wir haben aus der Mitte jeder Gemeinschaft einen Gesandten erstehen lassen: ›Dienet Gott und meidet die Götzen‹« (16,36).

Daß Gott kein Volk ohne Propheten gelassen hat, wird im Koran verschiedentlich betont: »Und jedes Volk hat einen, der es rechtleitet« (13,7b). »Und es gibt keine Gemeinschaft, bei der nicht früher ein Warner aufgetreten wäre« (35,24). Und die verschiedenen Propheten verkünden die göttliche Botschaft in der Sprache des jeweiligen Volkes: »Und Wir haben keinen Gesandten entsandt, außer (mit einer Botschaft) in der Sprache seines Volkes, damit er (sie) ihnen deutlich macht« (14,4).

Die Klarheit in Sachen des Glaubens und des Verhaltens, die die prophetische Verkündigung bringt, ruft in den Herzen das schlummernde Licht wach, und die Menschen finden ihren Weg zu Gott, denn sie können seinen Willen in der Botschaft seiner Gesandten erkennen. Und wenn es Gott gefällt, dann läßt er die Propheten Zeichen und Wunder wirken und bestätigt somit die Echtheit ihrer göttlichen Sendung (vgl. 13,38; 14,11).

Die eine Botschaft der Propheten steht im Dienste der Einheit der Gemeinschaft. Denn, so betont der Koran, der eine Glaube und der eine Gehorsam der Ursprünge hatte die Gemeinschaft der Menschen zu einer geeinten Gemeinde gemacht. Erst durch den Unglauben der Generationen und die Selbstsucht der Menschen spaltete sich die Menschheitsgemeinschaft in verschiedene Gruppen und Konfessionen, Richtungen und Parteien. Die Propheten sollen diese Einheit der Anfänge nach Möglichkeit wiederherstellen.

2,213: Die Menschen waren eine einzige Gemeinschaft. Dann ließ Gott die Propheten als Freudenboten und Warner erstehen. Er sandte mit ihnen das Buch mit der Wahrheit herab, damit es zwischen den Menschen über das urteile, worüber sie uneins waren.

Die Propheten kommen also zu den Menschen mit einem klaren Auftrag. Aber die Erfahrung lehrt, daß es ihnen nicht gelingt, Spaltung, Unglaube und Frevel bei den Menschen zu überwinden. Im Gegenteil, die Geschichte zeigt, daß die Propheten immer wieder auf den Widerstand ihrer Landsleute gestoßen sind. Viele von ihnen mußten Verfolgung und Schmähung erleiden. Aber der endgültige Sieg Gottes blieb vom Widerstand und von der Bosheit der Menschen nicht bedroht. Gott griff immer wieder ein, um seine Getreuen und seine Gläubigen zu retten und ihre Verfolger, die Ungläubigen, zu bestrafen. Der Auftrag, das Auftreten, das harte Schicksal, aber auch die endgültige Rettung der Propheten sowie die Bestrafung der Ungläubigen werden musterhaft in einem Text des Korans beschrieben.

14,9–14: Ist denn nicht der Bericht über die, die vor euch lebten, zu euch gelangt ...? Ihre Gesandten kamen zu ihnen mit den deutlichen Zeichen. Sie aber steckten ihre Hände in den Mund und sagten: »Wir verleugnen das, womit ihr gesandt seid, und wir hegen über das, wozu ihr uns aufruft, einen starken Zweifel.« Ihre Gesandten sagten: »Ist denn ein Zweifel möglich über Gott, den Schöpfer der Himmel und der Erde? Er ruft euch, um euch etwas von euren Sünden zu vergeben und euch für eine bestimmte Frist zurückzustellen.« Sie sagten: »Ihr seid nur Menschen wie wir. Ihr wollt uns von dem abbringen, was unsere Väter verehrten. So bringt uns eine offenkundige Ermächtigung.« Ihre Gesandten sagten zu Ihnen: »Wir sind zwar nur Menschen wie ihr. Aber Gott erweist seine Wohltaten, wem von seinen Dienern Er will. Und wir können euch keine Ermächtigung bringen außer mit der Erlaubnis Gottes. Auf Gott sollen die Gläubigen vertrauen. Warum sollten wir nicht auf Gott vertrauen, wo Er uns unsere Wege geführt hat? Wir werden das Leid, das ihr uns zufügt, geduldig ertragen ... « Diejenigen, die ungläubig waren, sagten zu ihren Gesandten: »Wir werden euch bestimmt aus unserem Land vertreiben, oder ihr kehrt zu unserer Glaubensrichtung zurück.« Da offenbarte ihnen ihr Herr: »Verderben werden

Wir die, die Unrecht tun. Und Wir werden euch nach ihnen das Land bewohnen lassen. Dies gilt für den, der meinen Stand fürchtet und meine Androhung fürchtet.«

Prophetengeschichten und Strafgericht Gottes
Die Prophetengeschichten, die im Koran erzählt werden, haben einen Mustercharakter. Sie sind eine Darstellung dessen, was jeder Prophet, d. h. im Endeffekt auch Muḥammad, erlebt und erfährt im Umgang mit Gott, dem Herrn der Offenbarung, und den Menschen, den Adressaten seiner Verkündigung. Der Koran spricht immer wieder von den vielen Propheten, die vor Muḥammad von Gott gesandt worden sind (u. a. → 4,163–165).

Die Geschichten der Propheten in 7,59–102 gliedern sich wie folgt: Noach (7,59–64), Hūd, Prophet von ʿĀd (7,65–72), Ṣāliḥ, Prophet von Thamūd (7,7.73–79), Lot (7,80–84), Shuʿayb, Prophet von Madyan (7,85–93); Zusammenfassung (7,94–102).

7,59(57): **Wir sandten Noach zu seinem Volk:** zu Noach im Koran siehe 7,59–64; 10,71–73; 11,25–49; 21,76–77; 23,23–30; 25,37; 26,105–122; 29,14–15; 37,75–82; 54,9–16; 71,1–28.

Er sagte: »O mein Volk, dienet Gott. Ihr habt keinen Gott außer Ihm: siehe auch 11,25–26; 23,23; 71,1–3.

Die gleiche Botschaft wird auch von Hūd (7,65), Ṣāliḥ (7,73), Shuʿayb (7,85) verkündet. Siehe auch parallel dazu 11,50.61.84 (die drei soeben genannten Propheten); 23,32 (ein nicht näher bezeichneter Prophet).

Ich fürchte für euch die Pein eines gewaltigen Tages«: Das ist die Drohung mit einem Strafgericht Gottes, der Sintflut (auch in 11,26), oder mit der jenseitigen Strafe. Ähnliche Drohungen sprechen auch andere Propheten aus: Hūd (26,135; 46,21), Shuʿayb (11,84), Muḥammad selbst (11,3; siehe auch → 6,15; 10,15; 39,13); vgl. auch die Äußerung der Gläubigen aus dem Clan des Pharao (40,30–32).

Die Kommentatoren vertreten im Hinblick auf die Aussage *ich fürchte* verschiedene Meinungen[1]:

– Es sei der Ausdruck einer Gewißheit in bezug auf die hereinbrechende diesseitige bzw. jenseitige Strafe.

– Zweifel werde darin zum Ausdruck gebracht, da der Prophet nicht wisse, ob die Angeredeten nicht doch umkehren oder ob Gott tatsächlich die Strafe vollstrekken läßt.

1. Vgl. Rāzī VII, 14, S. 156.

– Gewißheit bestehe in bezug auf die Strafe, Zweifel in bezug auf das Maß dieser Strafe.
– Es sei einfach eine Warnung, damit die Menschen umkehren.

7,60(58): **Die Vornehmen aus seinem Volk sagten:** Das sind die Anführer der Ungläubigen und Gegner der Propheten; vgl. 7,66.75.88.90.109.127.

Wir sehen, daß du dich in einem offenkundigen Irrtum befindest«: zum Ausdruck → 6,74 (in umgekehrter Richtung Abraham an seinen polytheistischen Vater); → 3,14.

7,61(59): **Er sagte: »O mein Volk, bei mir befindet sich kein Irrtum, sondern ich bin ein Gesandter vom Herrn der Welten:** Auch an anderen Stellen unterstreichen Propheten die göttliche Herkunft ihrer Sendung: Hūd (767); Mose (7,104; 26,16; 43,46; 44,18); treuer Gesandter: Noach (26,107), Hūd (26,125), Ṣāliḥ (26,143), Lot (26,162), Shu'ayb (26,178).

Herr der Welten: → 1,2.

7,62(60): **Ich richte euch die Botschaften meines Herrn aus und rate euch gut:** Der Satz kehrt in der selben Sure wieder: 7,68 (Hūd). 79 (Ṣāliḥ). 93 (Shu'ayb). Siehe auch 46,23.

Die Ausrichtung der Botschaft (→ 5,67) bedeutet, daß er ihnen die Lehre Gottes samt seinen Geboten und Verboten mitteilt und sie über die Bestimmungen des Strafgesetztes unterrichtet. Der gute Rat besteht darin, sie zu veranlassen, gegenüber dem Willen Gottes Gehorsam zu zeigen und alles Böse und Verbotene zu meiden.

Und ich weiß von Gott her, was ihr nicht wißt: auch in 12,86.96; → 2,30 (Gott spricht da zu den Engeln); → 2,216.

Dieses Wissen bezieht sich entweder auf das Strafgericht durch die Sintflut oder auf die jenseitige Strafe. Oder der Prophet will allgemein ein besonderes Wissen von Gott her beanspruchen und die Menschen ermutigen, ihm zu vertrauen und nach seinen Anweisungen zu handeln.

7,63(61): **Wundert ihr euch etwa darüber, daß eine Ermahnung von eurem Herrn zu euch gekommen ist durch einen Mann aus eurer Mitte, damit er euch warne:** auch bei Hūd (7,69). Zur Weigerung der Menschen, ihrem Propheten Glauben zu schenken, siehe → 6,91.

und damit ihr gottesfürchtig werdet, auf daß ihr Erbarmen findet?«: auch in 6,155; 36,45; 49,10; → 3,132.

7,64(62): **Sie aber ziehen ihn der Lüge. Da erretteten Wir ihn und diejenigen, die mit ihm waren, im Schiff:** vgl. 54,13 (Und Wir trugen ihn auf einem Schiff). Es gibt eine andere mögliche Übersetzung (im Hinblick auf 29,15: Und Wir erretteten ihn und die Insassen des Schiffes); diese würde lauten: Und Wir erretteten ihn und diejenigen, die mit ihm im Schiff waren[2].

Ähnlich wie hier steht es in 10,73; 26,119–120. Errettung von Noach und den Seinen: 21,76–77; 29,15; 37,76; – 54,13. Vgl. in der *Bibel*, Gen 7,1–24.

Und Wir ließen diejenigen ertrinken, die unsere Zeichen für Lüge erklärten: zur Bestrafung der Verleugner siehe auch 25,15; 37,82; 71,25.

sie waren ja ein blindes Volk: auch in 27,66; → 2,18.171.

7,65–72: Der Abschnitt ist der Geschichte von Hūd und seinem Volk ʿĀd gewidmet.

In den koranischen Prophetenlegenden werden Gestalten genannt, die in der altarabischen Tradition noch Eindruck machten. Lebendig war im Gedächtnis der Araber die Legende von Stämmen, die in der Verlassenheit der Zentralwüste Arabiens versandet und verschwunden waren. Dieses Los wird auf eine Strafe Gottes zurückgeführt. Der Koran greift diese Legende auf und nennt die Gesandten, die Gott dem jeweiligen Stamm gesandt hat, um sie von ihrem Unglauben und ihrem Frevel abzubringen: Hūd, Prophet des Stammes ʿĀd, und Ṣāliḥ, Prophet des Stammes Thamūd.

Die koranischen Texte über Hūd und ʿĀd befinden sich in folgenden Suren: 7,65–72; 11,50–60; 23,31–41; 26,123–140; 41,13–16; 46,21–26; 51,41–42; 54,18–21; 69,4–8; 89,6–8 (alle Suren aus der mekkanischen Periode der Predigt Muḥammads). Als Beispiel für die übrigen Texte sollen hier die Stellen über Hūd thematisch zusammengefaßt werden.

Hūd ist zu seinem eigenen Volk gesandt (7,65.66; 11,50.60) und er wird »ihr Bruder« genannt (7,65; 11,50; 26,124; 46,21). Er erklärt, daß er von Gott gesandt ist (7,67–69; 11,57), und fordert infolgedessen Gehorsam und Gefolgschaft (26,126.131). Was er seinem Volk verkündet, ist folgende Botschaft: Sie sollen

2. Zamakhsharī (II, S. 115) und Manār (VIII, S. 494) lassen beide Möglichkeiten zu; Rāzī (VII, 14, S. 160) unterstützt die von mir vorgezogene Übersetzung, während Ibn Kathīr (II, S. 214) und Paret (Der Koran. Kommentar und Konkordanz, S. 162) die alternative Übersetzung bevorzugen.

Gott allein anbeten, denn sie haben keinen anderen Gott außer ihm (7,65.70; 11,50; 23,32; 46,21). Sie sollen umkehren, denn Gott belohnt die aufrichtige Reue (11,52), und auf Gott, nicht auf den eigenen Reichtum und die eigene Macht, vertrauen (7,69; 11,50.52; 26,128–135), denn Gott ist der Herr des Gerichtes am Tage der Auferstehung (vgl. 23,35–37).

Hūd stützt seine Botschaft durch die Bekräftigung seiner Selbstlosigkeit (26,127; 11,51). Im übrigen sind die Zeichen Gottes sehr deutlich: Er ist der Schöpfer (11,51), der Herr der Welt (11,56–57; 26,127), die Vorsehung (11,56), welche Gaben und Güter unter die Menschen verteilt (7,69; 11,52; 26,132–134), endlich der allwissende (46,23) und allmächtige (11,52.56) Gott. Und wer an ihn nicht glaubt, setzt sich der drohenden Strafe aus (7,71; 11,57; 23,40; 26,135; 46,21). Neben Gott haben die Götzen einfach keine Realität, sie sind nichts, Namen ohne Macht (7,71). Wenn endlich die Strafe die Ungläubigen überfällt, dann wird man erkennen, daß der Prophet recht hatte (7,71; 46,23).

Trotz dieser eindringlichen Mahnung ließen sich die Menschen nicht beeindrucken, sie beharrten in ihrem Unglauben (unter vielen anderen Stellen 11,50.53; 23,33; 46,26). An Gott, an die Botschaft des Gesandten und an das Gericht (zum Gericht siehe 69,4) wollten sie nicht glauben. »Sie sagten: ›Es ist uns gleich, ob du ermahnst oder ob du nicht zu denen gehörst, die ermahnen ...‹« (26,136).

Die Gründe ihres Unglaubens werden genannt: Tradition der Väter (7,70; 11,53; 26,136–137), das Fehlen von Beglaubigungswundern, z. B. der Verwirklichung der Strafdrohungen des Propheten (7,70; 11,53; 26,138; 46,22), Unmöglichkeit der verkündeten Auferstehung (23,33.35–37), Torheit und Irrsinnigkeit des Propheten und seiner Botschaft, die sie eher als Lüge erscheinen läßt (7,66), schädlicher Charakter der Botschaft (23,34), Verdacht gegen den Propheten: Er ist nur ein Mensch (7,69; 23,33–34.38), er hat sich vielleicht seine Predigt selbst erdichtet (23,38).

Angesichts der Beharrung der Menschen in ihrem Unglauben greift Gott selbst ein und erweist seinem Gesandten Gnade und Barmherzigkeit, indem er ihn und die Gläubigen errettet (7,72; 11,58), die Ungläubigen bestraft (11,59–60; 89,6–7), und zwar durch Blitzschlag (41,13) oder im Donner des Gewitters (»Schrei«: 23,41; 38,15) oder noch deutlicher im Wirbelsturm (46,24–25; 51,41–42; 54,19–20; 69,6–7).

Die Lehre aus dieser Straflegende faßt der Koran in einigen Versen zusammen: »... Darin ist wahrlich ein Zeichen. Aber die meisten von ihnen sind nicht gläubig« (26,139). »... So vergelten Wir den Leuten, die Übeltäter sind. ... Und Wir haben ihnen Gehör, Augenlicht und Herz gegeben. Aber ihr Gehör, ihr Augenlicht und ihr Herz nützten ihnen nichts, da sie die Zeichen Gottes verleugneten. Und es umschloß sie, worüber sie spotteten« (46,25–26).

7,65(63): **Und (Wir sandten) zu 'Ād ihren Bruder Hūd:** Nach der islamischen Tradition gehörte 'Ād zu den Stämmen, die in der Wüste Aḥqāf zwischen Oman und Ḥaḍramaut lebten. Hūd wird als ihr Bruder bezeichnet, entweder weil er zu ihrem Stamm gehörte (so al-Kalbī) oder weil er ein Mensch und nicht Engel war oder weil es eben ihr Gefährte und ihr Prophet war[3]. Zur Sendung Hūds siehe auch 11,50; 23,32.

Die Geschichte von Hūd verläuft im großen und ganzen, auch in der Ausdrucksweise, ähnlich wie die oben erzählte Geschichte Noachs. Es genügt hier meist nur auf die parallelen Stellen hinzuweisen.

Er sagte: »O mein Volk, dienet Gott. Ihr habt keinen Gott außer Ihm. Wollt ihr nicht gottesfürchtig sein?«: ähnlich in → 7,59.

7,66(64): **Die Vornehmen aus seinem Volk, die ungläubig waren, sagten:** Hier werden die Vornehmen, anders als in → 7,60, offen als ungläubige Menschen bezeichnet.

»Wir sehen, daß du der Torheit verfallen bist, und wir meinen, daß du zu den Lügnern gehörst«: wenn du eine prophetische Sendung beanspruchst. Indem sie ihre Meinung audrücken, erklären die Ungläubigen entweder ihre Vermutung (so Ḥasan al-Baṣrī und al-Zadjjādj) oder ihre feste Überzeugung.

7,67(75): **»O mein Volk, bei mir befindet sich keine Torheit, sondern ich bin ein Gesandter vom Herrn der Welten:** → 7,61.

7,68(66): **Ich richte euch die Botschaften meines Herrn aus, und ich bin für euch ein treuer Ratgeber:** → 7,62; auch 11,57; 26,125; 46,23.

7,69(67): **Wundert ihr euch etwa darüber, daß eine Ermahnung von eurem Herrn zu euch gekommen ist durch einen Mann aus eurer Mitte, damit er euch warne?:** → 7,63.

Gedenket, als Er euch zu Nachfolgern nach dem Volk des Noach machte: auch 7,74 (Wort des Propheten Ṣāliḥ zu Thamūd). Zum Thema → 4,133; → 2,30; → 6,165.

3. Vgl. Rāzī VII, 14, S. 161.

und euch eine beachtlichere Stellung in seiner Schöpfung verlieh: indem er euch Stärke, Kraft und Ausdauer, sowie Solidarität miteinander verlieh. Einige Kommentatoren deuten das Wort *basṭatan* wie in → 2,247 als größeres Maß, größere Körperstatur; damit wäre ʿĀd ein Stamm von Riesen.

Gedenket also der Wohltaten Gottes: auch in 7,74; 53,55; vgl. die Sure 55,16–77 mit dem Refrain: ›Welche der Wohltaten eures Herrn wollt ihr beide für Lüge erklären?‹

auf daß es euch wohl ergehe«: → 2,189.

7,70(68): **Sie sagten: »Bist du zu uns gekommen, damit wir Gott allein dienen und das verlassen, was unsere Väter verehrt haben?:** Hūd äußert sich ähnlich auch in 11,53; 46,22; auch Ṣāliḥ in 11,62, Shuʿayb in 11,87 und Mose in 10,78. Zum Thema → 2,170; → 5,104; 31,21; 43,22–24.

Bring uns doch her, was du uns androhst, so du zu denen gehörst, die die Wahrheit sagen«: Herausforderung an Hūd auch in 46,22, an Noach in 11,32, an Ṣāliḥ in 7,77; 10,48; 29,29; – zum letzten Halbsatz: → 2,23.

7,71(69): **Er sagte: »Es überfallen euch Greuel und Zorn von eurem Herrn:** In parallelen Stellen (7,134.162) wird nicht *ridjs* (Greuel), sondern *ridjz* (Strafgericht) gebraucht. Greuel ist (siehe → 6,125) entweder der Satan oder das Böse, oder die Pein Gottes oder sein Fluch im Diesseits und seine Pein im Jenseits. Rāzī plädiert hier für die Deutung Unreinheit im Sinne des Unglaubens und des Ungehorsams[4].

Streitet ihr denn mit mir über Namen, die ihr genannt habt, ihr und eure Väter, für die aber Gott keine Ermächtigung herabgesandt hat?: auch in 12,40; 53,23. Hier sind die Götzen und die von den Ungläubigen verehrten Gottheiten gemeint.

Zum letzten Halbsatz → 3,15.

So wartet ab. Ich bin mit euch einer von denen, die abwarten«: → 6,158.

7,72(70): **Da retteten Wir ihn und diejenigen, die mit ihm waren, aus Barmherzigkeit von Uns:** auch in 11,58 (Hūd). 66 (Ṣāliḥ). 94 (Shuʿayb). Zur Rettung der Propheten und der Gläubigen → 7,64.

4. Vgl. Rāzī VII, 14, S. 166.

Und Wir merzten den letzten Rest derer aus, die unsere Zeichen für Lüge erklärten und nicht gläubig waren: → 6,45; 3,127.

7,73-79: Die Geschichte von Ṣāliḥ mit dem Stamm der Thamūd findet sich im Koran an folgenden Stellen: 7,73–79; 11,61–68; 15,80–84; 17,59; 26,141–159; 27,45–53; 41,13.17–18; 51,43–45; 54,23–31; 69,4–5; 89,9; 91,11–15.

Die Geschichte von Ṣāliḥ in diesem Abschnitt verläuft parallel zu den Geschichten von Noach und Hūd in den vorherigen Abschnitten.

7,73(71): **Und (Wir sandten) zu Thamūd ihren Bruder Ṣāliḥ:** zum ganzen Vers siehe 11,61; 26,142; 27,45. Zum Satz → 7,65. Nach der arabischen Tradition lebte der Stamm der Thamūd im Ḥidjr-Gebiet zwischen den Ḥidjāz und Syrien bis hin zu Wādī l-qurā.

Er sagte: »O mein Volk, dienet Gott. Ihr habt keinen Gott außer Ihm: → 7,59.65.

Ein deutliches Zeichen ist von eurem Herrn zu euch gekommen: siehe auch die gleiche Ermahnung von Ṣāliḥ in 11,63, von Shu'ayb in 7,85; 11,88, von Mose in 7,105. Zum Ausdruck → 6,157. Dieses Zeichen ist, wie der nächste Satz deutlich macht, die Kamelstute und auch die Regelung, die für ihr Zusammenleben mit dem Stamm festgelegt wurde.

Dies ist die Kamelstute Gottes, euch zum Zeichen: auch in 11,64; 17,59; 26,155–156; 54,27–29; 91,13–14.

Die Legende erzählt, daß diese Kamelstute aus einem Felsen herausgekommen ist. Sie war riesengroß. Um ein reibungsloses Zusammenleben mit dem Stamm zu ermöglichen, hatte Gott festgelegt, daß die Stute weiden durfte und daß das spärliche verfügbare Wasser in diesem Gebiet aufgeteilt werden sollte: An einem Tag durften die Menschen das Wasser gebrauchen, am darauffolgenden Tag war die Kamelstute daran, dafür konnte sie so viel Milch geben, daß die Menschen ihren Durst für den ganzen Tag davon stillen konnten. Ein junger Bösewicht aus ihren Reihen, erbost über diese Rationierung, da er bei einem Trinkgelage kein Wasser schöpfen durfte, lauerte der Stute auf und erstach sie. Daraufhin kam das Strafgericht über Thamūd[5].

Der Text des Korans präzisiert nicht, in welcher Hinsicht die Kamelstute ein Zeichen für die Menschen sei. Die Kommentatoren haben sich bemüht, diese Lücke mit mirakulösen Angaben zu füllen: Sie kam doch aus einem Felsen; – ihre

5. Vgl. Rāzī VII, 14, S. 169; Manār VIII, S. 502-503.

Ration an einem Tag war so groß wie die eines ganzen Stammes; – sie konnte mit ihrer Milch den ganzen Stamm für einen vollen Tag versorgen; – an dem ihr vorbehaltenen Tag verzichteten auch die anderen Tiere auf den Gang zur Tränke[6].

Die Stute wird als Kamelstute Gottes bezeichnet, weil sie auf übernatürlichem Weg ins Leben kam, oder weil sie Gott allein gehörte und niemand über sie verfügen durfte, oder weil sie dazu bestimmt war, ein Beweisgrund für Gott gegen die Übeltäter zu werden.

Laßt sie auf Gottes Erde weiden und rührt sie nicht mit etwas Bösem an: Erde Gottes (→ 4,97), weil die Erde Gott allein gehört, sie ist Schöpfung Gottes und niemand darf über sie gegen die Weisung Gottes verfügen.

sonst ergreift euch eine schmerzhafte Pein: → 2,10.

7,74(72): **Und gedenket, als Er euch zu Nachfolgern nach ʿĀd machte:** → 7,69.

und euch auf der Erde in Stätten einwies: Das ist nach den Kommentatoren das Ḥidjr-Gebiet zwischen dem Ḥidjāz und Syrien.

so daß ihr euch in ihren Ebenen Schlösser nahmt und die Berge zu Häusern meißeltet: siehe auch 15,82; 26,149; 89,9.

Gedenket also der Wohltaten Gottes: → 7,69.

und verbreitet nicht Unheil auf der Erde«: → 2,60.

7,75(73): **Die Vornehmen aus seinem Volk, die sich hochmütig verhielten:** ähnlich in 7,60.66; die Vornehmen werden mit negativen Eigenschaften versehen in 7,66.88. – *sich hochmütig verhielten:* → 2,34.

sagten zu denen, die wie Schwache behandelt wurden: → 4,75; → 2,266.

ja zu denen von ihnen, die gläubig waren: »Wißt ihr sicher, daß Ṣāliḥ von seinem Herrn gesandt worden ist?«: vgl. 13,43.

Sie sagten: »Wir glauben gewiß an das, womit er gesandt worden ist«: zu der Feststellung, daß die Schwachen in der Gesellschaft an die Botschaft der Propheten glauben, vgl. auch den Fall Muḥammads selbst → 6,52–54.

6. Vgl. Rāzī VII, 14, S. 169–170.

7,76(74): **Diejenigen, die sich hochmütig verhielten, sagten: »Wir verleugnen das, woran ihr glaubt«:** siehe auch 14,9; 34,34; 41,14; 43,24.

7,77(75): **Sie schnitten der Kamelstute die Flechsen durch und stachen sie:** dies wird erwähnt auch in 11,65; 26,157; 54,29; 91,14; – 17,59.

und sie rebellierten gegen den Befehl ihres Herrn: vgl. 51,44; – 7,166; 25,21.

und sie sagten: »O Ṣāliḥ, bring uns doch her, was du uns androhst, so du einer der Gesandten bist«: ähnlich in → 7,70.

7,78(76): **Da ergriff sie das Beben, und am Morgen lagen sie in ihrer Wohnstätte nieder:** siehe die Strafe von Thamūd in 11,67; von Madyan in 7,91; 11,94; 29,37; vom Volk des Lot in 15,73.

das Beben: auch in 7,155; – 79,6.

7,79(77): **So kehrte er sich von ihnen ab und sagte: »O mein Volk, ich habe euch die Botschaft meines Herrn ausgerichtet, und ich habe euch gut geraten. Aber ihr liebt die nicht, die gut raten«:** → 7,62.68.

Er kehrte sich von ihnen ab (vgl. 7,93; 12,84) entweder vor ihrem Tod, da er sie noch anredet, oder aber nach ihrem Tod als Schlußäußerung zum Ganzen.

7,80–84: Die Geschichte von Lot (auf dem Hintergrund der Erzählung in der *Bibel,* Gen 19,1–29) wird an mehreren Stellen im Koran erwähnt: → 6,86; 7,80–84; 11,70.77–83,89; 15,57–77; 21,71.74–75; 22,43; 25,40; 26,160–175; 27,54.58; 29,26.28–35; 37,133–138; 38,13; 50,13; 51,31–37; 54,33–39; 66,10.

7,80(78): **Und (Wir sandten) Lot. Als er zu seinem Volk sagte: »Wollt ihr denn das Schändliche begehen, wie es vor euch keiner von den Weltenbewohnern begangen hat?:** Man kann auch die Frage mit *begehen* enden lassen. Die Übersetzung müßte dann lauten: Keiner von den Weltenbewohnern hat es vor euch begangen!

Das Schändliche ist hier die Sodomie, die im nächsten Vers ausdrücklich erwähnt wird; → 4,15; → 3,135.

Das Einmalige an ihrem Verhalten besteht darin, daß sie alle dieses Schändliche begingen, oder daß sie nur fremde Männer mißbrauchten (so Ḥasan al-Baṣrī), oder daß ihre Männer sich auch gegenseitig mißbrauchten (so Ibn ʿAbbās nach ʿAṭāʾ).

7,81(79): **Ihr geht in Begierde zu den Männern, statt zu den Frauen. Nein, ihr seid maßlose Leute:** Der Satz kann auch in dieser Form als mißbilligende Frage gedeutet werden (so Nāfi'). *maßlose Leute:* auch in 36,19; → 3,147.

7,82(80): **Die Antwort seines Volkes war nur, daß sie sagten:** auch in 29,29. Zum ganzen Vers siehe 27,56; – 26,167.

»Vertreibt sie aus eurer Stadt: Das Thema beschäftigt den Koran, auch im Hinblick auf die islamische Gemeinde selbst, die Opfer einer solchen Vertreibung geworden ist, an mehreren Stellen: → 2,84; → 3,195.

Das sind Menschen, die sich rein stellen«: In der Parallelstelle 11,78 versucht Lot seine Landsleute von ihrer bösen Absicht abzubringen und sagt: »... da sind meine Töchter, sie sind reiner für euch.« Daher auch der ironische Vorwurf der Leute in diesem Vers. Siehe auch 9,108; → 2,222 (Gott liebt die Bußfertigen, und Er liebt die, die sich reinigen).

7,83(82): **Da retteten Wir ihn und seine Angehörigen:** → 7,64. Das sind entweder seine beiden Töchter (so Ibn 'Abbās; vgl. in der *Bibel,* Gen 19,15) oder alle seine Angehörigen oder auch all die, die zu seinen Anhängern und Gefährten zählten.

außer seiner Frau. Sie gehörte zu denen, die zurückblieben und dem Verderben anheimfielen: Das Wort *ghābirīna* bedeutet: die, die bleiben, die zurückbleiben und vergehen. Die Frau Lots ist zurückgeblieben und hat die Rettung nicht mehr erreicht, oder sie hat sich den Frevlern angeschlossen und ist nicht mit Lot aus der Stadt ausgezogen. - Vgl. in der *Bibel,* Gen 19,26.

Zur Rettung Lots und zum Los seiner Frau siehe auch die parallelen Stellen 15,59–60; 21,74–75; 26,170–172; 27,57; 29,32–33; 37,134–136; 51,35–37; 54,34–35; 66,10; – 11,81.

7,84(82): **Und Wir ließen einen Regen auf sie niedergehen:** wörtlich: Wir ließen auf sie einen Regen regnen. In den Parallelstellen 11,82 und 15,74 ist davon die Rede, daß Gott Steine aus Ton über sie regnen ließ; siehe zu diesem Unheilsregen - ohne nähere Präzisierung - außerdem 25,40; 26,173; 27,58; 29,34; 51,31–34; 53,53–54; 54,34.

Vgl. in der *Bibel,* Gen 19,24: »... ließ der Herr auf Sodom und Gomorra Schwefel und Feuer regnen.«

85 Und (Wir sandten) zu Madyan ihren Bruder
Shuʿayb. Er sagte: »O mein Volk, dienet Gott. Ihr
habt keinen Gott außer Ihm. Ein deutliches Zeichen ist von eurem Herrn zu euch gekommen, so
gebt volles Maß und Gewicht und zieht den Menschen nichts ab, was ihnen gehört, und stiftet
nicht Unheil auf der Erde, nachdem sie in Ordnung gebracht worden ist. Das ist bestimmt besser
für euch, so ihr gläubig seid. 86 Und lauert nicht
auf jedem Weg, indem ihr droht und vom Weg
Gottes den abweist, der an ihn glaubt, und euch
ihn krumm wünscht. Und gedenket, als ihr wenige
waret und Er euch zu vielen machte. Und schaut,
wie das Ende der Unheilstifter war. 87 Und wenn
eine Gruppe von euch an das glaubt, womit ich
gesandt worden bin, eine andere Gruppe aber
nicht glaubt, so geduldet euch, bis Gott zwischen
uns urteilt. Er ist der Beste derer, die Urteile fällen.«
9. Teil *88 Die Vornehmen aus seinem Volk, die sich
[17] hochmütig verhielten, sagten: »Wir werden dich,
o Shuʿayb, und diejenigen, die mit dir glauben,
bestimmt aus unserer Stadt vertreiben, oder ihr
kehrt zu unserer Glaubensrichtung zurück.« Er
sagte: »Was denn, auch wenn es uns zuwider ist?
89 Wir würden gegen Gott eine Lüge erdichten,
sollten wir zu eurer Glaubensrichtung zurückkehren, nachdem uns Gott aus ihr errettet hat. Wir

وَإِلَىٰ مَدْيَنَ أَخَاهُمْ
شُعَيْبًا ۚ قَالَ يَٰقَوْمِ ٱعْبُدُوا۟ ٱللَّهَ مَا لَكُم مِّنْ إِلَٰهٍ غَيْرُهُۥ ۖ
قَدْ جَآءَتْكُم بَيِّنَةٌ مِّن رَّبِّكُمْ ۖ فَأَوْفُوا۟ ٱلْكَيْلَ وَٱلْمِيزَانَ
وَلَا تَبْخَسُوا۟ ٱلنَّاسَ أَشْيَآءَهُمْ وَلَا تُفْسِدُوا۟ فِى ٱلْأَرْضِ
بَعْدَ إِصْلَٰحِهَا ۚ ذَٰلِكُمْ خَيْرٌ لَّكُمْ إِن كُنتُم مُّؤْمِنِينَ ﴿٨٥﴾
وَلَا تَقْعُدُوا۟ بِكُلِّ صِرَٰطٍ تُوعِدُونَ وَتَصُدُّونَ عَن سَبِيلِ
ٱللَّهِ مَنْ ءَامَنَ بِهِۦ وَتَبْغُونَهَا عِوَجًا ۚ وَٱذْكُرُوٓا۟ إِذْ كُنتُمْ قَلِيلًا
فَكَثَّرَكُمْ ۖ وَٱنظُرُوا۟ كَيْفَ كَانَ عَٰقِبَةُ ٱلْمُفْسِدِينَ ﴿٨٦﴾
وَإِن كَانَ طَآئِفَةٌ مِّنكُمْ ءَامَنُوا۟ بِٱلَّذِىٓ أُرْسِلْتُ بِهِۦ
وَطَآئِفَةٌ لَّمْ يُؤْمِنُوا۟ فَٱصْبِرُوا۟ حَتَّىٰ يَحْكُمَ ٱللَّهُ بَيْنَنَا ۚ وَهُوَ
خَيْرُ ٱلْحَٰكِمِينَ ﴿٨٧﴾ ۞ قَالَ ٱلْمَلَأُ ٱلَّذِينَ ٱسْتَكْبَرُوا۟
مِن قَوْمِهِۦ لَنُخْرِجَنَّكَ يَٰشُعَيْبُ وَٱلَّذِينَ ءَامَنُوا۟ مَعَكَ مِن
قَرْيَتِنَآ أَوْ لَتَعُودُنَّ فِى مِلَّتِنَا ۚ قَالَ أَوَلَوْ كُنَّا كَٰرِهِينَ ﴿٨٨﴾
قَدِ ٱفْتَرَيْنَا عَلَى ٱللَّهِ كَذِبًا إِنْ عُدْنَا فِى مِلَّتِكُم بَعْدَ إِذْ

können unmöglich zu ihr zurückkehren, es sei denn, Gott, unser Herr, wollte es. Unser Herr umfaßt alle Dinge in seinem Wissen. Auf Gott vertrauen wir. Unser Herr, richte zwischen uns und unserem Volk nach der Wahrheit. Du bist der beste Richter.« 90 Und die Vornehmen aus seinem Volk, die ungläubig waren, sagten: »Wenn ihr dem Shu'ayb folgt, werdet ihr bestimmt Verlierer sein.« 91 Da ergriff sie das Beben, und am Morgen lagen sie in ihrer Wohnstätte nieder. 92 Diejenigen, die Shu'ayb der Lüge ziehen, waren, als hätten sie darin nicht lange gewohnt. Diejenigen, die Shu'ayb der Lüge ziehen, waren selbst die Verlierer. 93 So kehrte er sich von ihnen ab und sagte: »O mein Volk, ich habe euch die Botschaften meines Herrn ausgerichtet, und ich habe euch gut geraten. Wie könnte ich betrübt sein über ungläubige Leute?«

94 Und Wir haben keinen Propheten in eine Stadt gesandt, ohne daß Wir ihre Bewohner durch Not und Leid heimgesucht hätten, auf daß sie sich vielleicht demütigen. 95 Dann tauschten Wir anstelle des Schlimmen Gutes ein, bis sie sich vermehrten und sagten: »Auch unsere Väter haben Leid und Erfreuliches erfahren.« So ergriffen Wir sie plötzlich, ohne daß sie es merkten. 96 Hätten die Bewohner der Städte geglaubt und wären sie gottesfürchtig gewesen, hätten Wir ihnen die Seg-

نَجَّىٰنَا ٱللَّهُ مِنْهَا ۚ وَمَا يَكُونُ لَنَآ أَن نَّعُودَ فِيهَآ إِلَّآ
أَن يَشَآءَ ٱللَّهُ رَبُّنَا ۚ وَسِعَ رَبُّنَا كُلَّ شَىْءٍ عِلْمًا ۚ عَلَى
ٱللَّهِ تَوَكَّلْنَا ۚ رَبَّنَا ٱفْتَحْ بَيْنَنَا وَبَيْنَ قَوْمِنَا بِٱلْحَقِّ
وَأَنتَ خَيْرُ ٱلْفَٰتِحِينَ ﴿٨٩﴾ وَقَالَ ٱلْمَلَأُ ٱلَّذِينَ كَفَرُوا۟
مِن قَوْمِهِۦ لَئِنِ ٱتَّبَعْتُمْ شُعَيْبًا إِنَّكُمْ إِذًا لَّخَٰسِرُونَ ﴿٩٠﴾
فَأَخَذَتْهُمُ ٱلرَّجْفَةُ فَأَصْبَحُوا۟ فِى دَارِهِمْ جَٰثِمِينَ ﴿٩١﴾
ٱلَّذِينَ كَذَّبُوا۟ شُعَيْبًا كَأَن لَّمْ يَغْنَوْا۟ فِيهَا ۚ ٱلَّذِينَ كَذَّبُوا۟ شُعَيْبًا
كَانُوا۟ هُمُ ٱلْخَٰسِرِينَ ﴿٩٢﴾ فَتَوَلَّىٰ عَنْهُمْ وَقَالَ يَٰقَوْمِ لَقَدْ
أَبْلَغْتُكُمْ رِسَٰلَٰتِ رَبِّى وَنَصَحْتُ لَكُمْ ۖ فَكَيْفَ ءَاسَىٰ
عَلَىٰ قَوْمٍ كَٰفِرِينَ ﴿٩٣﴾ وَمَآ أَرْسَلْنَا فِى قَرْيَةٍ مِّن نَّبِىٍّ إِلَّآ
أَخَذْنَآ أَهْلَهَا بِٱلْبَأْسَآءِ وَٱلضَّرَّآءِ لَعَلَّهُمْ يَضَّرَّعُونَ ﴿٩٤﴾
ثُمَّ بَدَّلْنَا مَكَانَ ٱلسَّيِّئَةِ ٱلْحَسَنَةَ حَتَّىٰ عَفَوا۟ وَّقَالُوا۟ قَدْ
مَسَّ ءَابَآءَنَا ٱلضَّرَّآءُ وَٱلسَّرَّآءُ فَأَخَذْنَٰهُم بَغْتَةً وَهُمْ
لَا يَشْعُرُونَ ﴿٩٥﴾ وَلَوْ أَنَّ أَهْلَ ٱلْقُرَىٰٓ ءَامَنُوا۟ وَٱتَّقَوْا۟

nungen vom Himmel und von der Erde aufgetan.
Aber sie erklärten (die Botschaft) für Lüge, so
ergriffen Wir sie für das, was sie erworben haben.
97 Wähnen sich denn die Bewohner der Städte in
Sicherheit davor, daß unsere Schlagkraft nachts
über sie kommt, während sie schlafen? 98 Oder
wähnen sich die Bewohner der Städte in Sicherheit davor, daß unsere Schlagkraft am hellichten
Tag über sie kommt, während sie sich dem Spiel
hingeben? 99 Wähnen sie sich in Sicherheit vor
den Ränken Gottes? In Sicherheit vor den Ränken
Gottes wähnen sich nur die Leute, die Verlierer
sind. 100 Ist denen, die die Erde nach ihren
Bewohnern erben, nicht deutlich geworden, daß,
wenn Wir es wollten, Wir sie für ihre Sünden
treffen? Und Wir versiegeln ihre Herzen, so daß
sie nicht hören. 101 Über diese Städte erzählen
Wir dir einiges von ihren Berichten. Ihre Gesandten kamen zu ihnen mit den deutlichen Zeichen,
sie vermochten aber nicht an das zu glauben, was
sie früher für Lüge erklärt hatten. So versiegelt
Gott die Herzen der Ungläubigen. 102 Und bei
den meisten von ihnen haben Wir keine Vertragstreue gefunden. Und Wir haben gefunden, daß die
meisten von ihnen Frevler sind.

لَفَتَحْنَا عَلَيْهِم بَرَكَـٰتٍ مِّنَ ٱلسَّمَآءِ وَٱلْأَرْضِ وَلَـٰكِن
كَذَّبُوا۟ فَأَخَذْنَـٰهُم بِمَا كَانُوا۟ يَكْسِبُونَ ﴿٩٦﴾ أَفَأَمِنَ أَهْلُ
ٱلْقُرَىٰٓ أَن يَأْتِيَهُم بَأْسُنَا بَيَـٰتًا وَهُمْ نَآئِمُونَ ﴿٩٧﴾
أَوَأَمِنَ أَهْلُ ٱلْقُرَىٰٓ أَن يَأْتِيَهُم بَأْسُنَا ضُحًى وَهُمْ
يَلْعَبُونَ ﴿٩٨﴾ أَفَأَمِنُوا۟ مَكْرَ ٱللَّهِ ۚ فَلَا يَأْمَنُ مَكْرَ ٱللَّهِ إِلَّا
ٱلْقَوْمُ ٱلْخَـٰسِرُونَ ﴿٩٩﴾ أَوَلَمْ يَهْدِ لِلَّذِينَ يَرِثُونَ ٱلْأَرْضَ
مِنۢ بَعْدِ أَهْلِهَآ أَن لَّوْ نَشَآءُ أَصَبْنَـٰهُم بِذُنُوبِهِمْ ۚ وَنَطْبَعُ
عَلَىٰ قُلُوبِهِمْ فَهُمْ لَا يَسْمَعُونَ ﴿١٠٠﴾ تِلْكَ ٱلْقُرَىٰ نَقُصُّ
عَلَيْكَ مِنْ أَنۢبَآئِهَا ۚ وَلَقَدْ جَآءَتْهُمْ رُسُلُهُم بِٱلْبَيِّنَـٰتِ فَمَا
كَانُوا۟ لِيُؤْمِنُوا۟ بِمَا كَذَّبُوا۟ مِن قَبْلُ ۚ كَذَٰلِكَ يَطْبَعُ ٱللَّهُ
عَلَىٰ قُلُوبِ ٱلْكَـٰفِرِينَ ﴿١٠١﴾ وَمَا وَجَدْنَا لِأَكْثَرِهِم مِّنْ
عَهْدٍ ۖ وَإِن وَجَدْنَآ أَكْثَرَهُمْ لَفَـٰسِقِينَ ﴿١٠٢﴾

Varianten 7,85–102

7,93: āsā: īsā (bei Ṭalḥa, al-A‘mash; nach Yaḥyā ibn Waththāb, Abū Nahīk).
7,94: nabiyyin: nabī'in (nach Nāfi‘).
bil-ba'sā'i: bil-bāsā'i (nach al-Sūsī).
7,96: la-fataḥnā: la-fattaḥnā (nach Abū ‘Amr).
7,97: ya'tiyahum: yātiyahum (nach al-Sūsī, Warsh).
ba'sunā: bāsunā (nach al-Sūsī).
7,98: awa amina: au amina (nach Nāfi‘, Ibn Kathīr, Ibn ‘Āmir), awāmina (nach al-Sūsī).
ya'tiyahum: yātiyahum (nach al-Sūsī, Warsh).
ba'sunā: bāsunā (nach al-Sūsī).
9,100: awa lam yahdi: awa lam nahdi: haben Wir sie nicht dahin geleitet (laut Zamakhsharī II, S. 134).
nashā'u aṣabnāhum: nashā'u waṣabnahum (nach Nāfi‘, Ibn Kathīr, Abū ‘Amr).
9,101: rusuluhum: rusluhum (nach Abū ‘Amr).

Kommentar

7,85–93: Dieser Abschnitt ist der Geschichte von der Sendung des Propheten Shu'ayb gewidmet. Shu'ayb wird zu seinem Volk, den Waldbewohnern (50,14; 26,176 ...) bzw. Madyan (7,85; 11,84; 29,36), gesandt. Madyan bezeichnet entweder das Volk oder das Land des Stammes von Shu'ayb. Aufgrund dieses Namens Madyan wurde auf eine entsprechende Stelle in der *Bibel* (Ex 18,1–12) hingewiesen und Shu'ayb mit dem Jethro, dem Schwiegervater des Mose, identifiziert. Der Koran selbst enthält jedoch keine Angaben zur näheren Identifizierung von Shu'ayb; erwähnt werden lediglich eine Reise des Mose zu Madyan (28,22–23) und sein Aufenthalt dort (20,40).

Der Koran beschreibt nach dem in den vorherigen Abschnitten dargelegten Muster (wie bei Noach, Hūd, Ṣāliḥ und Lot) die Sendung Shu'aybs, sein prophetisches Auftreten und seine Verkündigung sowie den Widerstand seines Volkes und die schließliche Intervention Gottes, um die Gläubigen zu retten und die Ungläubigen zu bestrafen.

Die Koranstellen, die sich auf Shu'ayb beziehen, sind folgende: 7,85–93; 11,84–95; 15,78–79; 26,176–191; 29,36–37.

7,85(83): **Und (Wir sandten) zu Madyan ihren Bruder Shu'ayb. Er sagte: »O mein Volk, dienet Gott. Ihr habt keinen Gott außer Ihm:** auch in 11,84; 29,36; siehe → 7,59.65.73.

Ein deutliches Zeichen ist von eurem Herrn zu euch gekommen: → 7,73. Über dieses Zeichen als Beglaubigungswunder seiner Sendung gibt der Prophet keine näheren Angaben.

so gebt volles Maß und Gewicht: → 6,152.

und zieht den Menschen nichts ab, was ihnen gehört, und stiftet nicht Unheil auf der Erde, nachdem sie in Ordnung gebracht worden sind: auch in 11,85; 26,183; → 7,56; → 2,11, – *lā tabkhasū* (zieht nichts ab): → 2,282.

Das ist besser für euch, so ihr gläubig seid: auch in 11,86; → 2,54.184.

7,86(84): **Und lauert nicht auf jedem Weg, indem ihr droht:** → 7,16. Das ist der Weg der Menschen auf der Suche nach ihrem Lebensunterhalt oder der Weg der religiösen Überzeugung und Praxis.

und vom Weg Gottes den abweist, der an Ihn glaubt, und euch ihn krumm wünscht: *ihn:* den Weg. Siehe auch 11,19; 14,3; → 7,45; → 3,99.

Und gedenket, als ihr wenige waret und Er euch zu vielen machte: ähnlich an die Adresse der Muslime in 8,26; → 7,87. Es geht hier nach al-Zadjjādj um ihre große Zahl oder ihr großes Vermögen und ihre große Kraft[1].

Und schaut, wie das Ende der Unheilstifter war: auch in 7,103; 27,14; → 3,137.

7,87(85): **Und wenn eine Gruppe von euch an das glaubt, womit ich gesandt worden bin, eine andere Gruppe aber nicht glaubt, so geduldet euch, bis Gott zwischen uns urteilt:** siehe 10,109. Der letzte Halbsatz will zwar auch die Gläubigen aufmuntern, er ist aber als Drohung an die Adresse der Verstockten gerichtet; vgl. zum Ausdruck auch 52,48; 68,48; 76,24; – 74,7.

Er ist der Beste derer, die Urteile fällen: siehe außer den oben angegebenen Stellen auch 12,80; – der Weiseste derer, die Urteile fällen: 11,45; 95,8.

7,88(86): **Die Vornehmen aus seinem Volk, die sich hochmütig verhielten, sagten:** → 7,75.

»Wir werden dich, o Shu'ayb, und diejenigen, die mit dir glauben, bestimmt aus unserer Stadt vertreiben: → 7,82.

oder ihr kehrt zu unserer Glaubensrichtung zurück: vgl. 18,20; zum Festhalten an der eigenen Tradition siehe → 7,70.

Die Kommentatoren haben sich gefragt, wie sich dieser Satz und der nächste Vers, in denen von einer Rückkehr zur Tradition der Ungläubigen die Rede ist, mit der Sündenfreiheit der Propheten verträgt. Shu'ayb darf nicht vorher der Religion der Ungläubigen angehört haben. Man findet auf diese Frage verschiedene Antworten[2]:

– Die Anhänger Shu'aybs waren vorher Ungläubige, da werden die Sätze im Hinblick auf sie gebildet.

– Die Ungläubigen wollten dem gemeinen Volk irreführend weismachen, daß Shu'ayb und seine Anhänger früher Mitglieder ihrer Religion gewesen seien. Die

1. Vgl. Rāzī VII, 14, S. 183.
2. Vgl. Rāzī VII, 14, S. 184.

Antwort des Propheten stellt sich dann auf die gleiche Ebene, um besser die Gegner zu treffen.
– Shu'ayb hatte vorher seine wahre Überzeugung verborgen gehalten, da haben sie gemeint, er sei ein Anhänger ihrer Religion gewesen.
– Shu'ayb hing vorher tatsächlich ihrer Religion an, dann hat Gott diese Religion in der dem Propheten übermittelten Offenbarung aufgehoben.
– Das Verb *lata'ūdunna* (zurückkehren) wird oft auch im Sinn von *lataṣīrunna* (kommen, übergehen) gebraucht. Der Sinn des Satzes wäre dann: oder ihr geht zu unserer Glaubensrichtung über.

Er sagte: »Was denn, auch wenn es uns zuwider ist?: Der Prophet weigert sich, dem Begehren der Ungläubigen stattzugeben und wendet ein, daß ein Bekennen ihrer Religion im Widerspruch zur festen Überzeugung der Gläubigen sei.

7,89(87): **Wir würden gegen Gott eine Lüge erdichten, sollten wir zu eurer Glaubensrichtung zurückkehren, nachdem uns Gott aus ihr errettet hat:** Zum Audruck *gegen Gott eine Lüge erdichten* siehe → 6,21.

Wir können unmöglich zu ihr zurückkehren, es sei denn, Gott, unser Herr, wollte es. Unser Herr umfaßt alle Dinge in seinem Wissen: siehe ähnlich in → 6,80. Die Mu'taziliten, anders als die Ash'ariten, deuten den Satz nicht als eine mögliche Rückkehr zum Unglauben auf Geheiß Gottes, sondern als eine Unterstreichung der Unmöglichkeit eines solchen Ansinnens.

Auf Gott vertrauen wir: → 3,122.

Unser Herr, richte zwischen uns und unserem Volk nach der Wahrheit. Du bist der beste Richter. So deuten Ibn 'Abbās, Ḥasan al-Baṣrī, Qatāda und al-Suddī den Satz; *iftaḥ:* richte. Der Linguist al-Farrā' erwähnt, daß in Oman der Richter *fātiḥ* und *fattāḥ* bezeichnet wird, weil er die Wege des Rechtes eröffnet. Al-Zadjjādj meint, daß man den Satz auch wie folgt interpretieren kann: Mach unser Anliegen sichtbar, damit es klar und deutlich wird zwischen uns und unserem Volk[3]. Zu *fatḥ* im Sinn von Erfolg siehe → 4,141.

7,90(88): **Und die Vornehmen aus seinem Volk, die ungläubig waren, sagten:** → 7,66; zum ganzen Vers siehe auch 23,33–34.

3. Vgl. Rāzī VII, 14, S. 188; *R. Paret:* Der Koran. Kommentar und Konkordanz, 3. Auflage, Stuttgart 1986, S. 167.

»Wenn ihr dem Shu'ayb folgt, werdet ihr bestimmt Verlierer sein«: im Hinblick auf die Religion oder auf das Diesseits. → 2,27.121.

7,91(89): **Da ergriff sie das Beben, und am Morgen lagen sie in ihrer Wohnstätte nieder:** wörtlich bereits in → 7,78.

7,92(90): **Diejenigen, die Shu'ayb der Lüge ziehen:** auch in 11,95; – 11,68 (bezogen auf Thamūd).

waren, als hätten sie darin nicht lange gewohnt: Nach al-Zadjjādj kann man das Verb *lam yaghnau* auch wie folgt übersetzen: als hätten sie darin nicht in Reichtum gelebt; 10,24.

Diejenigen, die Shu'ayb der Lüge ziehen, waren selbst die Verlierer: auch in → 2,27.

7,93(91): **So kehrte er sich von ihnen ab und sagte: »O mein Volk, ich habe euch die Botschaften meines Herrn ausgerichtet, und ich habe euch gut geraten:** → 7,79.

Wie könnte ich betrübt sein über ungläubige Leute?: → 5,26.

7,94–102: Dieser Abschnitt bildet den Schluß der Geschichte von den verschiedenen Propheten, er gibt eine Gesamübersicht über das Verfahren Gottes mit den Völkern und zieht daraus die passenden Konsequenzen.

7,94(92): **Und Wir haben keinen Propheten in eine Stadt gesandt, ohne daß Wir ihre Bewohner durch Not und Leid heimgesucht hätten, auf daß sie sich vielleicht demütigen:** → 6,42.

7,95(93): **Dann tauschten Wir anstelle des Schlimmen Gutes ein:** auch in 10,12; 39,8.49; 41,50; zum ganzen Vers siehe → 6,44.

bis sie sich vermehrten: Einige Kommentatoren bevorzugen eine andere Deutung des Verb *'afau:* ausradierten. Der Satz hätte folgenden Sinn: bis sie (das Gewesene) ausradierten, d. h. die heilsame Erinnerung an die schlimmen Folgen der Vergangenheit vergaßen und verschwinden ließen.

und sagten: »Auch unsere Väter haben Leid und Erfreuliches erfahren«: Wenn sie Leid trifft, sagen sie, daß dies der gewöhnliche Ablauf der Bestimmungen des Schicksals ist, auch unsere Väter haben ähnliches erfahren, mal haben sie Leid und mal haben sie Erfreuliches erfahren.

So ergriffen Wir sie plötzlich, ohne daß sie es merkten: auch in 12,107; 16,26.45; 26,202; 27,50; 29,53; 39,55; 45,66.

7,96(94): **Hätten die Bewohner der Städte geglaubt und wären sie gottesfürchtig gewesen, hätten Wir ihnen die Segnungen vom Himmel und von der Erde aufgetan:** ähnlich in → 6,44 (... öffneten Wir ihnen die Tore zu allen Dingen).

Aber sie erklärten (die Botschaft) für Lüge, so ergriffen Wir sie für das, was sie erworben haben: *erworben:* → 2,79.

7,97(95): **Wähnen sich denn die Bewohner der Städte in Sicherheit davor:** zum Ausdruck vgl. auch 7,99; 12,107; 16,45; 17,68.69; 67,16.17.

daß unsere Schlagkraft nachts über sie kommt, während sie schlafen?: → 7,4.

7,98(96): **Oder wähnen sich die Bewohner der Städte in Sicherheit davor, daß unsere Schlagkraft am hellichten Tag über sie kommt, während sie sich dem Spiel hingeben?:** → 7,4. *Spiel:* Beschäftigung mit den Anliegen des diesseitigen Lebens oder mit den Aussagen ihres Unglaubens.

7,99(97): **Wähnen sie sich in Sicherheit vor den Ränken Gottes:** → 3,54; 86,15–16; vgl. 43,79.

In Sicherheit vor den Ränken Gottes wähnen sich nur die Leute, die Verlierer sind: In ihrer Ahnungslosigkeit und Unwissenheit erkennen sie Gott nicht und versuchen auch nicht, ein gottesfürchtiges Verhalten zu zeigen, so daß sie am Ende den Verlust davon tragen, und zwar im Diesseits und im Jenseits.

7,100(98): **Ist denen, die die Erde nach ihren Bewohnern erben:** zum Thema vgl. 7,128 (Die Erde gehört Gott, Er gibt sie zum Erbe, wem von seinen Dienern Er will); 7,137; 21,105; 26,59; – 33,27 (Und Er gab euch zum Erbe ihr Land, ihre Wohnstätten und ihren Besitz ...); 39,74; 44,28.

nicht deutlich geworden: auch in 20,128; 32,26.

daß, wenn Wir es wollten, Wir sie für ihre Sünden treffen?: vgl. 7,150.

Und Wir versiegeln ihre Herzen, so daß sie nicht hören: Man kann auch übersetzen: und ihre Herzen versiegeln ... Siehe auch 7,101; → 2,7.

7,101(99): **Über diese Städte erzählen Wir dir einiges von ihren Berichten:** → 6,43; 40,78.

Ihre Gesandten kamen zu ihnen mit den deutlichen Zeichen, sie vermochten aber nicht an das zu glauben, was sie früher für Lüge erklärt hatten: zum Thema siehe 10,74; – 9,70; 10,13; 14,9; 30,9; 35,25; 40,22.83; 64,6.

Zur Deutung des Satzes gibt es verschiedene Angaben[4]:

– Ibn 'Abbās und al-Suddī denken hier an die Uroffenbarung (vgl. 7,172): Bereits da hatten sie nur widerwillig und nur äußerlich den Glauben an Gott bekannt. Auch später hielten sie offen am Unglauben fest.

– Was sie verleugnet hatten, bevor ihnen ein Beglaubigungszeichen vorgelegt wurde, das wiesen sie auch später zurück (so al-Zadjjādj).

– Auch vor der Sendung der Propheten waren sie fest entschlossen, an keine prophetische Botschaft zu glauben.

– Ihr Unvermögen zu glauben bezieht sich auf die Zukunft.

So versiegelt Gott die Herzen der Ungläubigen: auch in 10,74; → 2,7.

7,102(100): **Und bei den meisten von ihnen haben Wir keine Vertragstreue gefunden:** siehe auch 9,7; 17,34; 33,15; zum Begriff *'ahd* (Bund) → 2,27.

Und Wir haben gefunden, daß die meisten von ihnen Frevler sind: Sie gehorchen Gott nicht und weisen die anderen Menschen von der Religion Gottes ab. → 3,110.

4. Vgl. Rāzī VII, 14, S. 195.

7,103–141

103 Dann entsandten Wir nach ihnen Mose mit
unseren Zeichen zu Pharao und seinen Vornehmen. Sie handelten an ihnen ungerecht. So schau,
wie das Ende der Unheilstifter war. 104 Und Mose
sagte: »O Pharao, ich bin ein Gesandter vom
Herrn der Welten, 105 verpflichtet und darauf
bedacht, über Gott nur die Wahrheit zu sagen. Ich
bin zu euch mit einem deutlichen Zeichen von
eurem Herrn gekommen. So schick die Kinder
Israels mit mir weg.« 106 Er sagte: »Wenn du mit
einem Zeichen gekommen bist, dann bring es her,
so du zu denen gehörst, die die Wahrheit sagen.«
107 Er warf seinen Stab, und da war er eine offenkundige Schlange. 108 Und er zog seine Hand heraus, da war sie weiß für die Zuschauer. 109 Die
Vornehmen aus dem Volk Pharaos sagten: »Dieser
ist ja ein erfahrener Zauberer, 110 der euch aus
eurem Land vertreiben will. Was befehlt ihr
nun?« 111 Sie sagten: »Stell ihn und seinen Bruder zurück, und schick zu den Städten Leute, die
(sie) versammeln, 112 damit sie dir jeden erfahrenen Zauberer herbringen.« 113 Und die Zauberer
kamen zu Pharao. Sie sagten: »Wir bekommen
wohl eine Belohnung, wenn wir es sind, die siegen?« 114 Er sagte: »Ja. Und ihr werdet auch zu
denen gehören, die in (meine) Nähe zugelassen
werden.« 115 Sie sagten: »O Mose, entweder

ثُمَّ بَعَثْنَا مِنۢ
بَعْدِهِم مُّوسَىٰ بِـَٔايَٰتِنَآ إِلَىٰ فِرْعَوْنَ وَمَلَإِي۟هِۦ فَظَلَمُوا۟ بِهَا ۖ
فَٱنظُرْ كَيْفَ كَانَ عَٰقِبَةُ ٱلْمُفْسِدِينَ ﴿١٠٣﴾ وَقَالَ مُوسَىٰ
يَٰفِرْعَوْنُ إِنِّى رَسُولٌ مِّن رَّبِّ ٱلْعَٰلَمِينَ ﴿١٠٤﴾ حَقِيقٌ عَلَىٰٓ
أَن لَّآ أَقُولَ عَلَى ٱللَّهِ إِلَّا ٱلْحَقَّ ۚ قَدْ جِئْتُكُم بِبَيِّنَةٍ مِّن
رَّبِّكُمْ فَأَرْسِلْ مَعِىَ بَنِىٓ إِسْرَٰٓءِيلَ ﴿١٠٥﴾ قَالَ إِن كُنتَ
جِئْتَ بِـَٔايَةٍ فَأْتِ بِهَآ إِن كُنتَ مِنَ ٱلصَّٰدِقِينَ ﴿١٠٦﴾
فَأَلْقَىٰ عَصَاهُ فَإِذَا هِىَ ثُعْبَانٌ مُّبِينٌ ﴿١٠٧﴾ وَنَزَعَ يَدَهُۥ فَإِذَا
هِىَ بَيْضَآءُ لِلنَّٰظِرِينَ ﴿١٠٨﴾ قَالَ ٱلْمَلَأُ مِن قَوْمِ فِرْعَوْنَ إِنَّ
هَٰذَا لَسَٰحِرٌ عَلِيمٌ ﴿١٠٩﴾ يُرِيدُ أَن يُخْرِجَكُم مِّنْ أَرْضِكُمْ ۖ
فَمَاذَا تَأْمُرُونَ ﴿١١٠﴾ قَالُوٓا۟ أَرْجِهْ وَأَخَاهُ وَأَرْسِلْ فِى ٱلْمَدَآئِنِ
حَٰشِرِينَ ﴿١١١﴾ يَأْتُوكَ بِكُلِّ سَٰحِرٍ عَلِيمٍ ﴿١١٢﴾ وَجَآءَ ٱلسَّحَرَةُ
فِرْعَوْنَ قَالُوٓا۟ إِنَّ لَنَا لَأَجْرًا إِن كُنَّا نَحْنُ ٱلْغَٰلِبِينَ ﴿١١٣﴾
قَالَ نَعَمْ وَإِنَّكُمْ لَمِنَ ٱلْمُقَرَّبِينَ ﴿١١٤﴾ قَالُوا۟ يَٰمُوسَىٰٓ إِمَّآ

wirfst du, oder wir sind es, die (zuerst) werfen.«
116 Er sagte: »Werft ihr (zuerst).« Als sie nun
warfen, bezauberten sie die Augen der Menschen
und jagten ihnen Angst ein, und sie brachten
[17¼] einen gewaltigen Zauber vor. *117 Und Wir gaben
dem Mose ein: »Wirf deinen Stab.« Da fing er an
zu verschlingen, was sie vorgaukelten. 118 So
bestätigte sich die Wahrheit, und das, was sie
machten, erwies sich als falsch. 119 Sie wurden
dort besiegt und kehrten als Erniedrigte zurück.
120 Und die Zauberer wurden in Anbetung zu
Boden geworfen. 121 Sie sagten: »Wir glauben an
den Herrn der Welten, 122 den Herrn von Mose
und Aaron.« 123 Pharao sagte: »Ihr glaubt an ihn,
bevor ich es euch erlaube! Das sind ja Ränke, die
ihr in der Stadt geschmiedet habt, um ihre Bewohner aus ihr zu vertreiben. Aber ihr werdet es zu
wissen bekommen. 124 Ich werde eure Hände und
eure Füße wechselseitig abhacken, und dann
werde ich euch allesamt kreuzigen lassen.« 125
Sie sagten: »Wir kehren zu unserem Herrn
zurück. 126 Nichts anderes läßt dich uns grollen,
als daß wir an die Zeichen unseres Herrn glaubten, als sie zu uns kamen. Unser Herr, gieße
Standhaftigkeit über uns aus und berufe uns als
Gottergebene ab.« 127 Die Vornehmen aus dem
Volk Pharaos sagten: »Willst du zulassen, daß
Mose und sein Volk auf der Erde Unheil stiften
und daß er dich und deine Götter verläßt?« Er
sagte: »Wir werden ihre Söhne ermorden und nur

أَن تُلْقِيَ وَإِمَّآ أَن نَّكُونَ نَحْنُ ٱلْمُلْقِينَ ﴿١١٥﴾ قَالَ أَلْقُوا۟ ۖ
فَلَمَّآ أَلْقَوْا۟ سَحَرُوٓا۟ أَعْيُنَ ٱلنَّاسِ وَٱسْتَرْهَبُوهُمْ وَجَآءُو
بِسِحْرٍ عَظِيمٍ ﴿١١٦﴾ ۞ وَأَوْحَيْنَآ إِلَىٰ مُوسَىٰٓ أَنْ أَلْقِ
عَصَاكَ ۖ فَإِذَا هِىَ تَلْقَفُ مَا يَأْفِكُونَ ﴿١١٧﴾ فَوَقَعَ ٱلْحَقُّ
وَبَطَلَ مَا كَانُوا۟ يَعْمَلُونَ ﴿١١٨﴾ فَغُلِبُوا۟ هُنَالِكَ وَٱنقَلَبُوا۟
بِرَبِّ ٱلْعَٰلَمِينَ ﴿١٢١﴾ رَبِّ مُوسَىٰ وَهَٰرُونَ ﴿١٢٢﴾ قَالَ فِرْعَوْنُ
ءَامَنتُم بِهِۦ قَبْلَ أَنْ ءَاذَنَ لَكُمْ ۖ إِنَّ هَٰذَا لَمَكْرٌ مَّكَرْتُمُوهُ
فِى ٱلْمَدِينَةِ لِتُخْرِجُوا۟ مِنْهَآ أَهْلَهَا ۖ فَسَوْفَ تَعْلَمُونَ ﴿١٢٣﴾
لَأُقَطِّعَنَّ أَيْدِيَكُمْ وَأَرْجُلَكُم مِّنْ خِلَٰفٍ ثُمَّ لَأُصَلِّبَنَّكُمْ
أَجْمَعِينَ ﴿١٢٤﴾ قَالُوٓا۟ إِنَّآ إِلَىٰ رَبِّنَا مُنقَلِبُونَ ﴿١٢٥﴾ وَمَا
تَنقِمُ مِنَّآ إِلَّآ أَنْ ءَامَنَّا بِـَٔايَٰتِ رَبِّنَا لَمَّا جَآءَتْنَا ۚ رَبَّنَآ
أَفْرِغْ عَلَيْنَا صَبْرًا وَتَوَفَّنَا مُسْلِمِينَ ﴿١٢٦﴾ وَقَالَ ٱلْمَلَأُ مِن
قَوْمِ فِرْعَوْنَ أَتَذَرُ مُوسَىٰ وَقَوْمَهُۥ لِيُفْسِدُوا۟ فِى ٱلْأَرْضِ
وَيَذَرَكَ وَءَالِهَتَكَ ۚ قَالَ سَنُقَتِّلُ أَبْنَآءَهُمْ وَنَسْتَحْىِۦ

ihre Frauen am Leben lassen. Wir sind ja Zwingherrscher über sie.« 128 Mose sagte zu seinem Volk: »Sucht Hilfe bei Gott, und seid geduldig. Die Erde gehört Gott, Er gibt sie zum Erbe, wem von seinen Dienern Er will. Und das (gute) Ende gehört den Gottesfürchtigen.« 129 Sie sagten: »Uns ist Leid zugefügt worden, bevor du zu uns kamst und nachdem du zu uns gekommen bist.« Er sagte: »Möge euer Herr euren Feind verderben lassen und euch zu Nachfolgern auf der Erde einsetzen und dann sehen, wie ihr handelt!« 130 Und Wir ließen über die Leute des Pharao Dürrejahre und Mangel an Früchten kommen, auf daß sie es bedenken. 131 Wenn ihnen dann etwas Gutes zufiel, sagten sie: »Wir haben es verdient«; und wenn sie etwas Übles traf, sahen sie ein böses Omen in Mose und denen, die mit ihm waren. Aber ihr Omen ist bei Gott, jedoch wissen die meisten von ihnen nicht Bescheid. 132 Und sie sagten: »Welches Zeichen du auch vorbringen magst, um uns damit zu bezaubern, wir werden dir nicht glauben.« 133 So schickten Wir über sie die Flut, die Heuschrecken, die Läuse, die Frösche und das Blut als einzeln vorgebrachte Zeichen. Da verhielten sie sich hochmütig und waren Leute, die Übeltäter waren. 134 Als nun das Zorngericht sie überfiel, sagten sie: »O Mose, rufe für uns deinen Herrn an aufgrund seines Bundes mit dir. Wenn du das Zorngericht von uns aufhebst, dann werden wir dir glauben und die Kinder Israels

نِسَآءَهُمْ وَإِنَّا فَوْقَهُمْ قَٰهِرُونَ ﴿١٢٧﴾ قَالَ مُوسَىٰ لِقَوْمِهِ
ٱسْتَعِينُوا۟ بِٱللَّهِ وَٱصْبِرُوٓا۟ ۖ إِنَّ ٱلْأَرْضَ لِلَّهِ يُورِثُهَا مَن يَشَآءُ
مِنْ عِبَادِهِۦ ۖ وَٱلْعَٰقِبَةُ لِلْمُتَّقِينَ ﴿١٢٨﴾ قَالُوٓا۟ أُوذِينَا
مِن قَبْلِ أَن تَأْتِيَنَا وَمِنۢ بَعْدِ مَا جِئْتَنَا ۚ قَالَ عَسَىٰ رَبُّكُمْ أَن
يُهْلِكَ عَدُوَّكُمْ وَيَسْتَخْلِفَكُمْ فِى ٱلْأَرْضِ فَيَنظُرَ كَيْفَ
تَعْمَلُونَ ﴿١٢٩﴾ وَلَقَدْ أَخَذْنَآ ءَالَ فِرْعَوْنَ بِٱلسِّنِينَ وَنَقْصٍ
مِّنَ ٱلثَّمَرَٰتِ لَعَلَّهُمْ يَذَّكَّرُونَ ﴿١٣٠﴾ فَإِذَا جَآءَتْهُمُ ٱلْحَسَنَةُ
قَالُوا۟ لَنَا هَٰذِهِۦ ۖ وَإِن تُصِبْهُمْ سَيِّئَةٌ يَطَّيَّرُوا۟ بِمُوسَىٰ
وَمَن مَّعَهُۥٓ ۗ أَلَآ إِنَّمَا طَٰٓئِرُهُمْ عِندَ ٱللَّهِ وَلَٰكِنَّ أَكْثَرَهُمْ
لَا يَعْلَمُونَ ﴿١٣١﴾ وَقَالُوا۟ مَهْمَا تَأْتِنَا بِهِۦ مِنْ ءَايَةٍ لِّتَسْحَرَنَا
بِهَا فَمَا نَحْنُ لَكَ بِمُؤْمِنِينَ ﴿١٣٢﴾ فَأَرْسَلْنَا عَلَيْهِمُ ٱلطُّوفَانَ
وَٱلْجَرَادَ وَٱلْقُمَّلَ وَٱلضَّفَادِعَ وَٱلدَّمَ ءَايَٰتٍ مُّفَصَّلَٰتٍ
فَٱسْتَكْبَرُوا۟ وَكَانُوا۟ قَوْمًا مُّجْرِمِينَ ﴿١٣٣﴾ وَلَمَّا وَقَعَ عَلَيْهِمُ ٱلرِّجْزُ
قَالُوا۟ يَٰمُوسَى ٱدْعُ لَنَا رَبَّكَ بِمَا عَهِدَ عِندَكَ ۖ لَئِن كَشَفْتَ
عَنَّا ٱلرِّجْزَ لَنُؤْمِنَنَّ لَكَ وَلَنُرْسِلَنَّ مَعَكَ بَنِىٓ إِسْرَٰٓءِيلَ ﴿١٣٤﴾

mit dir wegschicken.« 135 Als Wir dann das Zorngericht von ihnen aufhoben auf eine Frist, die sie
ja erreichen sollten, brachen sie gleich ihr Wort.
136 Da rächten Wir uns an ihnen und ließen sie
im Meer ertrinken dafür, daß sie unsere Zeichen
für Lüge erklärten und sie unbeachtet ließen. 137
Und Wir gaben den Leuten, die wie Schwache
behandelt wurden, zum Erbe die östlichen und die
westlichen Gegenden der Erde, die Wir mit Segen
bedacht haben. Und das schönste Wort deines
Herrn erfüllte sich an den Kindern Israels dafür,
daß sie geduldig waren. Und Wir zerstörten, was
Pharao und sein Volk zu machen und was sie aufzurichten pflegten.
138 Und Wir ließen die Kinder Israels das Meer
überqueren. Sie trafen auf Leute, die sich dem
Dienst an ihren Götzen widmeten. Sie sagten: »O
Mose, mache uns einen Gott, wie sie ja Götter
haben.« Er sagte: »Ihr seid Leute, die töricht sind.
139 Was die da vollziehen, wird dem Verderben
anheimfallen, und zunichte wird, was sie zu tun
pflegten.« 140 Er sagte: »Sollte ich euch einen
anderen Gott wünschen als Gott, wo Er euch doch
vor den Weltenbewohnern bevorzugt hat?«
141 Und als Wir euch vor den Leuten Pharaos retteten, als sie euch eine schlimme Pein zufügten,
indem sie eure Söhne ermordeten und nur eure
Frauen am Leben ließen. Darin war für euch eine
gewaltige Prüfung von eurem Herrn.

فَلَمَّا كَشَفْنَا عَنْهُمُ ٱلرِّجْزَ إِلَىٰٓ أَجَلٍ هُم بَٰلِغُوهُ إِذَا هُمْ
يَنكُثُونَ ﴿١٣٥﴾ فَٱنتَقَمْنَا مِنْهُمْ فَأَغْرَقْنَٰهُمْ فِى ٱلْيَمِّ بِأَنَّهُمْ
كَذَّبُوا۟ بِـَٔايَٰتِنَا وَكَانُوا۟ عَنْهَا غَٰفِلِينَ ﴿١٣٦﴾ وَأَوْرَثْنَا ٱلْقَوْمَ
ٱلَّذِينَ كَانُوا۟ يُسْتَضْعَفُونَ مَشَٰرِقَ ٱلْأَرْضِ وَمَغَٰرِبَهَا ٱلَّتِى
بَٰرَكْنَا فِيهَا ۖ وَتَمَّتْ كَلِمَتُ رَبِّكَ ٱلْحُسْنَىٰ عَلَىٰ بَنِىٓ إِسْرَٰٓءِيلَ
بِمَا صَبَرُوا۟ ۖ وَدَمَّرْنَا مَا كَانَ يَصْنَعُ فِرْعَوْنُ وَقَوْمُهُۥ
وَمَا كَانُوا۟ يَعْرِشُونَ ﴿١٣٧﴾ وَجَٰوَزْنَا بِبَنِىٓ إِسْرَٰٓءِيلَ ٱلْبَحْرَ
فَأَتَوْا۟ عَلَىٰ قَوْمٍ يَعْكُفُونَ عَلَىٰٓ أَصْنَامٍ لَّهُمْ ۚ قَالُوا۟ يَٰمُوسَى
ٱجْعَل لَّنَآ إِلَٰهًا كَمَا لَهُمْ ءَالِهَةٌ ۚ قَالَ إِنَّكُمْ قَوْمٌ
تَجْهَلُونَ ﴿١٣٨﴾ إِنَّ هَٰٓؤُلَآءِ مُتَبَّرٌ مَّا هُمْ فِيهِ وَبَٰطِلٌ مَّا كَانُوا۟
يَعْمَلُونَ ﴿١٣٩﴾ قَالَ أَغَيْرَ ٱللَّهِ أَبْغِيكُمْ إِلَٰهًا وَهُوَ فَضَّلَكُمْ عَلَى
ٱلْعَٰلَمِينَ ﴿١٤٠﴾ وَإِذْ أَنجَيْنَٰكُم مِّنْ ءَالِ فِرْعَوْنَ يَسُومُونَكُمْ
سُوٓءَ ٱلْعَذَابِ ۖ يُقَتِّلُونَ أَبْنَآءَكُمْ وَيَسْتَحْيُونَ نِسَآءَكُمْ ۚ
وَفِى ذَٰلِكُم بَلَآءٌ مِّن رَّبِّكُمْ عَظِيمٌ ﴿١٤١﴾ *

Varianten: 7,103–141

7,105: ʻalā an: ʻalayya an (nach Nāfiʻ); an (bei Ibn Masʻūd, al-Aʻmash); bi'an (nach Ibn Masʻūd und al-Aʻmash nach einigen Gewährsmännern, Ubayy).
dji'tukum: djītukum (nach al-Sūsī).
maʻiya: maʻī (nach den Rezitatoren außer Ḥafṣ).
7,106: dji'ta: djīta (nach al-Sūsī).
7,111: ardjih: rdjih (nach ʻĀṣim, Ḥamza); ardjihī (nach Nāfiʻ, Kisā'ī); ardji'hū (nach Ibn Kathīr); ardji'hu (nach Abū ʻAmr, Ibn ʻĀmir); ardji'hi (nach Ibn Dhikwān).
7,112: sāḥirin: saḥḥārin (nach Ḥamza, Kisā'ī).
7,113: inna lanā: a'inna lanā (als Frage) (nach den Rezitatoren außer Nāfiʻ, Ibn Kathīr, Ḥafṣ in der Tradition von ʻĀṣim); ā'inna (nach Abū ʻAmr).
7,114: naʻam: naʻim (nach Kisā'ī).
7,117: talqafu: talaqqafu (nach den Rezitatoren außer Ḥafṣ); ttalaqqafu (nach al-Bazzī); talqamu (bei Ubyy); talaqqamu (bei Saʻīd ibn Djubayr; nach Muʻādh).
7,123: amantum (nach Ḥafṣ): a'amantum (nach ʻĀṣim laut Abū Bakr, Ḥamza, Kisā'ī), āmantum (nach den übrigen Rezitatoren außer Ḥafṣ).
7,126: tanqimu: tanqamu (bei Ubayy; nach Ḥasan al-Baṣrī, Abū Ḥaywa und anderen).
7,127: yadharaka: yadharuka (bei Ibn Masʻūd, Anas ibn Mālik; nach Nuʻaym ibn Maysara); yadharka (nach Ḥasan al-Baṣrī); nadharaka: und wir dich verlassen (bei Anas ibn Mālik); wa qad tarakaka: und er hat dich verlassen (bei Ibn Masʻūd nach einigen Gewährsmännern, Ubayy, al-Aʻmash); wa qad tarakūka an yaʻbudūka: und sie haben aufgehört, dir zu dienen bzw. dich anzubeten (bei Ubayy, al-Aʻmash).
ālihataka: ilāhataka: deine Anbetung (bei Ibn Masʻūd, ʻAlī, Anas ibn Mālik, Saʻīd ibn Djubayr; nach Ḥasan al-Baṣrī).
sanuqattilu: sanaqtulu (nach Nāfiʻ, Ibn Kathīr).
7,128: yūrithuhā: yuwarrithuhā (bei Ibn Masʻūd; nach Ḥasan al-Baṣrī, Ibn Waththāb).
al-ʻāqibatu: al-ʻāqibata (bei Ibn Masʻūd, Ubayy).
7,131: yaṭṭayyarū: tashā'amū (bei Mudjāhid).
ṭā'iruhum: ṭayrukum: euer Omen (nach Ḥasan al-Baṣrī).
7,133: ʻalayhimu: ʻalayhimi (nach Abū ʻAmr); ʻalayhumu (nach Ḥamza, Kisā'ī).
wal-qummala: wal-qamla (nach Ḥasan al-Baṣrī).
7,134: ʻalayhimu: ʻalyhimi (nach Abū ʻAmr); ʻalayhumu (nach Ḥamza, Kisā'ī).
7,137: kalimatu: kalimātu: die Worte (nach ʻĀṣim in einer Überlieferung).
yaṣnaʻu: yafʻalu (bei Ibn Masʻūd).
yaʻrishūna: yaʻrushūna (nach Ibn ʻĀmir; Abū Bakr).

7,138: wa djāwaznā: wa djawwaznā (laut Zamakhsharī II, S. 150).
ya‘kufūna: ya‘kifūna (nach Ḥamza, Kisā’ī).

7,141: andjaynākum: andjākum: Er euch rettete (nach Ibn ‘Āmir).
yuqattilūna: yaqtulūna (nach Nāfi‘).

Kommentar

7,103–141: In diesem langen Abschnitt geht es um die erste Phase der Sendung Moses: von der Berufung bis zum Auszug der Israeliten aus Ägypten. Hier wird die Geschichte nach dem allgemeinen Schema der vorherigen Abschnitte erzählt: Auftreten des Propheten, Versuch, die Adressaten, zum Gehorsam gegenüber der Botschaft Gottes zu bewegen, Widerstand der Ungläubigen, Rettung der Gläubigen, die wie Schwache behandelt wurden, und Bestrafung ihrer Unterdrücker. Die Geschichte des Mose und seines Volkes findet im Koran eine besondere Beachtung und wird immer wieder in Erinnerung gebracht. Darin drückt sich die Hoffnung der unterdrückten Gemeinde der Muslime in Mekka aus, auch selbst eine ähnliche Rettung und eine ähnliche Belohnung und Bevorzugung zu erfahren.

Im Koran wird diese Phase der Sendung Moses an folgenden Stellen behandelt: 2,49–50; 3,11; 8,52.54; 10,75–92; 11,96–99; 14,6; 17,101–103; 20,9–79; 22,44; 23,45–48; 25,35–36; 26,10–68; 27,7–14; 28,3–42; 29,39–40; 40,23–46; 43,46–56; 44,17–33; 50,12–13; 51,38–40; 54,41–42; 69,9–10; 73,15–16; 79,15–26; 85,17–18; 89,10. Zu den übrigen Stellen über Mose → 2,51.

Zu den parallelen Stellen in der *Bibel* vgl. *H. Speyer:* Die biblischen Erzählungen im Qoran, S. 256–292; *D. Masson:* Le Coran et la révélation judéo-chrétienne I, S. 399–404.

7,103(101): **Dann entsandten Wir nach ihnen Mose mit unseren Zeichen zu Pharao und seinen Vornehmen:** nach den vorher erwähnten Propheten. Siehe auch 10,75; 11,96–97; 23,45.46; 40,23–24; 43,36. Vgl. in der *Bibel,* Ex 3,10.

Sie handelten an ihnen ungerecht. So schau, wie das Ende der Unheilstifter war: auch in 27,13–14; vgl. 28,4.40; 43,47. Die ungerechte Haltung gegenüber den Zeichen Gottes kommt auch in der Geschichte von Thamūd zum Ausdruck: 17,59.

7,104(102): **Und Mose sagte: »O Pharao, ich bin ein Gesandter vom Herrn der Welten:** auch in 20,47; 43,36; bereits bei den früheren Propheten: → 7,61.67.

7,105(103): **verpflichtet und darauf bedacht, über Gott nur die Wahrheit zu sagen:** Das arabische Wort *ḥaqīq* wird durch die Kommentatoren durch glossierende Sätze beschrieben, welche die oben wiedergegebene Übersetzung aufgenommen hat. Zum zweiten Halbsatz → 4,171.

Ich bin zu euch mit einem deutlichen Zeichen von eurem Herrn gekommen: auch in 20,74; → 7,73.85; → 3,49.

So schick die Kinder Israels mit mir weg«: auch in 20,47; 26,17; 44,18; vgl. die *Bibel*, Ex 4,23; 5,1.

7,106(103): **Er sagte: »Wenn du mit einem Zeichen gekommen bist, dann bring es her, so du zu denen gehörst, die die Wahrheit sagen«:** auch 26,30–31; 26,154; zum letzten Satz → 7,70.

7,107(104): **Er warf seinen Stab, und da war er eine offenkundige Schlange:** auch in 20,17–21; 26,32; 27,10; 28,31. – Vgl. die *Bibel*, Ex 4,1–4: Hier wird dieses Zeichen wie auch das nächste Zeichen mit der Hand von Gott bewirkt, damit sich Mose mit ihrer Hilfe vor den Adressaten seiner Botschaft beglaubigen konnte.

7,108(105): **Und er zog seine Hand heraus, da war sie weiß für die Zuschauer:** auch in 20,22–23; 26,33; 27,12; 28,32 (in den letzten drei Stellen wird noch deutlicher beschrieben, daß Mose zuerst seine Hand in seinen Hemdausschnitt gesteckt hatte). – Vgl. die *Bibel*, Ex 4,6–8.

7,109–126: ähnlich in 10,76–82; 20,56–76; 26,34–51; siehe auch 27,13–14; 28,36–37.

7,109(107): **Die Vornehmen aus dem Volk Pharaos sagten: »Dieser ist ja ein erfahrener Zauberer:** ähnlich in 10,76; 20,63; 26,34 (hier sagt es Pharao zu den Vornehmen[1]); 27,13; 28,36; 40,23–24; 51,38–39; siehe auch 10,2; 38,4; 51,52. *Vornehmen:* → 7,60; zur Zauberei → 2,102.

7,110(107): **der euch aus eurem Land vertreiben will:** auch in 20,56–57.63; 26,35; siehe auch 7,123; 27,37; zum Thema → 2,84; → 3,195.

1. Um den Widerspruch zwischen 7,109 und 26,34 aufzuheben, bietet Rāzī folgende Lösung an: Entweder haben es beide gesagt, Pharao und seine Vornehmen, oder dies hat erst Pharao gesagt und dann haben es die Vornehmen nach ihm wiederholt und an das Volk weitergeleitet; vgl. VII, 14, S. 205.

Was befehlt ihr nun?: Nach al-Zadjjādj gibt es drei Möglichkeiten, den Sprecher dieses Satzes zu identifizieren: entweder spricht hier Pharao zu den Vornehmen, oder die Vornehmen sprechen zu Pharao in der höfischen Pluralform, oder endlich die Vornehmen sprechen zu Pharao und den Großen seines Hofes[2].

7,111(109): **Sie sagten: »Stell ihn und seinen Bruder zurück, und schick zu den Städten Leute, die (sie) versammeln,**

7,112(109): **damit sie dir jeden erfahrenen Zauberer herbringen:** ähnlich in 10,79; 20,58–60; 26,36–37.53; siehe zum Thema auch 79,23.

7,113(110): **Und die Zauberer kamen zu Pharao. Sie sagten: »Wir bekommen wohl eine Belohnung, wenn wir es sind, die siegen?:** so auch in 26,41. Mann kann den Satz auch als Wunsch und Forderung der Zauberer, nicht als Frage deuten.

7,114(111): **Er sagte: »Ja. Und ihr werdet auch zu denen gehören, die in (meine) Nähe zugelassen werden«:** zum Wort *muqarrabīna* → 3,45.

7,115(112): **Sie sagten: »O Mose, entweder wirfst du, oder wir sind es, die (zuerst) werfen«:** auch in 20,65; vgl. 10,80. Vgl. zu dieser Auseinandersetzung die *Bibel,* Ex 7,8–13.

7,116(113): **Er sagte: »Werft ihr (zuerst).« Als sie nun warfen, bezauberten sie die Augen der Menschen und jagten ihnen Angst ein, und sie brachten einen gewaltigen Zauber vor:** auch in 10,81; 20,66; 26,43–44.

Die Täuschung der Zuschauer war gewaltig, weil sie unzählige Stäbe oder Seile als lebendige Tiere erscheinen ließen und damit die Menschen verwirrten und beängstigten.

7,117(114): **Und Wir gaben dem Mose ein: »Wirf deinen Stab.« Da fing er an zu verschlingen, was sie vorgaukelten:** auch in 26,45; –20,69.

2. Vgl. Rāzī VII, 14, S. 205–206.

7,118(115): **So bestätigte sich die Wahrheit, und das, was sie machten, erwies sich als falsch:** vgl. 10,81–82. Das Verb *waqaʻa* bedeutet offenbar wurde (so Mudjāhid und Ḥasan al-Baṣrī) oder deutlich wurde, sich bestätigte (gegenüber dem Falschen) (so der Linguist al-Farrā').

7,119(116): **Sie wurden dort besiegt und kehrten als Erniedrigte zurück:** → 2,13.

7,120–122: wörtlich in 26,46–48; – 20,70.

7,120(117): **Und die Zauberer wurden in Anbetung zu Boden geworfen:** durch die Wirkung des größeren Wunders, das von Mose bewirkt wurde. Sie erkannten die Überlegenheit des Herrn, der Mose gesandt hat, und erklärten ihren Glauben an ihn.

7,121(118): **Sie sagten: »Wir glauben an den Herrn der Welten:** → 1,2.

7,122(119): **den Herrn von Mose und Aaron:** Die Bekehrung der ägyptischen Zauberer gibt den muslimischen Theologen Anlaß, die Vorzüge des Wissens hervorzuheben. Denn die Zauberer besaßen das richtige Wissen über die Natur der Zauberei und wußten daher die Grenzen ihrer Gauklerkunst. Als nun Mose im Auftrag Gottes das Wunder wirkte, wußten sie, daß es keine menschliche Zauberei mehr war, sie erkannten darin das Wirken Gottes und bekehrten sich zum Glauben an ihn[3].

7,123(120): **Pharao sagte: »Ihr glaubt an ihn, bevor ich es euch erlaube! Das sind Ränke, die ihr in der Stadt geschmiedet habt, um ihre Bewohner aus ihr zu vertreiben:** auch in 20,71; 26,49; zum letzten Halbsatz → 7,110. – *an ihn:* an Mose (wie eindeutig in 20,71), oder: an Ihn: den Herrn des Mose. Pharao gebärdet sich hier wie ein Herr, die auch über den Glauben seines Volkes verfügen will.

Aber ihr werdet es zu wissen bekommen: → 6,67.

3. Vgl. Rāzī VII, 14, S. 214.

7,124(121): **Ich werde eure Hände und eure Füße wechselseitig abhacken, und dann werde ich euch allesamt kreuzigen lassen«:** auch in 20,71; 26,49; zur Strafe selbst → 5,33.

7,125(122): **Sie sagten: »Wir kehren zu unserem Herrn zurück:** auch in 26,50; siehe 43,14.

7,126(123): **Nichts anderes läßt dich uns grollen, als daß wir an die Zeichen unseres Herrn glaubten, als sie zu uns kamen:** → 5,59.

Unser Herr, gieße Standhaftigkeit über uns aus: → 2,250.

und berufe uns als Gottergebene ab«: → 2,132; → 2,112.

7,127(124): **Die Vornehmen aus dem Volk Pharaos sagten: »Willst du zulassen, daß Mose und sein Volk auf der Erde Unheil stiften:** auch in 40,26; → 2,11.

und daß er dich und deine Götter verläßt?«: An anderen Stellen (26,29; 28,38; 79,24) beansprucht Pharao, selbst göttliche Zuständigkeit zu besitzen, oder er spricht den Göttern die Verfügungsgewalt über die Anliegen seines Volkes ab.

Er sagte: »Wir werden ihre Söhne ermorden und nur ihre Frauen am Leben lassen: → 2,49; vgl. die *Bibel,* Ex 1,15–22.

Wir sind ja Zwingherrscher über sie«: die Vokabel wird vor allem in bezug auf Gott gebraucht: Zwingherr → 2,18.

7,128(125): **Mose sagte zu seinem Volk: »Sucht Hilfe bei Gott, und seid geduldig:** → 2,45.153.

Die Erde gehört Gott: → 4,97.

Er gibt sie zum Erbe, wem von seinen Dienern Er will: → 2,107.

Und das (gute) Ende gehört den Gottesfürchtigen«: auch in 11,49; 28,83; – 20,132.

7,129(126): **Sie sagten: »Uns ist Leid zugefügt worden, bevor du zu uns kamst und nachdem du gekommen bist.« Er sagte: »Möge euer Herr euren Feind verderben lassen und euch zu Nachfolgern auf der Erde einsetzen und dann sehen, wie ihr handelt!«:** auch in 10,14. Nachfolger auf der Erde: → 6,165. Gott läßt nicht unbeachtet, was ihr tut: → 2,74: eine Ermunterung zum standhaften Festhalten am Gehorsam gegenüber den Geboten und Verboten Gottes.

7,130(127): **Und Wir ließen über die Leute des Pharao Dürrejahre und Mangel an Früchten kommen:** Das ist ein Teil der Plagen, die in 7,133 weiter aufgezählt werden.

auf daß sie es bedenken: → 7,26; → 2,221.

7,131(128): **Wenn ihnen dann etwas Gutes zufiel, sagten sie: »Wir haben es verdient«:** 41,50; siehe → 4,78–79.

und wenn sie etwas Übles traf, sahen sie ein böses Omen in Mose und denen, die mit ihm waren: auch in 27,47; 36,18–19; – 17,13.

Aber ihr Omen ist bei Gott: Omen heißt hier entweder Los und Anteil (so Abū ʿUbayda) oder die Bestimmung Gottes (so Ibn ʿAbbās).

jedoch wissen die meisten von ihnen nicht Bescheid: → 6,37.

7,132(129): **Und sie sagten: »Welches Zeichen du vorbringen magst, um uns damit zu bezaubern, wir werden dir nicht glauben«:** vgl. → 6,25; siehe auch → 6,4.

7,113–135: Zu den Plagen Ägyptens vgl. die *Bibel,* Ex 7,14–11,10.

7,133(130): **So schickten Wir über sie die Flut, die Heuschrecken, die Läuse, die Frösche und das Blut:** siehe neun Plagen in 17,101; 27,12; ohne Zahl in 43,47–48.

ṭūfān: Flut oder nach al-Wāḥidī der Tod. *qummal:* Läuse oder Grashüpfer.

als einzeln vorgebrachten Zeichen: oder eindeutig zu verstehende Zeichen[4].

4. Vgl. Rāzī VII, 14, S. 227.

7,134–135: auch 43,49–50. Vgl. die *Bibel*, Ex 8,4–11.24–28; 9,27–35; 10,16–20.

7,134(131): **Als nun das Zorngericht sie überfiel:** Es sind entweder die Plagen, von denen gerade die Rede war, oder eine neue Plage wie die Pest (so Sa'īd ibn Djubayr), oder vielleicht die Tötung der Erstgeborenen der Ägypter nach der *Bibel*, Ex 11,4–8 (so Paret).

sagten sie: »O Mose, rufe für uns deinen Herrn an aufgrund seines Bundes mit dir. Wenn du das Zorngericht von uns aufhebst, dann werden wir dir glauben und die Kinder Israels mit dir wegschicken«: Der Bund Gottes zeigt sich darin, daß er den Mose zum Propheten bestellt und ihm eine prophetische Aufgabe anvertraut hat. Eine andere Deutung lautet: aufgrund dessen, was du sonst von ihm kennst und was du beim Rufen gebrauchst[5]. Man kann auch den Satz anders teilen: ... rufe für uns deinen Herrn. Bei seinem Bund mit dir, wenn ...[6]

Zum Bund Gottes → 2,27; → 3,77.

7,135(131): **Als Wir dann das Zorngericht von ihnen aufhoben auf eine Frist, die sie ja erreichen sollten:** also nicht für immer.

brachen sie gleich ihr Wort: zum Begriff siehe außer den oben erwähnten Stellen auch 9,12.13; 43,50; 48,10.

7,136(132): **Da rächten Wir uns an ihnen und ließen sie im Meer ertrinken:** Rache Gottes: 43,55; –15,79; 30,47; 43,25; ertrinken lassen: → 2,50.

dafür, daß sie unsere Zeichen für Lüge erklärten und sie unbeachtet ließen: auch in 7,146; → 7,64. Zum ersten Halbsatz siehe → 2,39; zum zweiten Halbsatz siehe auch 10,7.92.

Zur Bestrafung der Ägypter im Meer siehe auch 8,54; 10,90; 17,103; 20,78; 26,66–67; 28,40; 43,55–56; 44,24; 51,40.

7,137(133): **Und Wir gaben den Leuten, die wie Schwache behandelt wurden, zum Erbe die östlichen und die westlichen Gegenden der Erde:** ähnlich in → 7,128; → 2,107; 26,59; 28,5–6.

zum Wort *mustaḍ'afīn* (die wie Schwache behandelt werden) siehe 28,4; → 2,266; → 4,75; → 7,75. – Das Erbe bezieht sich hier auf die Gegenden Syriens und Ägyptens, oder auf die ganze Erde ohne nähere Präzisierung.

5. Die zweite Möglichkeit wird im Manār (IX, S. 95) erwähnt.
6. Vgl. Zamakhsharī II, S. 148; Rāzī VII, 14, S. 229.

die Wir mit Segen bedacht haben: siehe den Ausdruck auch 21,71.81; 34,18; – 17,1; 37,113; → 3,96.

Und das schönste Wort deines Herrn erfüllte sich an den Kindern Israels: → 6,115.

dafür, daß sie geduldig waren: auch in 23,111; 28,54; 32,24.

Und Wir zerstörten, was Pharao und sein Volk zu machen und was sie aufzurichten pflegten: zum Wort *ya'rishūna* (aufrichten) → 6,141.

7,138(134): **Und Wir ließen die Kinder Israels das Meer überqueren:** auch in 10,90; vgl. → 2,50; 20,77; 26,63; 44,23–24.

Sie trafen auf Leute, die sich dem Dienst an ihren Götzen widmeten. Sie sagten: »O Mose, mache uns einen Gott, wie sie ja Götter haben«: Die *Bibel* erwähnt eine solche Begebenheit zu diesem Zeitpunkt nicht. Erst später kommt es bei den Israeliten zur Versuchung des Götzendienstes: z. B. Ex 17,8–16, oder Ex 23,23–24; 34,11–17.

Sie sagten: die Israeliten.

Er sagte: »Ihr seid Leute, die töricht sind: auch in 11,29; 27,55; 46,23; – 6,111; → 2,67.

7,139(135): **Was die da vollziehen:** wörtlich: das, worin diese sich befinden.

wird dem Verderben anheimfallen, und zunichte wird, was sie zu tun pflegten«: auch in 11,16.

7,140(136): **Er sagte: »Sollte ich euch einen anderen Gott wünschen als Gott:** → 3,83.

wo Er euch doch vor den Weltenbewohnern bevorzugt hat?«: → 2,47.

7,141137): **Und als Wir euch vor den Leuten Pharaos retteten, als sie euch eine schlimme Pein zufügten, indem sie eure Söhne ermordeten und nur eure Frauen am Leben ließen. Darin war für euch eine gewaltige Prüfung von eurem Herrn:** wörtlich in → 2,49. Dieser Vers, der wie eine Zusammenfassung aussieht, befindet sich hier wie zufällig, ohne engen Zusammenhang mit dem Ablauf der hier erzählten Geschichte.

7,142–158

[17½] *142 Und Wir verabredeten uns mit Mose für dreißig Nächte und ergänzten sie mit (weiteren) zehn. So vervollständigte sich der Termin seines Herrn auf vierzig Nächte. Und Mose sagte zu seinem Bruder Aaron: »Sei mein Nachfolger bei meinem Volk, sorge für Ordnung und folge nicht dem Weg der Unheilstifter.« 143 Als Mose zu unserem Termin kam und sein Herr zu ihm sprach, sagte er: »Mein Herr, zeige (Dich) mir, daß ich zu Dir schaue.« Er sprach: »Du wirst Mich nicht sehen. Aber schau zu dem Berg. Wenn er an seiner Stelle festbleibt, wirst du Mich sehen.« Als sein Herr sich vor dem Berg enthüllte, machte Er ihn zu Staub, und Mose fiel zu Boden wie vom Blitz getroffen. Als er aufwachte, sagte er: »Preis sei Dir! Ich kehre zu Dir um, und ich bin der erste der Gläubigen.« 144 Er sprach: »O Mose, Ich habe dich durch meine Botschaften und mein Gespräch (mit dir) vor den Menschen auserwählt. So nimmt, was Ich dir zukommen lasse, und sei einer der Dankbaren.« 145 Und Wir schrieben ihm auf den Tafeln über alle Dinge, eine Ermahnung und eine ins einzelne gehende Darlegung aller Dinge. »So nimm sie mit voller Kraft und befiehl deinem Volk, sich an das Schönste in ihnen zu halten. Ich werde euch die Wohnstätte der Frevler zeigen.«

۞ وَوَٰعَدۡنَا مُوسَىٰ
ثَلَٰثِينَ لَيۡلَةٗ وَأَتۡمَمۡنَٰهَا بِعَشۡرٖ فَتَمَّ مِيقَٰتُ رَبِّهِۦٓ أَرۡبَعِينَ
لَيۡلَةٗۚ وَقَالَ مُوسَىٰ لِأَخِيهِ هَٰرُونَ ٱخۡلُفۡنِي فِي قَوۡمِي وَأَصۡلِحۡ
وَلَا تَتَّبِعۡ سَبِيلَ ٱلۡمُفۡسِدِينَ ١٤٢ وَلَمَّا جَآءَ مُوسَىٰ
لِمِيقَٰتِنَا وَكَلَّمَهُۥ رَبُّهُۥ قَالَ رَبِّ أَرِنِيٓ أَنظُرۡ إِلَيۡكَۚ قَالَ
لَن تَرَىٰنِي وَلَٰكِنِ ٱنظُرۡ إِلَى ٱلۡجَبَلِ فَإِنِ ٱسۡتَقَرَّ مَكَانَهُۥ
فَسَوۡفَ تَرَىٰنِيۚ فَلَمَّا تَجَلَّىٰ رَبُّهُۥ لِلۡجَبَلِ جَعَلَهُۥ دَكّٗا
وَخَرَّ مُوسَىٰ صَعِقٗاۚ فَلَمَّآ أَفَاقَ قَالَ سُبۡحَٰنَكَ تُبۡتُ إِلَيۡكَ
وَأَنَا۠ أَوَّلُ ٱلۡمُؤۡمِنِينَ ١٤٣ قَالَ يَٰمُوسَىٰٓ إِنِّي ٱصۡطَفَيۡتُكَ
عَلَى ٱلنَّاسِ بِرِسَٰلَٰتِي وَبِكَلَٰمِي فَخُذۡ مَآ ءَاتَيۡتُكَ وَكُن مِّنَ
ٱلشَّٰكِرِينَ ١٤٤ وَكَتَبۡنَا لَهُۥ فِي ٱلۡأَلۡوَاحِ مِن كُلِّ شَيۡءٖ
مَّوۡعِظَةٗ وَتَفۡصِيلٗا لِّكُلِّ شَيۡءٖ فَخُذۡهَا بِقُوَّةٖ وَأۡمُرۡ قَوۡمَكَ
يَأۡخُذُواْ بِأَحۡسَنِهَاۚ سَأُوْرِيكُمۡ دَارَ ٱلۡفَٰسِقِينَ ١٤٥

146 Abweisen werde Ich von meinen Zeichen diejenigen, die sich auf der Erde zu Unrecht hochmütig verhalten. Wenn sie auch jedes Zeichen sehen, glauben sie nicht daran. Und wenn sie den Weg des rechten Wandels sehen, nehmen sie ihn sich nicht zum Weg. Wenn sie den Weg der Verirrung sehen, nehmen sie ihn sich zum Weg. Dies, weil sie unsere Zeichen für Lüge erklären und sie unbeachtet lassen. 147 Diejenigen, die unsere Zeichen und die Begegnung mit dem Jenseits für Lüge erklären, – deren Werke sind wertlos. Wird ihnen denn für etwas anderes vergolten als für das, was sie taten?

148 Und die Leute des Mose machten sich, nachdem er weggegangen war, aus ihren Schmucksachen ein Kalb als Leib, der blökte. Sahen sie denn nicht, daß es nicht zu ihnen sprechen und sie nicht den Weg führen konnte? Sie machten es sich und taten Unrecht. 149 Und als sich bei ihnen die Reue einstellte und sie einsahen, daß sie irregegangen waren, sagten sie: »Wenn unser Herr sich nicht unser erbarmt und uns (nicht) vergibt, werden wir sicher zu den Verlierern gehören.« 150 Als Mose zornig und voller Bedauern zu seinem Volk zurückkam, sagte er: »Schlimm ist das, was ihr, nachdem ich weggegangen war, begangen habt. Wolltet ihr den Befehl eures Herrn beschleunigen?« Er warf die Tafeln nieder und packte den Kopf seines Bruders und zog ihn an sich. Dieser sagte: »Sohn meiner Mutter, die Leute behandelten mich wie einen

سَأَصْرِفُ عَنْ ءَايَٰتِيَ ٱلَّذِينَ يَتَكَبَّرُونَ فِى ٱلْأَرْضِ بِغَيْرِ
ٱلْحَقِّ وَإِن يَرَوْا۟ كُلَّ ءَايَةٍ لَّا يُؤْمِنُوا۟ بِهَا وَإِن يَرَوْا۟ سَبِيلَ
ٱلرُّشْدِ لَا يَتَّخِذُوهُ سَبِيلًا وَإِن يَرَوْا۟ سَبِيلَ ٱلْغَىِّ يَتَّخِذُوهُ
سَبِيلًا ۚ ذَٰلِكَ بِأَنَّهُمْ كَذَّبُوا۟ بِـَٔايَٰتِنَا وَكَانُوا۟ عَنْهَا غَٰفِلِينَ ﴿١٤٦﴾
وَٱلَّذِينَ كَذَّبُوا۟ بِـَٔايَٰتِنَا وَلِقَآءِ ٱلْءَاخِرَةِ حَبِطَتْ أَعْمَٰلُهُمْ ۚ
هَلْ يُجْزَوْنَ إِلَّا مَا كَانُوا۟ يَعْمَلُونَ ﴿١٤٧﴾ وَٱتَّخَذَ قَوْمُ مُوسَىٰ مِنۢ
بَعْدِهِۦ مِنْ حُلِيِّهِمْ عِجْلًا جَسَدًا لَّهُۥ خُوَارٌ ۚ أَلَمْ يَرَوْا۟ أَنَّهُۥ
لَا يُكَلِّمُهُمْ وَلَا يَهْدِيهِمْ سَبِيلًا ۘ ٱتَّخَذُوهُ وَكَانُوا۟ ظَٰلِمِينَ ﴿١٤٨﴾
وَلَمَّا سُقِطَ فِىٓ أَيْدِيهِمْ وَرَأَوْا۟ أَنَّهُمْ قَدْ ضَلُّوا۟ قَالُوا۟ لَئِن لَّمْ
يَرْحَمْنَا رَبُّنَا وَيَغْفِرْ لَنَا لَنَكُونَنَّ مِنَ ٱلْخَٰسِرِينَ ﴿١٤٩﴾
وَلَمَّا رَجَعَ مُوسَىٰٓ إِلَىٰ قَوْمِهِۦ غَضْبَٰنَ أَسِفًا قَالَ بِئْسَمَا
خَلَفْتُمُونِى مِنۢ بَعْدِىٓ ۖ أَعَجِلْتُمْ أَمْرَ رَبِّكُمْ ۖ وَأَلْقَى ٱلْأَلْوَاحَ
وَأَخَذَ بِرَأْسِ أَخِيهِ يَجُرُّهُۥٓ إِلَيْهِ ۚ قَالَ ٱبْنَ أُمَّ إِنَّ ٱلْقَوْمَ

Schwachen und hätten mich beinahe getötet. So
laß nicht die Feinde Schadenfreude über mich
haben und stelle mich nicht zu den Leuten, die
Unrecht tun.« 151 Er sagte: »Mein Herr, vergib
mir und meinem Bruder, und laß uns in deine
Barmherzigkeit eingehen. Du bist der Barmherzigste der Barmherzigen.« 152 Diejenigen, die sich
das Kalb nahmen, wird Zorn von ihrem Herrn
und Erniedrigung im diesseitigen Leben treffen.
So vergelten Wir denen, die Lügen erdichten. 153
Diejenigen, die die bösen Taten begehen, aber
danach umkehren und glauben – siehe, dein Herr
ist danach voller Vergebung und barmherzig. 154
Und als sich der Zorn in Mose beruhigt hatte,
nahm er die Tafeln. In ihrer Abschrift ist Rechtleitung und Barmherzigkeit für die, die vor ihrem
Herrn Ehrfurcht haben.

155 Und Mose wählte zu unserem Termin aus seinem Volk siebzig Männer. Als nun das Beben sie
ergriff, sagte er: »Mein Herr, wenn Du gewollt
hättest, hättest Du sie vorher verderben lassen,
und mich auch. Willst Du uns verderben lassen
für das, was die Toren unter uns getan haben? Es
ist doch deine Versuchung, mit der Du irreführst,
wen Du willst, und rechtleitest, wen Du willst. Du
bist unser Freund, so vergib uns und erbarm dich
unser. Du bist der Beste derer, die vergeben.
[17¾] *156 Und bestimme für uns im Diesseits Gutes,

ٱسْتَضْعَفُونِى وَكَادُوا۟ يَقْتُلُونَنِى فَلَا تُشْمِتْ بِىَ ٱلْأَعْدَآءَ
وَلَا تَجْعَلْنِى مَعَ ٱلْقَوْمِ ٱلظَّـٰلِمِينَ ﴿١٥٠﴾ قَالَ رَبِّ ٱغْفِرْ لِى
وَلِأَخِى وَأَدْخِلْنَا فِى رَحْمَتِكَ ۖ وَأَنتَ أَرْحَمُ ٱلرَّٰحِمِينَ ﴿١٥١﴾
إِنَّ ٱلَّذِينَ ٱتَّخَذُوا۟ ٱلْعِجْلَ سَيَنَالُهُمْ غَضَبٌ مِّن رَّبِّهِمْ
وَذِلَّةٌ فِى ٱلْحَيَوٰةِ ٱلدُّنْيَا ۚ وَكَذَٰلِكَ نَجْزِى ٱلْمُفْتَرِينَ ﴿١٥٢﴾
وَٱلَّذِينَ عَمِلُوا۟ ٱلسَّيِّـَٔاتِ ثُمَّ تَابُوا۟ مِنۢ بَعْدِهَا وَءَامَنُوٓا۟ إِنَّ
رَبَّكَ مِنۢ بَعْدِهَا لَغَفُورٌ رَّحِيمٌ ﴿١٥٣﴾ وَلَمَّا سَكَتَ عَن
مُّوسَى ٱلْغَضَبُ أَخَذَ ٱلْأَلْوَاحَ ۖ وَفِى نُسْخَتِهَا هُدًى وَرَحْمَةٌ
لِّلَّذِينَ هُمْ لِرَبِّهِمْ يَرْهَبُونَ ﴿١٥٤﴾ وَٱخْتَارَ مُوسَىٰ قَوْمَهُۥ
سَبْعِينَ رَجُلًا لِّمِيقَـٰتِنَا ۖ فَلَمَّآ أَخَذَتْهُمُ ٱلرَّجْفَةُ قَالَ رَبِّ
لَوْ شِئْتَ أَهْلَكْتَهُم مِّن قَبْلُ وَإِيَّـٰىَ ۖ أَتُهْلِكُنَا بِمَا فَعَلَ
ٱلسُّفَهَآءُ مِنَّآ ۖ إِنْ هِىَ إِلَّا فِتْنَتُكَ تُضِلُّ بِهَا مَن تَشَآءُ
وَتَهْدِى مَن تَشَآءُ ۖ أَنتَ وَلِيُّنَا فَٱغْفِرْ لَنَا وَٱرْحَمْنَا ۖ وَأَنتَ
خَيْرُ ٱلْغَـٰفِرِينَ ﴿١٥٥﴾ ۞ وَٱكْتُبْ لَنَا فِى هَـٰذِهِ ٱلدُّنْيَا

und auch im Jenseits. Wir sind zu Dir reumütig zurückgekehrt.« Er sprach: »Mit meiner Pein treffe Ich, wen Ich will. Und meine Barmherzigkeit umfaßt alle Dinge. Ich werde sie für die bestimmen, die gottesfürchtig sind und die Abgabe entrichten, und die an unsere Zeichen glauben«, 157 die dem Gesandten, dem umgelehrten Propheten, folgen, den sie bei sich in der Tora und im Evangelium verzeichnet finden. Er befiehlt ihnen das Rechte und verbietet ihnen das Verwerfliche, er erlaubt ihnen die köstlichen Dinge und verbietet ihnen die schlechten, und er nimmt ihnen ihre Last und die Fesseln, die auf ihnen lagen, ab. Diejenigen nun, die an ihn glauben, ihm beistehen, ihn unterstützen und dem Licht, das mit ihm herabgesandt worden ist, folgen, das sind die, denen es wohl ergeht.

158 Sprich: O Menschen, ich bin an euch alle der Gesandte Gottes, dem die Königsherrschaft der Himmel und der Erde gehört. Es gibt keinen Gott außer Ihm. Er macht lebendig und läßt sterben. So glaubt an Gott und seinen Gesandten, den ungelehrten Propheten, der an Gott und seine Worte glaubt, und folgt ihm, auf daß ihr die Rechtleitung findet.

حَسَنَةً وَفِى ٱلْـَٔاخِرَةِ إِنَّا هُدْنَآ إِلَيْكَ ۚ قَالَ عَذَابِىٓ أُصِيبُ بِهِۦ
مَنْ أَشَآءُ وَرَحْمَتِى وَسِعَتْ كُلَّ شَىْءٍ ۚ فَسَأَكْتُبُهَا لِلَّذِينَ
يَتَّقُونَ وَيُؤْتُونَ ٱلزَّكَوٰةَ وَٱلَّذِينَ هُم بِـَٔايَـٰتِنَا يُؤْمِنُونَ ﴿١٥٦﴾
ٱلَّذِينَ يَتَّبِعُونَ ٱلرَّسُولَ ٱلنَّبِىَّ ٱلْأُمِّىَّ ٱلَّذِى يَجِدُونَهُۥ مَكْتُوبًا
عِندَهُمْ فِى ٱلتَّوْرَىٰةِ وَٱلْإِنجِيلِ يَأْمُرُهُم بِٱلْمَعْرُوفِ وَيَنْهَىٰهُمْ
عَنِ ٱلْمُنكَرِ وَيُحِلُّ لَهُمُ ٱلطَّيِّبَـٰتِ وَيُحَرِّمُ عَلَيْهِمُ ٱلْخَبَـٰٓئِثَ
وَيَضَعُ عَنْهُمْ إِصْرَهُمْ وَٱلْأَغْلَـٰلَ ٱلَّتِى كَانَتْ عَلَيْهِمْ ۚ
فَٱلَّذِينَ ءَامَنُوا۟ بِهِۦ وَعَزَّرُوهُ وَنَصَرُوهُ وَٱتَّبَعُوا۟ ٱلنُّورَ ٱلَّذِىٓ
أُنزِلَ مَعَهُۥٓ ۙ أُو۟لَـٰٓئِكَ هُمُ ٱلْمُفْلِحُونَ ﴿١٥٧﴾ قُلْ يَـٰٓأَيُّهَا ٱلنَّاسُ
إِنِّى رَسُولُ ٱللَّهِ إِلَيْكُمْ جَمِيعًا ٱلَّذِى لَهُۥ مُلْكُ ٱلسَّمَـٰوَٰتِ
وَٱلْأَرْضِ ۖ لَآ إِلَـٰهَ إِلَّا هُوَ يُحْىِۦ وَيُمِيتُ ۖ فَـَٔامِنُوا۟ بِٱللَّهِ
وَرَسُولِهِ ٱلنَّبِىِّ ٱلْأُمِّىِّ ٱلَّذِى يُؤْمِنُ بِٱللَّهِ وَكَلِمَـٰتِهِۦ وَٱتَّبِعُوهُ
لَعَلَّكُمْ تَهْتَدُونَ ﴿١٥٨﴾

Varianten: 7,142–158

7,142: wa wāʿadnā: wa waʿadnā (nach Abū ʿAmr).
atmamnāhā: tammamnāhā (bei Ubayy).
Hārūna: Hārūnu: o Aaron (laut Zamakhsharī II, S. 151).

7,143: arinī: arnī (nach Ibn Kathīr, al-Sūsī).
wa lākini nẓur: wa lākinu nẓur (nach den Rezitatoren außer Abū ʿAmr, ʿĀṣim, Ḥafṣ, Ḥamza).
dakkan: dakkāʾa: zu einem kleinen Hügel bzw. zum ebenen Boden (nach Ḥamza, Kisāʾī).
ṣaʿiqan: ṣāʿiqan (bei ʿIkrima; nach Abū Nahīk, al-Djaḥdarī).

7,144: innī: inniya (nach Ibn Kathīr, Abū ʿAmr).
birisālātī: birisālatī: durch meine Botschaft (nach Nāfiʿ, Ibn Kathīr).

7,145: bi aḥsanihā: bi aḥsanihī (bei Ibn Masʿūd).
saʾūrīkum: saʾūrithukum: Ich gebe euch zum Erbe (bei Ibn ʿAbbās, ʿIkrima; nach Muʿādh).

7,146: āyātia: āyātī (nach Ḥamza, Ibn ʿĀmir).
wa in yarau: wa in yurū: wenn ihnen ... gezeigt wird (nach Mālik ibn Dīnār).
al-rushdi: al-rashadi (nach Ḥamza, Kisāʾī); al-rashādi (laut Zamakhsharī II, S. 159).
lā yattakhidhūhu: lā yattakhidhūhā (bei Ubayy; nach Ibn Abī ʿAbla).

7,148: ḥuliyyihim: ḥiliyyihim (bei Ibn Masʿūd; nach Ḥamza, Kisāʾī); ḥulyihim (laut Rāzī VIII, 15, S. 6).
khuārun: djuʾārun (bei ʿAlī).

7,149: rabbuna: rabbanā: (o) unser Herr (bei Ibn Masʿūd).
yarḥamnā rabbunā wa yaghfir: tarḥamnā rabbanā wa taghfir: wenn Du dich unser nicht erbarmst, unser Gott, und uns vergibst (nach Ḥamza, Kisāʾī).

7,150: baʿdī: baʿdiya (nach Nāfiʿ, Ibn Kathīr, Abū ʿAmr).
biraʾsi: birāsi (nach al-Sūsī).
qāla bna umma: qāla bna ummi (nach Ḥamza, Kisāʾī, Ibn ʿĀmir, Abū Bakr in der Tradition von ʿĀṣim); qāla bna ummī, qāla bna immi (laut Zamakhsharī II, S. 161).

7,154: sakata: sakana (bei Ṭalḥa; nach Muʿāwiya ibn Qurra); sukita (bei Ṭalḥa nach einigen Gewährsmännern); uskita: beruhigt wurde (bei Ḥafṣa in der Tradition von Muʿādh); ṣabara: geduldig wurde (bei Ibn Masʿūd); inshaqqa: verließ (bei Ubayy).

7,155: shiʾta: shīta (nach al-Sūsī).
tashāʾu anta: tashāʾu wanta (rein phonetische Variante) (nach Nāfiʿ, Ibn Kathīr, Abū ʿAmr).

7,156: hudnā: hidnā (nach Abū Wadjra al-Saʿdī).
ʿadhābī: ʿadhābiya (nach Nāfiʿ).
man ashāʾu: man asāʾa: wer Böses getan hat (nach Ḥasan al-Baṣrī).

7,157: al-nabiyya: al-nabī'a (nach Nāfi').
wal-indjīli: hinzugefügt: muṣaddiqan limā bayna yadayhi min kitābi llāhi wa rasūlihī: das bestätigt, was vom Buch Gottes und seines Gesandten bei ihm vorhanden war (bei Ṭalḥa).
ya'muruhum: ya'murhum (nach Abū 'Amr).
'alayhimu: 'alayhimi (nach Abū 'Amr); alayhumu (nach Ḥamza, Kisā'ī).
wa yaḍa'u: wa yudhhibu (bei Ṭalḥa).
iṣrahum: āṣārahum: ihre Lasten (nach Ibn 'Āmir).
'alayhim: 'alayhum (nach Ḥamza, Kisā'ī).
'azzarūhu: 'azzazūhu (bei Dja'far al-Ṣādiq); 'azauhu: schützen (laut Zamakhsharī II, S. 166).
7,158: kalimātihī: kalimatihī: sein Wort (d. h. Jesus Christus) (bei Mudjāhid); āyātihī: sein Zeichen (bei al-A'mash).

Kommentar

7,142(138): **Und Wir verabredeten uns mit Mose für dreißig Nächte und ergänzten sie mit (weiteren) zehn. So vervollständigte sich der Termin seines Herrn auf vierzig Nächte:** siehe auch 20,80; → 2,51 (vierzig Nächte); in der *Bibel*, Ex 34,28.

Um dem Eindruck, es würde hier eine Unsicherheit in bezug auf die Zahl der Tage vorliegen, entgegenzuwirken, bieten die muslimischen Kommentatoren verschiedene Erläuterungen zu den Zahlen dreißig und zehn[1]:
– Mose hatte dreißig Tage lang gefastet, dann benutzte er einen Zahnstocher. Da belegte ihn Gott mit weiteren zehn Tagen.
– Dreißig Tage sollte Mose fasten und Gott gefällig sein. Dann wurde ihm die Tora während der restlichen zehn Tage offenbart.
– Nach Abū Muslim al-Iṣfahānī kam Mose zum Berg nach dreißig Tagen, da gab ihm Gott die Übertretung seines Volkes bekannt. Daraufhin kehrte Mose zurück, um die Dinge in Ordnung zu bringen. Erst dann ging er wieder zum Termin seines Herrn und verbrachte dort die restlichen zehn Tage.
– Dreißig Tage war Mose allein, dann während der zehn restlichen Tage hatten ihn die ausgewählten Vertreter des Volkes begleitet. Deswegen wurden zwei verschiedene Zahlen angegeben.

Und Mose sagte zu seinem Bruder Aaron: »Sei mein Nachfolger bei meinem Volk, sorge für Ordnung und folge nicht dem Weg der Unheilstifter«: Zum Gegensatz Ordnung–Unheil siehe → 2,11; Ordnung: → 7,35.

7,143(139): **Als Mose zu unserem Termin kam und sein Herr zu ihm sprach:** vgl. in der *Bibel*, Ex 33,18–23. Gott spricht zu Mose: → 2,253[2].

sagte er: »Mein Herr, zeige (Dich) mir, daß ich zu Dir schaue«: In → 2,55 begehrt das israelitische Volk, Gott zu schauen, worauf sie bestraft wurden.

Er sprach: »Du wirst Mich nicht sehen. Aber schau zu dem Berg. Wenn er an seiner Stelle festbleibt, wirst du Mich sehen«: Im Hinblick auf diesen Vers ist eine ausführliche Diskussion entbrannt zwischen den Ashʿariten, die die

1. Vgl. Rāzī VII, 14, S. 235–236; Zamakhsharī II, S. 151; Ibn Kathīr II, S. 233; Manār IX, S. 120.

2. Manār IX, S. 178–192, gibt hier einen theologischen Exkurs zur Frage nach der Sprache als Attribut Gottes.

Möglichkeit der Schau Gottes bejahen, und den Mu'taziliten, die diese Möglichkeit verneinen. Die Ash'ariten bringen folgende Argumente vor[3]:
– Mose hat darum gebeten, Gott zu schauen; als Prophet wußte er wohl, was in bezug auf Gott möglich und was unmöglich ist.
– Gott hat hier nicht geantwortet, daß diese Schau nicht möglich ist.
– Gott hat die Möglichkeit, ihn zu schauen, mit einer theoretisch erfüllbaren Bedingung verknüpft: Dies bedeutet, daß er diese Schau nicht für unmöglich erklärt hat.
– Gott hat sich vor dem Berg enthüllt, d. h. es war möglich, ihn zu schauen.

Die Mu'taziliten ihrerseits argumentieren wie folgt:
– Gott hat doch gesagt: »Du wirst Mich nicht sehen.«
– Als Gott sich enthüllte, fiel er zu Boden wie vom Blitz getroffen.
– Als Mose aufwachte, sagte er: »Preis sei Dir!« Diese Formel unterstreicht die Erhabenheit Gottes und seine Unzugänglichkeit.
– Mose bat Gott um Vergebung für sein Begehren, Gott zu schauen.

Als sein Herr sich vor dem Berg enthüllte, machte Er ihn zu Staub, und Mose fiel zu Boden wie vom Blitz getroffen: d. h. in Ohnmacht (so Ibn 'Abbās). Qatāda will, daß es sich um den Tod gehandelt hat. Siehe → 2,19.

Weiter **7,143**(140): **Als er aufwachte, sagte er: »Preis sei Dir! Ich kehre zu Dir um:** auch in 46,15; → 2,54.

Mose zeigt Reue, weil er überhaupt begehrte, Gott zu schauen, bzw. weil er ohne Erlaubnis Gottes diese Schau begehrte.

und ich bin der erste der Gläubigen«: ähnlich in → 6,14.163.

7,144(141): **Er sprach: »O Mose, Ich habe dich durch meine Botschaften und mein Gespräch (mit dir) vor den Menschen auserwählt:** auserwählt: → 2,130; Gott spricht mit Mose: → 4,164.

So nimm, was Ich dir zukommen lasse: → 2,63. Nach → 2,53 sind es das Buch und die Unterscheidungsnorm.

und sei einer der Dankbaren«: auch in 39,66.

3. Wir fassen hier die Argumente beider Parteien zusammen, wie sie Rāzī dargestellt hat: VII, 14, S. 238–243; siehe auch den ausführlichen Exkurs von Manār IX, S. 128–178, 189–192; vgl. Ṭabāṭabā'ī VIII, S. 237–242.

7,145(142): **Und Wir schrieben ihm auf den Tafeln über alle Dinge:** Rāzī unterstreicht, daß hier nicht alle möglichen Themen und Gebiete gemeint sind, sondern alles, was Mose und sein Volk im religiösen Bereich brauchten, und zwar in bezug auf das Erlaubte und das Verbotene, auf das Gute und das Böse[4].

eine Ermahnung und eine ins einzelne gehende Darlegung aller Dinge: Ermahnung: → 2,66: Das sind die Anweisungen, die die Menschen zum Gehorsam gegenüber den Geboten und Verboten Gottes führen und sie von den Übertretungen abhalten. Zur Ausführlichkeit des Gesetzes → 6,154; auch → 6,55.

So nimm sie mit voller Kraft: → 2,63.

und befiehl deinem Volk, sich an das Schönste in ihnen zu halten: ähnlich in 39,18.55. Hier geben die Kommentatoren verschiedene Deutungen[5]:
– Mose wurden strengere Pflichten auferlegt, während die anderen die leichteren zu erfüllen hätten.
– Im Gesetz gibt es gute und bessere Vorschriften, z. B. Wiedervergeltung und Verzeihen, sich Recht verschaffen und Geduld üben.
– Quṭrub meint, daß das Schönste hier einfach das Schöne bedeutet.
– Ḥasan al-Baṣrī unterscheidet im Gesetz zwischen dem Gebotenen, dem Empfohlenen und dem Erlaubten. Das Schönste hier sind die gebotenen und empfohlenen Taten.

Ich werde euch die Wohnstätte der Frevler zeigen«: → 2,26; → 2,99.

Das ist hier eine Drohung, und die Wohnstätte der Frevler wäre Ägypten und das Land Pharaos, oder die zerstörten Gebiete der Riesen und Gewaltherrscher in Palästina und Syrien, oder die Gebiete der ausgerotteten Stämme wie Thamūd, oder endlich die Hölle (so Ibn 'Abbās, Ḥasan al-Baṣrī, Mudjāhid). Der Satz kann aber als Verheißung verstanden werden: Es ginge dann um das Land der Feinde, dessen Besitznahme Gott dem Volk Israel verheißt[6].

7,146–147: Diese zwei Verse bilden hier eine Unterbrechung im Verlauf der Erzählung. Sie ziehen die Konsequenzen aus dem Gesagten, und zwar in erster Linie an die Adresse der Widersacher der Muslime in Mekka.

4. Vgl. Rāzī VII, S. 247.
5. Vgl. Rāzī VII, 14, S. 247–248; Zamakhsharī II, S. 158; Manār IX, S. 192–193; Ṭabāṭabā'ī VIII, S. 246.
6. Vgl. Zamakhsharī II, S. 158; Rāzī VII, 14, S. 248; Ibn Kathīr II, S. 236; Manār IX, S. 193.

7,146(143): **Abweisen werde Ich von meinen Zeichen diejenigen, die sich auf der Erde zu Unrecht hochmütig verhalten:** auch in 28,39; 41,15; 46,20; – siehe auch 7,33; 10,23; 40,75; 42,42; auch → 7,13; im Zusammenhang mit den Zeichen Gottes: → 2,34; → 2,87.

Wenn sie auch jedes Zeichen sehen, glauben sie nicht daran: → 6,25.

Und wenn sie den Weg des rechten Wandels sehen, nehmen sie ihn sich nicht zum Weg: Das ist der Weg des rechten Glaubens und des rechten Wandels.

Wenn sie den Weg der Verirrung sehen, nehmen sie ihn sich zum Weg: zum Gegensatz »rechter Wandel-Verirrung« → 2,256.

Weiter **7,146**(144): **Dies, weil sie unsere Zeichen für Lüge erklären und sie unbeachtet lassen:** wörtlich in → 7,136. Das ist der Grund, warum Gott sie von seinen Zeichen abweisen wird: Sie sind von vornherein abspenstig.

7,147(145): **Diejenigen, die unsere Zeichen und die Begegnung mit dem Jenseits für Lüge erklären:** Zeichen Gottes für Lüge erklären: → 7,136; → 2,39; die Begegnung mit dem Jenseits: → 6,31.

deren Werke sind wertlos: → 2,217.

Wird ihnen denn für etwas anderes vergolten als für das, was sie taten?: auch in 43,33; ähnlich in 10,52; 27,90; 36,54; 37,39; 40,17; 45,22.28; 52,16; 66,7.

7,148(146): **Und die Leute des Mose machten sich, nachdem er weggegangen war:** wörtlich: nach ihm; → 2,51.

aus ihren Schmucksachen ein Kalb als Leib, der blökte: siehe 20,87–89; → 2,51.92; → 4,153. Vgl. in der *Bibel,* Ex 32,1–35, auch Ex 33,4 (Reue des Volkes).

Es waren alle außer Aaron, die das Kalb verehrten, oder – so die Meinung einiger Kommentatoren – nur ein Teil von ihnen, denn in 7,159 wird unterstrichen: »Unter dem Volk Moses ist eine Gemeinschaft, die nach der Wahrheit leitet und nach ihr gerecht handelt.«

Sahen sie denn nicht, daß es nicht zu ihnen sprechen und sie nicht den Weg führen konnte?: Daß die Götzen nicht sprechen können, ist eines der Argumente Abrahams in seiner Auseinandersetzung mit seinen polytheistischen Landsleuten: 21,63.65; 37,92.

Sie machten es sich: oder: Sie nahmen es sich zum Gott.

und taten Unrecht: → 2,54. Sie taten sich selbst Unrecht, indem sie sich vom Dienst Gottes abgekehrt und der Verehrung des Kalbes gewidmet haben.

7,149(148): **Und als sich bei ihnen die Reue einstellte:** Der ungewöhnliche Ausdruck *suqita fī aydīhim* (wörtlich: als es in ihre Hände gestürzt wurde: d. h. vielleicht ihre Köpfe, als Zeichen der Bestürzung, oder ihre Tat, so daß sie ihr Verbrechen erkannt haben) deutet nach einhelliger Meinung der Kommentatoren auf die Reue der Übeltäter hin[7].

sie sagten: »Wenn unser Herr sich nicht unser erbarmt und uns (nicht) vergibt, werden wir sicher zu den Verlierern gehören«: → 7,23; → 2,64.

7,150(149): **Als Mose zornig und voller Bedauern zu seinem Volk zurückkam:** auch in 20,86. Mose hat von Gott erfahren, daß sich sein Volk einer großen Sünde schuldig gemacht hat (vgl. 20,85).

asifan: voller Bedauern (so Ibn 'Abbās, Ḥasan al-Baṣrī, al-Suddī), oder voller Zorn (so Abū l-Dardā'; 'Aṭā', al-Zadjjādj) in Vergleich mit 43,55: »Als sie unseren Zorn erregten *(āsafūnā)*, rächten Wir uns an ihnen.«

sagte er: »Schlimm ist das, was ihr, nachdem ich weggegangen war, begangen habt: wörtlich: Schlimm ist, wie ihr nach mir meine Nachfolger waret; vgl. 7,148; → 2,51. *nach mir:* Der Ausdruck kann auch wie folgt gedeutet werden: nach alledem, was ihr von mir gehört habt in bezug auf den Monotheismus und die Aufrichtigkeit des Glaubens[8].

Die Schelte gilt entweder den Verehrern des Kalbes, weil sie das Kalb anstelle Gottes verehrten, oder Aaron und den Führern des Volkes, weil sie das Volk nicht von ihrem Frevel abgehalten haben.

Wolltet ihr den Befehl eures Herrn beschleunigen?«: auch 16,1. Was der Befehl Gottes bedeutet, wird unterschiedlich verstanden[9]:

7. Rāzī (VIII, 15; S. 9–10) gibt die Versuche der Kommentatoren, den Ausdruck näher zu erklären, wieder. Diese Versuche muten sehr beliebig an und vermögen kaum eine überzeugende Erklärung anzubieten. Nicht besser sind die Versuche westlicher Koran-Übersetzer, den Ausdruck anders zu deuten als in der islamischen Tradition: vgl. *R. Paret:* Der Koran. Kommentar und Konkordanz, 3. Auflage, Stuttgart 1986, S. 174.

8. Vgl. Zamakhsharī II, S. 161; Rāzī VIII, 15, S. 12. Für die in der Übersetzung vertretene Deutung sprechen sich Ibn Kathīr II, S. 238; Manār IX, S. 207.

9. Vgl. Rāzī VIII, 15, S. 12; Ibn Kathīr II, S. 238; Manār IX, S. 207.

– Hat es euch mit der Verabredung Gottes und meiner Rückkehr zu lange gedauert? (so eher Ibn ʻAbbās, Ḥasan al-Baṣrī)
– Nach der Parallelstelle 20,86 geht es um die Strafe Gottes: »... oder wolltet ihr, daß sich ein Zorn von eurem Herrn auf euch niederläßt?) (so ʻAṭāʼ).

Er warf die Tafeln nieder: die Tafeln, die Niederschrift der Tora (7,154).

und packte den Kopf seines Bruders und zog ihn an sich: nach den Kommentatoren ist es die Geste eines Verärgerten, oder Mose wollte sich vertraulich mit Aaron unterhalten.

Dieser sagte: »Sohn meiner Mutter, die Leute behandelten mich wie einen Schwachen und hätten mich beinahe getötet. So laß nicht die Feinde Schadenfreude über mich haben: ähnlich in 20,92–94. Aaron begehrt, daß Mose ihn nicht so behandelt, daß ihre beider Feinde es mißdeuten und daraufhin Schadenfreude empfinden.

und stelle mich zu den Leuten, die Unrecht tun: → 7,47; 23,94.

7,151(150): **Er sagte:** Mose.

»Mein Herr, vergib mir und meinem Bruder, und laß uns in deine Barmherzigkeit eingehen: Zum letzten Ausdruck siehe auch → 4,175; 9,99; 21,75; 42,8; 45,30; 48,25; 76,31; –27,19.

Du bist der Barmherzigste der Barmherzigen«: auch in 21,83; –12,64.92.

7,152(151): **Diejenigen, die sich das Kalb nahmen:** zum Gott nahmen.

wird Zorn von ihrem Herrn und Erniedrigung im diesseitigen Leben treffen: → 2,61; → 3,112. Zorn im Jenseits und Erniedrigung im Diesseits.

Es geht um die Frevler von damals. Daß der Satz auf die Zukunft verweist, ist bei dieser Deutung dadurch zu erklären, daß es um die Vorankündigung geht, die Gott Mose mitgeteilt hat.

Eine andere Interpretation bezieht den Satz auf die Nachfolger der damaligen Frevler, die zur Zeit Muḥammads lebten. Es werden ihnen hier die Untaten ihrer Vorväter vorgehalten. Oder der erste Satz beziehe sich auf die Frevler von damals, die Strafe aber auf ihre Nachkommen[10].

So vergelten Wir denen, die Lügen erdichten: → 6,138; → 6,120.

10. Vgl. Rāzī VIII, 15, S. 15.

7,153(152): **Diejenigen, die die bösen Taten begehen, aber danach umkehren und glauben – siehe, dein Herr ist danach voller Vergebung und barmherzig:** → 6,54. Diese Äußerung gilt als eine der trostreichsten Aussagen des Korans.

7,154(153): **Und als sich der Zorn in Mose beruhigt hatte, nahm er die Tafeln. In ihrer Abschrift ist Rechtleitung und Barmherzigkeit für die, die vor ihrem Herrn Ehrfurcht haben:** in ihr als Abschrift der vorher zu Bruch gegangenen Tafeln (so Ibn ʿAbbās) oder als Abschrift des im Himmel aufbewahrten Urbuches, oder in ihr und in den Texten, die von ihr übernommen und abgeschrieben wird.

Rechtleitung und Barmherzigkeit: → 6,157; → 6,154; → 7,52.

7,155(154): **Und Mose wählte zu unserem Termin aus seinem Volk siebzig Männer:** Vgl. dazu in der *Bibel*, Num 11,16–30; Ex 32,30–35.

Es ist entweder die erste Verabrechung mit Gott, bei der sie begehrt haben, Gott offen zu sehen (→ 2,55). Oder es ist ein anderer Termin, bei dem die ausgewählten Männer Frevel begangen haben.

Als nun das Beben sie ergriff, sagte er: »Mein Herr, wenn Du gewollt hättest, hättest Du sie vorher verderben lassen, und mich auch: *das Beben:* ein Beben, das zum Tod führte, aus dem sie Gott jedoch erweckte, oder ein Beben, das ein Sterben der Betroffenen befürchten ließ.

Willst Du uns verderben lassen für das, was die Toren unter uns getan haben?: auch 7,173. Du tust es doch nicht, oder: Du mögest es nicht tun.

Es ist doch deine Versuchung: *fitna:* Versuchung: → 2,102.

mit der Du irreführst, wen Du willst, und rechtleitest, wen Du willst: → 2,67[11].

Du bist unser Freund: Du wehrst das Böse und Schädliche von uns ab und tilgst unsere Schuld, und du spendest uns das Gute. Das sind die zwei Bitten im folgenden; → 2,107.

so vergib uns und erbarm dich unser: → 2,286.

Du bist der beste derer, die vergeben: vgl. 40,3.

11. Siehe den Exkurs: Vorherbestimmung und menschliche Willensfreiheit im Band I dieses Koran-Kommentars, Gütersloh 1990, S. 179–183.

7,156(155): **Und bestimme für uns im Diesseits Gutes, und auch im Jenseits:** → 2,201.

Wir sind zu Dir reumütig zurückgekehrt«: Die muslimischen Kommentatoren interpretieren das Verb *hudnā ilayka* wie in der Übersetzung wiedergegeben. Die westlichen Islamwissenschaftler deuten das Verb dagegen wie in 2,62: Wir gehören dem Judentum an zu Dir hin.

Er sprach: »Mit meiner Pein treffe Ich, wen Ich will. Und meine Barmherzigkeit umfaßt alle Dinge: zum letzten Halbsatz → 6,147; 40,7.

Ich werde sie für die bestimmen, die gottesfürchtig sind und die Abgabe entrichten, und die an unsere Zeichen glauben«: ähnlich in → 2,2–3. Diese Formulierung bildet den Übergang zu einem Einschub, der in die Zeit Muḥammads anzusiedeln ist: 7,157 und 7,158[12]. Wenn man die nächsten Verse als Anhang der vorherigen Verse verstehen will, muß man dem Text da und dort zu sehr ergänzen und anpassen.

7,157(156): **die dem Gesandten, dem ungelehrten Propheten, folgen:** Zum Begriff siehe → 2,78.

den sie bei sich in der Tora und im Evangelium verzeichnet finden: Das ist eine durchgehende Aussage im Koran und bei den muslimischen Kommentatoren: Die Sendung Muḥammads sei bezeugt in der Tora und im Evangelium, und die Juden und die Christen müßten es zugeben. Siehe dazu die diesbezügliche Abhandlung in Manār IX, S. 230–300.

Er befiehlt ihnen das Rechte und verbietet ihnen das Verwerfliche: → 3,104.

er erlaubt ihnen die köstlichen Dinge und verbietet ihnen die schlechten: → 3,50; → 4,160; → 5,4.

und er nimmt ihnen ihre Last und die Fesseln, die auf ihnen lagen, ab: Das Gesetz Moses war schwer, glossiert Rāzī[13]: → 2,286; → 4,160; → 6,146–147.

Diejenigen nun, die an ihn glauben, ihm beistehen: *ʿazzarūhu:* auch in → 5,12; 48,9.

12. Rāzī gibt dieser Deutung den Vorzug: VIII, 15, S. 25.
13. Vgl. VIII, 15, S. 27.

ihn unterstützen: → 3,81; 8,74.

und dem Licht, das mit ihm herabgesandt worden ist, folgen: dem Koran, oder der Rechtleitung, oder der Wahrheit.

das sind die, denen es wohl ergeht: → 3,104. Sie erreichen ihr Ziel im Diesseits und im Jenseits.

7,158(157): **Sprich: O Menschen, ich bin an euch alle der Gesandte Gottes:** → 4,79. Die muslimischen Kommentatoren betonen hier, daß dieser Vers die Universalität der prophetischen Sendung Muḥammads und der islamischen Religion unterstreicht. Rāzī meint jedoch, daß die Pflicht, ihm zu folgen, nur für die gilt, die selbst Subjekt von Pflichten sind (also nicht die Kinder, die Schlafenden und die Irren) oder die von dieser Sendung und ihrer Botschaft gehört haben[14].

Weiter **7,158**(158): **dem die Königsherrschaft der Himmel und der Erde gehört:** → 2,107; 9,116; vgl. 44,7–8. – Zu diesem und dem übernächsten Satz siehe auch 9,116; 11,55–56; 44,7–8; 57,2.

Es gibt keinen Gott außer Ihm: → 2,163.

Er macht lebendig und läßt sterben: → 2,28.

So glaubt an Gott und seinen Gesandten, den ungelehrten Propheten: → 7,157.

der an Gott und seine Worte glaubt: seine Zeichen und Wunder.

und folgt ihm: durch den Gehorsam gegenüber dem, was er an Geboten und Verboten bringt, und auch durch die Nachahmung dessen, was allgemein gültig ist.

auf daß ihr die Rechtleitung findet: → 2,53.

14. Vgl. VIII, 15, S. 29; Rāzī betont, daß es möglich ist, daß auch andere eine universelle Sendung gehabt hatten, so z. B. Adam und Noach: VIII, 15, S. 30. Siehe auch den Beitrag von *Frants Buhl:* Faßte Muḥammed seine Verkündigung als eine universelle, auch für Nichtaraber bestimmte Religion auf?, in: Islamica 2, 1926, S. 135–149.

159 Und unter dem Volk Moses ist eine Gemeinschaft, die nach der Wahrheit leitet und nach ihr
gerecht handelt.
160 Und Wir zerteilten sie in zwölf Stämme und
Gemeinschaften. Und Wir gaben dem Mose, als
sein Volk ihn um Wasser zu trinken bat, ein:
»Schlag mit deinem Stab auf den Stein.« Da traten
aus ihm zwölf Quellen heraus, und jede Menschengruppe wußte nun, wo ihre Trinkstelle war.
Und Wir ließen die Wolken sie überschatten und
sandten auf sie das Manna und die Wachteln
hinab: »Eßt von den köstlichen Dingen, die Wir
euch beschert haben.« Und nicht Uns taten sie
Unrecht, sondern sich selbst haben sie Unrecht
getan. 161 Und als zu ihnen gesagt wurde:
»Bewohnet diese Stadt und eßt davon, wo ihr
wollt. Und sagt: Entlastung!, und betretet das Tor
in der Haltung der Niederwerfung, dann vergeben
Wir euch eure Verfehlungen. Und Wir werden
den Rechtschaffenen noch mehr geben. 162 Da
vertauschten es diejenigen von ihnen, die Unrecht
taten, mit einem Ausspruch, der anders war als
das, was ihnen gesagt worden war. Da sandten Wir
über sie ein Zorngericht vom Himmel herab dafür,
daß sie Unrecht taten.
163 Und frag sie nach der Stadt, die am Meer lag,
als sie am Sabbat Übertretungen begingen, wie

وَمِن قَوۡمِ مُوسَىٰٓ أُمَّةٞ يَهۡدُونَ بِٱلۡحَقِّ
وَبِهِۦ يَعۡدِلُونَ ﴿١٥٩﴾ وَقَطَّعۡنَٰهُمُ ٱثۡنَتَيۡ عَشۡرَةَ أَسۡبَاطًا
أُمَمٗاۚ وَأَوۡحَيۡنَآ إِلَىٰ مُوسَىٰٓ إِذِ ٱسۡتَسۡقَىٰهُ قَوۡمُهُۥٓ أَنِ ٱضۡرِب
بِّعَصَاكَ ٱلۡحَجَرَۖ فَٱنۢبَجَسَتۡ مِنۡهُ ٱثۡنَتَا عَشۡرَةَ عَيۡنٗاۖ قَدۡ
عَلِمَ كُلُّ أُنَاسٖ مَّشۡرَبَهُمۡۚ وَظَلَّلۡنَا عَلَيۡهِمُ ٱلۡغَمَٰمَ وَأَنزَلۡنَا
عَلَيۡهِمُ ٱلۡمَنَّ وَٱلسَّلۡوَىٰۖ كُلُواْ مِن طَيِّبَٰتِ مَا رَزَقۡنَٰكُمۡۚ
وَمَا ظَلَمُونَا وَلَٰكِن كَانُوٓاْ أَنفُسَهُمۡ يَظۡلِمُونَ ﴿١٦٠﴾ وَإِذۡ قِيلَ
لَهُمُ ٱسۡكُنُواْ هَٰذِهِ ٱلۡقَرۡيَةَ وَكُلُواْ مِنۡهَا حَيۡثُ شِئۡتُمۡ وَقُولُواْ
حِطَّةٞ وَٱدۡخُلُواْ ٱلۡبَابَ سُجَّدٗا نَّغۡفِرۡ لَكُمۡ خَطِيٓـَٰٔتِكُمۡۚ
سَنَزِيدُ ٱلۡمُحۡسِنِينَ ﴿١٦١﴾ فَبَدَّلَ ٱلَّذِينَ ظَلَمُواْ مِنۡهُمۡ قَوۡلًا
غَيۡرَ ٱلَّذِى قِيلَ لَهُمۡ فَأَرۡسَلۡنَا عَلَيۡهِمۡ رِجۡزٗا مِّنَ ٱلسَّمَآءِ
بِمَا كَانُواْ يَظۡلِمُونَ ﴿١٦٢﴾ وَسۡـَٔلۡهُمۡ عَنِ ٱلۡقَرۡيَةِ ٱلَّتِى كَانَتۡ
حَاضِرَةَ ٱلۡبَحۡرِ إِذۡ يَعۡدُونَ فِى ٱلسَّبۡتِ إِذۡ تَأۡتِيهِمۡ حِيتَانُهُمۡ

ihre Fische zu ihnen sichtbar geschwommen
kamen am Tag, an dem sie Sabbat hatten, und wie
sie am Tag, an dem sie den Sabbat nicht hielten,
zu ihnen nicht kamen. So prüften Wir sie dafür,
daß sie frevelten. 164 Und als eine Gemeinschaft
von ihnen sagte: »Warum ermahnt ihr Leute, die
Gott verderben oder mit einer harten Pein peinigen wird?« Sie sagten: »Um eine Entschuldigung
bei eurem Herrn zu haben, und auf daß sie vielleicht gottesfürchtig werden.« 165 Und als sie vergessen hatten, womit sie ermahnt worden waren,
retteten Wir diejenigen, die das Böse verboten,
und ergriffen diejenigen, die Unrecht taten, mit
einer schlimmen Pein dafür, daß sie frevelten. 166
Als sie sich rebellisch weigerten, das zu unterlassen, was ihnen verboten war, sprachen Wir zu
ihnen: »Werdet zu verabscheuten Affen.«
167 Und als dein Herr ankündigte, Er werde gegen
sie bis zum Tag der Auferstehung Leute schicken,
die ihnen eine schlimme Pein zufügen. Dein Herr
ist schnell im Bestrafen, und Er ist voller Vergebung und barmherzig. 168 Und Wir zerteilten sie
auf der Erde in Gemeinschaften. Unter ihnen gab
es Rechtschaffene und solche, die es nicht waren.
Und Wir prüften sie mit Gutem und Bösem, auf
daß sie umkehren. 169 Auf sie folgten Nachfolger,
die das Buch erbten. Sie greifen nach den Gütern
des Diesseits und sagen: »Es wird uns vergeben.«
Und wenn sich ihnen gleiche Güter bieten, greifen
sie danach. Wurde nicht von ihnen die Verpflich-

يَوْمَ سَبْتِهِمْ شُرَّعًا وَيَوْمَ لَا يَسْبِتُونَ لَا تَأْتِيهِمْ كَذَٰلِكَ
نَبْلُوهُم بِمَا كَانُوا۟ يَفْسُقُونَ ﴿١٦٣﴾ وَإِذْ قَالَتْ أُمَّةٌ مِّنْهُمْ
لِمَ تَعِظُونَ قَوْمًا ٱللَّهُ مُهْلِكُهُمْ أَوْ مُعَذِّبُهُمْ عَذَابًا شَدِيدًا
قَالُوا۟ مَعْذِرَةً إِلَىٰ رَبِّكُمْ وَلَعَلَّهُمْ يَتَّقُونَ ﴿١٦٤﴾ فَلَمَّا نَسُوا۟
مَا ذُكِّرُوا۟ بِهِۦٓ أَنجَيْنَا ٱلَّذِينَ يَنْهَوْنَ عَنِ ٱلسُّوٓءِ وَأَخَذْنَا
ٱلَّذِينَ ظَلَمُوا۟ بِعَذَابٍۭ بَـِٔيسٍۭ بِمَا كَانُوا۟ يَفْسُقُونَ ﴿١٦٥﴾ فَلَمَّا
عَتَوْا۟ عَن مَّا نُهُوا۟ عَنْهُ قُلْنَا لَهُمْ كُونُوا۟ قِرَدَةً خَٰسِـِٔينَ ﴿١٦٦﴾
وَإِذْ تَأَذَّنَ رَبُّكَ لَيَبْعَثَنَّ عَلَيْهِمْ إِلَىٰ يَوْمِ ٱلْقِيَٰمَةِ مَن
يَسُومُهُمْ سُوٓءَ ٱلْعَذَابِ إِنَّ رَبَّكَ لَسَرِيعُ ٱلْعِقَابِ
وَإِنَّهُۥ لَغَفُورٌ رَّحِيمٌ ﴿١٦٧﴾ وَقَطَّعْنَٰهُمْ فِى ٱلْأَرْضِ أُمَمًا
مِّنْهُمُ ٱلصَّٰلِحُونَ وَمِنْهُمْ دُونَ ذَٰلِكَ وَبَلَوْنَٰهُم بِٱلْحَسَنَٰتِ
وَٱلسَّيِّـَٔاتِ لَعَلَّهُمْ يَرْجِعُونَ ﴿١٦٨﴾ فَخَلَفَ مِنۢ بَعْدِهِمْ
خَلْفٌ وَرِثُوا۟ ٱلْكِتَٰبَ يَأْخُذُونَ عَرَضَ هَٰذَا ٱلْأَدْنَىٰ
وَيَقُولُونَ سَيُغْفَرُ لَنَا وَإِن يَأْتِهِمْ عَرَضٌ مِّثْلُهُۥ يَأْخُذُوهُ

tung des Buches entgegengenommen, sie sollen
über Gott nur die Wahrheit sagen? Sie haben doch
das, was darin steht, erforscht. Und die jenseitige
Wohnstätte ist gewiß besser für die, die gottesfürchtig sind. Habt ihr denn keinen Verstand?
170 Und diejenigen, die am Buch festhalten und
das Gebet verrichten – siehe, Wir lassen den Lohn
derer, die Besserung zeigen, nicht verlorengehen.
[18] *171 Und als Wir über sie den Berg schüttelten,
als wäre er eine überschattende Hülle, und sie
meinten, er würde auf sie fallen: »Nehmt, was
Wir euch zukommen ließen, mit aller Kraft und
gedenket dessen, was darin steht, auf daß ihr gottesfürchtig werdet.«

أَلَمْ يُؤْخَذْ عَلَيْهِم مِّيثَٰقُ ٱلْكِتَٰبِ أَن لَّا يَقُولُوا۟ عَلَى ٱللَّهِ إِلَّا
ٱلْحَقَّ وَدَرَسُوا۟ مَا فِيهِ ۗ وَٱلدَّارُ ٱلْءَاخِرَةُ خَيْرٌ لِّلَّذِينَ يَتَّقُونَ ۖ
أَفَلَا تَعْقِلُونَ ﴿١٦٩﴾ وَٱلَّذِينَ يُمَسِّكُونَ بِٱلْكِتَٰبِ وَأَقَامُوا۟
ٱلصَّلَوٰةَ إِنَّا لَا نُضِيعُ أَجْرَ ٱلْمُصْلِحِينَ ﴿١٧٠﴾ ۞ وَإِذْ نَتَقْنَا
ٱلْجَبَلَ فَوْقَهُمْ كَأَنَّهُۥ ظُلَّةٌ وَظَنُّوٓا۟ أَنَّهُۥ وَاقِعٌۢ بِهِمْ خُذُوا۟
مَآ ءَاتَيْنَٰكُم بِقُوَّةٍ وَٱذْكُرُوا۟ مَا فِيهِ لَعَلَّكُمْ تَتَّقُونَ ﴿١٧١﴾

Varianten: 7,159–171

7,160: ʻashrata: ʻashirata (laut Zamakhsharī II, S. 169).
ʻalayhimu: ʻalayhimi (nach Abū ʻAmr); ʻalayhumu (nach Ḥamza, Kisāʼī).
razaqnākum: razaqtukum: Ich euch beschert habe (bei al-Aʻmash; nach ʻĪsā al-Hamdānī).

7,161: naghfir: yaghfir: vergibt Er (laut Zamakhsharī II, S. 170).
naghfir lakum khaṭīʼātikum: tughfar lakum khaṭīʼātukum: werden euch eure Verfehlungen vergeben (nach Nāfiʻ); ... khaṭīʼatukum: eure Verfehlung (nach Ibn ʻĀmir); ... khaṭāyākum: eure Verfehlungen (nach Abū ʻAmr).

7,163: wasʼalhum: wasalhum (nach Ibn Kathīr, Kisāʼī).
yaʻdūna: yaʻaddūna, yuʻaddūna (laut Zamakhsharī II, S. 170).
yauma sabtihim: yauma subātihim (nach ʻUmar ibn ʻAbd al-ʻAzīz).
lā yasbitūna: la yasbutūna (laut Zamakhsharī II, S. 171); lā yusbitūna (bei ʻAlī); lā yusbatūna (nach Ḥasan al-Baṣrī).

7,164: maʻdhiratan: maʻdhiratun (nach den Rezitatoren außer Ḥafṣ).

7,165: baʼīsin: baysin (bei Ṭalḥa; nach Nāfiʻ, Qatāda, al-Zuhrī); biʼīsin (nach Ibn ʻĀmir); bayʼusin (nach Abū Bakr nach einigen Gewährsmännern); bayyisin (bei ʻIkrima, al-Aʻmash; nach Abū l-Sammāl); baʼisin, baysin, bayʼsin, bāʼisin (laut Zamakhsharī II, S. 172).

7,169: warithū: wurrithū: zum Erbe gegeben (laut Zamakhsharī II, S. 174).
an lā yaqūlū: allā taqūlū: ihr sollt nur (die Wahrheit) sagen (laut Zamakhsharī II, S. 174).
wa darasū: wa ddārasū: untereinander erforscht (bei ʻAlī; nach al-Sulamī).
afalā taʻqilūna: afalā yaʻqilūna: haben sie denn keinen Verstand (nach den Rezitatoren außer Nāfiʻ, Ibn ʻĀmir, Ḥafṣ).

7,170: yumassikūna: istamsakū (bei Ibn Masʻūd, al-Aʻmash); massakū (bei Ubayy); tamassakū (bei Ubayy nach einigen Gewährsmännern); yumsikūna (nach Abū Bakr in der Tradition von ʻĀṣim).

7,171: wa dhkurū: wa tadhakkarū (bei Ibn Masʻūd); wa dhdhakkarū (laut Zamaksharī II, S. 175).

Kommentar

7,159(159): **Und unter dem Volk Moses ist eine Gemeinschaft, die nach der Wahrheit leitet und nach ihr gerecht handelt:** Es geht um eine Gruppe von Rechtschaffenen, die der wahren Religion angehangen und die Menschen der Wahrheit entsprechend geleitet und regiert haben und es weiterhin tun. Einige Kommentatoren möchten den Vers auf die Juden beziehen, die zur Zeit Muḥammads zum Islam übergetreten sind (2,121; 17,107; 28,53)[1].

Ähnliche Aussage in 3,113.199.

7,160(160): **Und Wir zerteilten sie in zwölf Stämme und Gemeinschaften:** auch in 7,168.

Und Wir gaben dem Mose, als sein Volk ihn um Wasser zu trinken bat, ein: »Schlag mit deinem Stab auf den Stein.« Da traten aus ihm zwölf Quellen heraus, und jede Menschengruppe wußte nun, wo ihre Trinkstelle war: eng parallel mit → 2,60.

Und Wir ließen die Wolken sie überschatten und sandten auf sie das Manna und die Wachteln hinab. »Eßt von den köstlichen Dingen, die Wir euch beschert haben.« Und nicht Uns taten sie Unrecht, sondern sich selbst haben sie Unrecht getan: wörtlich in → 2,57.

7,161161): **Und als zu ihnen gesagt wurde: »Bewohnt diese Stadt und eßt von davon, wo ihr wollt, Und sagt: Entlastung!, und betretet das Tor in der Haltung der Niederwerfung, dann vergeben Wir euch eure Verfehlungen. Und Wir werden den Rechtschaffenen noch mehr geben.**

7,162(162): **Da vertauschten es diejenigen von ihnen, die Unrecht taten, mit einem Ausspruch, der anders war als das, was ihnen gesagt worden war. Da sandten Wir über sie ein Zorngericht vom Himmel herab dafür, daß sie Unrecht taten:** beide Verse fast wörtlich in → 2,58–59.

7,163(163): **Und frag sie nach der Stadt, die am Meer lag, als sie am Sabbat Übertretungen begingen, wie ihre Fische zu ihnen sichtbar geschwommen kamen am Tag, an dem sie Sabbat hatten, und wie sie am Tag, an dem sie**

1. Vgl. Zamakhsharī II, S. 167–168; Rāzī VIII, 15, S. 34; Manār IX, S. 363–364.

den Sabbat nicht hielten, zu ihnen nicht kamen. So prüften Wir sie dafür, daß sie frevelten: → 2, 65 (dort ausführliche Angaben); siehe auch → 4,47.154.

7,164(164): **Und als eine Gemeinschaft von ihnen sagte: »Warum ermahnt ihr Leute, die Gott verderben oder mit einer harten Pein peinigen wird?«:** verkürzter Zeitsatz (→ 2,30), oder verbunden mit dem Satz in 7,163: als sie am Sabbat Übertretungen begingen (so Rāzī).

Diese Gemeinschaft ist entweder eine Gruppe von rechtschaffenen Menschen, die nach wiederholten Bemühungen, die verstockten Leute zu ermahnen, nun jede Hoffnung auf eine Umkehr verloren haben und nun andere beharrliche Mahner ansprechen. Oder es sind die Frevler, die sich an die Mahner wenden[2].

Sie sagten: »Um eine Entschuldigung bei eurem Herrn zu haben, und auf daß sie vielleicht gottesfürchtig werden«: Die hartnäckige Ermahnung trotz geringer Hoffnung auf Erfolg soll vor Gott zeigen, daß die Mahner ihre Pflicht erfüllt haben. Außerdem wird die Hoffnung auf Umkehr der Übeltäter nicht ganz aufgegeben.

7,165(165): **Und als sie vergessen hatten, womit sie ermahnt worden waren:** → 6,44; → 5,13.

retteten Wir diejenigen, die das Böse verboten: siehe → 7,64.

und ergriffen diejenigen, die Unrecht taten, mit einer schlimmen Pein dafür, daß sie frevelten: → 2,59; → 6,49.

7,166(166): **Als sie sich rebellisch weigerten, das zu unterlassen, was ihnen verboten war, sprachen Wir zu ihnen: »Werdet zu verabscheuten Affen«:** → 2,65.

7,167(166): **Und als dein Herr ankündigte:** verkürzter Zeitsatz → 2,30. Der Ausdruck findet sich auch in 14,7.

2. Vgl. Zamakhsharī II, S. 171; Rāzī VIII, 15, S. 41–42; Ibn Kathīr II, S. 247–248; Manār IX, S. 376.

Er werde gegen sie bis zum Tag der Auferstehung Leute schicken, die ihnen eine schlimme Pein zufügen: *Leute:* oder jemanden. Gott wird sich entweder der Muslime oder strenger Richter bzw. Herrscher bedienen, um sie zu bestrafen[3].

gegen sie: Das sind entweder die Nachkommen derer, die in Affen verwandelt wurden, oder die übrigen Juden. Die meisten Kommentatoren sehen in diesem Vers eine Warnung an die Juden, die zur Zeit Muḥammads lebten.

Die Pein wird bis zum Tag der Auferstehung angekündigt, sie erfolgt also im Diesseits: Entrichtung des Tributs (vgl. 9,29), oder Erniedrigung (→ 2,61), oder Bekämpfung und Tötung, oder Vertreibung aus ihren Wohnstätten (wie es nach der Auswanderung mit den jüdischen Stämmen in Medina geschah[4]).

Dein Herr ist schnell im Bestrafen, und Er ist voller Vergebung und barmherzig: für die, die umkehren und der wahren Religion anhangen. → 6,165; siehe auch → 5,98.

7,168(167): **Und Wir zerteilten sie auf der Erde in Gemeinschaften:** → 7,160.

Unter ihnen gab es Rechtschaffene: Das waren die Gruppe, die in 7,159 erwähnt wird, oder – nach Ibn ʿAbbās und Mudjāhid – diejenigen, die zur Zeit Muḥammads den Islam annahmen.

und solche, die es nicht waren: Zum Vergleich zwischen den beiden Gruppen siehe ähnlich 57,26; 72,11 (bezogen auf die Djinn).

Und Wir prüften sie mit Gutem und Bösem: → 3,120.

auf daß sie umkehren: da sie ja die Rechtschaffenheit nicht mehr besaßen. 21,35.

7,169(168): **Auf sie folgten Nachfolger, die das Buch erbten:** auch 19,59.

Sie greifen nach den Gütern des Diesseits und sagen: »Es wird uns vergeben.« Und wenn sich ihnen gleiche Güter bieten, greifen sie danach: siehe ähnlichen Vorwurf in → 2,41.

3. Vgl. dazu und zu den nachstehenden Erläuterungen Zamakhsharī II, S. 173; Rāzī VIII, 15, S. 44–45.

4. Siehe dazu die Ausführungen in meinem Buch: *A. Th. Khoury:* Wer war Muḥammad?. Lebensgeschichte und prophetischer Anspruch (Herder Taschenbuch 1719), Freiburg 1990, S. 84–89.

Wurde nicht von ihnen die Verpflichtung des Buches entgegengenommen: der Tora; → 2,63.

sie sollen über Gott nur die Wahrheit sagen?: → 4,171.

Sie haben doch das, was darin steht, erforscht: Daher ist ihr Verhalten ein Unrecht.

Und die jenseitige Wohnstätte ist gewiß besser für die, die gottesfürchtig sind. Habt ihr denn keinen Verstand?: → 6,32; → 2,103; zum letzten Satz → 2,44.

7,170(169): **Und diejenigen, die am Buch festhalten und das Gebet verrichten – siehe, Wir lassen den Lohn derer, die Besserung zeigen, nicht verlorengehen:** → 3,171; → 2,143; – die Besserung zeigen: → 2,11.220.

7,171(170): **Und als Wir über sie den Berg schüttelten, als wäre er eine überschattende Hülle, und sie meinten, er würde auf sie fallen: »Nehmt, was Wir euch zukommen ließen, mit aller Kraft und gedenket dessen, was darin steht, auf das ihr gottesfürchtig werdet«:** fast wörtlich in → 2,63.

7,172–176

172 Und als dein Herr aus den Lenden der Kinder
Adams ihre Nachkommenschaft nahm und gegen
sich selbst zeugen ließ: »Bin Ich nicht euer Herr?«
Sie sagten: »Jawohl, wir bezeugen es.« (Dies,)
damit ihr nicht am Tag der Auferstehung sagt:
»Wir ahnten nichts davon«, 173 oder auch nicht
sagt: »Unsere Väter waren doch zuvor Polytheisten, und wir sind nur eine Nachkommenschaft
nach ihnen. Willst Du uns denn verderben für die
Taten derer, die Falsches tun?« 174 So legen Wir
die Zeichen im einzelnen dar, auf daß sie umkehren.
175 Und verlies ihnen den Bericht über den, dem
Wir unsere Zeichen zukommen ließen und der
sich dann ihrer entledigte. Da holte ihn der Satan
ein, und er wurde einer von denen, die irregegangen sind. 176 Und wenn Wir gewollt hätten,
hätten Wir ihn durch sie erhöht. Aber er wandte
sich der Erde zu und folgte seiner Neigung. So ist
es mit ihm wie mit einem Hund: Gehst du auf ihn
los, hängt er die Zunge heraus; läßt du ihn in
Ruhe, hängt er auch die Zunge heraus. So ist es
mit den Leuten, die unsere Zeichen für Lüge
erklären. Erzähle also, was es zu erzählen gibt, auf
daß sie nachdenken.

وَإِذْ أَخَذَ رَبُّكَ مِنۢ بَنِىٓ ءَادَمَ مِن ظُهُورِهِمْ ذُرِّيَّتَهُمْ
وَأَشْهَدَهُمْ عَلَىٰٓ أَنفُسِهِمْ أَلَسْتُ بِرَبِّكُمْ ۖ قَالُوا۟ بَلَىٰ ۛ شَهِدْنَآ ۛ
أَن تَقُولُوا۟ يَوْمَ ٱلْقِيَٰمَةِ إِنَّا كُنَّا عَنْ هَٰذَا غَٰفِلِينَ ﴿١٧٢﴾
أَوْ تَقُولُوٓا۟ إِنَّمَآ أَشْرَكَ ءَابَآؤُنَا مِن قَبْلُ وَكُنَّا ذُرِّيَّةً مِّنۢ
بَعْدِهِمْ ۖ أَفَتُهْلِكُنَا بِمَا فَعَلَ ٱلْمُبْطِلُونَ ﴿١٧٣﴾ وَكَذَٰلِكَ نُفَصِّلُ
ٱلْءَايَٰتِ وَلَعَلَّهُمْ يَرْجِعُونَ ﴿١٧٤﴾ وَٱتْلُ عَلَيْهِمْ نَبَأَ ٱلَّذِىٓ
ءَاتَيْنَٰهُ ءَايَٰتِنَا فَٱنسَلَخَ مِنْهَا فَأَتْبَعَهُ ٱلشَّيْطَٰنُ فَكَانَ مِنَ
ٱلْغَاوِينَ ﴿١٧٥﴾ وَلَوْ شِئْنَا لَرَفَعْنَٰهُ بِهَا وَلَٰكِنَّهُۥٓ أَخْلَدَ إِلَى
ٱلْأَرْضِ وَٱتَّبَعَ هَوَىٰهُ ۚ فَمَثَلُهُۥ كَمَثَلِ ٱلْكَلْبِ إِن تَحْمِلْ
عَلَيْهِ يَلْهَثْ أَوْ تَتْرُكْهُ يَلْهَث ۚ ذَّٰلِكَ مَثَلُ ٱلْقَوْمِ ٱلَّذِينَ
كَذَّبُوا۟ بِـَٔايَٰتِنَا ۚ فَٱقْصُصِ ٱلْقَصَصَ لَعَلَّهُمْ يَتَفَكَّرُونَ ﴿١٧٦﴾

Varianten: 7,172–176

7,172: dhurriyatahum: dhurriyātihim: ihre Nachkommen (nach Nāfi', Abū 'Amr, Ibn 'Āmir).
an taqūlū: an yaqūlū: damit sie nicht sagen (nach Abū 'Amr).
7,173: au taqūlū: au yaqūlū: oder auch nicht sagen (nach Abū 'Amr).
7,176: shi'nā: shīnā (nach al-Sūsī).

Kommentar

7,172(171): **Und als dein Herr aus den Lenden der Kinder Adams ihre Nachkommenschaft nahm und gegen sich selbst zeugen ließ: »Bin Ich nicht euer Herr?«:** verkürzter Zeitsatz → 2,30. Zum Thema des Zeugnisses der Menschen gegen sich selbst siehe auch → 5,19; → 6,130–131.155–156.

Unter den muslimischen Kommentatoren sehen einige (z. B. unter den Früheren Saʿīd ibn al-Musayyab, Saʿīd ibn Djubayr, al Ḍaḥḥāk, ʿIkrima) in diesem Vers einen Hinweis auf die Uroffenbarung Gottes an alle Menschen und auf das Selbstzeugnis der Menschen für den Monotheismus: siehe oben S. 89–92, zu 7,59–84 die Ausführungen zur Uroffenbarung und zum Urpakt. Der Vers beschreibt in einer bildlichen Sprache, wie Gott aus der Lende Adams und aus den Lenden seiner Kinder die Menschen allesamt oder einen Teil von ihnen in Vertretung aller nahm und sie aufforderte, sich zu ihm als dem einen, einzigen Gott zu bekennen. Diese Interpretation wird durch Aussprüche Muḥammads unterstützt, welche im Ḥadīth durch ʿUmar, Abū Hurayra und andere überliefert sind[1].

Andere Gelehrte, vor allem unter den Muʿtaziliten denken nicht an die Zeit Adams, sondern an die Generationen nach ihm, denn der Text sage ja: »aus den Lenden der Kinder Adams«, nicht aus den Lenden Adams. Außerdem laute der Vorwand der Frevler: »Unsere Väter waren doch zuvor Polytheisten.« Adam sei aber kein Polytheist gewesen. Damit müsse man den Vers auf die späteren Generationen von Menschen beziehen.

Im Midrasch Tanh. wajjigas gibt es eine Stelle (ähnlich auch in Midrasch Cant. r. I, 4), die eine parallele Szene im Zusammenhang mit der Annahme der Tora durch die Kinder Israels beschreibt[2]:

> Als Gott Israel die Tōrā geben wollte, sagte er zu ihnen: Wollt ihr meine Tōrā annehmen? Da sprachen sie: Jawohl! Da sagte Gott zu ihnen: Gebt mir einen Bürgen, daß ihr sie halten werdet. Sie sprachen: Abraham, Jiṣḥaq und Jakob seien Bürgen! Da sprach Gott: Eure Väter brauchen Bürgen für sich selber... Da sprachen die Juden: So seien unsere Kinder Bürgen für uns! Sofort nahm das Gott an und gab Israel die Tōrā ... Wenn nun Israel die Tōrā mißachtet, dann verhängt Gott die Strafe über ihre Bürgen. Denn so heißt es (Hosea): Wenn du die Lehre deines Gottes vergißt, vergesse ich deine Kinder.

1. Siehe den Wortlaut dieser Texte bei Ṭabarī, Ausgabe von Kairo, VII, S. 75–81; Rāzī VIII, 15, S. 50; Ibn Kathīr II, S. 250–253; Manār IX, S. 389–404.

2. Vgl. *H. Speyer:* Die biblischen Erzählungen im Qoran, Neudruck: Hildesheim 1961, S. 304–305.

Sie sagten: »Jawohl, wie bezeugen es«: Einige Kommentatoren wollen diesen Satz nicht als Antwort der angesprochenen Menschen deuten, sondern sehen darin eine Szene beschrieben: Dies sei das Zeugnis der Engel gegen die Menschen.

(Dies), damit ihr nicht am Tag der Auferstehung sagt: »Wir ahnten nichts davon«: → 6,131.

7,173(172): **oder auch nicht sagt: »Unsere Väter waren doch zuvor Polytheisten, und wir sind nur eine Nachkommenschaft nach ihnen. Willst Du uns denn verderben für die Taten derer, die Falsches tun?«:** oder die alles für falsch erklären; siehe auch in 29,48; 30,58; 40,78; 45,27.

7,174(173): **So legen Wir die Zeichen im einzelnen dar:** → 6,55.

auf daß sie umkehren: → 7,168.

7,175(174): **Und verlies ihnen den Bericht:** auch in → 5,27.

über den, dem Wir unsere Zeichen zukommen ließen und der sich dann ihrer entledigte: Es gibt in dieser Stelle keine Hinweise darauf, wer hier gemeint ist. Die muslimischen Kommentatoren haben mehrere Deutungen unterbreitet[3]:
– Es ist Bileam (vgl. in der *Bibel*, Num 22,5–24,25; 31,8.16) (so Ibn 'Abbās, Ibn Mas'ud, Mudjāhid): Gott habe ihm religiöses Wissen geschenkt, so daß er die Zeichen Gottes deuten konnte. Zunächst habe er sich geweigert, die Israeliten zu verfluchen, habe es aber später doch getan. Daraufhin habe Mose ihn selbst auch verflucht, so daß Gott ihm sein geschenktes Wissen wegnahm.
– Er war einer der Propheten Gottes, den der Fluch Moses traf.
– Nach 'Abd Allāh ibn 'Umar, Sa'īd ibn al-Musayyab und Zayd ibn Aslam handelt es sich um Umayya ibn Abī l-Ṣalt, einen Gelehrten, der hoffte, selbst zu den Arabern gesandt zu werden. Als nun Muḥammad den Sendungsauftrag erhielt, wurde er voller Neid und starb im Unglauben.
– Von Ibn al-Musayyab ist auch eine andere Version überliefert: Es handele sich um einen christlichen Mönch namens Abū 'Āmir. Als der Islam verkündet wurde, ging er nach Palästina und Syrien und versuchte, den Islam zu bekämpfen.
– Ḥasan al-Baṣrī und al-Aṣamm meinen, es gehe um die Heuchler aus den Reihen der Leute des Buches.

3. Vgl. Ṭabarī VI, S. 82–84; Zamakhsharī II, S. 178; Rāzī VIII, 15, S. 57–58; Ibn Kathīr II, S. 253–256; Manār IX, S. 410–416.

– Endlich gehen Qatāda, ʿIkrima und Abū Muslim al-Iṣfahānī davon aus, daß die Stelle alle betrifft, die sich für den Irrtum entscheiden, nachdem sie im Besitz des religiösen Wissens und der Rechtleitung waren.

Da holte ihn der Satan ein: oder: da gab ihm der Satan Anhänger, die ungläubig waren wie er selbst.

und er wurde einer von denen, die irregegangen sind: → 2,256.

7,176(175): **Und wenn Wir gewollt hätten, hätten Wir ihn durch sie erhöht:** durch das religiöse Wissen und den rechtgeleiteten Wandel. Zur Erhöhung der Propheten und der Rechtschaffenen siehe 3,55; 4,158; 6,83; 12,76; 19,57.

Aber er wandte sich der Erde zu: es zog es vor, die Erde und ihre Güter zu suchen und zu genießen; oder: er zog vor, in einer niedrigen Stellung zu sein.

und folgte seiner Neigung: auch in 18,28; 20,16; 25,43; 28,50; 45,23; – → 2,120.

So ist es mit ihm wie mit einem Hund: Gehst du auf ihn los, hängt er die Zunge heraus; läßt du ihn in Ruhe, hängt er auch die Zunge heraus: Für das Empfinden der Araber damals war dieser Vergleich der Ausdruck tiefster Erniedrigung; ihnen galt nämlich der Hund als das gemeinste Tier, und ein Hund mit ständig heraushängender Zunge galt als niedrigster Hund[4].

mathaluhū kamathali (so ist es mit ihm wie): Zum Begriff Gleichnis, Vergleich, Beispiel siehe die Ausführungen im Band I dieses Koran-Kommentars, Gütersloh 1990, S. 193[5].

So ist es mit den Leuten, die unsere Zeichen für Lüge erklären: → 2,39.

Erzähle also, was es zu erzählen gibt: → 3,62; → 7,101.

auf daß sie nachdenken: auch in 16,44; 59,21; → 2,219.

4. Hier bringt Rāzī (VIII, 5, S. 60) eine bemerkenswerte Feststellung: »Dieser Vers ist einer der strengsten Verse gegen die Besitzer des Wissens. Denn, nachdem Gott diesem Mann bevorzugt seine Zeichen und Beweise gegeben, den höchsten Namen kundgetan und die Gebete, die erhört werden, beigebracht hat, folgte er seiner Neigung und daraufhin entfernte er sich von der Religion und sank auf die Stufe eines Hundes. Dies bedeutet, daß jeder, dem Gott mehr Gnaden schenkt, wenn er sich von der Befolgung der Rechtleitung abkehrt und sich der Befolgung der Neigungen zuwendet, sich von Gott weiter entfernt.« Von Muḥammad sei ein Ausspruch überliefert mit folgendem Inhalt: Wer mehr Wissen besitzt, ohne mehr Rechtleitung zu besitzen, der entfernt sich mehr von Gott.

5. Vgl. auch *Frants Buhl:* Über Vergleichungen und Gleichnisse im Qur'ân, in: Acta Orientalia 2 (1924), S. 1–11.

177 Schlimm ist es mit den Leuten, die unsere
Zeichen für Lüge erklären und sich selbst Unrecht
tun. 178 Wen Gott rechtleitet, der ist es, der der
Rechtleitung folgt. Und die, die Er irreführt, das
sind die Verlierer. 179 Wir haben für die Hölle
viele von den Djinn und den Menschen geschaffen. Sie haben Herzen, mit denen sie nicht begreifen; sie haben Augen, mit denen sie nicht sehen;
und sie haben Ohren, mit denen sie nicht hören.
Sie sind wie das Vieh, ja sie irren noch mehr ab.
Das sind die, die (alles) unbeachtet lassen.
180 Gott gehören die schönsten Namen. So ruft
Ihn damit an und laßt die stehen, die über seine
Namen abwegig denken. Ihnen wird vergolten für
das, was sie taten. 181 Und unter denen, die Wir
erschaffen haben, ist eine Gemeinschaft (von
Menschen), die nach der Wahrheit leiten und nach
ihr gerecht handeln. 182 Und diejenigen, die
unsere Zeichen für Lüge erklären, werden Wir
Schritt für Schritt (dem Verderben) näherbringen,
von wo sie es nicht wissen. 183 Und Ich gewähre
ihnen Aufschub. Meine List ist fest. 184 Denken
sie denn nicht darüber nach? Ihr Gefährte leidet
doch nicht an Besessenheit: er ist nur ein deutlicher Warner. 185 Haben sie denn nicht das Reich
der Himmel und der Erde und all das, was Gott

سَآءَ مَثَلًا ٱلْقَوْمُ ٱلَّذِينَ كَذَّبُوا۟ بِـَٔايَٰتِنَا وَأَنفُسَهُمْ كَانُوا۟
يَظْلِمُونَ ﴿١٧٧﴾ مَن يَهْدِ ٱللَّهُ فَهُوَ ٱلْمُهْتَدِى ۖ وَمَن يُضْلِلْ
فَأُو۟لَٰٓئِكَ هُمُ ٱلْخَٰسِرُونَ ﴿١٧٨﴾ وَلَقَدْ ذَرَأْنَا لِجَهَنَّمَ كَثِيرًا
مِّنَ ٱلْجِنِّ وَٱلْإِنسِ ۖ لَهُمْ قُلُوبٌ لَّا يَفْقَهُونَ بِهَا وَلَهُمْ أَعْيُنٌ
لَّا يُبْصِرُونَ بِهَا وَلَهُمْ ءَاذَانٌ لَّا يَسْمَعُونَ بِهَآ ۚ أُو۟لَٰٓئِكَ
كَٱلْأَنْعَٰمِ بَلْ هُمْ أَضَلُّ ۚ أُو۟لَٰٓئِكَ هُمُ ٱلْغَٰفِلُونَ ﴿١٧٩﴾
وَلِلَّهِ ٱلْأَسْمَآءُ ٱلْحُسْنَىٰ فَٱدْعُوهُ بِهَا ۖ وَذَرُوا۟ ٱلَّذِينَ
يُلْحِدُونَ فِىٓ أَسْمَٰٓئِهِۦ ۚ سَيُجْزَوْنَ مَا كَانُوا۟ يَعْمَلُونَ ﴿١٨٠﴾
وَمِمَّنْ خَلَقْنَآ أُمَّةٌ يَهْدُونَ بِٱلْحَقِّ وَبِهِۦ يَعْدِلُونَ ﴿١٨١﴾
وَٱلَّذِينَ كَذَّبُوا۟ بِـَٔايَٰتِنَا سَنَسْتَدْرِجُهُم مِّنْ حَيْثُ
لَا يَعْلَمُونَ ﴿١٨٢﴾ وَأُمْلِى لَهُمْ ۚ إِنَّ كَيْدِى مَتِينٌ ﴿١٨٣﴾
أَوَلَمْ يَتَفَكَّرُوا۟ ۗ مَا بِصَاحِبِهِم مِّن جِنَّةٍ ۚ إِنْ هُوَ إِلَّا نَذِيرٌ
مُّبِينٌ ﴿١٨٤﴾ أَوَلَمْ يَنظُرُوا۟ فِى مَلَكُوتِ ٱلسَّمَٰوَٰتِ وَٱلْأَرْضِ

erschaffen hat, betrachtet, und auch daß ihre Frist
vielleicht nahegekommen ist? An welche Botschaft nach dieser wollen sie denn sonst glauben?
186 Wen Gott irreführt, der hat niemanden, der
ihn rechtleiten könnte; und Er läßt sie im Übermaß ihres Frevels blind umherirren.

وَمَا خَلَقَ ٱللَّهُ مِن شَىْءٍ وَأَنْ عَسَىٰٓ أَن يَكُونَ قَدِ ٱقْتَرَبَ
أَجَلُهُمْ ۖ فَبِأَىِّ حَدِيثٍۭ بَعْدَهُۥ يُؤْمِنُونَ ﴿١٨٥﴾ مَن يُضْلِلِ ٱللَّهُ
فَلَا هَادِىَ لَهُۥ ۚ وَيَذَرُهُمْ فِى طُغْيَٰنِهِمْ يَعْمَهُونَ ﴿١٨٦﴾

Varianten: 7,177–186

7,178: fahuwa: fahwa (nach Qālūn, Abū ʿAmr, Kisāʾī).
7,179: dharaʾnā: dharaynā (nach al-Sūsī).
7,180: yulḥidūna: yalḥadūna (nach Ḥamza, Kisāʾī, ʿĀṣim).
7,185: adjaluhum: ādjāluhum: ihre Fristen (bei Ubayy; nach al-Djaḥdarī).
7,186: wa yadharuhum: wa yadharhum (nach Ḥamza, Kisāʾī); wa nadharuhum: und Wir lassen sie (nach Nāfiʿ, Ibn Kathīr).

Kommentar

7,177(176): **Schlimm ist es mit den Leuten:** siehe 62,5. Zum Ausdruck *mathalu l-qaumi* siehe oben → 7,176[1].

die unsere Zeichen für Lüge erklären: → 2,39.

und sich selbst Unrecht tun: oder: Sie tun ja sich selbst Unrecht. Zum Ausdruck siehe → 2,54.

7,178(177): **Wen Gott rechtleitet, der ist es, der der Rechtleitung folgt. Und die, die Er irreführt, das sind die Verlierer:** auch in 17,97; 18,17; – 39,36–37. Gott leitet recht, wen Er will, und führt in die Irre, wen Er will: → 2,26; → 6,39; → 7,30. – *Verlierer:* → 2,27.

7,179(178): **Wir haben für die Hölle viele von den Djinn und den Menschen geschaffen:** In 7,181 wird die Gruppe der Erlösten erwähnt. Zum Thema siehe auch → 7,18.38: –41,25; 46,18.

Sie haben Herzen, mit denen sie nicht begreifen; sie haben Augen, mit denen sie nicht sehen; und sie haben Ohren, mit denen sie nicht hören: auch in 22,46; 25,44; → 2,7.18.171; → 6,39.

Sie sind wie das Vieh, ja sie irren noch mehr ab: Rāzī zählt die verschiedenen Möglichkeiten auf, den hier vorgenommenen Vergleich zu verdeutlichen[2]:
– Wer anders als die Tiere höherer Vorzüge fähig ist, der sinkt unter die Stufe der Tiere, wenn er diese Vorzüge vorsätzlich nicht anstrebt.
– Die Tiere gehorchen Gott, der Ungläubige nicht.
– Die Tiere, anders als die Ungläubigen, kennen ihren Herrn und sie loben ihn (so Muqātil).
– Nach al-Zadjjādj liegt der Unterschied darin, daß die Tiere wissen, was ihnen nützt und was ihnen schadet, und danach handeln, während die Ungläubigen auf ihrem Ungehorsam beharren.

1. Zum Ausdruck *sā'a mathalan al-qaumu* siehe den Beitrag von *Hans Wehr* in: ZDMG 101 (1951), S. 114–115.
2. Vgl. VIII, 15, S. 68–69.

– Die Tiere schließen sich denen an, die sie versorgen und sich um sie kümmern, während der Ungläubige sich von seinem Herrn, der ihm so viele Gnaden geschenkt hat, entfernt.
– Die Tiere gehen nicht in die Irre, wenn jemand sie führt, während die Ungläubigen trotz aller Rechtleitung durch die Propheten auf ihrem Irrtum bestehen.

Das sind die, die (alles) unbeachtet lassen: 16,108;→ 6,131.

7,180(179): **Gott gehören die schönsten Namen. So ruft Ihn damit an:** Zu den schönsten Namen Gottes siehe auch 17,110; 20,8; 59,24. Eine Liste dieser Namen nach den Angaben der Tradition im Anschluß an Aussagen des Korans findet sich im Band I dieses Koran-Kommentars, Gütersloh 1990, S. 150–151.

und laß die stehen, die über seine Namen abwegig denken: auch in 41,40; vgl. 22,25. Abwegig ist, die Namen Gottes anderen zuzuschreiben (z. B. Götzen als Gott zu bezeichnen), oder Gott Namen zu geben, die auf ihn nicht passen z. B. ihn Vater zu nennen, oder ihm einen Körper zuzuschreiben), oder ihm Namen zu geben, deren Bedeutung man nicht näher kennt[3].

Ihnen wird vergolten für das, was sie taten: → 7,147.

7,181(180): **Und unter denen, die Wir erschaffen haben, ist eine Gemeinschaft (von Menschen), die nach der Wahrheit leiten und nach ihr gerecht handeln:** ähnliche Aussage über eine Gemeinschaft unter den Kindern Israels: → 7,159.

Die meisten muslimischen Kommentatoren berufen sich auf zahlreiche Ḥadīth[4], in denen Muḥammad diesen Vers auf die Gemeinschaft der Muslime bezieht.

Nach al-Kalbī geht es hier um diejenigen aus den Reihen der Leute des Buches, die geglaubt haben. Andere denken an die Gelehrten[5].

7,182–183: fast wörtlich in 68,44–45.

7,182(181): **Und diejenigen, die unsere Zeichen für Lüge erklären, werden Wir Schritt für Schritt (dem Verderben) näherbringen.**

3. Vgl. Rāzī VIII, 15, S. 75.
4. Siehe bei Ṭabarī VI, S. 92; Zamakhsharī II, S. 181; Rāzī VIII, 15, S. 76; Ibn Kathīr II, S. 258; Manār IX, S. 450.
5. Vgl. Zamakhsharī II, S. 181.

7,183(182): **Und Ich gewähre ihnen Aufschub. Meine List ist fest:** Zeichen Gottes für Lüge erklären: → 2,39; Aufschub gewähren: → 3,178; List Gottes: auch in 12,76; 86,15–16.

Auch wenn Gott den Leugnern Aufschub gewährt und sie nur nach und nach zugrundegehen läßt, seine Strafe wird sie sicher ereilen.

7,184(183): **Denken sie denn nicht darüber nach?:** → 30,8; → 2,219.

Ihr Gefährte leidet doch nicht an Besessenheit: zu diesem Vorwurf gegen Muḥammad und dessen Zurückweisung siehe auch in 34,8; 81,22; – 52,29; 68,2; vgl. in bezug auf weitere Propheten sowie auf Muḥammad selbst 15,6; 23,25.70; 26,27; 34,8; 37,36; 44,14; 51,39.52; 54,9; 68,51.

er ist nur ein deutlicher Warner: auch in 11,25; 15,89; 22,49; 26,115; 29,50; 38,70; 46,9; 51,50.51; 67,26; 71,2.

7,185(184): **Haben sie denn nicht das Reich der Himmel und der Erde:** → 6,75; die Königsherrschaft der Himmel und der Erde: → 2,107.

und all das, was Gott erschaffen hat, betrachtet: Gott ist an seiner Schöpfung und an seiner Herrschaft zu erkennen; siehe zum Thema u. a. 10,101; 50,6.

und auch, daß ihre Frist vielleicht nahe gekommen ist?: Frist: → 6,2; nahe Frist: 14,44; 63,10.

An welche Botschaft nach dieser wollen sie denn sonst glauben?: auch in 45,6; 77,50. Wenn die Ungläubigen sich gegenüber dem Koran, »dem deutlichen Buch«, und der Botschaft Muḥammads, des »deutlichen Warners«, verschließen, welche Hoffnung besteht dann, daß sie später überhaupt an eine prophetische Verkündigung glauben?

7,186(185): **Wen Gott irreführt, der hat niemanden, der ihn rechtleiten könnte:** auch in 13,33; 29,23.36; 40,33; –45,23. *wen Gott irreführt:* → 4,88.

und Er läßt sie im Übermaß ihres Frevels blind umherirren: → 2,15.

187 Sie fragen dich nach der Stunde, wann sie feststehen wird. Sprich: Nur mein Herr weiß über sie Bescheid. Nur Er wird sie zu ihrer Zeit erscheinen lassen. Schwer lastet sie in den Himmeln und auf der Erde. Sie wird euch plötzlich überkommen. Sie fragen dich, als ob du eindringlich um Auskunft über sie bittest. Sprich: Nur Gott weiß über sie Bescheid. Aber die meisten Menschen wissen nicht Bescheid. 188. Sprich: Ich kann mir selbst weder Nutzen noch Schaden bringen, außer was Gott will. Wenn ich über das Unsichtbare Bescheid wüßte, würde ich mir selbst viel Gutes verschaffen, und das Böse würde mich nicht berühren. Ich bin nur ein Warner und ein Freudenbote für Leute, die glauben.

[18¼] *189 Er ist es, der euch aus einem einzigen Wesen erschaffen hat, und Er hat aus ihm seine Gattin gemacht, damit er bei ihr wohne. Und als er sie beschlafen hatte, trug sie dann eine leichte Leibesfrucht und verbrachte damit eine Zeit. Als sie schwer zu tragen hatte, riefen die beiden Gott, ihren Herrn, an: »Wenn Du uns ein gesundes Kind schenkst, werden wir gewiß zu den Dankbaren gehören.« 190 Als Er ihnen dann ein gesundes Kind schenkte, stellten sie Ihm Gefährten zur Seite, die an dem teilhaben sollten, was Er ihnen geschenkt hatte. Aber Gott ist erhaben über das,

يَسْـَٔلُونَكَ عَنِ ٱلسَّاعَةِ أَيَّانَ مُرْسَىٰهَا ۖ قُلْ إِنَّمَا عِلْمُهَا
عِندَ رَبِّى ۖ لَا يُجَلِّيهَا لِوَقْتِهَآ إِلَّا هُوَ ۚ ثَقُلَتْ فِى ٱلسَّمَٰوَٰتِ
وَٱلْأَرْضِ ۚ لَا تَأْتِيكُمْ إِلَّا بَغْتَةً ۗ يَسْـَٔلُونَكَ كَأَنَّكَ
حَفِىٌّ عَنْهَا ۖ قُلْ إِنَّمَا عِلْمُهَا عِندَ ٱللَّهِ وَلَٰكِنَّ أَكْثَرَ ٱلنَّاسِ
لَا يَعْلَمُونَ ﴿١٨٧﴾ قُل لَّآ أَمْلِكُ لِنَفْسِى نَفْعًا وَلَا ضَرًّا إِلَّا
مَا شَآءَ ٱللَّهُ ۚ وَلَوْ كُنتُ أَعْلَمُ ٱلْغَيْبَ لَٱسْتَكْثَرْتُ مِنَ
ٱلْخَيْرِ وَمَا مَسَّنِىَ ٱلسُّوٓءُ ۚ إِنْ أَنَا۠ إِلَّا نَذِيرٌ وَبَشِيرٌ لِّقَوْمٍ
يُؤْمِنُونَ ﴿١٨٨﴾ * هُوَ ٱلَّذِى خَلَقَكُم مِّن نَّفْسٍ وَٰحِدَةٍ
وَجَعَلَ مِنْهَا زَوْجَهَا لِيَسْكُنَ إِلَيْهَا ۖ فَلَمَّا تَغَشَّىٰهَا حَمَلَتْ
حَمْلًا خَفِيفًا فَمَرَّتْ بِهِۦ ۖ فَلَمَّآ أَثْقَلَت دَّعَوَا ٱللَّهَ رَبَّهُمَا لَئِنْ
ءَاتَيْتَنَا صَٰلِحًا لَّنَكُونَنَّ مِنَ ٱلشَّٰكِرِينَ ﴿١٨٩﴾ فَلَمَّآ ءَاتَىٰهُمَا
صَٰلِحًا جَعَلَا لَهُۥ شُرَكَآءَ فِيمَآ ءَاتَىٰهُمَا ۚ فَتَعَٰلَى ٱللَّهُ عَمَّا

was sie (Ihm) beigesellen. 191 Wollen sie (Ihm) denn solche beigesellen, die nichts erschaffen, aber selbst erschaffen sind, 192 und die ihnen keine Unterstützung gewähren, noch sich selbst helfen können? 193 Und wenn ihr sie zur Rechtleitung ruft, folgen sie euch nicht. Es ist für euch gleich, ob ihr sie ruft oder ob ihr schweigt. 194 Diejenigen, die ihr anstelle Gottes anruft, sind nur Diener wie ihr selbst. So ruft sie doch an, daß sie euch erhören, so ihr die Wahrheit sagt. 195 Haben sie denn (überhaupt) Füße, mit denen sie gehen, oder haben sie Hände, mit denen sie gewaltig zugreifen, oder haben sie Augen, mit denen sie sehen, oder haben sie Ohren, mit denen sie hören? Sprich: Ruft eure Teilhaber an, und dann geht gegen mich mit eurer List vor und gewährt mir keinen Aufschub. 196 Mein Freund ist Gott, der das Buch herabgesandt hat, und Er schenkt seine Freundschaft den Rechtschaffenen. 197 Diejenigen, die ihr anstelle Gottes anruft, können euch keine Unterstützung gewähren, noch können sie sich selbst helfen. 198 Und wenn ihr sie zur Rechtleitung ruft, hören sie nicht. Du siehst, wie sie dich anschauen, aber sie sehen nicht.

199 Nimm das Gute und Leichte, gebiete das Rechte und wende dich von den Törichten ab. 200 Und wenn dich vom Satan her ein Stachel aufsta-

يُشْرِكُونَ ﴿١٩٠﴾ أَيُشْرِكُونَ مَا لَا يَخْلُقُ شَيْـًٔا وَهُمْ يُخْلَقُونَ ﴿١٩١﴾
وَلَا يَسْتَطِيعُونَ لَهُمْ نَصْرًا وَلَآ أَنفُسَهُمْ يَنصُرُونَ ﴿١٩٢﴾
وَإِن تَدْعُوهُمْ إِلَى ٱلْهُدَىٰ لَا يَتَّبِعُوكُمْ ۚ سَوَآءٌ عَلَيْكُمْ
أَدَعَوْتُمُوهُمْ أَمْ أَنتُمْ صَٰمِتُونَ ﴿١٩٣﴾ إِنَّ ٱلَّذِينَ تَدْعُونَ
مِن دُونِ ٱللَّهِ عِبَادٌ أَمْثَالُكُمْ ۖ فَٱدْعُوهُمْ فَلْيَسْتَجِيبُوا۟ لَكُمْ
إِن كُنتُمْ صَٰدِقِينَ ﴿١٩٤﴾ أَلَهُمْ أَرْجُلٌ يَمْشُونَ بِهَآ ۖ أَمْ لَهُمْ
أَيْدٍ يَبْطِشُونَ بِهَآ ۖ أَمْ لَهُمْ أَعْيُنٌ يُبْصِرُونَ بِهَآ ۖ أَمْ لَهُمْ
ءَاذَانٌ يَسْمَعُونَ بِهَا ۗ قُلِ ٱدْعُوا۟ شُرَكَآءَكُمْ ثُمَّ كِيدُونِ
فَلَا تُنظِرُونِ ﴿١٩٥﴾ إِنَّ وَلِـِّۧىَ ٱللَّهُ ٱلَّذِى نَزَّلَ ٱلْكِتَٰبَ ۖ
وَهُوَ يَتَوَلَّى ٱلصَّٰلِحِينَ ﴿١٩٦﴾ وَٱلَّذِينَ تَدْعُونَ مِن دُونِهِۦ
لَا يَسْتَطِيعُونَ نَصْرَكُمْ وَلَآ أَنفُسَهُمْ يَنصُرُونَ ﴿١٩٧﴾ وَإِن
تَدْعُوهُمْ إِلَى ٱلْهُدَىٰ لَا يَسْمَعُوا۟ وَتَرَىٰهُمْ يَنظُرُونَ
إِلَيْكَ وَهُمْ لَا يُبْصِرُونَ ﴿١٩٨﴾ خُذِ ٱلْعَفْوَ وَأْمُرْ بِٱلْعُرْفِ
وَأَعْرِضْ عَنِ ٱلْجَٰهِلِينَ ﴿١٩٩﴾ وَإِمَّا يَنزَغَنَّكَ مِنَ ٱلشَّيْطَٰنِ

chelt, dann suche Zuflucht bei Gott. Er hört und weiß alles. 201 Diejenigen, die gottesfürchtig sind, wenn sie eine Heimsuchung vom Satan her trifft, erinnern sich, und sogleich werden sie einsichtig. 202 Ihre Brüder aber bestärken sie im Irrtum, und dann lassen sie darin nicht nach. 203 Und wenn du ihnen kein Zeichen vorbringst, sagen sie: »Hättest du es dir doch selbst ausgesucht!« Sprich: Ich folge nur dem, was mir von meinem Herrn offenbart wird. Dies sind einsichtbringende Zeichen von eurem Herrn und eine Rechtleitung und eine Barmherzigkeit für Leute, die glauben. 204 Und wenn der Koran verlesen wird, dann hört zu und seid still, auf daß ihr Erbarmen findet. 205 Und gedenke deines Herrn in deinem Inneren in Demut und Furcht und ohne lautes Aussprechen, am Morgen und am Abend. Und sei nicht einer von denen, die (dies) unbeachtet lassen. 206 Diejenigen, die bei deinem Herrn sind, weigern sich nicht hochmütig, Ihm zu dienen. Sie preisen Ihn und werfen sich vor Ihm nieder.

نَزْغٌ فَٱسْتَعِذْ بِٱللَّهِ ۚ إِنَّهُۥ سَمِيعٌ عَلِيمٌ ﴿٢٠٠﴾ إِنَّ ٱلَّذِينَ
ٱتَّقَوْا۟ إِذَا مَسَّهُمْ طَـٰٓئِفٌ مِّنَ ٱلشَّيْطَـٰنِ تَذَكَّرُوا۟ فَإِذَا
هُم مُّبْصِرُونَ ﴿٢٠١﴾ وَإِخْوَٰنُهُمْ يَمُدُّونَهُمْ فِى ٱلْغَىِّ ثُمَّ
لَا يُقْصِرُونَ ﴿٢٠٢﴾ وَإِذَا لَمْ تَأْتِهِم بِـَٔايَةٍ قَالُوا۟ لَوْلَا ٱجْتَبَيْتَهَا ۚ
قُلْ إِنَّمَآ أَتَّبِعُ مَا يُوحَىٰٓ إِلَىَّ مِن رَّبِّى ۚ هَـٰذَا بَصَآئِرُ
مِن رَّبِّكُمْ وَهُدًى وَرَحْمَةٌ لِّقَوْمٍ يُؤْمِنُونَ ﴿٢٠٣﴾ وَإِذَا قُرِئَ
ٱلْقُرْءَانُ فَٱسْتَمِعُوا۟ لَهُۥ وَأَنصِتُوا۟ لَعَلَّكُمْ تُرْحَمُونَ ﴿٢٠٤﴾
وَٱذْكُر رَّبَّكَ فِى نَفْسِكَ تَضَرُّعًا وَخِيفَةً وَدُونَ ٱلْجَهْرِ مِنَ
ٱلْقَوْلِ بِٱلْغُدُوِّ وَٱلْـَٔاصَالِ وَلَا تَكُن مِّنَ ٱلْغَـٰفِلِينَ ﴿٢٠٥﴾
إِنَّ ٱلَّذِينَ عِندَ رَبِّكَ لَا يَسْتَكْبِرُونَ عَنْ عِبَادَتِهِۦ
وَيُسَبِّحُونَهُۥ وَلَهُۥ يَسْجُدُونَ ۩ ﴿٢٠٦﴾ ۞

Varianten: 7,187–206

7,187: ayyāna: iyyāna (nach al-Sulamī).
'anhā: bihā (bei Ibn Mas'ūd, Ibn 'Abbās).

7,189: famarrat: fastamārat (bei Ubayy); fastamarrat (bei Ibn 'Abbās; nach al-Ḍaḥḥāk, Sa'īd ibn Abī Waqqāṣ); famarat: so zweifelte sie daran (nach Yaḥyā ibn Ya'mur); famārat: sie zweifelte daran (laut Zamakhsharī II, S. 186).
athqalat: uthqilat (laut Zamakhsharī II, S. 186).

7,190: dja'alā lahū shurakā'a: ashrakā bihī (bei Ubayy).
shurakā'a: shirkan (nach Nāfi', Abū Bakr in der Tradition von 'Āṣim).

7,191: ayushrikūna: ashurakā'a fīhi (bei Ubayy).

7,193: lā yattabi'ūkum: lā yatba'ūkum (nach Nāfi').

7,195: quli d'ū: qulu d'ū (nach den Rezitatoren außer 'Āṣim, Ḥamza).
kīdūni: kīdūnī (nach Nāfi', Abū 'Amr).

7,196: nazzala l-kitāba: hinzugefügt: bil-ḥaqqi: mit der Wahrheit (bei Ṭalḥa; nach Abū l-Mutawakkil, Ibn Midjlaz).

7,201: idhā massahum ṭā'ifun mina l-shayṭāni tadhakkarū: idhā ṭāfa mina l-shayṭāni 'alayhim ṭā'ifun ta'ammalū: wenn eine Heimsuchung vom Satan her sie heimsucht, bedenken es (bei Ubayy).
ṭā'ifun: ṭayyifun (bei Ibn 'Abbās, Sa'īd ibn Djubayr; nach Ibn Kathīr, Abū 'Amr, Kisā'ī, Abū l-Sammāl).
tadhakkarū: ta'mmalū: bedenken es (bei Sa'īd ibn Djubayr).

7,202: yamuddūnahum: yumiddūnahum: unterstützen (nach Nāfi'); yumāddūnahum: unterstützen (laut Zamakhsharī II, S. 191).

7,204: al-qur'ānu: al-qurānu (nach Ibn Kathīr).

7,205: khīfatan: khufyatan: im Verborgenen (laut Rāzī VIII, 15, S. 112).

Kommentar

7,187–188: ähnlich in 10,48–49.

7,187(186): **Sie fragen dich nach der Stunde, wann sie feststehen wird:** *Sie:* einige Juden (so Ibn ʿAbbās) oder Leute aus den Reihen der Qurayshiten von Mekka (so Ḥasan al-Baṣrī und Qatāda).

Nach der Stunde der Auferstehung und des Gerichtes wird öfters im Koran gefragt: 79,42; – 51,12; 75,6; – auch 10,48; 21,38; 27,71; 34,29; 36,48; 67,25; 70,1–7.

das Wort *mursāhā* (wann sie feststehen wird) wird auf schwere Elemente der Erde, wie die Schiffe (vgl. 11,41) oder vor allem die Berge (festgegründet) angewandt (13,3; 15,19; 21,31; 27,61; 31,10; 41,10; 50,27. Die Stunde der Auferstehung und des Gerichtes ist genauso schwer (siehe die entsprechende Aussage weiter unten in diesem Vers).

Sprich: Nur mein Herr weiß über sie Bescheid: auch in 31,34; 33,63; 41,47; 43,85; 46,23; 67,26.

Dies soll die Menschen dazu veranlassen, im Gehorsam gegenüber dem Willen Gottes zu verharren, damit sie nicht unvorbereitet überrascht werden.

Nur Er wird sie zu ihrer Zeit erscheinen lassen. Schwer lastet sie in den Himmeln und auf der Erde: auch 76,27 spricht von einem »Tag, der schwer lasten wird«.

Abū Bakr al-Aṣamm denkt hier an die Angst, die die Bewohner der Himmel und der Erde befallen wird, weil sie vor der Vernichtung ihres Lebens stehen. Andere Kommentatoren denken an die Angst der Menschen vor dem Gericht und der Vergeltung Gottes. Ḥasan al-Baṣrī zählt die Vorzeichen dieser Stunde und die Ereignisse, die der Koran als endzeitliche Katastrophe beschreibt. Die Angaben des Korans sollen im folgenden kurz zusammengefaßt werden:

Die »große, alles überwältigende Katastrophe« (79,34) leitet das schaurige Schauspiel des Endgerichtes ein. Ein gewaltiger Posaunenstoß wird die alte Weltordnung ins Wanken bringen (18,99; 20,102; 23,101; 27,87; 69,13; 74,8). Eine große Angst wird Himmel und Erde ergreifen (27,87). Die Erde bebt (22,1; 56,4; 73,14), die Berge wanken (27,88; 52,10; 81,3), sie werden zerbröckeln und zu Staub (20,105; 56,5), zu zerzauster Wolle (70,9) und zu ebener Fläche (20,106–107) gemacht. Der Himmel bebt (52,9), bekommt Spalten (55,37; 69,16; 77,8). Die Sterne erlöschen (77,8) und stürzen (81,2). Die Sonne wird zusammengefaltet (81,1); der Mond spaltet sich (54,1), er verfinstert sich und wird mit der Sonne vereinigt (75,8–9). Der Himmel gerät endgültig ins Wanken (52,9) und wird zusammengerollt (21,104). Vor diesen schaudervollen Erscheinungen zergehen die Menschen vor Angst (22,1–2).

Die kosmischen Erscheinungen, die das Endgericht ankündigen, werden im Koran an vielen Stellen in eindringlicher Weise geschildert, vor allem in den Suren der mekkanischen Periode. Muster solcher Schilderungen sind folgende Stellen: 69,13–51; 75,1–13; 77,7–14; 81,1–14; 82,1–5.

Sie wird euch plötzlich überkommen: → 6,31. Siehe dort auch die Ausführungen über die Erwartung des Gerichtes im Koran.

Weiter **7,187**(187): **Sie fragen dich, als ob du eindringlich um Auskunft über sie bittest:** so auch in 47,37; oder: Sie fragen dich nach ihr, als ob du dich ihnen gegenüber entgegenkommend zeigst (vgl. 19,47). Beide Deutungen finden ihre Vertreter bei den muslimischen Kommentatoren[1].

Sprich: Nur Gott weiß über sie Bescheid: siehe oben.

Aber die meisten Menschen wissen nicht Bescheid: darüber, daß Gott allein über sie Bescheid weiß, oder über den Grund, warum die Zeit ihres Hereinbrechens verborgen bleibt.

Zum Ausdruck siehe auch 12,21.40.68; 16,38; 30,6.30; 34,28.36; 40,57; 45,26; auch → 5,103.

7,188(188): **Sprich: Ich kann mir selbst weder Nutzen noch Schaden bringen, außer was Gott will:** 10,49; –13,16; 25,3; 34,42; auch → 5,41.

Wenn ich über das Unsichtbare Bescheid wüßte: → 6,50.

würde ich mir selbst viel Gutes verschaffen, und das Böse würde mich nicht berühren: entweder geht es um den Erhalt der Güter dieser Erde und die Abwehr schädlicher Einflüsse, oder um die Anliegen der wahren Religion.

Ich bin nur ein Warner und ein Freudenbote: → 2,213.

für Leute, die glauben: Muḥammad ist an alle Menschen gesandt, aber nur die Gläubigen ziehen Nutzen aus seiner Botschaft.

1. Vgl. Zamakhsharī II, S. 184; Rāzī VIII, 15, S. 86.

7,189(189): **Er ist es, der euch aus einem einzigen Wesen erschaffen hat:** ähnlich in → 4,1. Siehe dort die verschiedenen Deutungen dieser Aussage. Rāzī will hier die Deutung von Ibn 'Abbās, der diese Stelle auf Adam und Eva bezieht, nicht ohne weiteres gelten lassen, denn der Kontext zeige ja, daß der Koran hier die Polytheisten angreift: 7,190–191. Wenn man unbedingt einen Bezug auf Adam herstellen will, müßte man die Schelte wegen polytheistischer Haltung nur als eine Frage, die zur Verneinung des Vorwurfs führen soll. Die entsprechende Übersetzung würde dann lauten: 7,190: Als Er ihnen dann ein gesundes Kind schenkte: Stellten sie Ihm denn da Gefährten zur Seite? ...

Besser wäre die Deutung, die diese Stelle als Beispiel für die Eltern ansieht, welche ihre Kinder nicht dem Wirken Gottes zuschreiben, sondern dem der Natur, der Sterne oder gar der Götzen (so die Interpretation von Qaffāl). Oder es geht hier um die Abstammung der verschiedenen Clans jeweils von einem Vorfahr. Die Adressaten wären dann die polytheistischen Qurayshiten von Mekka (so Muḥammad 'Abduh zu → 4,1, dort S. 33, Anm. 1)[2].

und Er hat aus ihm seine Gattin gemacht, damit er bei ihr wohne: auch in 16,72; 30,12. Diejenigen, die diese Stelle auf Adam beziehen, denken hier an die Erschaffung Evas aus einer Rippe Adams. Zamakhsharī gibt eine alternative Deutung: Gott hat seine Partnerin erschaffen nach seiner Gattung, d. h. als menschliches Wesen[3].

Und als er sie beschlafen hatte, trug sie dann eine leichte Leibesfrucht und verbrachte damit eine Zeit. Als sie schwer zu tragen hatte: und die Zeit der Niederkunft nahte.

riefen die beiden Gott, ihren Herrn, an: »Wenn Du uns ein gesundes Kind schenkst, werden wir gewiß zu den Dankbaren gehören«: Hier wird am Beispiel der Eltern eine Eigenschaft der Menschen beschrieben, die auch sonst im Koran beanstandet wird: Der Mensch wendet sich zu Gott, wenn er ein Anliegen vorzutragen hat; wenn er aber aus der Not gerettet wird, dann wendet er sich wieder von Gott ab (vgl. 16,53–54; 29,65; 39,8.49).

7,190(190): **Als Er ihnen dann ein gesundes Kind schenkte, stellten sie Ihm Gefährten zur Seite, die an dem teilhaben sollten, was Er ihnen geschenkt hatte:** noch einmal in 7,190. Siehe zur Bitte um Erhörung der Anliegen und zugleich Bestehen auf dem Polytheismus → 6,63–64.

2. Vgl. Rāzī VIII, 15, S. 90–92. Die weiteren von Rāzī angebotenen Deutungen sind sehr weit hergeholt: VIII, 15, S. 91–92.

3. Vgl. II, S. 186.

Aber Gott ist erhaben über das, was sie (Ihm) beigesellen: *sie:* nicht nur die Eltern, sondern alle Polytheisten, oder wenigstens die Stammesangehörigen, die eine solche Haltung zeigen.

7,191(191): **Wollen sie (Ihm) denn solche beigesellen, die nichts schaffen, aber selbst erschaffen sind:** Sie sind Schöpfung Gottes oder gar von Menschenhand geschaffen. Siehe 6,20; 25,3; zum Thema auch 16,17; 35,40; 46,4.

7,192(192): **und die ihnen keine Unterstützung gewähren, noch sich selbst helfen können?:** auch in 7,197; 21,43; 26,92–93; 36,74–75; 46,28.

7,193(192): **Und wenn ihr sie zur Rechtleitung ruft, folgen sie euch nicht:** auch in 7,198; bezogen auf Menschen 18,57. *zur Rechtleitung:* daß diese angeblichen Teilhaber der Rechtleitung folgen, oder daß sie ihre Anhänger zur Rechtleitung führen sollen[4].

Es ist für euch gleich, ob ihr sie ruft oder ob ihr schweigt: ähnlich → 2,6. Sie werden euer Rufen nicht hören und nicht erhören können.

7,194(193): **Diejenigen, die ihr anstelle Gottes anruft, sind nur Diener wie ihr selbst:** Alle im Himmel und auf der Erde sind Diener Gottes: 19,93; die Engel auch: 21,26; 43,19; → 4,172.

So ruft sie doch an, daß sie euch erhören: Das ist eine Herausforderung an die Adresse der Polytheisten, die ihnen die Ohnmacht ihrer Götzen vor Augen führen will. Siehe 13,14; 35,14; 46,5; auch 18,52; 28,64.

so ihr die Wahrheit sagt: auch → 2,23; zum ganzen Satz auch 11,13–14.

7,195(194): **Haben sie denn (überhaupt) Füße, mit denen sie gehen, oder haben sie Hände, mit denen sie gewaltig zugreifen, oder haben sie Augen, mit denen sie sehen, oder haben sie Ohren, mit denen sie hören?:** Das ist eine eindrucksvolle Beschreibung der totalen Ohnmacht der Götzen, die angeblich an der Macht Gottes teilhaben.

4. So Zamakhsharī II, S. 188.

Sprich: Ruft eure Teilhaber an, und dann geht gegen mich mit eurer List vor und gewährt mir keinen Aufschub: auch in 11,53–54; – 10,71 (Noach). Teilhaber: → 6,22.

7,196(195): **Mein Freund ist Gott:** 12,101.

der das Buch herabgesandt hat, und Er schenkt seine Freundschaft den Rechtschaffenen: → 2,107.

7,197(196): **Und diejenigen, die ihr anstelle Gottes anruft, können euch keine Unterstützung gewähren, noch können sie sich selbst helfen:** so bereits in → 7,192.

7,198(197): **Und wenn ihr sie zur Rechtleitung ruft, hören sie nicht:** 35,14; bereits in → 7,193. Um eine einfache Wiederholung auszuschließen, denken einige Kommentatoren hier nicht an die Götzen, sondern an die Polytheisten, die nunmehr unfähig geworden sind, zu hören und zu sehen.

Du siehst, wie sie dich anschauen, aber sie sehen nicht: 10,43; siehe auch → 7,194.

7,199(198): **Nimm das Gute und Leichte:** Das Wort *ʿafw* kann auch hier wie in → 2,219 das Entbehrliche bedeuten, und dies im Hinblick auf die materiellen Pflichten der Gläubigen, oder es kann auf die Behandlung der Menschen bezogen werden im Sinne von: Übe Nachsicht. Die hier gewählte Übersetzung kann diese verschiedenen Deutungen enthalten.

gebiete das Rechte: → 3,104.

und wende dich von den Törichten ab: → 2,67.

7,200(199): **Und wenn dich vom Satan her ein Stachel aufstachelt:** wörtlich in 41,36; – siehe auch 12,100; 17,53; 23,97.

dann suche Zuflucht bei Gott: 40,56; → 2,67. Die Anrede gilt zwar Muḥammad, sie ist jedoch gültig für alle Gläubigen.

Er hört und weiß alles: → 2,127.

7,201(200): **Diejenigen, die gottesfürchtig sind, wenn sie eine Heimsuchung vom Satan her trifft:** Das Wort *ṭā'if* (Heimsuchung) findet sich wieder in 68,19 (eine Heimsuchung von deinem Herrn, eine verheerende Erscheinung von deinem Herrn). Es geht hier nach den Kommentatoren um Besessenheit oder um Zornausbrüche.

erinnern sich, und sogleich werden sie einsichtig: Sie erinnern sich an die Gebote und Verbote Gottes, an die Botschaft, mit der sie ermahnt worden sind; oder: sie gedenken Gottes und kommen dadurch zur Einsicht.

7,202(201): **Ihre Brüder aber bestärken sie im Irrtum, und dann lassen sie darin nicht nach:** Es gibt vier Möglichkeiten, diesen schwer zu deutenden Vers zu entschlüsseln[5]:
– Die Brüder der Satane, d. h. ihre Anhänger, welche ja in → 2,14 als »teuflische Anführer« bezeichnet werden, unterstützen ihresgleichen bzw. diejenigen, die nicht gottesfürchtig sind, im Irrtum, und dann lassen die Satane bzw. ihre Brüder darin nicht nach.
– *sie:* in beiden Fällen sind es die Satane; der Sinn des Satzes ist dann: Die Satane bestärken ihre Brüder, d. h. ihresgleichen und ihre Anhänger im Irrtum, und dann lassen sie in dieser Haltung nicht nach.
– Das zweite *sie* bezieht sich auf die Brüder: ... und dann lassen diese Brüder im Irrtum nicht nach.
– Die Brüder der Törichten bestärken diese im Irrtum ...

7,203(202): **Und wenn du ihnen kein Zeichen vorbringst:** → 2,118; → 6,37; Zeichen: Wunder: → 2,39.

sagen sie: »Hättest du es dir doch selbst ausgesucht!«: entweder daß du es aus eigenem Antrieb und aus eigener Kraft vollbringst, oder daß du es vor deinen Herrn bringst. Das Verb *idjtabā* wird sonst im Sinn von erwählen gebraucht: → 3,179.

Sprich: Ich folge nur dem, was mir von meinem Herrn offenbart wird: → 6,50.

Dies sind einsichtbringende Zeichen von eurem Herrn und eine Rechtleitung und eine Barmherzigkeit für Leute, die glauben: auch in 28,43; 45,20; ähnlich in → 3,138. – *baṣā'ir* (einsichtbringende Zeichen): → 6,104.

5. Vgl. Zamakhsharī II, S. 191; Rāzī VIII, 15, S. 105; Manār IX, S. 550.

7,204(203): **Und wenn der Koran verlesen wird, dann hört zu und seid still:** Die Anweisung gilt den Ungläubigen, die zuhören sollen, wenn Muḥammad den Koran vorträgt. Oder – wie die Mehrheit der Kommentatoren meint – es geht um die vorgeschriebene Haltung der Muslime, wenn de Koran verlesen wird:
– Sie sollen zuhören und ruhig sein überall (so Ḥasan al-Baṣrī und die Ẓāhiriten).
– Sie sollen während des Pflichtgebetes schweigen (so Abū Hurayra, Qatāda).
– Sie dürfen nicht laut rufen oder Verse rezitieren, wenn der Vorbeter selbst Koranstellen verliest (so Abū Ḥanīfa).
– Während der Ansprache sollen sie zuhören und still sein (so Sa'īd ibn Djubayr, Mudjāhid, 'Aṭā', auch Shāfi'ī)[6].

auf daß ihr Erbarmen findet: → 3,132.

7,205(204): **Und gedenke deines Herrn in deinem Inneren in Demut und Furcht:** → 7,55. Es geht hier um das private Gebet. Hier bringen die Mystiker Ausführungen, die zur näheren Charakterisierung der islamischen Spiritualität von ziemlichem Interesse sind.

und ohne lautes Aussprechen: → 4,148.

am Morgen und am Abend: 13,15; 24,36; → 3,41.

Und sei nicht einer von denen, die (dies) unbeachtet lassen: → 6,131.

7,206(205): **Diejenigen, die bei deinem Herrn sind, weigern sich nicht hochmütig, Ihm zu dienen:** Es sind die Engel: → 4,172; 41,38.

Sie preisen Ihn und werfen sich vor Ihm nieder: → 2,30.

6. Vgl. Rāzī VIII, 15, S. 107–108; Manār IX, S. 552–556.

(٨) سورة الأنفال مدنية
وآياتها خمس وسبعون

Sure 8

Die Beute (al-Anfāl)

zu Medina, 75 Verse

8,1–75

Sure 8

Die Beute (al-Anfāl)

zu Medina, 75 Verse

Allgemeine Fragen

Bezeichnung

Die Sure 8 verdankt ihren Namen: die Beute (al-Anfāl) dem ersten Vers: »Sie fragen dich nach der Beute.« Die offizielle Ausgabe zählt 75 Verse, während die sogenannte wissenschaftliche Verszählung auf 76 Verse kommt.

Datierung

Die Sure 8 gehört in ihrer Gesamtheit zu den medinischen Suren. Einige muslimische Autoren beziehen den Vers 8,64 auf den Übertritt ʿUmars zum Islam, also auf eine Zeit in Mekka. Muqātil datiert den Vers 8,30, andere datieren sogar die Verse 8,30–35 bzw. 8,30–36 in die mekkanische Zeit. Zwar beziehen sich diese Verse auf Ereignisse, die sich in Mekka zugetragen haben und die mit der Behandlung der Muslime durch ihre Widersacher in Mekka zusammenhängen, aber dies muß nicht zur Folge haben, daß diese Verse auch tatsächlich in Mekka entstanden sind[1]. Sie können auch in die medinische Zeit datiert werden, obwohl sie Ereignisse aus der mekkanischen Zeit in Erinnerung rufen.

Wenn man nun die verschiedenen Abschnitte, aus denen die Sure besteht, näher datieren will, dann ist an die Zeit zwischen der Auswanderung und der Niederlage bei Uḥud (625) zu denken.

- Die letzten Verse 8,72–75, die die Identität der islamischen Gemeinde definieren wollen, passen eher in die Zeit kurz nach der Auswanderung von Mekka nach Medina im Jahre 622.
- Einige Abschnitte beziehen sich auf die Schlacht von Badr im Jahr 624: vor Badr: 8,20–29; vielleicht auch 8,30–36; Sieg zu Badr: 8,1–19.
- Andere Abschnitte gehören in die Zeit zwischen dem Sieg von Badr und der Niederlage beim Berg Uḥud (625); vielleicht 8,20–29.30–38.67–71.

1. Vgl. Manār IX, S. 581.

- Einige Abschnitte scheinen kurz vor der Begegnung mit den Mekkanern am Uḥud entstanden zu sein: 8,39–44.59.66.
- In den Zusammenhang mit Uḥud (davor oder danach) sind auch die Verse 8,45–54 zu stellen.
- Gegen die untreuen Verbündeten, vor allem gegen die jüdischen Stämme in Medina, sind die Verse 8,55-58 gerichtet.

Struktur und Inhalt

Die in der Sure 8 zusammengestellten Abschnitte werden nicht in ein logisch aufgebautes Ganzes zusammengefügt. Ihre Einheit verdanken sie dem Umstand, daß sie sich alle auf einen Zeitabschnitt zwischen 622 und 625 beziehen.

- Zuständigkeit bei der Verteilung der Beute: 8,1.
- Rückblick auf die Ereignisse bei der Schlacht von Badr: an die Adresse der Muslime: 8,5–18; an die Adresse der Mekkaner: 8,19.
- Appell an die Muslime: 8,20–29.
- Erinnerung an das feindselige Verhalten der Widersacher in Mekka: 8,30–38.
- Aufmunterung der Muslime im Umfeld der Schlacht bei Uḥud: 8,39–54.
- Gegen untreue Verbündete in Medina: 8,55–58.
- Aufruf zum Kampf gegen die Polytheisten (vor Uḥud): 8,59–66.
- Behandlung der Gefangenen nach Badr: 8,67–71.
- Die Gemeinschaft der Muslime in Medina: 8,72–75.

Wichtige Aussagen

Die markantesten Aussagen des Korans, die über die zeitbedingten Umstände, die Gegenstand der Sure sind, hinausgehen, beziehen sich auf das Anliegen Gottes in seinen Rechtsbestimmungen und vor allem auf die Richtlinien, die im Zusammenhang mit der Kriegführung gelten.

1. Gottes Handeln

- Die Rechtsbestimmungen Gottes wollen »die Wahrheit bestätigen und das Falsche nichtig machen« (8,8); Gott will »das Schlechte vom Guten unterscheiden, das Schlechte übereinander tun, es allesamt zusammenhäufen und in die Hölle stellen« (8,37). Sie sind auch eine Frohbotschaft für die Gläubigen, »damit ihre Herzen dadurch Ruhe finden« (8,10).
- Außerdem will Gott die Gläubigen »einer schönen Prüfung unterziehen« (8,18). Unter anderem sind »euer Vermögen und eure Kinder eine Versuchung« (8,28).

- Aber Gott ist treu, »weil Gott niemals seine Gnade, mit der Er ein Volk begnadet hat, ändert, bis sie selbst das ändern, was in ihrem Inneren ist« (8,53).

2. Identität der Gläubigen

Der Koran beschreibt die wahren Gläubigen mit folgenden Worten:

- »Die Gläubigen, das sind diejenigen, deren Herzen sich ängstigen, wenn Gottes gedacht wird, und die, wenn ihnen seine Zeichen verlesen werden, dadurch in ihrem Glauben bestärkt werden und die auf ihren Herrn vertrauen« (8,2).
- Sie verrichten das Gebet und spenden, von dem, was Gott ihnen beschert hat (8,3).

3. Richtlinien zur Kriegführung

- Priorität des Friedens über den Kampf: »Und wenn sie sich dem Frieden zuneigen, dann neige auch du dich ihm zu und vertrau auf Gott« (8,61; vgl. 4,90.94).
- Der Zweck des religiös motivierten Kampfes ist die Verhinderung der Anfechtung der Gläubigen in ihrer Religion: »Und kämpft gegen sie, bis es keine Verführung mehr gibt und bis die Religion gänzlich nur noch Gott gehört« (8,39).
- Einhalten eingegangener Abmachungen: Die schlimmsten sind diejenigen, »mit denen du einen Vertrag geschlossen hast, die aber dann ihren Vertrag jedesmal brechen und nicht gottesfürchtig sind« (8,57). Gleichwohl müssen die Muslime Arglist und Heimtücke meiden. »Und wenn du von bestimmten Leuten Verrat fürchtest, so kündige ihnen (den Vertrag) so eindeutig auf, daß Gleichheit zwischen euch besteht. Gott liebt ja die Verräter nicht« (8,58).
- Die Muslime haben die Pflicht, sich gegenseitig zu unterstützen, sonst »wird es im Land Verführung und großes Unheil geben« (8,73). Auch die Unterstützung der Muslime im nicht-islamischen Gebiet muß geleistet werden, es sei denn, es besteht zwischen ihren Widersachern und der islamischen Gemeinschaft eine Vertragspflicht zur Einhaltung des Friedens (7,72).

8,1–75

8,1–14

Im Namen Gottes, des Erbarmers, des Barmherzigen.
[18½] 1 Sie fragen dich nach der Beute. Sprich: Die
Beute gehört Gott und dem Gesandten. So
fürchtet Gott und stiftet Aussöhnung untereinander, und gehorchet Gott und seinem Gesandten, so
ihr gläubig seid. 2 Die Gläubigen, das sind diejenigen, deren Herzen sich ängstigen, wenn Gottes
gedacht wird, und die, wenn ihnen seine Zeichen
verlesen werden, dadurch in ihrem Glauben
bestärkt werden und die auf ihren Herrn
vertrauen, 3 die das Gebet verrichten und von
dem spenden, was Wir ihnen beschert haben. 4
Das sind die wahren Gläubigen. Bestimmt sind für
sie bei ihrem Herrn Rangstufen und Vergebung
und trefflicher Unterhalt.
5 So wie dein Herr dich aus deinem Haus ausziehen ließ der richtigen Entscheidung gemäß,
während es einem Teil der Gläubigen zuwider war.
6 Sie stritten ja mit dir über das Richtige, nachdem
es deutlich geworden war, als würden sie in den
Tod getrieben, während sie zuschauen. 7 Und als
Gott euch versprach, daß die eine der beiden
Gruppen für euch bestimmt sei, ihr aber
wünschtet, daß diejenige ohne Wehrkraft für euch
bestimmt sei. Jedoch wollte Gott mit seinen Worten die Wahrheit bestätigen und den letzten Rest

بِسْمِ ٱللَّهِ ٱلرَّحْمَـٰنِ ٱلرَّحِيمِ

يَسْـَٔلُونَكَ عَنِ ٱلْأَنفَالِ ۖ قُلِ ٱلْأَنفَالُ لِلَّهِ وَٱلرَّسُولِ ۖ
فَٱتَّقُوا۟ ٱللَّهَ وَأَصْلِحُوا۟ ذَاتَ بَيْنِكُمْ ۖ وَأَطِيعُوا۟ ٱللَّهَ وَرَسُولَهُۥٓ
إِن كُنتُم مُّؤْمِنِينَ ﴿١﴾ إِنَّمَا ٱلْمُؤْمِنُونَ ٱلَّذِينَ إِذَا ذُكِرَ
ٱللَّهُ وَجِلَتْ قُلُوبُهُمْ وَإِذَا تُلِيَتْ عَلَيْهِمْ ءَايَـٰتُهُۥ زَادَتْهُمْ
إِيمَـٰنًا وَعَلَىٰ رَبِّهِمْ يَتَوَكَّلُونَ ﴿٢﴾ ٱلَّذِينَ يُقِيمُونَ ٱلصَّلَوٰةَ
وَمِمَّا رَزَقْنَـٰهُمْ يُنفِقُونَ ﴿٣﴾ أُو۟لَـٰٓئِكَ هُمُ ٱلْمُؤْمِنُونَ حَقًّا ۚ
لَّهُمْ دَرَجَـٰتٌ عِندَ رَبِّهِمْ وَمَغْفِرَةٌ وَرِزْقٌ كَرِيمٌ ﴿٤﴾
كَمَآ أَخْرَجَكَ رَبُّكَ مِنۢ بَيْتِكَ بِٱلْحَقِّ وَإِنَّ فَرِيقًا مِّنَ
ٱلْمُؤْمِنِينَ لَكَـٰرِهُونَ ﴿٥﴾ يُجَـٰدِلُونَكَ فِى ٱلْحَقِّ بَعْدَ
مَا تَبَيَّنَ كَأَنَّمَا يُسَاقُونَ إِلَى ٱلْمَوْتِ وَهُمْ يَنظُرُونَ ﴿٦﴾
وَإِذْ يَعِدُكُمُ ٱللَّهُ إِحْدَى ٱلطَّآئِفَتَيْنِ أَنَّهَا لَكُمْ وَتَوَدُّونَ أَنَّ
غَيْرَ ذَاتِ ٱلشَّوْكَةِ تَكُونُ لَكُمْ وَيُرِيدُ ٱللَّهُ أَن يُحِقَّ ٱلْحَقَّ

der Ungläubigen ausmerzen, 8 um die Wahrheit
zu bestätigen und das Falsche nichtig zu machen,
auch wenn es den Übeltätern zuwider war.
9 Als ihr euren Herrn um Rettung batet, und Er
euch erhörte: »Ich werde euch mit tausend hintereinander reitenden Engeln beistehen.« 10 Und
Gott machte es nur deswegen, damit es eine Frohbotschaft sei und damit eure Herzen dadurch
Ruhe finden. Die Unterstützung kommt ja nur
von Gott. Gott ist mächtig und weise. 11 Als Er
Schläfrigkeit euch überkommen ließ als Sicherheit
von Ihm her und Wasser vom Himmel auf euch
herabsandte, um euch damit rein zu machen und
die Unreinheit des Satans von euch zu entfernen,
und um eure Herzen zu stärken und eure Schritte
damit zu festigen. 12 Als dein Herr den Engeln
eingab: »Ich bin mit euch. Festigt diejenigen, die
glauben. Ich werde den Herzen derer, die ungläubig sind, Schrecken einjagen. So schlagt auf die
Nacken und schlagt auf jeden Finger von ihnen.«
13 Dies dafür, daß sie sich Gott und seinem
Gesandten widersetzten. Und wenn jemand sich
Gott und seinem Gesandten widersetzt, so verhängt Gott eine harte Strafe. 14 Das ist sie, so
kostet sie. Und wißt: Bestimmt ist für die Ungläubigen die Pein des Feuers.

بِكَلِمَٰتِهِۦ وَيَقْطَعَ دَابِرَ ٱلْكَٰفِرِينَ ﴿٧﴾ لِيُحِقَّ ٱلْحَقَّ
وَيُبْطِلَ ٱلْبَٰطِلَ وَلَوْ كَرِهَ ٱلْمُجْرِمُونَ ﴿٨﴾ إِذْ تَسْتَغِيثُونَ
رَبَّكُمْ فَٱسْتَجَابَ لَكُمْ أَنِّى مُمِدُّكُم بِأَلْفٍ مِّنَ ٱلْمَلَٰٓئِكَةِ
مُرْدِفِينَ ﴿٩﴾ وَمَا جَعَلَهُ ٱللَّهُ إِلَّا بُشْرَىٰ وَلِتَطْمَئِنَّ بِهِۦ
قُلُوبُكُمْ ۚ وَمَا ٱلنَّصْرُ إِلَّا مِنْ عِندِ ٱللَّهِ ۚ إِنَّ ٱللَّهَ عَزِيزٌ
حَكِيمٌ ﴿١٠﴾ إِذْ يُغَشِّيكُمُ ٱلنُّعَاسَ أَمَنَةً مِّنْهُ وَيُنَزِّلُ عَلَيْكُم
مِّنَ ٱلسَّمَآءِ مَآءً لِّيُطَهِّرَكُم بِهِۦ وَيُذْهِبَ عَنكُمْ رِجْزَ
ٱلشَّيْطَٰنِ وَلِيَرْبِطَ عَلَىٰ قُلُوبِكُمْ وَيُثَبِّتَ بِهِ ٱلْأَقْدَامَ ﴿١١﴾
إِذْ يُوحِى رَبُّكَ إِلَى ٱلْمَلَٰٓئِكَةِ أَنِّى مَعَكُمْ فَثَبِّتُوا۟ ٱلَّذِينَ
ءَامَنُوا۟ ۚ سَأُلْقِى فِى قُلُوبِ ٱلَّذِينَ كَفَرُوا۟ ٱلرُّعْبَ فَٱضْرِبُوا۟
فَوْقَ ٱلْأَعْنَاقِ وَٱضْرِبُوا۟ مِنْهُمْ كُلَّ بَنَانٍ ﴿١٢﴾ ذَٰلِكَ بِأَنَّهُمْ
شَآقُّوا۟ ٱللَّهَ وَرَسُولَهُۥ ۚ وَمَن يُشَاقِقِ ٱللَّهَ وَرَسُولَهُۥ فَإِنَّ ٱللَّهَ
شَدِيدُ ٱلْعِقَابِ ﴿١٣﴾ ذَٰلِكُمْ فَذُوقُوهُ وَأَنَّ لِلْكَٰفِرِينَ
عَذَابَ ٱلنَّارِ ﴿١٤﴾

Varianten: 8,1–14

8,1: ʿani l-anfāli: ʿallanfāli (nach Ibn Muḥayṣin); al-anfāla: (sie bitten dich) um die Beute (bei Ibn Masʿūd, Ubayy, Ṭalḥa, ʿIkrima, ʿAṭāʾ ibn Rabāḥ, Djaʿfar al-Ṣādiq).
baynikum: hinzugefügt: fīmā tashādjartum bihī: in dem, worüber ihr miteinander gestritten habt (nach Gefährten von Ibn Masʿūd).
8,2: wadjilat: wadjalat (laut Zamakhsharī II, S. 196); fariqat (bei Ibn Masʿūd; Ubayy); faziʿat (bei Ubayy).
8,6: tabayyana: buyyina: deutlich gemacht worden ist (bei Ibn Masʿūd).
8,7: bikalimātihī: bikalimatihī: mit seinem Wort (laut Zamakhsharī II, S. 200).
8,9: annī: innī (nach Abū ʿAmr).
bi alfin: bi ālāfin: mit Tausenden von (bei Djaʿfar al-Ṣādiq; nach al-Suddī).
murdifīna: murdafīna: hintereinander geschickten (nach Nāfiʿ); muriddifīna, muruddifīna (laut Zamakhsharī II, S. 201).
8,11: yughashshīkumu l-nuʿāsa: yughshīkumu l-nuʿāsa (nach Nāfiʿ); yaghshākumu l-nuʿāsu: Schläfrigkeit euch überkam (bei Mudjāhid; nach Ibn Kathīr, Abū ʿAmr).
amanatan: amnatan (laut Zamakhsharī II, S. 203).
yunazzilu: yunzilu (laut Zamakhsharī II, S. 203).
maʾan: mā: etwas (vom Himmel auf euch herabsandte) (nach al-Shaʿbī).
ridjza: ridjsa (laut Zamakhsharī II, S. 203).
8,12: annī: innī (laut Zamakhsharī II, S. 204).
al-ruʿba: al-ruʿuba (nach Ibn ʿĀmir, Kisāʾī).
8,14: dhālikum: hādhā (bei Ibn Masʿūd).

Kommentar

Im Namen Gottes, des Erbarmers, des Barmherzigen: Zu dieser einführenden Formel siehe die Angaben im Band 1 dieses Koran-Kommentars, Gütersloh 1990, S. 84 (es geht da um die Frage, ob dieser Satz als Koranvers zu betrachten ist oder nicht); S. 147–150 (Kommentar zum Inhalt des Satzes); → 1,1.

8,1(1): **Sie fragen dich nach der Beute:** Nach der Überlieferung haben sich nicht alle Muslime in gleicher Weise am Kampfgeschehen bei Badr beteiligt. Während die einen, vor allem die älteren, sich in den hinteren Reihen als Nachhut aufhielten und andere als Kundschafter vorausgingen, hatten sich andere in den Kampf gestürzt. Einige der jungen Kämpfer hatten sich außerdem durch ihren Eifer und Erfolg besonders hervorgetan. Nach dem Sieg und dem Erzielen einer reichen Beute entstand die Frage, wie diese zu verteilen sei und ob einige aufgrund ihres Einsatzes einen größeren Anteil davon erhalten sollen. Da brach Streit unter den Beteiligten aus (der Vers sagt ja ein wenig weiter: »... und stiftet Aussöhnung untereinander«). Daher die Frage an den Propheten.

Das Wort *anfāl* bedeutet das, was den Kämpfern über den Sieg gegen die Feinde hinaus zufällt. Allgemein wird dies mit Beute wiedergegeben. Einige muslimische Kommentatoren unterstreichen, daß das Wort eben das Zusätzliche bedeutet, und meinen, es gehe hier um das, was den Muslimen ohne Kampf zusätzlich zufiel, oder das, was einigen tapferen Kriegern als zusätzliche Belohnung für ihren Einsatz versprochen wurde.

Sprich: Die Beute gehört Gott und dem Gesandten: Das Urteil über die Verteilung der Beute steht in der Zuständigkeit Gottes und seines Gesandten. Einige Kommentatoren (Mudjāhid, ʿIkrima, al-Suddī) wollen, daß dieser Vers durch die neue Regelung in 8,41, die nur ein Fünftel der erzielten Beute Gott und dem Gesandten, sowie den Verwandten, den Bedürftigen und den Reisenden vorbehält, aufgehoben wurde. Aber man kann auch an eine Präzisierung des Verses 8,1 durch 8,41, nicht unbedingt an seine Aufhebung denken[1].

So fürchtet Gott: → 2,41.

und stiftet Aussöhnung untereinander: auch in 49,9.10; → 2,11.

und gehorchet Gott und seinem Gesandten: → 3,32.

so ihr gläubig seid: → 2,91.

1. Vgl. Rāzī VIII, 15, S. 120; Manār IX, S. 587.

8,2(2): **Die Gläubigen, das sind diejenigen, deren Herzen sich ängstigen, wenn Gottes gedacht wird:** auch in 22,35.

Diese Haltung der Gläubigen, wenn Gott erwähnt wird, ob nun im Gebet oder sonst in einer anderen Form (*Gottes gedacht wird:* → 2,173; → 6,118), findet sich auch an anderer Stelle im Koran: 23,2 (im Gebet demütig); 23,57 (die aus Furcht vor ihrem Herrn erschrecken); 23,60 (während ihre Herzen sich ängstigen); 39,23 (ein Buch ..., vor dem die Haut derer, die ihren Herrn fürchten, erschauert). Aber das Gedenken Gottes bringt auch den Gläubigen die Sicherheit des Glaubens und die Hoffnung auf die Belohnung Gottes. Der zuletzt zitierte Vers fährt ja fort: »Dann werden ihre Haut und ihr Herz weich und neigen sich dem Gedenken Gottes zu«), vgl. auch 13,28 (Diejenigen, die glauben und deren Herzen im Gedenken Gottes Ruhe finden – ja, im Gedenken Gottes finden die Herzen Ruhe«).

und die, wenn ihnen seine Zeichen verlesen werden, dadurch in ihrem Glauben bestärkt werden: wörtlich: an Glauben zunehmen; siehe auch 9,124; 33,22; – 48,4; 74,31.

Der Glaube kann zunehmen, entweder weil die Beweise der Gotteserkenntnis zahlreich sind und eine starke Wirkung entfalten, so daß die Zweifel schwinden und die Gewißheit des Glaubens fester wird, – oder weil die Gläubigen bei jedem Vers, der ihnen verlesen wird, ihre Zustimmung wiederholen und bekräftigen. Eine weitere mögliche Deutung, die Rāzī anbietet, denkt an die unüberschaubare Zahl der Spuren der Allmacht und der Weisheit Gottes in seiner Schöpfung, so daß der Gläubige einen nie endenden Weg in die Erkenntnis Gottes und in den Glauben an ihn zurücklegen kann[2]. Einige Kommentatoren denken hier eher an die Zunahme des gläubigen Gehorsams in der Erfüllung der Pflichten[3].

und auf ihren Herrn vertrauen: → 3,122.

8,3(3): **die das Gebet verrichten und von dem spenden, was Wir ihnen beschert haben:** → 2,3.

8,4(4). **Das sind die wahren Gläubigen:** auch in 8,74[4].

Bestimmt sind für sie bei ihrem Herrn Rangstufen: → 3,163.

2. Vgl. Rāzī VIII, 15, S. 123.
3. Zum Ganzen siehe Zamakhsharī II, S. 196; Rāzī VIII, 15, S. 123–124; Manār IX, S. 590–592.
4. Eine schwache Alternative will das Wort *ḥaqqan* mit dem nächsten Satz verbinden; vgl. Rāzī VIII, 15, S. 125.

und Vergebung und trefflicher Unterhalt: im Paradies. Siehe auch 8,74; 22,50; 24,26; 34,4; vgl. 37,40–43; – ähnlich → 2,221. Vergebung: → 2,175; trefflicher Unterhalt: auch 33,31; Unterhalt: → 2,60.

8,5(5). **So wie dein Herr:** zur Ausdrucksweise → 2,151. Der Vergleich gilt zwischen der Situation der Gläubigen, die sich dem Urteil Gottes über die Beute, obwohl es ihnen zuwider war, unterworfen haben, und der hier beschriebenen Situation: Der Prophet zieht aus gegen die Feinde, obwohl dies einem Teil der Gläubigen zuwider ist. Eine andere Deutung verbindet den Satz mit dem Urteil über die wahren Gläubigen: Wie dieses Urteil wahr ist, so ist die Entscheidung Gottes über das Ausrücken des Propheten wahr und richtig. Kisāʾī will den Satz mit dem nachfolgenden Vers (8,6) verbinden: Du bist ausgerückt, obwohl es den Gläubigen zuwider war, so war der Kampf ihnen zuwider und deswegen stritten sie mit dir darüber[5].

dich aus deinem Haus ausziehen ließ der richtigen Entscheidung gemäß, während es einem Teil der Gläubigen zuwider war: aus deinem Haus in Medina, oder aus Medina, in dem du ja wohnst.

Nachdem die Muslime erfahren hatten, daß eine mekkanische Karawane mit leichter Begleitung (vierzig Reiter) unterwegs war, daß aber auch eine starke Truppe von Mekka ausgerückt war, um die Karawane zu schützen, stritten sie mit dem Propheten über die richtige Verhaltensweise in dieser Lage. Die Muslime begehrten die leichte Beute, während Muḥammad – auf Geheiß Gottes – gegen die mekkanische Truppe vorgehen wollte, denn es ging ihm, wie 8,7 deutlich macht, darum, »den letzten Rest der Ungläubigen auszumerzen«.

8,6(6): **Sie stritten ja mit dir über das Richtige, nachdem es deutlich geworden war, als würden sie in den Tod getrieben, während sie zuschauen:** Sie stritten mit Muḥammad, auch nachdem ihnen mitgeteilt wurde, daß Gott ihnen den Sieg versprochen hat (8,7). Doch sie hatten Angst vor den übermächtigen Mekkanern, denn ihre Truppe zählte nach den Angaben der islamischen Überlieferung etwa tausend Mann und hundert Reiter und besaß viele Waffen, während die Muslime ein wenig mehr als dreihundert waren, fast ohne Reiter (→ 3,123). So meinten sie, der Kampf gegen die Truppe der Widersacher wäre der sichere Tod, den man erleiden muß, ohne etwas dagegen unternehmen zu können (während man einfach nur zuschaut).

8,7(7): **Und als Gott euch versprach:** Verkürzter Zeitsatz: → 2,30.

5. Vgl. Zamakhsharī II, S. 197; Rāzī VIII, 15, S. 129–130; Manār IX, S. 597.

daß die eine der beiden Gruppen für euch bestimmt ist: entweder die schwach geschützte Karawane oder die Schutztruppe der Mekkaner.

ihr aber wünschtet, daß diejenigen ohne Wehrkraft für euch bestimmt sei: Das ist die Karawane.

Jedoch wollte Gott mit seinen Worten die Wahrheit bestätigen: d. h. die richtige Entscheidung und die Wahrheit seines Versprechens in bezug auf den Sieg gegen die herausrückende Truppe der Mekkaner. Zum Ausdruck siehe auch 10,82; 42,24; – 8,8.

und den letzten Rest der Ungläubigen ausmerzen: Die Niederlage der Mekkaner sollte die Ungläubigen endgültig schwächen und ihre Kraft völlig brechen. → 6,45; → 3,127.

8,8(8): **um die Wahrheit zu bestätigen:** Hier geht es nicht mehr um die Bestätigung der Entscheidung, gegen die mekkanischen Truppe auszurücken, sondern um die Bestätigung der Wahrheit des Korans, des Islam und seiner Rechtsordnung[6].

und das Falsche nichtig zu machen: Gemeint ist hier der Polytheismus. Zum gesamten Vers siehe auch 42,24.

auch wenn es den Übeltätern zuwider ist: auch in 10,82.

8,9(9): **Als ihr euren Herrn um Rettung batet:** Entweder geht es hier im Anschluß an 8,8 weiter, oder es ist ein verkürzter Zeitsatz: → 2,30.

Die Tradition überliefert die Bitte Muḥammads: »O mein Gott, erfülle, was du mir versprochen hast. O Mein Gott, wenn diese Gruppe (der Muslime) zugrunde geht, wird dir gewiß niemand mehr auf der Erde dienen[7].« Aber dieses Gebet steht stellvertretend für die Bitte aller anderen Beteiligten unter den Muslimen.

und Er euch erhörte: »Ich werde euch mit tausend hintereinander reitenden Engeln beistehen: Parallel zu diesem Vers stehen die Verse → 3,123–126: Dort ist von drei tausend (3,124) und von fünf tausend Engeln (3,125) die Rede.

6. Vgl. Zamakhsharī II, S. 200; Rāzī VIII, 15, S. 132; Manār IX, S. 601.
7. Vgl. Zamakhsharī II, S. 200; Rāzī VIII, 15, S. 134; Ibn Kathīr II, S. 277; Manār IX, S. 602.

Die Autoren sind sich nicht einig, ob die Engel tatsächlich in den Kampf eingegriffen haben oder nur durch ihr Erscheinen zum Sieg der Muslime beigetragen haben[8].

8,10(10): **Und Gott machte es nur deswegen, damit es eine Frohbotschaft sei und damit eure Herzen dadurch Ruhe finden. Die Unterstützung kommt ja nur von Gott. Gott ist mächtig und weise:** → 3,126.

8,11(11): **Als Er Schläfrigkeit euch überkommen ließ als Sicherheit von Ihm her:** Die islamische Überlieferung schildert, daß die Gegner vor dem Zusammentreffen mit den Muslimen die sehr wichtigen Wasserstellen vor den Muslimen erreicht hatten. Da hatten die Muslime Angst bekommen. Der Schlaf, der sie dann überkommen hat, wird hier als Mittel verstanden, das Gott benutzt hat, um ihnen Sicherheit und Ruhe zu schenken.

und Wasser vom Himmel auf euch herabsandte, um euch damit rein zu machen: Der herabkommende Regen diente dazu, den Durst der Muslime zu stillen und sie zur Vorbereitung auf die Verrichtung des rituellen Gebets zu reinigen.

und die Unreinheit des Satans von euch zu entfernen: Es geht entweder um die sexuelle Verunreinigung, die Schlafende überfällt, oder die Angst, die der Satan ihnen angesichts des Vorteils der Gegner in Bezug auf die Wasserstelle einflößte, oder endlich um die Aufstachelung des Satans, die die Menschen zum Ungehorsam gegen den Willen Gottes und seine Gebote hinführen will.

Zum Ausdruck siehe auch 33,33; – 74,5 (hier *rudjz* statt *ridjz*); → 6,125; → 7,134.

und um eure Herzen zu stärken und eure Schritte damit zu festigen: zum letzten Halbsatz → 2,250. Die Stärkung der Herzen durch die Gewißheit über die Unterstützung Gottes bringt die Festigung der Schritte der Gläubigen mit sich. Oder es geht um konkrete Umstände, von denen die Überlieferung spricht: Der Regen hätte die Stelle der Widersacher zu weichem, unbegehbarem Lehm verwandelt, während der Sand an der Stelle, wo die Muslime standen, nun fester wurde.

8,12(12): **Als dein Herr den Engeln eingab: »Ich bin mit euch:** und werde euch bei der Erfüllung ihrer Aufgabe unterstützen.

Festigt diejenigen, die glauben: → 2,250.

8. Vgl. Zamakhsharī II, S. 201; Rāzī VIII, 15, S. 134–135.

Ich werde den Herzen derer, die ungläubig sind, Schrecken einjagen: → 3,151; 5,92.

So schlagt auf die Nacken: Der Befehl gilt hier den muslimischen Kämpfern.

Der arabische Ausdruck: *fauqa l-aʻnāqi* bedeutet einfach auf die Nacken (wie in 47,4) oder über die Nacken, d. h. auf die Köpfe.

und schlagt auf jeden Finger von ihnen«: mit denen sie Schwerter, Speere und jede andere Waffe fassen.

8,13(13): **Dies dafür, daß sie sich Gott und seinem Gesandten widersetzten:** Sie wollten an die Botschaft Gottes und seines Propheten nicht glauben und den Geboten Gottes nicht gehorchen.

Und wenn jemand sich Gott und seinem Gesandten widersetzt: → 4,115.

so verhängt Gott eine harte Strafe: → 2,196.

8,14(14): **Das ist sie:** die Strafe, die des Diesseits: Tod im Kampf und Gefangenschaft.

so kostet sie: → 3,106. Zum ganzen Satz siehe 8,50–51; 22,9–10.

Und wißt: Der Ausdruck *Das ist sie ... und* findet sich auch in → 3,182; 8,18.50; 22,10.

Bestimmt ist für die Ungläubigen die Pein des Feuers: Das ist die Strafe des Jenseits. → 2,126.

15 O ihr, die ihr glaubt, wenn ihr auf die, die
ungläubig sind, trefft, während sie zur Schlacht
anrücken, dann kehret ihnen nicht den Rücken. 16
Wer ihnen an jenem Tag den Rücken kehrt – es
sei denn, er setzt sich ab zum Kampf, oder er stößt
zu einer anderen Schar –, zieht sich den Zorn Gottes zu. Seine Heimstätte ist die Hölle – welch
schlimmes Ende! 17 Nicht ihr habt sie getötet,
sondern Gott hat sie getötet. Und nicht du hast
geworfen, als du geworfen hast, sondern Gott hat
geworfen. Und Er wollte die Gläubigen einer
schönen Prüfung unterziehen. Gott hört und weiß
alles. 18 Das ist es. Und so wollte Gott die List der
Ungläubigen wirkungslos machen. 19 Wenn ihr
einen Richterspruch verlangt, so ist der Richterspruch zu euch gekommen. Und wenn ihr aufhört,
so ist es besser für euch. Und wenn ihr (dazu)
zurückkehrt, kehren Wir auch zurück. Und eure
Schar wird nichts von euch abwenden können,
auch wenn sie zahlreich sein sollte. Und siehe,
Gott ist mit den Gläubigen.
20 O ihr, die ihr glaubt, gehorchet Gott und seinem Gesandten und kehrt euch nicht von ihm ab,
wo ihr doch hört. 21 Und seid nicht wie diejenigen, die sagen: »Wir hören«, wo sie doch nicht
[18¾] hören. *22 Die schlimmsten Tiere bei Gott sind

يَٰٓأَيُّهَا ٱلَّذِينَ ءَامَنُوٓاْ إِذَا لَقِيتُمُ ٱلَّذِينَ
كَفَرُواْ زَحۡفٗا فَلَا تُوَلُّوهُمُ ٱلۡأَدۡبَارَ ﴿١٥﴾ وَمَن يُوَلِّهِمۡ يَوۡمَئِذٖ
دُبُرَهُۥٓ إِلَّا مُتَحَرِّفٗا لِّقِتَالٍ أَوۡ مُتَحَيِّزًا إِلَىٰ فِئَةٖ فَقَدۡ بَآءَ
بِغَضَبٖ مِّنَ ٱللَّهِ وَمَأۡوَىٰهُ جَهَنَّمُۖ وَبِئۡسَ ٱلۡمَصِيرُ ﴿١٦﴾
فَلَمۡ تَقۡتُلُوهُمۡ وَلَٰكِنَّ ٱللَّهَ قَتَلَهُمۡۚ وَمَا رَمَيۡتَ إِذۡ رَمَيۡتَ
وَلَٰكِنَّ ٱللَّهَ رَمَىٰۚ وَلِيُبۡلِيَ ٱلۡمُؤۡمِنِينَ مِنۡهُ بَلَآءً حَسَنًاۚ إِنَّ
ٱللَّهَ سَمِيعٌ عَلِيمٞ ﴿١٧﴾ ذَٰلِكُمۡ وَأَنَّ ٱللَّهَ مُوهِنُ كَيۡدِ
ٱلۡكَٰفِرِينَ ﴿١٨﴾ إِن تَسۡتَفۡتِحُواْ فَقَدۡ جَآءَكُمُ ٱلۡفَتۡحُۖ وَإِن
تَنتَهُواْ فَهُوَ خَيۡرٞ لَّكُمۡۚ وَإِن تَعُودُواْ نَعُدۡ وَلَن تُغۡنِيَ عَنكُمۡ
فِئَتُكُمۡ شَيۡـٔٗا وَلَوۡ كَثُرَتۡۚ وَأَنَّ ٱللَّهَ مَعَ ٱلۡمُؤۡمِنِينَ ﴿١٩﴾
يَٰٓأَيُّهَا ٱلَّذِينَ ءَامَنُوٓاْ أَطِيعُواْ ٱللَّهَ وَرَسُولَهُۥ وَلَا تَوَلَّوۡاْ عَنۡهُ
وَأَنتُمۡ تَسۡمَعُونَ ﴿٢٠﴾ وَلَا تَكُونُواْ كَٱلَّذِينَ قَالُواْ سَمِعۡنَا
وَهُمۡ لَا يَسۡمَعُونَ ﴿٢١﴾ ۞ إِنَّ شَرَّ ٱلدَّوَآبِّ عِندَ ٱللَّهِ

die tauben und stummen, die keinen Verstand haben. 23 Hätte Gott bei ihnen etwas Gutes festgestellt, hätte Er sie hören lassen. Und wenn Er sie hätte hören lassen, so hätten sie sich (dennoch) abgekehrt und abgewandt. 24 O ihr, die ihr glaubt, erhört Gott und den Gesandten, wenn er euch zu dem aufruft, was euch Leben gibt. Und wißt, daß Gott zwischen dem Menschen und seinem Herzen trennt, und daß ihr zu Ihm versammelt werdet. 25 Und hütet euch vor einer Versuchung, die gewiß nicht ausschließlich diejenigen von euch treffen wird, die Unrecht tun. Und wißt, Gott verhängt eine harte Strafe. 26 Und gedenket, als ihr (nur) wenige auf der Erde waret und als Schwache behandelt wurdet und fürchtetet, daß euch die Menschen hinwegraffen würden. Da hat Er euch untergebracht und euch mit seiner Unterstützung gestärkt und euch (einiges) von den köstlichen Dingen beschert, auf daß ihr dankbar seid.

27 O ihr, die ihr glaubt, seid nicht treulos gegenüber Gott und dem Gesandten, und seid nicht treulos in bezug auf die euch anvertrauten Dinge, wo ihr es wißt. 28 Und wißt, daß euer Vermögen und eure Kinder eine Versuchung sind und daß Gott einen großartigen Lohn bereithält. 29 O ihr, die ihr glaubt, wenn ihr Gott fürchtet, bestellt Er euch eine Unterscheidungsnorm, sühnt euch eure Missetaten und vergibt euch. Und Gott besitzt große Huld.

ٱلصُّمُّ ٱلْبُكْمُ ٱلَّذِينَ لَا يَعْقِلُونَ ﴿٢٢﴾ وَلَوْ عَلِمَ ٱللَّهُ فِيهِمْ
خَيْرًا لَّأَسْمَعَهُمْ ۖ وَلَوْ أَسْمَعَهُمْ لَتَوَلَّوا۟ وَّهُم مُّعْرِضُونَ ﴿٢٣﴾
يَٰٓأَيُّهَا ٱلَّذِينَ ءَامَنُوا۟ ٱسْتَجِيبُوا۟ لِلَّهِ وَلِلرَّسُولِ إِذَا دَعَاكُمْ لِمَا
يُحْيِيكُمْ ۖ وَٱعْلَمُوٓا۟ أَنَّ ٱللَّهَ يَحُولُ بَيْنَ ٱلْمَرْءِ وَقَلْبِهِۦ وَأَنَّهُۥٓ
إِلَيْهِ تُحْشَرُونَ ﴿٢٤﴾ وَٱتَّقُوا۟ فِتْنَةً لَّا تُصِيبَنَّ ٱلَّذِينَ ظَلَمُوا۟
مِنكُمْ خَآصَّةً ۖ وَٱعْلَمُوٓا۟ أَنَّ ٱللَّهَ شَدِيدُ ٱلْعِقَابِ ﴿٢٥﴾
وَٱذْكُرُوٓا۟ إِذْ أَنتُمْ قَلِيلٌ مُّسْتَضْعَفُونَ فِى ٱلْأَرْضِ تَخَافُونَ
أَن يَتَخَطَّفَكُمُ ٱلنَّاسُ فَـَٔاوَىٰكُمْ وَأَيَّدَكُم بِنَصْرِهِۦ وَرَزَقَكُم
مِّنَ ٱلطَّيِّبَٰتِ لَعَلَّكُمْ تَشْكُرُونَ ﴿٢٦﴾ يَٰٓأَيُّهَا ٱلَّذِينَ
ءَامَنُوا۟ لَا تَخُونُوا۟ ٱللَّهَ وَٱلرَّسُولَ وَتَخُونُوٓا۟ أَمَٰنَٰتِكُمْ وَأَنتُمْ
تَعْلَمُونَ ﴿٢٧﴾ وَٱعْلَمُوٓا۟ أَنَّمَآ أَمْوَٰلُكُمْ وَأَوْلَٰدُكُمْ فِتْنَةٌ
وَأَنَّ ٱللَّهَ عِندَهُۥٓ أَجْرٌ عَظِيمٌ ﴿٢٨﴾ يَٰٓأَيُّهَا ٱلَّذِينَ ءَامَنُوٓا۟
إِن تَتَّقُوا۟ ٱللَّهَ يَجْعَل لَّكُمْ فُرْقَانًا وَيُكَفِّرْ عَنكُمْ سَيِّـَٔاتِكُمْ
وَيَغْفِرْ لَكُمْ ۗ وَٱللَّهُ ذُو ٱلْفَضْلِ ٱلْعَظِيمِ ﴿٢٩﴾

Varianten: 8,15–29

8,16: duburahū: dubrahū (nach Ḥasan al-Baṣrī).
8,17: walākinna llāha (zweimal): walākini llāhu (nach Ḥamza, Kisā'ī, Ibn 'Āmir).
8,18: mūhinu kaydi: mūhinun kayda (nach den Rezitatoren außer Ḥafṣ); muwahhinun kayda (nach Nāfi', Ibn Kathīr, Abū 'Amr).
8,19: walan tughniya: walan yughnia (laut Zamakhsharī II, S. 208).
'ankum fi'atukum: 'anhum fi'atuhum: und ihre Schar wird nichts von ihnen ... (bei Ibn 'Abbās).
wa anna llāha ma'a: wa llāhu ma'a (bei Ibn Mas'ūd, al-Rabī' ibn Khuthaym); inna llāha lama'a (bei Ibn Mas'ūd nach einigen Gewährsmännern; nach den Rezitatoren außer Nāfi', Ibn 'Āmir, Ḥafṣ in der Tradition von 'Āṣim).
8,20: walā tawallau: walā ttawallau (nach al-Bazzī).
8,24: bayna l-mar'i: bayna l-marri (laut Zamakhsharī II, S. 211).
8,25: lā tuṣībanna: latuṣībanna: die gewiß (... besonders diejenigen von euch) treffen wird (bei Ibn Mas'ūd, Ubayy, 'Alī); an tuṣība: daß sie ... trifft (bei Ibn Mas'ūd nach einigen Gewährsmännern).
8,27: das 2. takhūnū: lā takhūnū (bei Ibn Mas'ūd).
amānātikum: amānatakum: auf das euch Anvertraute (bei 'Ikrima, Mudjāhid; nach Yaḥyā ibn Waththāb).

Kommentar

8,15(15): **O ihr, die glaubt, wenn ihr auf die, die ungläubig sind, trefft, während sie zur Schlacht anrücken, dann kehret ihnen nicht den Rücken:** Eine andere mögliche Deutung führt zu folgender Übersetzung: während ihr zur Schlacht anrückt.

Unter den muslimischen Kommentatoren beziehen einige die Verse 8,15–16 auf das Geschehen in Badr und den Sieg der Muslime, während andere hier vor allem allgemeine Hinweise für die Führung des Kampfes gegen die Feinde sehen.

8,16(16): **Wer ihnen an jenem Tag den Rücken kehrt – es sei denn, er setzt sich ab zum Kampf, oder er stößt zu einer anderen Schar:** Hier geht es um ein taktisches Zurückweichen, um besser wieder in den Kampf einzusteigen, oder um sich einer anderen Schar der eigenen Truppen anzuschließen und sie damit zu stärken.

zieht sich den Zorn Gottes zu. Seine Heimstätte ist die Hölle: fast wörtlich in → 3,162; siehe auch → 2,61. *Seine Heimstätte ist die Hölle:* → 3,151.

welch schlimmes Ende!: → 2,126.

8,17(17): **Nicht ihr habt sie getötet, sondern Gott hat sie getötet:** Hier geht es wieder um den Sieg der Muslime zu Badr. Der Koran macht deutlich, daß die Muslime diesen Sieg nicht ihren eigenen Leistungen zu verdanken haben, sondern dem Wirken Gottes.

Die Ash'ariten berufen sich auf diesen Vers, um ihre Lehre von der unmittelbaren Wirkung Gottes beim Zustandekommen menschlicher Taten zu bekräftigen[1].

Und nicht du hast geworfen, als du geworfen hast, sondern Gott hat geworfen: Die islamische Überlieferung berichtet, daß Muḥammad bei der Schlacht zu Badr eine Handvoll Staub und Kies gegen die Mekkaner geworfen hat (wohl als Geste des Fluches). Daraufhin waren diese mit ihren getroffenen Augen und Naslöchern so beschäftigt, daß sie eine Niederlage erlitten.

Es gibt aber andere Berichte, die nicht mit Badr zusammenhängen. Beim Kampf in Khaybar habe Muḥammad einen Pfeil geschossen, der einen Feind traf;

1. Vgl. Rāzī VIII, 15, S. 144.

oder bei der Schlacht bei Uḥud habe Muḥammad einen Feind mit einer Lanze so schwer verletzt, daß dieser ein wenig später starb[2].

Und Er wollte die Gläubigen einer schönen Prüfung unterziehen: Die gesamte Kampfsituation war für die Muslime eine Prüfung, aber Gott wollte daraus eine »schöne Prüfung« machen, d. h. durch sie den Muslimen Unterstützung und Sieg, diesseitige Beute und jenseitige Belohnung zukommen lassen.

Gott hört und weiß alles: → 2,127.181.

8,18(18): **Das ist es. Und so wollte Gott die List der Ungläubigen wirkungslos machen:** Die bösen Absichten der Gegner der Muslime wurden von Gott vereitelt, und zwar dadurch, daß er die Muslime die Schwachstellen der Gegner erkennen ließ, oder daß er den Herzen der Feinde Angst einjagte, oder daß er in ihren Reihen Zwist und Uneinigkeit oder gar Verzagtheit aufkommen ließ[3].

Zum Ausdruck: *Das ist es. Und so:* → 8,14. List: → 3,120.

8,19(19). **Wenn ihr einen Richterspruch verlangt, so ist der Richterspruch zu euch gekommen:** siehe auch → 7,89. Oder: Wenn ihr Unterstützung und Erfolg ...

Die Mehrheit der muslimischen Kommentatoren sieht in den Ungläubigen die Adressaten dieses Verses. Die Mekkaner hätten den höchsten Gott der Kaʿba gebeten, er möge doch durch seine Unterstützung zeigen, wer von beiden Parteien, den Mekkanern und den Muslimen, im Recht ist und der richtigen Religion folgt. Der Vers antwortet nun: Wenn ihr einen Richterspruch sucht, so ist dieser Spruch durch den Sieg der Muslime über euch deutlich geworden. Oder: Wenn ihr Unterstützung und Erfolg für die Gruppe, die sich im Recht befindet, sucht, dann hat der Erfolg der Muslime gezeigt, wer im Recht ist.

Andere Kommentatoren meinen, der Vers wende sich an die Muslime: Wenn ihr einen Richterspruch bzw. einen Erfolg verlangt, so ist dieser eingetreten, wie es Gott euch versprochen hat[4].

Und wenn ihr aufhört, so ist es besser für euch: auch 8,38; → 2,192.

Wenn ihr, die Ungläubigen, damit aufhört, den Propheten Muḥammad zu bekämpfen und ihm Feindschaft zu zeigen, ist es besser für euch, denn dies

2. Vgl. Zamakhsharī II, S. 207; Rāzī VIII, 15, S. 144–145; Ibn Kathīr II, S. 283; Manār IX, S. 620–621.

3. Vgl. Rāzī VIII, 15, S. 146.

4. Vgl. Zamakhsharī II, S. 208; Rāzī VIII, 15, S. 146–147; Ibn Kathīr II, S. 284; Manār IX, S. 624.

würde euch vor der jenseitigen Pein und der diesseitigen Strafe (Sterben, Gefangenschaft und Plünderung) retten.

Oder in der Deutung der Minderheit: Wenn ihr, die Muslime, damit aufhört, euch über die Verteilung der Beute zu streiten ...

Und wenn ihr (dazu) zurückkehrt, kehren Wir (auch) zurück: und werden die Muslime gegen euch unterstützen und ihnen den Sieg verleihen.

Und eure Schar wird nichts von euch abwenden können, auch wenn sie zahlreich sein sollte. Und siehe, Gott ist mit den Gläubigen: Dies habe sich doch in Badr gezeigt, als die Mekkaner trotz ihrer großen Zahl geschlagen wurden.

8,20(20): **O ihr, die ihr glaubt, gehorchet Gott und seinem Gesandten, und kehrt euch nicht von ihm ab, wo ihr doch hört:** ähnlich in → 3,32.

wo ihr doch hört: seinen Aufruf zum Einsatz für die Sache des Islam, oder seinen Aufruf zur Standhaftigkeit und Opferbereitschaft im Kampf, oder endlich seinen Aufruf, Beute zu machen aber auch die Entscheidung über die Verteilung dieser Beute Gott und dem Propheten zu überlassen[5].

8,21(21): **Und seid nicht wie diejenigen, die sagen: »Wir hören«, wo sie doch nicht hören:** Die leere Behauptung ist noch keine echte Bestätigung der inneren Überzeugung und der Bejahung des Aufrufs des Propheten.

8,22(22). **Die schlimmsten Tiere bei Gott sind die tauben und stummen, die keinen Verstand haben:** siehe auch → 2,18.171. Tiere werden sie genannt, weil sie ohne Verstand sind und keinen Nutzen von dem ziehen, was man zu ihnen sagt und was sie selbst äußern. Oder mit dem Wort *dawābb* sind die gemeint, die sich auf der Erde bewegen, also auch die Menschen[6].

8,23(23): **Hätte Gott bei ihnen etwas Gutes festgestellt, hätte Er sie hören lassen. Und wenn Er sie hätte hören lassen, so hätten sie sich (dennoch) abgekehrt und abgewandt:** Die fehlende Bereitschaft, auf das Wort Gottes zu hören, verhindert, daß Gott sie seine Worte vernehmen läßt. Es würde auch nicht weiter-

5. Vgl. Rāzī VIII, 15, S. 148.
6. Vgl. Zamakhsharī II, S. 209.

helfen, wenn er dies täte, denn sie würden keinen Nutzen davon haben, sie würden nicht hören wollen, sie würden sich seinen Worten verschließen und sich abwenden.

8,24(24): **O ihr, die ihr glaubt, erhört Gott und den Gesandten, wenn er euch zu dem aufruft, was euch Leben gibt:** *wenn er:* d. h. der Gesandte. Damit ist gesagt, daß derjenige, der dem Gesandten gehorcht, auch Gott selbst gehorcht.

Die Kommentatoren sind sich nich ganz einig, worum es beim Aufruf des Gesandten geht. Die Mehrheit denkt an den Kampfeinsatz für den Islam, denn er schwächt die Feinde und stärkt somit die Muslime, oder er führt einige Muslime zum Martyrium, und solche Märtyrer werden im Koran als »lebendig bei ihrem Herrn« bezeichnet (→ 3,169; vgl. auch → 2,154). Oder der Kampf führt zur jenseitigen Stätte, die ja »wahrlich das (eigentliche) Leben« ist (29,64).

Andere, wie al-Suddī, denken eher an den Glauben und den Islam, die ja das Leben der Seele darstellen. Wieder andere, wie Qatāda, weisen auf die Inhalte des Korans, welche Rettung, Schutz und reiches Leben sichern. Andere sagen, das Bekenntnis zur Wahrheit sichert das Leben[7].

Und wißt, daß Gott zwischen dem Menschen und seinem Herzen trennt: Gott entscheidet über die Ausführung der Gedanken der Herzen. Es mag vorkommen, daß ein Ungläubiger zum Gehorsam des Glaubens hinneigt, Gott aber seine Neigung verteilt und nicht zur Ausführung kommen läßt. Und es mag vorkommen, daß ein Gläubiger sich entschließt, ungehorsam zu sein, aber Gott verhindert den Schritt dahin. Die Herzen der Menschen sind in der Hand Gottes, er kennt, was sie hegen, und er wendet sie, wie er will[8].

und daß ihr zu Ihm versammelt werdet: → 2,203.

8,25(25): **Und hütet euch vor einer Versuchung, die gewiß nicht ausschließlich diejenigen von euch treffen wird, die Unrecht tun:** Hier warnt der Koran die Muslime davor, vom rechten Weg abzuweichen und somit die Gnade Gottes zu verspielen. Wenn diese Abweichung eintrifft, dann wird die Strafe Gottes die gesamte Gemeinde treffen, nicht nur die Übeltäter.

fitna (Versuchung): → 2,102.191.

Und wißt, Gott verhängt eine harte Strafe: → 2,196.

7. Vgl. Zamakhsharī II, S. 210; Rāzī VIII, 15, S. 150–152; Ibn Kathīr II, S. 285; Manār IX, S. 631–632.

8. Vgl. Zamakhsharī II, S. 210; Rāzī VIII, 15, S. 152–154; Ibn Kathīr II, S. 285–286; Manār IX, S. 634–636.

8,26(26): **Und gedenket, als ihr (nun) wenige auf der Erde waret und als Schwache behandelt wurdet:** Das sind die schweren Jahre in Mekka. Zum Thema vgl. → 3,123; → 7,86. *wie Schwache behandelt wurdet:* → 2,266.

und fürchtetet, daß euch die Menschen hinwegraffen würden: auch in 28,57; 29,67.

Da hat Er euch untergebracht: in Medina nach der Auswanderung von Mekka.

und euch mit seiner Unterstützung gestärkt und euch (einiges) von den köstlichen Dingen beschert: zu Badr, als die Muslime den Sieg und die Beute davontrugen. Unterstützung Gottes: → 3,13; → 5,110; die köstlichen Dinge sind hier die reiche Beute; → 2,57.

auf daß ihr dankbar seid: → 2,52.

8,27(27): **O ihr, die ihr glaubt, seid nicht treulos gegenüber Gott und dem Gesandten:** Je nach den verschiedenen Berichten warnt der Koran hier davor, den Glauben äußerlich zu beteuern, innerlich aber dem Unglauben anzuhangen, oder den Feinden Äußerungen des Propheten und Begebenheiten aus seiner Umgebung den Mekkanern zu verraten.

und seid nicht treulos in bezug auf die euch anvertrauten Dinge: im gesellschaftlichen wie im militärischen Bereich.

wo ihr es wißt: wissentlich, oder wo ihr wißt, daß die Untreue verwerflich ist. → 2,188.

8,28(28): **Und wißt, daß euer Vermögen und eure Kinder eine Versuchung sind:** → 3,10.116.

und daß Gott einen großartigen Lohn bereithält: wörtlich: daß bei Gott ein großartiger Lohn ist; 9,22; → 3,172.

8,29(29): **O ihr, die ihr glaubt, wenn ihr Gott fürchtet, bestellt Er euch eine Unterscheidungsnorm:** → 2,53. Das arabische Wort *furqān* bedeutet Scheidung, Trennung, Entscheidung, Unterscheidung, und zwar zwischen der Wahrheit und dem Irrtum, dem Islam und dem Unglauben *(Unterscheidungs-*

norm), oder zwischen denen, die Gott mit dem Sieg beschenken will, und denen, die er der Niederlage preisgibt *(Entscheidung),* oder auch zwischen denen, denen er den Lohn bereithält, und denen, die er der Pein unterwirft.

sühnt euch eure Missetaten und vergibt euch: → 2,271.

Und Gott besitzt große Huld: → 2,64.105.

30 Und als diejenigen, die ungläubig sind, gegen
dich Ränke schmiedeten, um dich festzunehmen
oder zu töten oder zu vertreiben. Sie schmiedeten
Ränke, und Gott schmiedete Ränke. Gott ist der
Beste derer, die Ränke schmieden. 31 Und wenn
ihnen unsere Zeichen verlesen werden, sagen sie:
»Wir haben es gehört. Wenn wir wollten, könnten
auch wir etwas Derartiges sagen. Das sind nichts
als Fabeln der Früheren.« 32 Und als sie sagten;
»O unser Gott, wenn dies die Wahrheit von Dir
ist, so laß auf uns Steine vom Himmel regnen,
oder bring über uns eine schmerzhafte Pein.« 33
Aber Gott konnte sie wohl unmöglich peinigen,
während du noch in ihrer Mitte warst; und Er
konnte sie wohl unmöglich peinigen, während sie
um Vergebung baten. 34 Und warum sollte Gott
sie nicht peinigen, wo sie (euch) von der heiligen
Moschee abweisen und sie nicht ihre Wärter sind?
Ihre Wärter sind ja nur die Gottesfürchtigen. Aber
die meisten von ihnen wissen nicht Bescheid. 35
Und ihr Gebet beim Haus ist nur Pfeifen und Klatschen. So kostet die Pein dafür, daß ihr ungläubig
waret.

وَإِذْ يَمْكُرُ بِكَ
ٱلَّذِينَ كَفَرُوا۟ لِيُثْبِتُوكَ أَوْ يَقْتُلُوكَ أَوْ يُخْرِجُوكَ ۚ وَيَمْكُرُونَ
وَيَمْكُرُ ٱللَّهُ ۖ وَٱللَّهُ خَيْرُ ٱلْمَٰكِرِينَ ﴿٣٠﴾ وَإِذَا تُتْلَىٰ عَلَيْهِمْ
ءَايَٰتُنَا قَالُوا۟ قَدْ سَمِعْنَا لَوْ نَشَآءُ لَقُلْنَا مِثْلَ هَٰذَآ ۙ إِنْ هَٰذَآ
إِلَّآ أَسَٰطِيرُ ٱلْأَوَّلِينَ ﴿٣١﴾ وَإِذْ قَالُوا۟ ٱللَّهُمَّ إِن كَانَ هَٰذَا
هُوَ ٱلْحَقَّ مِنْ عِندِكَ فَأَمْطِرْ عَلَيْنَا حِجَارَةً مِّنَ ٱلسَّمَآءِ أَوِ ٱئْتِنَا
بِعَذَابٍ أَلِيمٍ ﴿٣٢﴾ وَمَا كَانَ ٱللَّهُ لِيُعَذِّبَهُمْ وَأَنتَ فِيهِمْ ۚ
وَمَا كَانَ ٱللَّهُ مُعَذِّبَهُمْ وَهُمْ يَسْتَغْفِرُونَ ﴿٣٣﴾ وَمَا لَهُمْ
أَلَّا يُعَذِّبَهُمُ ٱللَّهُ وَهُمْ يَصُدُّونَ عَنِ ٱلْمَسْجِدِ ٱلْحَرَامِ وَمَا
كَانُوٓا۟ أَوْلِيَآءَهُۥ ۚ إِنْ أَوْلِيَآؤُهُۥٓ إِلَّا ٱلْمُتَّقُونَ وَلَٰكِنَّ
أَكْثَرَهُمْ لَا يَعْلَمُونَ ﴿٣٤﴾ وَمَا كَانَ صَلَاتُهُمْ عِندَ ٱلْبَيْتِ إِلَّا
مُكَآءً وَتَصْدِيَةً ۚ فَذُوقُوا۟ ٱلْعَذَابَ بِمَا كُنتُمْ تَكْفُرُونَ ﴿٣٥﴾

36 Diejenigen, die ungläubig sind, spenden ihr
Vermögen, um vom Weg Gottes abzuweisen. Sie
werden es spenden, und dann wird es ein Bedau-
ern für sie sein. Dann werden sie besiegt werden.
Und diejenigen, die ungläubig sind, werden zur
Hölle versammelt werden, 37 damit Gott das
Schlechte vom Guten unterscheide und das
Schlechte übereinander tue, es allesamt zusammenhäufe und in die Hölle stelle. Das sind die
Verlierer. 38 Sprich zu denen, die ungläubig sind:
Wenn sie aufhören, wird ihnen vergeben, was vorher geschah. Wenn sie (dazu) zurückkehren, so
steht fest, wie an den Früheren gehandelt wurde.
39 Und kämpft gegen sie, bis es keine Verführung
mehr gibt und bis die Religion gänzlich nur noch
Gott gehört. Wenn sie aufhören, so sieht Gott
wohl, was sie tun. 40 Und wenn sie sich abkehren,
so wißt, daß Gott euer Schutzherr ist: Welch
vorzüglicher Schutzherr und welch vorzüglicher
Helfer!

إِنَّ ٱلَّذِينَ كَفَرُواْ يُنفِقُونَ أَمۡوَٰلَهُمۡ لِيَصُدُّواْ عَن سَبِيلِ ٱللَّهِۚ
فَسَيُنفِقُونَهَا ثُمَّ تَكُونُ عَلَيۡهِمۡ حَسۡرَةٗ ثُمَّ يُغۡلَبُونَۗ وَٱلَّذِينَ
كَفَرُوٓاْ إِلَىٰ جَهَنَّمَ يُحۡشَرُونَ ٣٦ لِيَمِيزَ ٱللَّهُ ٱلۡخَبِيثَ مِنَ
ٱلطَّيِّبِ وَيَجۡعَلَ ٱلۡخَبِيثَ بَعۡضَهُۥ عَلَىٰ بَعۡضٖ فَيَرۡكُمَهُۥ
جَمِيعٗا فَيَجۡعَلَهُۥ فِي جَهَنَّمَۚ أُوْلَٰٓئِكَ هُمُ ٱلۡخَٰسِرُونَ ٣٧
قُل لِّلَّذِينَ كَفَرُوٓاْ إِن يَنتَهُواْ يُغۡفَرۡ لَهُم مَّا قَدۡ سَلَفَ وَإِن
يَعُودُواْ فَقَدۡ مَضَتۡ سُنَّتُ ٱلۡأَوَّلِينَ ٣٨ وَقَٰتِلُوهُمۡ حَتَّىٰ
لَا تَكُونَ فِتۡنَةٞ وَيَكُونَ ٱلدِّينُ كُلُّهُۥ لِلَّهِۚ فَإِنِ ٱنتَهَوۡاْ فَإِنَّ
ٱللَّهَ بِمَا يَعۡمَلُونَ بَصِيرٞ ٣٩ وَإِن تَوَلَّوۡاْ فَٱعۡلَمُوٓاْ أَنَّ ٱللَّهَ
مَوۡلَىٰكُمۡۚ نِعۡمَ ٱلۡمَوۡلَىٰ وَنِعۡمَ ٱلنَّصِيرُ ٤٠

Varianten: 8,30–40

8,30: liyuthbitūka: liyuthabbitūka (laut Zamakhsharī II, S. 215); liyubītūka: um dich festzuhalten (nach al-Nakha'ī); liyuqayyidūka: um dich zu fesseln (bei Ubayy, Ibn 'Abbās); liyu'bidūka: um dich zu knechten (bei Ibn 'Abbās nach einigen Gewährsmännern, Mudjāhid; nach Qatāda, al-Suddī).

8,31: al-ḥaqqa: al-ḥaqqu (bei al-A'mash).

8,32: al-samā'i au i'tinā: al-samā'i yau i'tinā (nach Nāfi', Ibn Kathīr, Abū 'Amr).

8,35: mukā'an: mukan (laut Zamakhsharī II, S. 218).

8,37: liyamīza: liyumayyiza (nach Ḥamza, Kisā'ī).

8,38: in yantahū ... lahum: in tantahū ... lakum: wenn ihr aufhört, (wird) euch (bei Ibn Mas'ūd).

yughfar: yaghfir: wird Er vergeben (laut Zamakhsharī II, S. 320).

8,39: ya'malūna: ta'malūna: was ihr tut (laut Zamakhsharī II, S. 320).

Kommentar

8,30(30): **Und als diejenigen, die ungläubig sind:** verkürzter Zeitsatz, → 2,30.

gegen dich Ränke schmiedeten, um dich festzunehmen oder zu töten oder zu vertreiben: Hier geht es um das Verhalten der Widersacher Muḥammads in Mekka. Die islamische Überlieferung erzählt entlang diesem Vers, daß die Polytheisten zu Mekka beratschlagten, wie sie sich Muḥammads entledigen könnten. Die Vorschläge der Gegner hießen festnehmen, vertreiben, töten. Die Festnahme wurde verworfen aus Angst davor, daß seine Angehörigen sich für ihn einsetzten, was zu Blutvergießen führen würde. Auch kam man überein, ihn nicht einfach zu vertreiben, damit er nicht die Möglichkeit erhielt, Anhänger um sich zu scharen und dann die Mekkaner anzugreifen. Der angenommene Vorschlag habe geheißen: Man solle von jedem Stamm einen Mann bestellen, diese Männer sollten jeder von ihnen Muḥammad einen Schlag versetzen, so daß sein Blut auf den verschiedenen Stämmen laste und somit die Stammesgenossen Muḥammads wegen der Übermacht ihrer Gegner davon abhalten würden, Rache für sein Blut zu nehmen. Daraufhin habe Gott dem Propheten Muḥammad erlaubt, Mekka zu verlassen und nach Medina auszuwandern[1].

Das arabische Wort *athbata* bedeutet festnehmen, festhalten, festsetzen, fesseln.

Sie schmiedeten Ränke, und Gott schmiedete Ränke. Gott ist der beste derer, die Ränke schmieden: → 3,54.

8,31(31): **Und wenn ihnen unsere Zeichen verlesen werden, sagen sie: »Wir haben es gehört. Wenn wir wollten, könnten auch wir etwas Derartiges sagen:** siehe eine ähnliche Äußerung in → 6,93.

Das ist nur eine Behauptung, die nicht stimmt, erwidern muslimische Autoren. Die Mekkaner haben nichts zustande gebracht, was dem Koran ähnlich ist[2] Die diesbezügliche Herausforderung des Korans bleibe also bestehen und behalte ihre Beweiskraft (siehe dazu die Angaben im ersten Band dieses Kommentars, Gütersloh 1990, S. 48–49).

Das sind nichts als Fabeln der Früheren«: → 6,25.

1. Vgl. Zamakhsharī II, S. 215; Rāzī VIII, 15, S. 159–160; Ibn Kathīr II, S. 289–290; Manār IX, S. 652–653.
2. Vgl. dazu die Ausführungen von Zamakhsharī II, S. 216; Rāzī VIII, 15, S. 161–162; Ibn Kathīr II, S. 161–162; Manār IX, S. 653–655.

8,32(32): **Und als sie sagten: »O unser Gott, wenn dies die Wahrheit von Dir ist:** *dies*, d. h. der Koran und seine Botschaft, wie die muslimischen Kommentatoren im Anschluß an Ṭabarī richtig deuten.

Der Koran sieht in dieser Haltung der Polytheisten, die eine direkte göttliche Entscheidung verlangen, eine Herausforderung Gottes. Das ist eine ähnliche Einstellung wie sie im Vers 8,31 zum Ausdruck kommt.

so laß auf uns Steine vom Himmel regnen, oder bring über uns eine schmerzhafte Pein: vgl. den Steinregen in der Geschichte des Lot, → 7,84.

8,33(33): **Aber Gott konnte sie wohl unmöglich peinigen, während du noch in ihrer Mitte warst:** Solange Muḥammad noch in Mekka weilte, wollte Gott die Mekkaner nicht der Strafe unterwerfen. So verfuhr Gott auch mit den anderen widerspenstigen Völkern.

und Er konnte sie wohl unmöglich peinigen, während sie um Vergebung baten: Entweder wird hier damit gerechnet, daß einige der Mekkaner doch dem Glauben zuneigten und Gott um Vergebung baten, oder dies soll sie dazu veranlassen, umzukehren und um Vergebung bitten, solange es noch Zeit ist.

8,34(34): **Und warum sollte Gott sie nicht peinigen:** Die muslimischen Kommentatoren beziehen diese Feststellung bzw. Drohung auf die Niederlage der Mekkaner zu Badr (624) oder auf die Eroberung Mekkas (630), da der nächste Satz möglicherweise auf die Ereignisse in Ḥudaybiya (628) hinweist.

wo sie (euch) von der heiligen Moschee abweisen und sie nicht ihre Wärter sind: Es geht um die Kaʿba; → 2,217; → 5,2.

Man kann den letzten Halbsatz auch folgendermaßen übersetzen: und sie nicht seine Freunde (d. h. die Freunde Gottes) sind (vgl. → 7,3; 10,62). Das ist die Interpretation von Ṭabarī[3]. Die nachfolgenden Kommentatoren deuten den Satz wie oben: nicht ihre Wärter, d. h. der heiligen Moschee, der Kaʿba[4].

Ihre Wärter sind ja nur die Gottesfürchtigen: die Wärter der heiligen Moschee sollen aus den Reihen der Muslime bestellt werden.

Hier meldet der Koran erneut den Anspruch der Muslime auf die Kaʿba und damit auch auf ganz Mekka an.

Aber die meisten von ihnen wissen nicht Bescheid: → 6,37.

3. Vgl. Ṭabarī VI, 9, S. 157; Manār IX, S. 658.
4. Vgl. Zamakhsharī II, S. 217; Rāzī VIII, 15, S. 164; Ibn Kathīr II, S. 293; Bayḍāwī I, S. 474; Manār IX, S. 658.

8,35(35): **Und ihr Gebet beim Haus ist nur Pfeifen und Klatschen:** Der Koran mißbilligt diese Form des Gebets, die die Polytheisten in der Moschee zu verrichten pflegten.

So kostet die Pein dafür, daß ihr ungläubig waret: → 3,106. Diese Pein ist entweder die Niederlage zu Badr oder auch die jenseitige Strafe.

8,36(36): **Diejenigen, die ungläubig sind, spenden ihr Vermögen, um vom Weg Gottes abzuweisen:** → 2,217.

Sie werden es spenden, und dann wird es ein Bedauern für sie sein. Dann werden sie besiegt werden: Das Geld geht verloren und die Niederlage ereilt sie. Dies bezieht sich entweder auf die Bemühungen der Polytheisten für die Schlacht zu Badr, oder, wie Sa'īd ibn Djubayr und Mudjāhid denken, auf die Schlacht am Uḥud, wobei anzumerken ist, daß da die Polytheisten den Sieg davon trugen.

Bedauern: → 2,167; → 3,156.

Weiter **8,36**(37): **Und diejenigen, die ungläubig sind, werden zur Hölle versammelt werden:** → 3,12.

8,37(38): **damit Gott das Schlechte vom Guten unterscheide:** Gott unterscheidet zwischen den schlechten Ungläubigen und den guten Gläubigen, oder zwischen dem Spenden der Ungläubigen, um Muḥammad und die Muslime zu bekämpfen – was eine schlechte Handlung ist –, und dem Spenden der Gläubigen im Einsatz gegen die polytheistischen Feinde.

und das Schlechte übereinander tue, es allesamt zusammenhäufe und in die Hölle stelle: Das ist eine eindrucksvolle Äußerung, die zeigt, wie abscheulich das Verhalten der Mekkaner im Sinne des Korans erscheint.

Das sind die Verlierer: → 2,27.

8,38(39): **Sprich zu denen, die ungläubig sind: Wenn sie auhören, wird ihnen vergeben, was vorher geschah. Wenn sie (dazu) zurückkehren:** ähnlich in → 2,275.

so steht fest, wie an den Früheren gehandelt wurde: an ihnen wird gehandelt, wie an den Früheren unter ihnen, die zu Badr geschlagen worden sind, oder wie an denen, die früher gegen ihre Propheten vorgingen. Gott wird sie dem Strafgericht unterziehen. So sollen sie mit ihrem Verhalten aufhören.

8,39(40): **Und kämpft gegen sie, bis es keine Verführung mehr gibt und bis die Religion gänzlich nur noch Gott gehört:** → 2,193.

Wenn sie aufhören, so sieht Gott wohl, was sie tun: Er vergibt ihnen und ermöglicht ihnen einen neuen Anfang. → 2,96.

8,41(41): **Und wenn sie sich abkehren:** → 2,137. Wenn sie auf ihrem feindseligen Vorgehen bestehen und die Möglichkeit der Umkehr und der Besserung ausschlagen.

so wißt, daß Gott euer Schutzherr ist: → 2,286. Er wird euch gegen sie unterstützen.

Welch vorzüglicher Schutzherr und welch vorzüglicher Helfer!: auch in 22,78.

10. Teil *41 Und wißt: Wenn ihr etwas erbeutet, so gehört
[19] ein Fünftel davon Gott und dem Gesandten, und
den Verwandten, den Waisen, den Bedürftigen,
dem Reisenden, so ihr an Gott glaubt und an das,
was Wir auf unseren Diener am Tag der Unterscheidung hinabgesandt haben, am Tag, da die beiden Scharen aufeinandertrafen. Und Gott hat
Macht zu allen Dingen. 42 Als ihr auf der näheren
Talseite waret, sie auf der ferneren Talseite und
die Reittiere unterhalb von euch. Und wenn ihr
euch verabredet hättet, wäret ihr über die Verabredung nicht einig geworden, aber Gott wollte
eine Angelegenheit entscheiden, die zur Ausführung kommen sollte, damit diejenigen, die umkamen, aufgrund eines deutlichen Zeichens
umkämen, und diejenigen, die am Leben blieben,
aufgrund eines deutlichen Zeichens am Leben
blieben. Und Gott hört und weiß alles. 43 Als Gott
dich in deinem Traum sie als wenige sehen ließ.
Hätte Er dich sie als viele sehen lassen, ihr wäret
verzagt und hättet miteinander über die Angelegenheit gestritten. Aber Gott hat euch (davor)
bewahrt. Er weiß über das innere Geheimnis
Bescheid. 44 Und als Er sie, als ihr aufeinandertraft, in euren Augen als wenige erscheinen ließ,
und (auch) euch in ihren Augen weniger machte,
damit Gott eine Angelegenheit entscheide, die zur

* وَٱعۡلَمُوٓاْ
أَنَّمَا غَنِمۡتُم مِّن شَيۡءٖ فَأَنَّ لِلَّهِ خُمُسَهُۥ وَلِلرَّسُولِ وَلِذِي
ٱلۡقُرۡبَىٰ وَٱلۡيَتَٰمَىٰ وَٱلۡمَسَٰكِينِ وَٱبۡنِ ٱلسَّبِيلِ إِن كُنتُمۡ
ءَامَنتُم بِٱللَّهِ وَمَآ أَنزَلۡنَا عَلَىٰ عَبۡدِنَا يَوۡمَ ٱلۡفُرۡقَانِ يَوۡمَ ٱلۡتَقَى
ٱلۡجَمۡعَانِۗ وَٱللَّهُ عَلَىٰ كُلِّ شَيۡءٖ قَدِيرٌ ﴿٤١﴾ إِذۡ أَنتُم بِٱلۡعُدۡوَةِ
ٱلدُّنۡيَا وَهُم بِٱلۡعُدۡوَةِ ٱلۡقُصۡوَىٰ وَٱلرَّكۡبُ أَسۡفَلَ مِنكُمۡۚ
وَلَوۡ تَوَاعَدتُّمۡ لَٱخۡتَلَفۡتُمۡ فِي ٱلۡمِيعَٰدِ وَلَٰكِن لِّيَقۡضِيَ ٱللَّهُ
أَمۡرٗا كَانَ مَفۡعُولٗا لِّيَهۡلِكَ مَنۡ هَلَكَ عَنۢ بَيِّنَةٖ وَيَحۡيَىٰ مَنۡ
حَيَّ عَنۢ بَيِّنَةٖۗ وَإِنَّ ٱللَّهَ لَسَمِيعٌ عَلِيمٌ ﴿٤٢﴾ إِذۡ يُرِيكَهُمُ ٱللَّهُ
فِي مَنَامِكَ قَلِيلٗاۖ وَلَوۡ أَرَىٰكَهُمۡ كَثِيرٗا لَّفَشِلۡتُمۡ وَلَتَنَٰزَعۡتُمۡ
فِي ٱلۡأَمۡرِ وَلَٰكِنَّ ٱللَّهَ سَلَّمَۚ إِنَّهُۥ عَلِيمُۢ بِذَاتِ ٱلصُّدُورِ ﴿٤٣﴾
وَإِذۡ يُرِيكُمُوهُمۡ إِذِ ٱلۡتَقَيۡتُمۡ فِيٓ أَعۡيُنِكُمۡ قَلِيلٗا وَيُقَلِّلُكُمۡ
فِيٓ أَعۡيُنِهِمۡ لِيَقۡضِيَ ٱللَّهُ أَمۡرٗا كَانَ مَفۡعُولٗاۗ وَإِلَى ٱللَّهِ

Ausführung kommen sollte. Und zu Gott werden
alle Angelegenheiten zurückgebracht.
45 O ihr, die ihr glaubt, wenn ihr auf eine Schar
trefft, so steht fest und gedenket Gottes viel, auf
daß es euch wohl ergehe. 46 Und gehorchet Gott
und seinem Gesandten, und streitet nicht miteinander, sonst würdet ihr verzagen, und eure Durchsetzungskraft würde auch schwinden. Und seid
standhaft. Gott ist mit den Standhaften. 47 Und
seid nicht wie diejenigen, die aus ihren Wohnstätten auszogen, aus Übermut und um von den Menschen gesehen zu werden, und die vom Weg Gottes abweisen. Gott umfaßt, was sie tun. 48 Und als
der Satan ihnen ihre Taten verlockend machte und
sagte: »Es gibt niemanden unter den Menschen,
der euch heute besiegen könnte. Und ich bin euch
ein (hilfsbereiter) Nachbar.« Als aber die beiden
Scharen einander sahen, machte er auf seinen Fersen kehrt und sagte: »Ich bin euer ledig. Ich sehe,
was ihr nicht seht. Ich fürchte Gott. Gott verhängt
eine harte Strafe.«

تُرْجَعُ ٱلْأُمُورُ ﴿٤٤﴾ يَٰٓأَيُّهَا ٱلَّذِينَ ءَامَنُوٓا۟ إِذَا لَقِيتُمْ فِئَةً
فَٱثْبُتُوا۟ وَٱذْكُرُوا۟ ٱللَّهَ كَثِيرًا لَّعَلَّكُمْ تُفْلِحُونَ ﴿٤٥﴾ وَأَطِيعُوا۟
ٱللَّهَ وَرَسُولَهُۥ وَلَا تَنَٰزَعُوا۟ فَتَفْشَلُوا۟ وَتَذْهَبَ رِيحُكُمْ ۖ
وَٱصْبِرُوٓا۟ ۚ إِنَّ ٱللَّهَ مَعَ ٱلصَّٰبِرِينَ ﴿٤٦﴾ وَلَا تَكُونُوا۟ كَٱلَّذِينَ
خَرَجُوا۟ مِن دِيَٰرِهِم بَطَرًا وَرِئَآءَ ٱلنَّاسِ وَيَصُدُّونَ عَن
سَبِيلِ ٱللَّهِ ۚ وَٱللَّهُ بِمَا يَعْمَلُونَ مُحِيطٌ ﴿٤٧﴾ وَإِذْ زَيَّنَ
لَهُمُ ٱلشَّيْطَٰنُ أَعْمَٰلَهُمْ وَقَالَ لَا غَالِبَ لَكُمُ ٱلْيَوْمَ مِنَ
ٱلنَّاسِ وَإِنِّى جَارٌ لَّكُمْ ۖ فَلَمَّا تَرَآءَتِ ٱلْفِئَتَانِ نَكَصَ
عَلَىٰ عَقِبَيْهِ وَقَالَ إِنِّى بَرِىٓءٌ مِّنكُمْ إِنِّىٓ أَرَىٰ مَا لَا تَرَوْنَ
إِنِّىٓ أَخَافُ ٱللَّهَ ۚ وَٱللَّهُ شَدِيدُ ٱلْعِقَابِ ﴿٤٨﴾

Varianten: 8,41–48

8,41: fa anna llāha: fa inna llāha (nach Abū ʻAmr); fa lillāhi (nach al-Nakkaʻī).
khumusahū: khumsahū (laut Zamakhsharī II, S. 221).
ʻabdinā: ʻubudinā (laut Zamakhsharī II, S. 223).

8,42: bil-ʻudwati (2mal): bil-ʻidwati (bei Ubayy; nach Ibn Kathīr, Abū ʻAmr, Yaʻqūb); bil-ʻadwati, bil-ʻudyati (laut Zamakhsharī II, S. 223).
al-dunyā: al-ʻulyā: auf der höheren (Talseite) (bei Ibn Masʻūd).
al-quṣwā: al-quṣyā (bei al-Rabīʻ ibn Khuthaym; nach Zayd ibn ʻAlī, Muʻādh); al-suflā: auf der niederen (bei Ibn Masʻūd).
ḥayya: ḥayiya (nach Nāfiʻ, Abū Bakr, Bazzī).

8,44: turdjaʻu: tardjiʻu: gehen zurück (nach Ibn ʻĀmir, Ḥamza, Kisāʼī); tuṣāru (bei Ubayy).

8,46: wa lātanāzaʻū: wa lā ttanāzaʻū (nach Bazzī).
wa tadhhaba: wa yadhhab (laut Zamakhsharī II, S. 226).

8,48: innī arā ... innī akhāfu: inniya ... inniya (nach Nāfiʻ, Ibn Kathīr, Abū ʻAmr).

Kommentar

8,41(42): **Und wißt: Wenn ihr etwas erbeutet, so gehört ein Fünftel davon Gott und dem Gesandten, und den Verwandten, den Waisen, den Bedürftigen, dem Reisenden:** zu den vier zuletzt genannten Gruppen siehe → 2,177. Vgl. die erste Bestimmung über die Beute in → 8,1.

Die Mehrheit der muslimischen Kommentatoren bezieht die Verse 8,41–48 auf die Schlacht zu Badr, bei der die Muslime die Mekkaner besiegten und ansehnliche Beute erzielten. Man findet auch die Meinung, daß es um die Beute bei der Vertreibung des jüdischen Stammes der Qaynuqāʿ (einige Monate nach der Schlacht von Badr) ging.

Zur Verteilung der Beute wird hier bestimmt, daß ein Fünftel davon Muḥammad zur Verfügung gestellt und für einen besonderen Zweck verwendet wird. Diejenigen, die davon Nutzen zogen, waren – neben Muḥammad selbst (der von seinem Anteil etwas abzwackte für Gott, d. h. zur Pflege der Kaʿba) – den Verwandten des Propheten, den Waisen, den Bedürftigen, den Reisenden.

Die Aufteilung dieses Fünftels nach dem Tod Muḥammads sollte wie folgt vorgenommen werden:
– Nach Shāfiʿī sollte der Anteil des Propheten zugunsten der Interessen der Muslime ausgegeben werden; die übrigen Anteile bleiben bestehen.
– Abū Ḥanīfa meint, daß die Anteile des Propheten und seiner Verwandten wegfallen. Die Armen unter diesen Verwandten werden dann wie die übrigen Bedürftigen der Gemeinde behandelt.
– Mālik stellt die ganze Angelegenheit in die Zuständigkeit der Regierenden.

so ihr an Gott glaubt und an das, was Wir auf unseren Diener am Tag der Unterscheidung hinabgesandt haben, am Tag, da die beiden Scharen aufeinandertrafen: Dies gilt, insofern ihr …

Der Tag der Unterscheidung bzw. der Entscheidung (*furqān:* → 8,29; → 2,53) ist die Schlacht von Badr, die zwei Scharen sind die Muslime und die Mekkaner.

Und Gott hat Macht zu allen Dingen: Er kann euch trotz eurer geringen Zahl den Sieg schenken. Zum Ausdruck → 2,20.

8,42(43): **Als ihr auf der näheren Talseite waret, sie auf der ferneren Talseite und die Reittiere unterhalb von euch:** Entweder geht es hier um einen verkürzten Zeitsatz, → 2,30, oder der Satz ist mit dem »Tag der Unterscheidung« zu verbinden.

Die Stellungen der Muslime mit ihrer geringen Zahl lagen zu Medina hin, auf sandigem, schwer begehbarem Boden, ohne Wasserstellen, während die in großer Zahl erschienenen Mekkaner zu Mekka hin am Wasser lagerten und festen Boden unter den Füßen hatten. Ihre Reittiere befanden sich in Richtung des Meeres.

Und wenn ihr euch verabredet hättet, wäret ihr über die Verabredung nicht einig geworden: Wenn die Sache bei euch gelegen hätte, hättet ihr euch über eine bewaffnete Auseinandersetzung gewiß nicht einigen können, und dies wegen der ungleichen Bedingungen der beiden Parteien.

aber Gott wollte eine Angelegenheit entscheiden, die zur Ausführung kommen sollte: Die Schlacht zu Badr war nicht der Plan von Menschen, sondern sie ist die Sache Gottes, er führt seine Entscheidung aus; siehe auch 8,44; → 2,117.

Weiter **8,42**(44): **damit diejenigen, die umkamen, aufgrund eines deutlichen Zeichens umkämen, und diejenigen, die am Leben blieben, aufgrund eines deutlichen Zeichens am Leben blieben:** Die Niederlage der Mekkaner und der Sieg der Muslime sollte eindeutig feststellbar werden, und dies aufgrund eines von Gott gewirkten Wunders.

Und Gott hört und weiß alles: → 2,127. Er hört euer Rufen und weiß um eure Bedürfnisse und eure Schwachheit, so daß er sich eures Anliegens annimmt.

8,43(45): **Als Gott dich in deinem Traum sie als wenige sehen ließ:** Verkürzter Zeitsatz, → 2,30, oder Fortsetzung des vorherigen Verses: am Tag der Unterscheidung ..., als ..., und als.

in deinem Traum: Ḥasan al-Baṣrī denkt eher an eine Sicht bei wachem Zustand und glossiert *fī manāmika*: in deinen Augen, als der normale Ort des Schlafens und des Träumens[1].

Hätte Er dich sie als viele sehen lassen, ihr wäret verzagt und hättet miteinander über die Angelegenheit gestritten: siehe auch 8,46; → 3,152.

1. Zamakhsharī bezweifelt, daß Ḥasan so etwas gesagt haben soll, und dies bei seinem besonderen Wissen von der arabischen Sprache (II, S. 225), während Rāzī sich daran nicht stört (VIII, 15, S. 174).

Aber Gott hat euch davor bewahrt: Der Text lautet einfach: *sallama*: bewahren vor dem Verzagen und dem Streit, oder vor der Niederlage; – oder: ausliefern: er hat euch eure Feinde ausgeliefert.

Er weiß über das innere Geheimnis Bescheid: → 3,119.

8,44(46): **Und als Er sie, als ihr aufeinandertraft, in euren Augen als wenige erscheinen ließ, und (auch) euch in ihren Augen weniger machte:** So schenkten die Muslime Muḥammad um so mehr Vertrauen, sie hegten keine Angst vor ihren Feinden und ihr Mut wuchs entsprechend. Die Mekkaner ihrerseits nahmen die geringe Zahl der Muslime nicht mehr ernst genug.

damit Gott eine Angelegenheit entscheide, die zur Ausführung kommen sollte: → 8,42.

Und zu Gott werden alle Angelegenheiten zurückgebracht: → 2,210.

8,45(47): **O ihr, die glaubt, wenn ihr auf eine Schar trefft, so steht fest:** Die Festigkeit wird von den Muslimen bereits in → 8,15 gefordert.

und gedenket Gottes viel: auch in 33,41; → 2,114.

Es geht um ein innerliches Gedenken oder ein gesprochenes Rufen zu Gott oder um Bitte um Unterstützung und Sieg.

auf daß es euch wohl ergehe: → 2,189.

8,46(48): **Und gehorchet Gott und seinem Gesandten:** siehe bereits 8,1; → 3,32. Gehorsam und Abstehen von Streit werden ähnlich in → 4,59 gefordert.

und streitet nicht miteinander, sonst würdet ihr verzagen: → 8,43; → 3,152.

und eure Durchsetzungskraft würde auch schwinden: Das Wort *rīḥ* bedeutet wörtlich: Wind. Ein günstiger Wind treibt die Segel und bringt das Ziel näher. Ein arabischer Ausdruck für einen mächtigen, einflußreichen Mann lautet: Seine Winde blasen stark. Mudjāhid glossiert hier: eure Unterstützung[2].

2. Vgl. Zamakhsharī II, S. 226; Rāzī VIII, 15, S. 177.

Und seid standhaft. Gott ist mit den Standhaften: oder: seid geduldig. Gott ist mit den Geduldigen; → 2,153.

8,47(49): **Und seid nicht wie diejenigen, die aus ihren Wohnstätten auszogen, aus Übermut und um von den Menschen gesehen zu werden:** vgl. zum letzten Satz → 2,264; 4,38.

Die muslimischen Kommentatoren beziehen diesen Vers und die folgenden auf die Schlacht bei Badr[3]. Gemeint seien hier die Mekkaner, die gegen die Muslime auszogen, obwohl man ihnen versicherte, daß ihre Karawane doch ungefährdet geblieben sei. Sie beharrten darauf, auszurücken, dies aus Übermut und heuchlerischen Absichten, denn sie wollten ihren Sieg gegen die schwachen Muslime feiern und die Armen bedenken, um sich damit in den Ruf großzügiger Sieger zu bringen.

und die vom Weg Gottes abweisen: durch ihre Feindschaft gegenüber dem Propheten Muḥammad und seiner Gemeinde; → 2,217.

Gott umfaßt, was sie tun: → 3,120.

8,48(50): **Und als der Satan ihnen ihre Taten verlockend machte:** → 2,212[4].

Der Satan verführte die Mekkaner und ihre Verbündeten mit seinen Einflüsterungen (so Ḥasan al-Baṣrī und al-Aṣamm). Die anderen Kommentatoren gehen davon aus, daß der Satan den Mekkanern in der Gestalt eines Verbündeten erschienen ist und zu ihnen sprach.

und sagte: »Es gibt niemanden unter den Menschen, der euch heute besiegen könnte. Und ich bin euch ein (hilfsbereiter) Nachbar«: Der Satan macht den Mekkanern Mut und verspricht ihnen seine Unterstützung.

Als aber die beiden Scharen einander sahen: die Mekkaner und die Muslime.

3. Wegen der Ungenauigkeit der Weisung in diesem und in den nächsten Versen bis 8,49 meint Bell, daß dieser Passus auch auf andere Umstände passen könnte. Er plädiert für eine Zeit nach der Niederlage der Muslime am Uḥud. Vgl. die Anmerkung von *Paret:* Der Koran. Kommentar und Konkordanz, S. 90, zu 8,47.

4. Abweichend von der Datierung der muslimischen Kommentatoren, die diesen Vers mit seinem Kontext auf die Schlacht bei Badr beziehen, stellt ihn Bell in den Zusammenhang mit dem Scheitern der Mekkaner und ihrer Alliierten bei der Belagerung Medinas im Grabenkrieg im Jahre 627.

machte er auf seinen Fersen kehrt und sagte: zu denen, die er gerade zu verlocken suchte, oder zu sich selbst[5].

»Ich bin euer ledig. Ich sehe, was ihr nicht seht: Der Satan spricht sich von seinem Versprechen, die Mekkaner zu unterstützen, los, ihre Lage erschien ihm als hoffnungslos. Er begründet diese Kehrtwende damit, daß er sieht, welche Unterstützung die Muslime durch die Engel erhalten haben (vgl. oben 8,9: »Ich werde euch mit tausend hintereinander reitenden Engeln beistehen«), oder daß er bereits sieht, wie der Beistand Gottes und der Sieg dem Propheten Muḥammad gehören.

Ich fürchte Gott: Der Satan sagt dies, weil er angesichts des Erscheinens der Engel vielleicht meint, daß die ihm gewährte Frist nunmehr zu Ende geht. Qatāda kommentiert hier: Als der Satan sagte, daß er sah, was die Leute nicht sahen, hat er die Wahrheit gesagt. Als er aber sagte, daß er Gott fürchtet, hat er gelogen[6].

Gott verhängt eine harte Strafe: → 2,196. Dieser Satz gehört entweder weiterhin zu dem, was der Satan sagte, oder er ist eine unabhängige Bemerkung.

5. Vgl. Manār X, S. 28.
6. Vgl. Rāzī VIII, 15, S. 182.

49 Als die Heuchler und die, in deren Herzen
Krankheit ist, sagten: »Betört hat diese da ihre
Religion.« Wenn einer aber auf Gott vertraut, so
ist Gott mächtig und weise. 50 Und wenn du nur
zuschauen könntest, wenn die Engel diejenigen
abberufen, die ungläubig sind: Sie schlagen sie ins
Gesicht und auf das Hinterteil: »Kostet die Pein
des Feuerbrandes. 51 Dies für das, was eure
Hände vorausgeschickt haben, und weil Gott den
Dienern kein Unrecht tut.« 52 Es ist wie mit den
Leuten des Pharao und denen, die vor ihnen lebten. Sie verleugneten die Zeichen Gottes, so suchte
sie Gott wegen ihrer Sünden heim. Gott ist stark
und verhängt eine harte Strafe. 53 Dies, weil Gott
niemals seine Gnade, mit der Er ein Volk begnadet
hat, ändert, bis sie selbst das ändern, was in ihrem
Innern ist, und weil Gott alles hört und weiß.
54 Es ist wie mit den Leuten des Pharao und
denen, die vor ihnen lebten: Sie erklärten die Zeichen ihres Herrn für Lüge, so ließen Wir sie für
ihre Sünden verderben, und Wir ließen die Leute
des Pharao ertrinken. Sie waren ja alle Leute, die
Unrecht taten.

55 Die schlimmsten Tiere bei Gott sind die, die
ungläubig sind und weiterhin nicht glauben,
56 die unter ihnen, mit denen du einen Vertrag
geschlossen hast, die aber dann ihren Vertrag

إِذْ يَقُولُ
ٱلْمُنَٰفِقُونَ وَٱلَّذِينَ فِى قُلُوبِهِم مَّرَضٌ غَرَّ هَٰٓؤُلَآءِ دِينُهُمْ ۗ
وَمَن يَتَوَكَّلْ عَلَى ٱللَّهِ فَإِنَّ ٱللَّهَ عَزِيزٌ حَكِيمٌ ﴿٤٩﴾ وَلَوْ تَرَىٰٓ
إِذْ يَتَوَفَّى ٱلَّذِينَ كَفَرُوا۟ ۙ ٱلْمَلَٰٓئِكَةُ يَضْرِبُونَ وُجُوهَهُمْ
وَأَدْبَٰرَهُمْ وَذُوقُوا۟ عَذَابَ ٱلْحَرِيقِ ﴿٥٠﴾ ذَٰلِكَ بِمَا قَدَّمَتْ
أَيْدِيكُمْ وَأَنَّ ٱللَّهَ لَيْسَ بِظَلَّٰمٍ لِّلْعَبِيدِ ﴿٥١﴾ كَدَأْبِ ءَالِ
فِرْعَوْنَ ۙ وَٱلَّذِينَ مِن قَبْلِهِمْ ۚ كَفَرُوا۟ بِـَٔايَٰتِ ٱللَّهِ فَأَخَذَهُمُ
ٱللَّهُ بِذُنُوبِهِمْ ۚ إِنَّ ٱللَّهَ قَوِىٌّ شَدِيدُ ٱلْعِقَابِ ﴿٥٢﴾ ذَٰلِكَ بِأَنَّ
ٱللَّهَ لَمْ يَكُ مُغَيِّرًا نِّعْمَةً أَنْعَمَهَا عَلَىٰ قَوْمٍ حَتَّىٰ يُغَيِّرُوا۟
مَا بِأَنفُسِهِمْ ۙ وَأَنَّ ٱللَّهَ سَمِيعٌ عَلِيمٌ ﴿٥٣﴾ كَدَأْبِ ءَالِ
فِرْعَوْنَ ۙ وَٱلَّذِينَ مِن قَبْلِهِمْ ۚ كَذَّبُوا۟ بِـَٔايَٰتِ رَبِّهِمْ
فَأَهْلَكْنَٰهُم بِذُنُوبِهِمْ وَأَغْرَقْنَآ ءَالَ فِرْعَوْنَ ۚ وَكُلٌّ كَانُوا۟
ظَٰلِمِينَ ﴿٥٤﴾ إِنَّ شَرَّ ٱلدَّوَآبِّ عِندَ ٱللَّهِ ٱلَّذِينَ كَفَرُوا۟
فَهُمْ لَا يُؤْمِنُونَ ﴿٥٥﴾ ٱلَّذِينَ عَٰهَدتَّ مِنْهُمْ ثُمَّ يَنقُضُونَ

jedesmal brechen und nicht gottesfürchtig sind.
57 Und wenn du sie im Krieg triffst, dann verscheuche mit ihnen diejenigen, die hinter ihnen
stehen, auf daß sie es bedenken. 58 Und wenn du
von bestimmten Leuten Verrat fürchtest, so kündige ihnen (den Vertrag) so eindeutig auf, daß Gleichheit zwischen euch besteht. Gott liebt ja die
Verräter nicht. 59 Und diejenigen, die ungläubig
sind, sollen nicht meinen, sie seien (euch) voraus.
Sie werden nichts vereiteln können. 60 Und
rüstet gegen sie, was ihr an Kraft und an einsatzbereiten Pferden haben könnt, um damit den Feinden Gottes und euren Feinden Angst zu machen, sowie anderen außer ihnen, die ihr nicht kennt; Gott aber kennt sie. Und was ihr auch auf dem Weg Gottes spendet, wird euch voll zurückerstattet,
[19¼] und euch wird nicht Unrecht getan. *61 Und
wenn sie sich dem Frieden zuneigen, dann neige auch du dich ihm zu und vertrau auf Gott. Er ist
der, der alles hört und weiß. 62 Und wenn sie dich
betrügen wollen, so genügt dir Gott. Er ist es, der dich mit seiner Unterstützung und mit den Gläubigen gestärkt 63 und zwischen ihren Herzen
Vertrautheit gestiftet hat. Wenn du alles, was auf Erden ist, (dafür) ausgegeben hättest, hättest du nicht zwischen ihren Herzen Vertrautheit stiften können. Aber Gott hat zwischen ihnen Vertrautheit gestiftet. Er ist mächtig und weise. 64 O
Prophet, Gott genügt dir und auch denen von den

عَهْدَهُمْ فِى كُلِّ مَرَّةٍ وَهُمْ لَا يَتَّقُونَ ﴿٥٦﴾ فَإِمَّا تَثْقَفَنَّهُمْ
فِى ٱلْحَرْبِ فَشَرِّدْ بِهِم مَّنْ خَلْفَهُمْ لَعَلَّهُمْ يَذَّكَّرُونَ ﴿٥٧﴾
وَإِمَّا تَخَافَنَّ مِن قَوْمٍ خِيَانَةً فَٱنۢبِذْ إِلَيْهِمْ عَلَىٰ سَوَآءٍ ۚ إِنَّ
ٱللَّهَ لَا يُحِبُّ ٱلْخَآئِنِينَ ﴿٥٨﴾ وَلَا يَحْسَبَنَّ ٱلَّذِينَ كَفَرُوا۟
سَبَقُوٓا۟ ۚ إِنَّهُمْ لَا يُعْجِزُونَ ﴿٥٩﴾ وَأَعِدُّوا۟ لَهُم مَّا ٱسْتَطَعْتُم
مِّن قُوَّةٍ وَمِن رِّبَاطِ ٱلْخَيْلِ تُرْهِبُونَ بِهِۦ عَدُوَّ ٱللَّهِ وَعَدُوَّكُمْ
وَءَاخَرِينَ مِن دُونِهِمْ لَا تَعْلَمُونَهُمُ ٱللَّهُ يَعْلَمُهُمْ ۚ وَمَا تُنفِقُوا۟
مِن شَىْءٍ فِى سَبِيلِ ٱللَّهِ يُوَفَّ إِلَيْكُمْ وَأَنتُمْ لَا تُظْلَمُونَ ﴿٦٠﴾
۞ وَإِن جَنَحُوا۟ لِلسَّلْمِ فَٱجْنَحْ لَهَا وَتَوَكَّلْ عَلَى ٱللَّهِ ۚ إِنَّهُۥ
هُوَ ٱلسَّمِيعُ ٱلْعَلِيمُ ﴿٦١﴾ وَإِن يُرِيدُوٓا۟ أَن يَخْدَعُوكَ فَإِنَّ
حَسْبَكَ ٱللَّهُ ۚ هُوَ ٱلَّذِىٓ أَيَّدَكَ بِنَصْرِهِۦ وَبِٱلْمُؤْمِنِينَ ﴿٦٢﴾
وَأَلَّفَ بَيْنَ قُلُوبِهِمْ ۚ لَوْ أَنفَقْتَ مَا فِى ٱلْأَرْضِ جَمِيعًا مَّآ
أَلَّفْتَ بَيْنَ قُلُوبِهِمْ وَلَٰكِنَّ ٱللَّهَ أَلَّفَ بَيْنَهُمْ ۚ إِنَّهُۥ عَزِيزٌ
حَكِيمٌ ﴿٦٣﴾ يَٰٓأَيُّهَا ٱلنَّبِىُّ حَسْبُكَ ٱللَّهُ وَمَنِ ٱتَّبَعَكَ مِنَ

Gläubigen, die dir folgen. 65 O Prophet, sporne die Gläubigen zum Kampf an. Wenn es unter euch auch nur zwanzig gibt, die standhaft sind, werden sie zweihundert besiegen. Und wenn es unter euch hundert gibt, werden sie tausend von denen, die ungläubig sind, besiegen. Dies dafür, daß sie Leute sind, die nicht begreifen. 66 Jetzt hat Gott euch Erleichterung gewährt. Er weiß, daß in euren Reihen Schwachheit vorkommt. Wenn es unter euch hundert Standhafte gibt, werden sie zweihundert besiegen, und wenn es unter euch tausend gibt, werden sie zweitausend besiegen, mit Gottes Erlaubnis. Und Gott ist mit den Standhaften.

ٱلْمُؤْمِنِينَ ﴿٦٤﴾ يَـٰٓأَيُّهَا ٱلنَّبِىُّ حَرِّضِ ٱلْمُؤْمِنِينَ عَلَى ٱلْقِتَالِ ۚ
إِن يَكُن مِّنكُمْ عِشْرُونَ صَـٰبِرُونَ يَغْلِبُوا۟ مِا۟ئَتَيْنِ ۚ وَإِن
يَكُن مِّنكُم مِّا۟ئَةٌ يَغْلِبُوٓا۟ أَلْفًا مِّنَ ٱلَّذِينَ كَفَرُوا۟ بِأَنَّهُمْ قَوْمٌ
لَّا يَفْقَهُونَ ﴿٦٥﴾ ٱلْـَٔـٰنَ خَفَّفَ ٱللَّهُ عَنكُمْ وَعَلِمَ أَنَّ فِيكُمْ
ضَعْفًا ۚ فَإِن يَكُن مِّنكُم مِّا۟ئَةٌ صَابِرَةٌ يَغْلِبُوا۟ مِا۟ئَتَيْنِ ۚ
وَإِن يَكُن مِّنكُمْ أَلْفٌ يَغْلِبُوٓا۟ أَلْفَيْنِ بِإِذْنِ ٱللَّهِ ۗ وَٱللَّهُ مَعَ
ٱلصَّـٰبِرِينَ ﴿٦٦﴾

Varianten: 8,49–66

8,50: yatawaffā: tatawaffā (nach Ibn ʿĀmir).
8,52 und 8,54: kada'bi: kadābi (nach al-Sūsī).
8,57: fasharrid: fasharridh (bei Ibn Masʿūd, al-Aʿmash nach einigen Gewährsmännern).
man khalfahum: min khalfihim: (verscheuche mit ihnen) hinter ihnen (nach Abū Ḥaywa).
8,58: ilayhim: ilayhum (nach Ḥamza, Kisā'ī).
8,59: lā yaḥsabanna: lā yaḥsabi (bei Ibn Masʿūd, Rabī ibn Khuthaym, al-Aʿmash; nach Ibn Qays); lā taḥsabanna: du sollst nicht meinen (nach Ḥamza); lā taḥsibanna (nach Nāfiʿ, Ibn Kathīr, Abū ʿAmr, Kisā'ī); lā taḥsabi, lā taḥsaba (bei al-Aʿmash).
sabaqū: annahum sabaqū (bei Ibn Masʿūd).
innahum: annahum (nach Ibn ʿĀmir).
yuʿdjizūna: yuʿdjizūni: meine Sache vereiteln (laut Zamakhsharī II, S. 231.
8,60: ribāṭi: rubuṭi, rubṭi (nach Ḥasan al-Baṣrī).
turhibūna: yurhibūna: sie machen Angst (bei Mudjāhid nach einigen Gewährsmännern); turahhibūna (laut Zamakhsharī II, S. 232); tukhzūna: zuschanden zu machen (bei Ibn ʿAbbās, ʿIkrima, Mudjāhid).
8,61: lil-salmi: lil-silmi (nach Abū Bakr).
fa djnaḥ: fa djnuḥ (nach al-Ashhab al-ʿAqīlī).
8,64: al-nabiyyu: al-nabī'u (nach Nāfiʿ).
8,65: al-nabiyyu: al-nabī'u (nach Nāfiʿ).
ḥarriḍi: ḥarriṣi: schärfe (den Gläubigen) ein (laut Zamakhsharī II, S. 233).
wa in yakun minkum mi'atun: wa in takun ... (nach Nāfiʿ, Ibn Kathīr, Ibn ʿĀmir).
8,66: ḍaʿfan: ḍuʿfan (nach den Rezitatoren außer ʿĀṣim und Ḥamza).
fa in yakun: takun (nach den Rezitatoren außerhalb von Kūfa).
wa in yakun: wa in takun (nach Abū ʿAmr).

Kommentar

8,49(51): **Als die Heuchler und die, in deren Herzen Krankheit ist, sagten:** Verkürzter Zeitsatz, → 2,30. Die muslimischen Kommentatoren denken weiterhin an die Ereignisse um die Schlacht von Badr und an die Heuchler unter den Stämmen der Aus und Khazradj und an die Muslime mit kranken Herzen, die wohl nicht in Medina, sondern in Mekka wohnten und an den Sieg der Muslime nicht glauben mochten. Man kann jedoch eher an Umstände denken, die eine solche Ermahnung nötig machten, z. B. an den Grabenkrieg und die Belagerung Medinas durch die Mekkaner im Jahre 627. Dies wird nahegelegt durch die Parallele 33,12, die sich offensichtlich auf den Grabenkrieg bezieht.

in deren Herzen Krankheit ist: → 2,10.

»Betört hat diese da ihre Religion«: → 3,24. Entweder weil sie mit so einer geringen Zahl gegen eine viel stärkere Truppe kämpfen wollen, oder weil sie den Tod suchen, um die Belohnung des Martyriums zu erlangen.

Wenn einer aber auf Gott vertraut: → 3,122. Die Muslime vertrauen nicht auf ihre Zahl und ihre Ausrüstung, sondern auf die Kraft und den Beistand Gottes.

so ist Gott mächtig und weise: → 2,129. Gott schützt den, der auf ihn vertraut, er steht ihm bei; seine Macht bewältigt die Feinde und in seiner Weisheit weiß er, die Feinde der Strafe preiszugeben, und die Muslime mit seiner Zuwendung zu beschenken.

8,50(52): **Und wenn du nur zuschauen könntest, wenn die Engel diejenigen abberufen, die ungläubig sind: Sie schlagen sie ins Gesicht und auf das Hinterteil:** auch in 47,27. *abberufen:* → 4,97.

Diese Beschreibung soll eine Drohung gegen die Ungläubigen und eine Ermunterung für die Muslime sein.

»Kostet die Pein des Feuerbrandes: → 3,181. Das sind die Worte der Engel zu den verstorbenen Ungläubigen.

8,51(53): **Dies für das, was eure Hände vorausgeschickt haben:** Gott bestraft euch für eure bösen Taten. → 2,95.

und weil Gott den Dienern kein Unrecht tut«: zu beiden Sätzen → 3,182; 22,10.

8,52(54): **Es ist wie mit den Leuten des Pharao und denen, die vor ihnen lebten. Sie verleugneten die Zeichen Gottes, so suchte sie Gott wegen ihrer Sünden heim:** fast wörtlich in → 3,11. *vor ihnen lebten:* wörtlich: vor ihnen (da) waren.

Gott zeigt immer wieder das gleiche Verhalten gegenüber den Ungläubigen und den Frevlern. Die Mekkaner, die Heuchler und die anderen Frevler der heutigen Zeit bilden hier keine Ausnahme.

Gott ist stark und verhängt eine harte Strafe: → 2,196.

8,53(55): **Dies weil Gott niemals seine Gnade, mit der Er ein Volk begnadet hat, ändert, bis sie selbst das ändern, was in ihrem Inneren ist:** ähnlich in 13,11; zum Thema siehe auch 14,28.

Der Satz bedeutet, daß Gott den Menschen seine Gnade schenkt, indem er sie befähigt, ihre Vernunft und ihre weiteren geistigen und körperlichen Begabungen gut zu gebrauchen, d. h. im Dienst des Lebens und im Sinne der Gottesfurcht. Wenn die Menschen aber die Gaben Gottes verkehren und sie im Sinne des Unglaubens und des Frevels gebrauchen, dann haben sie ihre innere Einstellung geändert. Dann wird Gott auch seine Haltung ändern und seine Gnade ins Gegenteil kehren.

und weil Gott alles hört und weiß: → 2,127.

8,54(56): **Es ist wie mit den Leuten des Pharao und denen, die vor ihnen lebten: Sie erklärten die Zeichen ihres Herrn für Lüge, so ließen Wir sie für ihre Sünde verderben:** bereits fast wörtlich oben in 8,52; → 3,11. Der besondere Unterschied besteht in der Präzisierung der Art der Bestrafung: Gott hat sie ertrinken lassen

Und Wir ließen die Leute des Pharao ertrinken. Sie waren ja Leute, die Unrecht taten: Zum letzten Satz siehe auch 29,31; 43,76; → 7,5.

8,55(57): **Die schlimmsten Tiere bei Gott sind die, die ungläubig sind und weiterhin nicht glauben:** Das sind die Verstockten und die den Glauben hartnäckig ablehnen. *Die schlimmsten Tiere:* → 8,22.

8,56(58): **die unter ihnen, mit denen du einen Vertrag geschlossen hast, die aber dann ihren Vertrag jedesmal brechen und nicht gottesfürchtig sind:** Die Verse sind gegen den jüdischen Stamm der Qurayẓa, der sich bei der Schlacht zu Badr untreu erwiesen hat. Der Koran warnt hier all die, die gleich dem Qurayẓa-Stamm sich von der Vertragstreue wegstehlen wollen. Es geht wahrscheinlich um die kritische Situation zu Beginn des Grabenkriegs (627).

Der Vers unterscheidet zwischen den verschiedenen Verbündeten, er bezichtigt der Untreue nur einen Teil von ihnen. Zum Ausdruck und zum Thema siehe auch → 2,100; → 2,27.

lā yattaqūna: nicht gottesfürchtig sind bei der von ihnen begangenen Untreue, oder: sich nicht davor hüten, den geschlossenen Vertrag zu brechen, oder davor, daß ihre Untreue die Bekämpfung durch die Muslime nach sich zieht[1].

8,57(59): **Und wenn du sie im Krieg triffst:** → 2,191.

dann verscheuche mit ihnen diejenigen, die hinter ihnen stehen: wörtlich: die hinter ihnen sind. Diese sollen die Lehre von ihrer Niederlage ziehen.

auf daß sie es bedenken: → 6,152; → 7,26. *sie:* diejenigen, die hinter ihnen stehen.

8,58(60): **Und wenn du von bestimmten Leuten Verrat fürchtest, so kündige ihnen (den Vertrag) so eindeutig auf, daß Gleichheit zwischen euch besteht:** Siehe auch 21,109.

Gleichheit in bezug auf die Aufkündigung des bestehenden Vertrags. Dies führt dazu, daß man mit dem Krieg nicht beginnen darf, wenn die Gegner im Glauben sind, daß der Vertrag weiterhin besteht.

Gott liebt ja die Verräter nicht: → 4,107. Der Verrat wird auch in der *Bibel* verurteilt: 1 Chr 12,18; Spr 2,22.

Exkurs: Vertragstreue und Erfüllung getroffener Abmachungen

In seiner zweibändigen Arbeit über die Toleranz im Islam widmet Muḥammad al-Ṣādiq ʿArdjūn ein langes Kapitel (Bd. I, S. 331–423) dem Thema »Erfüllung der Abkommen und ihre Auswikungen in der Orientierung der islamischen Gesetzgebung«. Das Ergebnis seiner Untersuchung stellt er bereits an den Anfang seiner Ausführungen: »Alle Gesetzesnormen Gottes befehlen, die Abkommen zu erfül-

1. Vgl. Zamakhsharī II, S. 230; Rāzī VIII, 15, S. 188; Manār X, S. 50.

len, und gebieten, das Anvertraute zurückzugeben. Sie verbieten am heftigsten die Hinterhältigkeit und den Verrat. Sie bekräftigen die Pflicht, in den Geschäftsbeziehungen die Rechte der Menschen, abgesehen von ihrer Rasse, Farbe oder Glauben, zu wahren. Gott liebt die Gottesfürchtigen unter seinen Dienern, die sein Abkommen und das Abkommen seiner Diener erfüllen und keinen Verrat begehen ... und die die Menschen mit Gerechtigkeit und Billigkeit behandeln, indem sie dem folgen, was Gott in seinen Büchern an Gesetzen festgelegt hat und was er auf seine Gesandten herabgesandt hat[2].«

Der Koran lobt die Gläubigen, die auf das ihnen anvertraute Gut und auf ihre Verpflichtung achtgeben (23,8). Er schärft den Muslimen ein: »O ihr, die ihr glaubt, erfüllt die Verträge« (5,1). So »betrachtet der Islam die Erfüllung der Abkommen als eine menschliche Tugend, die nicht einer Rasse oder einer Glaubensüberzeugung oder einer Gemeinschaft vorbehalten ist. Sie gilt als unantastbar und heilig gegenüber dem Ungläubigen genauso wie gegenüber dem Muslim; sie gilt als unantastbar und heilig gegenüber dem Feind wie gegenüber dem Freund; sie gilt als unantastbar und heilig gegenüber dem Fernen wie gegenüber dem Nahen. Der Imām Maymūn ibn Mahrān hat gesagt: Wenn du mit jemandem ein Abkommen geschlossen hast, dann sollst du deine Verpflichtung ihm gegenüber erfüllen, ob er ein Muslim oder ein Ungläubiger ist. Denn die Abkommen gehören Gott dem Erhabenen[3].« DieVertragstreue, die im Koran 5,1 befohlen wird, bezieht sich nicht nur auf die Verpflichtungen der Menschen Gott gegenüber, sondern sie umfaßt auch die Verträge, die die Menschen untereinander abschließen, ob einzelne oder Gemeinschaften oder Nationen, Völker und Regierungen. »Sie umfassen außerdem die Verträge und Abmachungen, die auf der Grundlage der Zusammenarbeit zwischen den Nationen und den Völkern basieren zur Förderung der Frömmigkeit, der Gottesfurcht und der Unterstützung der Unterdrückten, sowie zur Verwirklichung der allgemeinen Interessen der Vertragspartner, die darauf abzielen, die Sicherheit zwischen den Menschen zu befestigen, den Frieden im Leben zu verbreiten, ein ehrbares Leben zu ermöglichen, das dem Menschen in seiner Gesellschaft und in seiner Umgebung zusteht[4].«

Die Vertragstreue, die im Koran geboten wird, wird auch in den Sprüchen des Propheten Muḥammad besonders betont. Der Prophet sagt: »Der hat keinen Glauben, wer keine Treue hat. Der hat keine Religion, wer nicht zu der von ihm eingegangenen Verpflichtung steht.« Nach einem anderen Ḥadīth hat Muḥammad gesagt: »Am Tage der Auferstehung werde ich der Widersacher dreier Menschen. Und wem ich ein Widersacher bin, mit dem werde ich streiten. Es sind der, der ein

2. *Muḥammad al-Ṣādiq ʿArdjūn*: Al-Mausūʿa fī samāḥat al-Islām, Bd. I, Kairo 1972, S. 333.

3. ʿArdjūn, Op. cit., S. 336. Der Autor präzisiert, daß die Abkommen, die hier gemeint sind, alle Arten von Abmachungen und Verträgen umfassen: Geschäftsverträge, zivile und politische Abmachungen, internationale Abkommen usw. Vgl. Op. cit., S. 340.

4. ʿArdjūn, Op. cit., S. 344–345.

Abkommen schließt und dann nicht dazu steht; und der, der einen Arbeiter anheuert, ihm aber nach getaner Arbeit seinen Lohn ungerechterweise vorenthält; und der, der einen freien Menschen verkauft und seinen Preis ausgibt« (Bukhārī).

Ein anderer Ḥadīth lautet: »Vier Eigenschaften machen einen Menschen zum reinen Frevler. Wer nur eine davon besitzt, besitzt ein entsprechendes Maß an Frevel, bis er sich deren entledigt. Diese sind: das Anvertraute verraten, beim Reden lügen, den Vertragspartner verräterisch angreifen, im Streit ungerecht sein« (Bukhārī; Muslim).

Die Autoren unterstreichen, daß dies für alle Verträge gilt, und zwar unabhängig von der Religion des Vertragspartners. »Der Islam, der die Erfüllung der Abkommen zu einem der Grundsätze seiner Gesetzgebung gemacht hat, respektiert die Abkommen und die Verträge, die im Rahmen des Rechtes abgeschlossen werden und die die Gerechtigkeit verwirklichen und den Unterdrückten Hilfe verschaffen und die den Menschen zu ihrem Recht verhelfen. Dies gilt, auch wenn sie von Nicht-Muslimen kommen, denn sie bezwecken die Gerechtigkeit, und die Gerechtigkeit ist nicht an Zeit, Ort, Rasse oder Farbe gebunden, und auch nicht einer Glaubensüberzeugung oder Religion vorbehalten. Sie besitzt Gültigkeit an und für sich. Wo immer sich die wahre Gerechtigkeit befindet, ist sie das, was der Islam will und was Gott seinen gläubigen Dienern befohlen und nahegelegt hat ... Gefragt nach der Geltung der Allianz der vorislamischen Zeit, hat der Prophet gesagt: Der Islam macht sie nur noch fester[5].«

Ein anderer Ḥadīth beschreibt, was Vertragstreue unter anderm beinhaltet. »Wer den Vertragspartner ungerecht behandelt oder ihm zu wenig zumißt, wer ihn über sein Vermögen belastet oder ihm etwas ohne sein Einverständnis wegnimmt, dem trete ich am Tage der Auferstehung als Widersacher entgegen« (Abū Dāwūd).

Die Pflicht zur Vertragstreue bindet die Muslime, solange ihre Vertragspartner sich an die Abmachungen halten: » Solange sie sich euch gegenüber recht verhalten, verhaltet auch ihr euch ihnen gegenüber recht. Gott liebt die Gottesfürchtigen« (Koran 9,7). Zwar ist diese Bestimmung im Hinblick auf eine besondere Situation in der Beziehung zwischen den Muslimen und ihren Gegnern aus Mekka erlassen worden, gleichwohl stellen die Autoren fest, daß sie eine allgemeine Vorschrift beinhaltet in bezug auf alle Menschen, die mit den Muslimen Verträge schließen und Abmachungen treffen und zu ihrem gegebenen Wort stehen. Nach den Worten des Korans dauert die Gültigkeit der Verträge bis zum festgelegten Termin: »So erfüllt ihnen gegenüber ihren Vertrag bis zu der ihnen eingeräumten Frist« (9,4).

Die Abmachungen verlieren ihren bindenden Charakter, wenn die Vertragspartner der Muslime Verrat üben, hinterhältig sind und die Muslime hinterlistig betrügen. Ihr Wortbruch befreit dann die Muslime von ihrer Pflicht zur Vertragstreue.

5. 'Ardjūn, Op. cit., S. 342.

Im Falle eines Friedensvertrags berechtigt der Wortbruch der Partner der Muslime nicht zu einem hinterhältigen Umgang mit den Feinden. Der Vertrag darf aufgekündigt werden unter der Voraussetzung, daß den Feinden eine Frist eingeräumt wird, damit der Verdacht des Verrats von seiten der Muslime nicht aufkommen kann und damit eine Chancengleichheit der beiden Parteien hergestellt wird[6]. In diesem Sinn haben die Gelehrten den Koranvers 8,58 verstanden: »Und wenn du von bestimmten Leuten Verrat fürchtest, so kündige ihnen (den Vertrag) so eindeutig auf, daß Gleichheit zwischen euch besteht.« Auch sagt ein Ḥadīth: »Wer einen Vertrag mit Leuten hat, darf keinen Knoten lösen oder ihn fester ziehen, bevor die Frist abgelaufen ist, sonst muß er ihnen den Vertrag im Zustand der Gleichheit aufkündigen« (Tirmidhī)[7].

Der Ḥanbalit Ibn Qudāma kommentiert den Koranvers 8,58 wie folgt: »Du sollst sie benachrichtigen und die bevorstehende Aufkündigung ihres Vertrags bekanntgeben, so daß nunmehr du und sie euch in einer Situation der Gleichheit befindet im Hinblick auf das Wissen um die Sache ... Der Imām kann sie vorher nicht durch hinterhältigen Angriff bekämpfen, und dies bevor er sie benachrichtigt hat, denn sie wähnen sich in Sicherheit im Vertrauen auf die Gültigkeit des Vertrags. So darf man sie nicht töten und ihr Vermögen nicht erbeuten[8].« So gilt in jeder Situation die Anweisung des Korans: »Und erfüllt eingegangene Verpflichtungen. Über die Verpflichtungen wird Rechenschaft gefordert« (17,34).

8,59(61): **Und diejenigen, die ungläubig sind, sollen nicht meinen, sie seien (euch) voraus:** so daß ihr sie nicht mehr erreichen und bestrafen könnt.

Sie werden nichts vereiteln können: Gott wird sie euch ausliefern, oder Gott wird wie seiner Rache unterwerfen und der jenseitigen Pein übergeben. → 6,134.

8,60(62): **Und rüstet gegen sie, was ihr an Kraft und an einsatzbereiten Pferden habt, um damit den Feinden Gottes und euren Feinden Angst zu machen:** Kraft, d. h. alle gegen die Widersacher einsetzbaren Mittel: Truppen, Waffen, Befestigungen.

6. Vgl. *Sarakhsī*: Al-Mabṣūṭ, Ausgabe Beirut 1978, Bd. V, Teil 10, S. 87.

7. ʿArdjūn erinnert daran, daß Muʿāwiya kurz vor Ablauf der Frist eines Friedensvertrags mit den Byzantinern mit seinen Truppen aufmarschiert war, um sich Vorteile für die Zeit nach der Friedensperiode zu sichern. Da wurde er ermahnt aufgrund der oben zitierten Texte und veranlaßt, seine Truppen zurückzuziehen, damit am Ende der Friedenszeit beide Parteien in der gleichen Position sich befinden könnten. Der Mahner berief sich auf den Ḥadīth: »Vertragstreue und keine Hinterhältigkeit.« Vgl. Op. cit., S. 366.

8. *Ibn Qudāma*: Al-Mughnī, hrsg. M. S. Muḥayṣin/Sh. M. Ismāʿīl, Kairo o. J., Bd. VIII, S. 463.

sowie anderen außer ihnen, die ihr nicht kennt; Gott aber kennt sie: Diese heimlichen Feinde sind entweder die Heuchler oder die Widersacher in den eigenen Reihen.

Und was ihr auch auf dem Weg Gottes spendet, wird euch voll zurückerstattet, und euch wird nicht Unrecht getan: fast wörtlich in → 2,272.

8,61(63). **Und wenn sie sich dem Frieden zuneigen, dann neige auch du dich ihm zu:** zum Thema ähnlich in → 4,90. Dieser Vers zeigt die Priorität des Friedens in der Vorstellung des Korans, auch inmitteln feindseliger Auseinandersetzungen.

und vertrau auf Gott: → 3,122.

Er ist der, der alles hört und weiß: → 2,127.

8,62(64): **Und wenn sie dich betrügen wollen, so genügt dir Gott:** auch in 8,64; → 3,173; → 2,206.

Er ist es, der dich mit seiner Unterstützung und mit den Gläubigen gestärkt: siehe oben 8,26. Die Stärkung mit den Gläubigen steht im Gegensatz zur Feindschaft und zum möglichen Verrat der offenen und der heimlichen Feinde, von denen oben (8,60) die Rede war.

8,63(weiter 64): **und zwischen ihren Herzen Vertrautheit gestiftet hat. Wenn du alles, was auf Erden ist, (dafür) ausgegeben hättest, hättest du nicht zwischen ihren Herzen Vertrautheit stiften können. Aber Gott hat zwischen ihren Herzen Vertrautheit gestiftet:** zum Thema siehe → 3,103. Dieser Vers zeigt, welche innere Schwierigkeiten überwunden werden mußten, um aus den verschiedenen, oft verfeindeten Stämmen und Clans eine solidarische Gemeinschaft zu schaffen.

Er ist mächtig und weise: → 2,129.

8,64(65): **O Prophet, Gott genügt dir und auch denen von den Gläubigen, die dir folgen:** Andere mögliche Übersetzung: dir genügt Gott und auch die von den Gläubigen ...

Diese Stelle gehört in die Zeit vor der Schlacht zu Badr (624) oder kurz vor der Schlacht am Berg Uḥud (625)

8,65(66): **O Prophet, sporne die Gläubigen zum Kampf an:** → 4,84.

Wenn es unter euch auch nur zwanzig gibt, die standhaft sind, werden sie zweihundert besiegen. Und wenn es unter euch hundert gibt, werden sie tausend von denen, die ungläubig sind, besiegen: → 2,249; → 5,56.

Der Vers ist nicht als Bekanntgabe zu deuten, sondern als dringende Mahnung an die Muslime, standhaft zu sein und mit aller Kraft gegen die Feinde vorzugehen, so daß zwanzig Muslime zweihundert von den Feinden besiegen und hundert Muslime tausend von den Feinden besiegen können.

Dies dafür, daß Leute sind, die nicht begreifen: auch in 9,87.127; 59,13.

8,66(67): **Jetzt hat Gott euch Erleichterung gewährt. Er weiß, daß in euren Reihen Schwachheit vorkommt:** → 4,28.

Die Gefährten Muḥammads empfanden die Aufforderung des Verses 8,65 als große Überforderung. Da kam der Koran ihnen entgegen und brachte die folgende Erleichterung.

Wenn es unter euch hundert Standhafte gibt, werden sie zweihundert besiegen, und wenn es unter euch tausend gibt, werden sie zweitausend besiegen, mit Gottes Erlaubnis: Die letzte Bemnerkung soll deutlich machen, daß die erhoffte Wirkung nicht die Leistung der Menschen ist, sondern durch die Kraft Gottes und seine Erlaubnis erreicht wird. Zum Ausdruck siehe → 2,97.

Und Gott ist mit den Standhaften: → 2,153.

Das Wort, das in der ganzen Stelle gebraucht wird, ist *ṣabr* und seine Derivate. Es bedeutet: Geduld, Standhaftigkeit. Im Zusammenhang des Passus ist die Übersetzung mit Standhaftigkeit vorzuziehen.

8,67–75

67 Es steht einem Propheten nicht zu, Gefangene
zu haben, bis er auf der Erde stark gewütet hat.
Ihr wollt die Güter des Diesseits, und Gott will das
Jenseits. Gott ist mächtig und weise. 68 Gäbe es
nicht eine früher ergangene Bestimmung von
Gott, so hätte euch für das, was ihr genommen
habt, eine gewaltige Pein ergriffen. 69 Eßt nun
von dem, was ihr erbeutet habt, so es erlaubt und
köstlich ist, und fürchtet Gott. Gott ist voller Vergebung und barmherzig. 70 O Prophet, sprich zu
denen von den Gefangenen, die sich in eurer
Gewalt befinden: Wenn Gott in euren Herzen
etwas Gutes feststellt, läßt Er euch etwas Besseres
zukommen als das, was euch genommen worden
ist, und vergibt euch. Und Gott ist voller Vergebung und barmherzig. 71 Und wenn sie dich verraten wollen, so haben sie zuvor Gott verraten,
und Er hat sie dann (eurer) Gewalt preisgegeben.
Und Gott weiß Bescheid und ist weise.

مَا كَانَ لِنَبِيٍّ أَن يَكُونَ لَهُۥٓ أَسْرَىٰ حَتَّىٰ
يُثْخِنَ فِى ٱلْأَرْضِ ۚ تُرِيدُونَ عَرَضَ ٱلدُّنْيَا وَٱللَّهُ يُرِيدُ
ٱلْءَاخِرَةَ ۗ وَٱللَّهُ عَزِيزٌ حَكِيمٌ ﴿٦٧﴾ لَّوْلَا كِتَٰبٌ مِّنَ ٱللَّهِ
سَبَقَ لَمَسَّكُمْ فِيمَآ أَخَذْتُمْ عَذَابٌ عَظِيمٌ ﴿٦٨﴾ فَكُلُوا۟ مِمَّا
غَنِمْتُمْ حَلَٰلًا طَيِّبًا ۚ وَٱتَّقُوا۟ ٱللَّهَ ۚ إِنَّ ٱللَّهَ غَفُورٌ رَّحِيمٌ ﴿٦٩﴾
يَٰٓأَيُّهَا ٱلنَّبِىُّ قُل لِّمَن فِىٓ أَيْدِيكُم مِّنَ ٱلْأَسْرَىٰٓ إِن يَعْلَمِ
ٱللَّهُ فِى قُلُوبِكُمْ خَيْرًا يُؤْتِكُمْ خَيْرًا مِّمَّآ أُخِذَ مِنكُمْ وَيَغْفِرْ
لَكُمْ ۗ وَٱللَّهُ غَفُورٌ رَّحِيمٌ ﴿٧٠﴾ وَإِن يُرِيدُوا۟ خِيَانَتَكَ فَقَدْ
خَانُوا۟ ٱللَّهَ مِن قَبْلُ فَأَمْكَنَ مِنْهُمْ ۗ وَٱللَّهُ عَلِيمٌ حَكِيمٌ ﴿٧١﴾

72 Diejenigen, die glaubten und ausgewandert
sind und sich mit ihrem Vermögen und mit ihrer
eigenen Person auf dem Weg Gottes eingesetzt
haben, und diejenigen, die (jene) untergebracht
und unterstützt haben, sind untereinander
Freunde. Mit denen aber, die glauben und nicht
ausgewandert sind, habt ihr keine Freundschaft zu
pflegen, bis sie auswandern. Wenn sie euch jedoch
um Unterstützung wegen der (euch gemeinsamen) Religion bitten, so habt ihr die Pflicht zur
Unterstützung, außer gegen Leute, zwischen
denen und euch eine Vertragspflicht besteht. Und
Gott sieht wohl, was ihr tut. 73 Und diejenigen,
die ungläubig sind, sind untereinander Freunde.
Wenn ihr es nicht tut, wird es im Land Verführung und großes Unheil geben. 74 Und diejenigen,
die glauben und ausgewandert sind und sich auf
dem Weg Gottes eingesetzt haben, und diejenigen,
die (jene) untergebracht und unterstützt haben,
das sind die wahren Gläubigen. Bestimmt ist für
sie Vergebung und ein trefflicher Unterhalt.
75 Und diejenigen, die danach geglaubt haben
und ausgewandert sind und sich mit euch eingesetzt haben, sie gehören zu euch. Aber die Blutsverwandten haben eher Anspruch aufeinander:
dies steht im Buch Gottes. Gott weiß über alle
Dinge Bescheid.

إِنَّ ٱلَّذِينَ ءَامَنُوا۟ وَهَاجَرُوا۟ وَجَٰهَدُوا۟ بِأَمْوَٰلِهِمْ وَأَنفُسِهِمْ
فِى سَبِيلِ ٱللَّهِ وَٱلَّذِينَ ءَاوَوا۟ وَّنَصَرُوٓا۟ أُو۟لَٰٓئِكَ بَعْضُهُمْ
أَوْلِيَآءُ بَعْضٍ ۚ وَٱلَّذِينَ ءَامَنُوا۟ وَلَمْ يُهَاجِرُوا۟ مَا لَكُم مِّن
وَلَٰيَتِهِم مِّن شَىْءٍ حَتَّىٰ يُهَاجِرُوا۟ ۚ وَإِنِ ٱسْتَنصَرُوكُمْ فِى
ٱلدِّينِ فَعَلَيْكُمُ ٱلنَّصْرُ إِلَّا عَلَىٰ قَوْمٍۭ بَيْنَكُمْ وَبَيْنَهُم مِّيثَٰقٌ ۗ
وَٱللَّهُ بِمَا تَعْمَلُونَ بَصِيرٌ ﴿٧٢﴾ وَٱلَّذِينَ كَفَرُوا۟ بَعْضُهُمْ
أَوْلِيَآءُ بَعْضٍ ۚ إِلَّا تَفْعَلُوهُ تَكُن فِتْنَةٌ فِى ٱلْأَرْضِ وَفَسَادٌ
كَبِيرٌ ﴿٧٣﴾ وَٱلَّذِينَ ءَامَنُوا۟ وَهَاجَرُوا۟ وَجَٰهَدُوا۟ فِى سَبِيلِ
ٱللَّهِ وَٱلَّذِينَ ءَاوَوا۟ وَّنَصَرُوٓا۟ أُو۟لَٰٓئِكَ هُمُ ٱلْمُؤْمِنُونَ حَقًّا ۚ
لَّهُم مَّغْفِرَةٌ وَرِزْقٌ كَرِيمٌ ﴿٧٤﴾ وَٱلَّذِينَ ءَامَنُوا۟ مِنۢ
بَعْدُ وَهَاجَرُوا۟ وَجَٰهَدُوا۟ مَعَكُمْ فَأُو۟لَٰٓئِكَ مِنكُمْ ۚ وَأُو۟لُوا۟
ٱلْأَرْحَامِ بَعْضُهُمْ أَوْلَىٰ بِبَعْضٍ فِى كِتَٰبِ ٱللَّهِ ۗ إِنَّ ٱللَّهَ
بِكُلِّ شَىْءٍ عَلِيمٌۢ ﴿٧٥﴾

Varianten: 8,67–75

8,67: li-nabiyyin: li-nabī'in (nach Nāfi'); lil-nabiyyi: dem Propheten (laut Zamakhsharī II, S. 235).
yakūna lahū: takūna lahū (nach Abū 'Amr).
yuthkhina: yuthakhkhina (laut Rāzī VIII, 15, S. 204).
al-ākhirata: al-ākhirati: (die Güter) des Jenseits (laut Zamakhsharī II, S. 237).

8,70: al-nabiyyu: al-nabī'u (nach Nāfi').
al-asrā: al-usārā (nach Abū 'Amr).
yu'tikum: yuthibkum: Er belohnt euch (mit etwas Besserem) (bei al-A'mash).
mimmā ukhidha: mimmā akhadha: was Er (von euch) genommen hat (nach Ḥasan al-Baṣrī, Shayba).

8,72: walāyatihim: wilāyatihim (nach Ḥamza).

8,73: illā taf'alūhu: illā taf'alū (bei Ṭalḥa, Rabī' ibn Khuthaym).
kabīrun: 'arīḍun: breites (Unheil) (bei Ubayy); kathīrun: viel (Unheil) (laut Zamakhsharī II, S. 240).

Kommentar

8,67(68): **Es steht einem Propheten nicht zu, Gefangene zu haben, bis er auf der Erde stark gewütet hat.:** Als Hintergrund dieser Stelle wird von den muslimischen Kommentatoren der Umstand angegeben, daß die Muslime bei der Schlacht zu Badr Gefangene aus den Reihen der Mekkaner - unter anderen ungläubig gebliebene Verwandte von Muḥammad - mitgebracht haben. Es ging nun darum zu entscheiden, ob man sie töten sollte oder ob sie sich gegen ein bestimmtes Lösegeld freikaufen durften. Gegen den Rat 'Umars habe Muḥammad der Meinung Abū Bakrs den Vorzug gegeben und sich damit einverstanden erklärt, den Gefangenen die Möglichkeit zu eröffnen, sich freizukaufen. Diese Entscheidung wird in diesem Vers nicht bejaht, was damals unter den Muslimen Betroffenheit hervorgerufen haben soll[1].

Der Vers verlangt, daß die Muslime, wenn sie sich im Kampf gegen ihre Feinde befinden, in erster Linie daran denken sollen, die Feinde zu töten und derart zu schwächen, daß sie der Herrschaft des Islam nicht mehr entgegentreten können. Das Verb *yuthkhina* (stark wüten) bedeutet, seine Macht festigen, die Gegner besiegen, sie unter seine Herrschaft zwingen und sie seine Stärke spüren lassen, dies auch durch Töten und vernichtende Behandlung.

Ähnlich schreibt der Vers 47,4 vor: »Wenn ihr auf die, die ungläubig sind, trefft, dann schlagt (ihnen) auf den Nacken. Wenn ihr sie schließlich schwer niedergekämpft habt (*ḥattā idhā athkhantumūhum*), dann schnürt (ihnen) die Fesseln fest. Danach gilt es, sie aus Gnade oder gegen Lösegeld zu entlassen. (Handelt so), bis der Krieg seine Waffenlasten ablegt ...[2]

Ihr wollt die Güter des Diesseits, und Gott will das Jenseits: wörtlich: das Vergängliche (*'araḍa*), die vergänglichen Güter des Diesseits; → 4,94.

Hier wird den Muslimen vor Augen gehalten, daß die Güter des Diesseits keinen Vorzug vor dem Jenseits, das Gott in seinen Plänen auf den ersten Platz stellt, haben dürfen. Gläubige müssen die Pläne Gottes und seine bekundeten Absichten beachten und erfüllen[3].

1. Vgl. Zamakhsharī II, S. 236–237; Rāzī VIII, 15, S. 204; siehe weitere Erzählungen bei Ibn Kathīr II, S. 311–312.

2. Ibn 'Abbās äußert sich so, als würde der Vers 47,4 eine Lockerung der Bestimmung von 8,69 darstellen. Dagegen spricht sich Rāzi zu Recht aus, denn in beiden Stellen geht es darum, daß die Muslime zunächst einmal ihre Feinde schwer niederkämpfen sollen, bevor sie Gefangene aus deren Reihen nehmen; VIII, 15, S. 208.

3. Da sich dieser Vers wie der darauffolgende auf die Muslime bezieht, ohne Muḥammad auszunehmen, wurden sie durch die Gegner der Lehre von der völligen Sündenfreiheit der Propheten herangezogen, zu mal der Vers 8,68 von der Strafe spricht, die eigentlich fällig gewesen wäre, hätte Gott nicht seiner Barmherzigkeit den Vorzug gegeben. Rāzī bemüht sich, mit einem bewundernswerten Scharfsinn, diese Vorwürfe so zurückzuweisen und die Verse so zu deuten, daß daraus kein Argument für ein unrechtes Verhalten Muḥammads herauszulesen wäre; vgl. VIII, 15, S. 205–207.

Zum Gegensatz zwischen dem vergänglichen Diesseits und dem Jenseits siehe auch → 3,145.

Gott ist mächtig und weise: → 2,129.

8,68(69): **Gäbe es nicht eine früher ergangene Bestimmung von Gott, so hätte euch für das, was ihr genommen habt, eine gewaltige Pein ergriffen:** auch in 24,14; ähnlich (*Spruch* statt *Bestimmung*) in 10,19; 11,110; 20,129; 41,45; 42,14; – auch in 23,27; 37,171. – *eine gewaltige Pein ergriffen;* ähnlich in → 5,73; 11,3; 24,14; 36,18.

Über den näheren Inhalt dieser Bestimmung gibt es unterschiedliche Meinungen[4]:

– Wenn Gott nicht vorher bestimmt hätte, Muḥammad und den Muslimen das Erzielen von Beuten und Lösegeld zu erlauben, wäre die Strafe fällig geworden (Sa'īd ibn Djubayr, Qatāda). – Aber, erwidert Rāzī, wenn zu dieser Zeit die Erlaubnis bereits vorgelegen hätte, dann wäre das Drohen mit der Strafe zu Unrecht erfolgt. Wenn aber die Erlaubnis noch nicht da war, dann wäre das Verhalten zu dieser Zeit Unrecht gewesen, auch wenn Gott gewußt hätte, daß er dies später erlauben werde. Daraus folgt, daß diese Deutung problematisch ist.

– Gott hat vorher bestimmt, daß er nur dann bestraft, wenn das Verbot ergangen ist (Muḥammad ibn Isḥāq, Zamakhsharī). – Gegen diese Deutung bringt Rāzī folgendes vor: Es lag also nach dieser Meinung kein positives Verbot, Lösegeld zu nehmen, vor. Wenn ein rationaler Beweis für das Bestehen des Verbots vorgelegen hätte, hätte das Verbot bestanden und die Strafe wäre fällig gewesen; wenn nicht, dann hätte das Verbot auch nicht bestanden und die Drohung mit der Strafe wäre gegenstandslos gewesen. Denn wenn etwas nicht verboten ist, dann ist es erlaubt.

– Gott hatte zugesagt, die Kämpfer bei Badr nicht zu bestrafen. – Aber diese Zusage hätte beinhaltet, daß diese Kämpfer befreit von allen Pflichten gewesen wären, was nicht annehmbar erscheint.

– Gott hat vorausbestimmt, daß der unbestraft bleibt, der aus Unwissen eine Sünde begeht. – Aber dann liegt doch keine Sünde vor.

– Rāzī spricht sich dafür aus, an den Ḥadīth zu erinnern, in dem Gott sagt: »Meine Barmherzigkeit geht meinem Zorn voraus«, oder an den anderen Ḥadīth: »Gott hat sich selbst die Barmherzigkeit vorgeschrieben[5].« Vgl. dazu den letzten Satz des nächsten Verses, in dem die Barmherzigkeit Gotttes hervorgerufen wird.

4. Vgl. Zamakhsharī II, S. 237; vor allem die Auseinandersetzung mit den vertretenen Deutungen bei Rāzī VIII, 15, S. 209–210.

5. Es gibt auch einen weiteren Ḥadīth nach Abū Hurayra: »Als Gott die Schöpfung schuf, schrieb er in einem Buch, das er über dem Thron aufbewahrt, folgendes: Meine Barmherzigkeit hat über meinen Zorn gesiegt (Bukhārī; Muslim; Tirmidhī).

– Die Mu'taziliten sehen in diesem Fall die Anwendung des Grundsatzes, daß derjenige, der sich vor den großen Sünden hütet, die Vergebung seiner kleinen Vergehen erlangt.

8,69(70): **Eßt nun von dem, was ihr erbeutet habt, so es erlaubt und köstlich ist:** ähnlich im Hinblick auf die Speisen in → 2,168.

und fürchtet Gott: Dies gilt nun für die Zukunft.

Gott ist voller Vergebung und barmherzig: → 2,173. Dies bezieht sich auf die Vergangenheit.

8,70(71): **O Prophet, sprich zu denen von den Gefangenen, die sich in eurer Gewalt befinden:** Der Vers betrifft alle Gefangenen, auch wenn einige behaupten, daß der Onkel Muḥammads al-'Abbās allein gemeint gewesen sei.

»Wenn Gott in eure Herzen etwas Gutes feststellt: den Glauben und die Bereitschaft, Gehorsam und Treue zu leisten, vom Unglauben und von der Übertretung der Gebote Gottes abzustehen und den Propheten Muḥammad zu unterstützen.

läßt Er euch etwas Besseres zukommen als das, was euch genommen worden ist, und vergibt euch: Einige Kommentatoren unterscheiden zwischen dem diesseitigen Bereich – und sie beziehen darauf entweder das versprochene Bessere oder eben die Vergebung – und dem Jenseits, auf das sich die Vergebung oder das Bessere bezieht.

Und Gott ist voller Vergebung und barmherzig: → 2,173.

8,71(72): **Und wenn sie dich verraten wollen, so haben sie zuvor Gott verraten:** Der Verrat besteht im Beharren auf dem Unglauben, oder im Verweigern des vereinbarten Lösegelds, oder im Brechen des Versprechens, den Propheten und die Muslime nicht zu bekämpfen und die Allianz mit den Ungläubigen zu kündigen.

und Er hat sie dann (eurer) Gewalt preisgegeben: So wird es auch diesmal geschehen, wenn sie dich verraten wollen.

Und Gott weiß Bescheid und ist weise: → 2,29.

8,72(73): **Diejenigen, die glauben und ausgewandert sind und sich mit ihrem Vermögen und mit ihrer eigenen Person auf dem Weg Gottes eingesetzt haben:** Die Verse 8,72–75 unterscheiden vier Gruppen von Muslimen[6]. Hier wird die erste Gruppe vorgestellt. Der Koran nennt sie die »Allerersten der Auswanderer« (9,100), die mit Muḥammad aus Mekka ausgezogen waren und allen anderen, die folgten, im Glauben und im Einsatz vorausgegangen sind. Vielleicht sind sie im Vers 57,10 gemeint: »Diejenigen von euch, die vor dem Erfolg gespendet und gekämpft haben, sind (den anderen) nicht gleichzusetzen. Diese haben eine höhere Rangstufe als die, die erst nachher gespendet und gekämpft haben ...«

und diejenigen, die (jene) untergebracht und unterstützt haben, sind untereinander Freunde: Das sind die Helfer, die *Anṣār* (vgl. 9,100).

Diese Freundschaft beinhaltet nach der Meinung von Ibn ʿAbbās und fast aller Kommentatoren das Recht, sich gegenseitig zu beerben. Der Vers 8,75 wird dann die letzte Entscheidung in dieser Sache bringen und die Bestimmung dieses Satzes aufheben: Dort wird das Recht der Angehörigen, allein als Erben aufzutreten, bestätigt. Rāzī deutet diese Freundschaft als die besondere Beziehung und Zuwendung zwischen den Mitgliedern dieser beiden Gruppen und die gegenseitige Unterstützung, die daraus entsteht. Damit brauchte man nicht mehr an eine Aufhebung des Verses 8,72 durch den Vers 8,75 zu denken, und man kommt nicht in Verlegenheit bei der Deutung der Freundschaft im folgenden Satz[7].

Mit denen aber, die glauben und nicht ausgewandert sind, habt ihr keine Freundschaft zu pflegen, bis sie auswandern: Das ist nun die dritte Gruppe, die in Mekka geblieben ist. Die hier festgelegte Regelung versteht sich als Ermutigung an die Adresse der Muslime in Mekka, doch auszuwandern und sich der Gemeinde in Medina anzuschließen. *bis sie auswandern:* → 4,89.

Wenn sie auch jedoch um Unterstützung wegen der (euch gemeinsamen) Religion bitten, so habt ihr die Pflicht zur Unterstützung, außer gegen Leute, zwischen denen und euch eine Vertragspflicht besteht: zum letzten Halbsatz → 4,90.

Und Gott sieht wohl, was ihr tut → 2,96.

8,73(74): **Und diejenigen, die ungläubig sind, sind untereinander Freunde:** Deswegen gilt es, die gläubigen Muslime gegen ihre Nachstellungen zu schützen und ihnen in ihrer schwierigen Lage beizustehen → 3,28.

6. Vgl. zu den folgenden Ausführungen Rāzī VIII, 15, S. 215–220.
7. Vgl. Rāzī VIII, 15, S. 216.

Wenn ihr es nicht tut, wird es im Land Verführung und großes Unheil geben: Es geht um alle Regelungen, die hier getroffen wurden.

8,74(75): **Und diejenigen, die glauben und ausgewandert sind und sich auf dem Weg Gottes eingesetzt haben:** Erinnerung an die erste Gruppe; siehe 8,72.

und diejenigen, die (jene) untergebracht und unterstützt haben, das sind die wahren Gläubigen: siehe 8,72.

Bestimmt ist für sie Vergebung und ein trefflicher Unterhalt: → 2,218; → 3,195; → 8,4.

8,75(76): **Und diejenigen, die danach geglaubt haben und ausgewandert sind und sich mit euch eingesetzt haben, sie gehören zu euch:** Das ist die vierte Gruppe. Von denen sagt der Vers 9,100: »Mit ... denen, die ihnen in Rechtschaffenheit gefolgt sind, ist Gott zufrieden, und sie sind mit Ihm zufrieden ...«

Aber die Blutsverwandten haben eher Anspruch aufeinander: in Bezug auf das Recht zu erben[8].

dies steht im Buch Gottes: Siehe die Bestimmungen in 4,11–13. Zum Ausdruck siehe 9,36; 30,56; vgl. 9,51.

Gott weiß über alle Dinge Bescheid: → 2,29.

8. Die Shī'iten sehen in diesem Vers die Bestätigung der Vorzugsstellung 'Alīs als Verwandten Muḥammads

(٩) سورة التوبة مدنية
وآياتها تسع وعشرون ومائة

Sure 9

Die Umkehr (al-Tauba)

zu Medina, 129 Verse

9,1 – 129

Sure 9

Die Umkehr (al-Tauba)

zu Medina, 129 Verse

Allgemeine Fragen

Bezeichnung

Die bekannten Titel der Sure 9 sind *al-Tauba* (die Umkehr) und *Barā'a* (Unschuldserklärung, Aufkündigung, Freispruch) im Hinblick auf das erste Wort des Verses 9,1.

Man findet auch weitere Bezeichnungen, die eher eine Reihe von Adjektiven darstellen, welche den allgemein strengen Charakter der Sure unterstreichen[1]. Im folgenden einige davon:

- *al-muqashqisha:* die (an der Heuchelei) unschuldig macht.
- *al-muba'thira:* die (die Geheminisse der Heuchler) verstreut.
- *al-musharrida:* die (die Heuchler) auseinandertreibt.
- *al-mukhziya:* die (sie) zuschanden macht.
- *al-fāḍiha:* die (sie) bloßstellt.
- *al-muthīra;* die (ihre Geheimnisse) aufwirbelt.
- *al-ḥāfira:* die (ihre Geheimnisse) ausgräbt.
- *al-munakkila:* die (ihnen) Ungemach zufügt.
- *al-mudamdima:* die (an sie) zornige Worte richtet.
- *al-munaffira:* die Abscheu (vor ihnen) hervorruft.
- *al-mu'abbira:* die (die Dinge) zum Ausdruck bringt.
- *al-baḥūth:* die (sie) erforscht.
- *Sura al-'adhāb:* Sure von der Pein.

Datierung

Die Sure 9 ist fast in ihrer Gesamtheit in der Zeit nach der Eroberung Mekkas (Anfang des Jahres 630) entstanden. Die muslimischen Kommentatoren denken im allgemeinen an 631.

1. Siehe Listen davon bei Zamakhsharī II, S. 241; Rāzī VIII, 15, S. 223; Manār X, S. 146.

Der erste Teil (9,1–37) regelt die Beziehungen der Muslime zu den Polytheisten und den Juden und Christen. Ibn 'Abbās will jedoch, daß der Vers 9,13 der Situation im Anschluß an die Aufkündigung des Friedensabkommens von Ḥudaybiya (628) vor der Eroberung Mekkas entspricht[2].

Der zweite Teil (9,38–127) bezieht sich auf den Feldzug gegen die Oase Tabūk im Norden der Arabischen Halbinsel (Sommer 630): Einiges befaßt sich mit der Vorbereitung des Unternehmens, einiges prangert die zögerliche und unaufrichtige Haltung der Heuchler, die das Ganze gefährdeten an, während weitere Verse einen Rückblick halten nach dem erfolgreichen Feldzug zum Norden (630–631). Ausnahme von dieser Datierung bilden die Verse 9,113–114, von denen einige behaupten, sie seien mekkanisch, da sie Ähnlichkeit mit mekkanischen Themen aufweisen. Es ist jedoch anzumerken, daß Ibn 'Abbās und die meisten Kommentatoren die ganze Sure als medinisch betrachten. Wenn also Themen auftauchen, die mekkanischen Themen ähnlich sind, bedeutet dies keineswegs, daß auch die Verse mekkanisch sein müssen, sondern nur daß sie sich auf ähnliche Anliegen beziehen. Auch wenn die Tradition solche Verse in den Zusammenhang mit mekkanischen Begebenheiten stellt, dann bedeutet dies nur, daß man sie diesbezüglich auch herangezogen hat, nicht aber unbedingt, daß sie bereits in der mekkanischen Zeit der Verkündigung formuliert wurden.

Eine weitere Ausnahme bilden die letzten Verse der Sure 9,128–129. Diese scheinen ein Überbleibsel aus der Mekka-Zeit zu sein, die bei der Redaktion der offiziellen Ausgabe des Korans noch keinen Platz gefunden hatten. Sie seien hier angehängt worden, da die Sure 9 nach der Meinung vieler Kommentatoren nach Ibn 'Abbās chronologisch die allerletzte sei[3].

Struktur und Inhalt

Man kann in der Sure 9 eindeutig zwei Hauptblöcke und einen kurzen Anhang erkennen.

1. Beziehungen zu den Nicht-Muslimen

– Über die Verträge und Abmachungen mit den Polytheisten: 9,1–12.
– Aufruf zum Kampf gegen die Polytheisten: 9,13–16.

2. Siehe Rāzī VIII, 15, S. 244. Vgl. Geschichte des Qorans I, S. 223. – Bell datiert in diese Zeit vor der Eroberung Mekkas weitere Verse der Sure (1.4.7a.8.15.17–18), während er die übrigen Verse mit der Zeit kurz nach der Eroberung Mekkas (also 630) verbindet; siehe seinen Beitrag: Muhammad's Pilgrimage Proclamation, in: Journal of the Royal Asiatic Society, 1937, S. 233–244.

3. Das ist die Meinung von Bukhārī (Kitāb al-maghāzī), Muslim (Kitāb al-farā'iḍ), Ṭabarī (in der Einleitung seines Kommentars); siehe auch Zamakhsharī II, S. 241, Titel. Manār (X, S. 147) plädiert für Sure 110: die Unterstützung (al-Naṣr). Andere nehmen an, daß die letztoffenbarte Sure die Sure 5: der Tisch (al-Mā'ida) sei.

- Aufhebung des bisherigen Dienstes der Polytheisten bei den Wallfahrtsriten zu Mekka: 9,17–22.
- Verbot für die Muslime, Freundschaft mit ihren ungläubig gebliebenen Verwandten zu pflegen: 9,22–24.
- Hinweis auf die Unterstützung Gottes in einer heiklen Lage bei Ḥunayn: 9,25–27.
- Die Polytheisten dürfen die heilige Moschee nicht mehr betreten: 9,28.
- Kampf gegen die Nicht-Muslime, vor allem die Leute des Buches, bis sie sich unterwerfen und Tribut zahlen: 9,29.
- Verurteilung der Juden und der Christen: 9,30–36.
- Kampf gegen die Polytheisten. Anweisung zu den heiligen Monaten: 9,37–38.

2. Gegen die Heuchler und die Beduinen in den Reihen der Muslime

2.1 Problemfälle
- Ankündigung eines Feldzugs: Klage über das Zögern der Heuchler: 9,38–52.
- Verurteilung der Heuchler wegen verschiedener Fehlhaltungen: 9,53–80.
- Tadel gegen die Muslime, die am Feldzug nicht teilnehmen möchten: 9,81–96.
- Gegen die Beduinen: 9,97–106.
- Gegen die, die Spaltung in der Gemeinde herbeiführen: 9,107–110.

2.2 Lob der treuen Muslime
- Verheißung des Lohnes für die Kämpfer des Islam: 9,111–114.
- Treue und Barmherzigkeit Gottes: 9,115–119.
- Gegen die Unwilligen, die sich weigern, am Feldzug teilzunehmen. Legitime Ausnahmen: 9,120–123.
- Gegen die Heuchler. Ermunterung der Gläubigen: 9,124–127.

3. Anhang
- Stellung des Propheten Muḥammad in der Gemeinde: 9,128–129.

Wichtige Inhalte

Außer dem Einblick in die Lage der Gemeinde gegen das Ende des Lebens Muḥammads und die Angaben zur Gestaltung der Beziehungen der Muslime zu den Nicht-Muslimen, vor allem zu den Christen, gibt es in der Sure 9 Aussagen über die Stellung des Propheten Muḥammad sowie über die Grundsätze einer gerechten Gesellschaftsordnung. Es sollen hier nur einige dieser Aussagen angegeben werden[4].

4. Siehe dazu die ausführlichen Angaben in Manār XI, S. 98–140.

1. Muḥammad inmitten der islamischen Gemeinde

- Unterstützung der Autorität Muḥammads dadurch, daß sein Name zusammen mit dem Namen Gottes erwähnt wird, so daß seine Entscheidungen mit der Autorität Gottes versehen werden, seine Rechtsbestimmungen als Weisungen Gottes zu gelten haben: siehe z. B. 9,1.3.16.24.29.54.59.62.63.65.79.90.91.94.99.105.
- Festigung der Stellung Muḥammads in der Gemeinde: Wer ihm gehorcht, erhält die Belohnung Gottes: wer ungehorsam ist, wird bestraft; – Gott hat ihn direkt unterstützt (vgl. 9,25–26.40); – Gott hat durch ihn sein Licht zur Vollendung gebracht (9,32); – Gott hat ihn mit der Religion der Wahrheit gesandt, um ihr die Oberhand zu verleihen über alle Religion (9,33).

2. Einige Grundsätze

- Es gilt die grundsätzliche Gleichheit zwischen den gläubigen Männern und Frauen in der Freundschaft und in der Unterstützung (9,71), sowie im Hinblick auf die jenseitige Belohnung (9,72).
- Es ist legitim, mit den Nicht-Muslimen Verträge zu schließen. Verträge und Abmachungen müssen gehalten werden (9,4.7.12.13). Es ist auch legitim, einem Nicht-Muslim Gastfreiheit im islamischen Land zu gewähren (9,6).
- Es besteht keine Pflicht für alle Muslime, zu kämpfen, es sei denn, eine Generalmobilmachung wird ausgerufen: 9,41.116.

Eine Besonderheit der Sure 9

Eine Besonderheit der Sure 9 besteht darin, daß sie als einzige im Koran nicht mit der *basmala* (d. h. mit dem Satz: Im Namen Gottes, des Erbarmers, des Barmherzigen) beginnt. Die Kommentatoren haben für diesen Umstand unterschiedliche Erklärungen vorgebracht[5].

- Die Gefährten Muḥammads waren sich nicht einig darüber, ob die Suren 8 und 9 zwei voneinander unabhängige Suren oder eine einzige Sure und damit die siebte der sogenannten langen Suren (*al-ṭiwāl*) bilden. Daraufhin hätte man zwischen das Ende der Sure 8 und den Anfang der Sure 9 einen Abstand eingefügt (um anzudeuten, daß sie eben vielleicht zwei Suren sind), und sie hätten die *basmala* der Sure 9 nicht vorangestellt (um anzudeuten, daß beide vielleicht doch nur eine einzige Sure bilden).
- Es seien zwei Suren, da jedoch die Themen ähnlich gelagert sind, vor allem was den Bruch der Beziehungen zu den Polytheisten betrifft, habe man die *basmala* wegfallen lassen.
- Von Ibn ʿAbbās wird überliefert, daß er nach der Angelegenheit gefragt habe. Er erhielt von ʿUthmān den Hinweis, daß Muḥammad, der sonst zu sagen

5. Vgl. Zamakhsharī II, S. 241–242; Rāzī VIII, 15, S. 223–225.

pflegte, an welche Stelle des Korans jede Sure eingefügt werden soll, für die Sure 9 die Sache offen gelassen habe. Da nun die Suren 8 und 9 ähnliche Themen behandelten, wurden sie nebeneinander gestellt.

Von ʿAlī kam folgende Antwort: Die *basmala* verheißt Sicherheit, und die Sure 9 bringt das Schwert und die Aufkündigung der Verträge, sie bringt keine Sicherheit[6].

Vorzüge der Sure 9

In einem Ḥadīth hat Muḥammad gesagt: »Wer die Sure *die Beute* (al-Anfāl, Sure 8) und die Sure *Aufkündigung* (Barāʾa, Sure 9) liest, für den werde ich am Tag der Auferstehung als Fürsprecher auftreten und bezeugen, daß er frei von Heuchelei ist, und dem werden zehn gute Taten für jeden Heuchler und jede Heuchlerin angerechnet. Der Thron (Gottes) und dessen Träger werden für ihn um Vergebung bitten alle Tage seines Lebens im Diesseits[7].«

6. R. Bell meint, daß der erste Vers der Sure deutlich macht, daß der folgende Text eine förmliche Erklärung von seiten Gottes sei, was die Funktion der *basmala* erfüllt; vgl. *R. Bell*: Muhammad's Pilgrimage Proclamation, in: Journal of the Royal Asiatic Society, 1939, S. 235 (auch in: Introduction to the Qur'ān, Edinburgh 1953, S. 53–54).

7. Zitiert bei Zamakhsharī II, S. 240.

9,1–129

9,1–16

[19½] 1 Aufkündigung von seiten Gottes und seines
Gesandten an diejenigen unter den Polytheisten,
mit denen ihr einen Vertrag abgeschlossen habt. 2
Nun zieht im Land vier Monate umher und wißt,
daß ihr Gottes Willen nicht vereiteln könnt, und
daß Gott die Ungläubigen zuschanden macht.
3 Und Bekanntmachung von seiten Gottes und
seines Gesandten an die Menschen am Tag der
großen Wallfahrt: Gott ist der Polytheisten ledig,
und auch sein Gesandter. Wenn ihr umkehrt, ist es
besser für euch. Wenn ihr auch abkehrt, so wißt,
daß ihr Gottes Willen nicht vereiteln könnt. Und
verkünde denen, die ungläubig sind, eine
schmerzhafte Pein. 4 Mit Ausnahme derer von
den Polytheisten, mit denen ihr einen Vertrag
geschlossen habt und die euch in nichts fehlen lassen und niemandem gegen euch beigestanden
haben. So erfüllt ihnen gegenüber ihren Vertrag
bis zu der ihnen eingeräumten Frist. Gott liebt die
Gottesfürchtigen. 5 Wenn die heiligen Monate
abgelaufen sind, dann tötet die Polytheisten, wo
immer ihr sie findet, greift sie, belagert sie und
lauert ihnen auf jedem Weg auf. Wenn sie umkehren, das Gebet verrichten und die Abgabe entrichten, dann laßt sie ihres Weges ziehen: Gott ist voller Vergebung und barmherzig.

بَرَآءَةٌ مِّنَ ٱللَّهِ وَرَسُولِهِۦٓ إِلَى ٱلَّذِينَ عَٰهَدتُّم مِّنَ
ٱلْمُشْرِكِينَ ﴿١﴾ فَسِيحُوا۟ فِى ٱلْأَرْضِ أَرْبَعَةَ أَشْهُرٍ وَٱعْلَمُوٓا۟
أَنَّكُمْ غَيْرُ مُعْجِزِى ٱللَّهِ ۙ وَأَنَّ ٱللَّهَ مُخْزِى ٱلْكَٰفِرِينَ ﴿٢﴾
وَأَذَٰنٌ مِّنَ ٱللَّهِ وَرَسُولِهِۦٓ إِلَى ٱلنَّاسِ يَوْمَ ٱلْحَجِّ ٱلْأَكْبَرِ
أَنَّ ٱللَّهَ بَرِىٓءٌ مِّنَ ٱلْمُشْرِكِينَ ۙ وَرَسُولُهُۥ ۚ فَإِن تُبْتُمْ فَهُوَ
خَيْرٌ لَّكُمْ ۖ وَإِن تَوَلَّيْتُمْ فَٱعْلَمُوٓا۟ أَنَّكُمْ غَيْرُ مُعْجِزِى ٱللَّهِ ۗ
وَبَشِّرِ ٱلَّذِينَ كَفَرُوا۟ بِعَذَابٍ أَلِيمٍ ﴿٣﴾ إِلَّا ٱلَّذِينَ عَٰهَدتُّم
مِّنَ ٱلْمُشْرِكِينَ ثُمَّ لَمْ يَنقُصُوكُمْ شَيْـًٔا وَلَمْ يُظَٰهِرُوا۟
عَلَيْكُمْ أَحَدًا فَأَتِمُّوٓا۟ إِلَيْهِمْ عَهْدَهُمْ إِلَىٰ مُدَّتِهِمْ ۚ إِنَّ ٱللَّهَ
يُحِبُّ ٱلْمُتَّقِينَ ﴿٤﴾ فَإِذَا ٱنسَلَخَ ٱلْأَشْهُرُ ٱلْحُرُمُ فَٱقْتُلُوا۟
ٱلْمُشْرِكِينَ حَيْثُ وَجَدتُّمُوهُمْ وَخُذُوهُمْ وَٱحْصُرُوهُمْ
وَٱقْعُدُوا۟ لَهُمْ كُلَّ مَرْصَدٍ ۚ فَإِن تَابُوا۟ وَأَقَامُوا۟ ٱلصَّلَوٰةَ
وَءَاتَوُا۟ ٱلزَّكَوٰةَ فَخَلُّوا۟ سَبِيلَهُمْ ۚ إِنَّ ٱللَّهَ غَفُورٌ رَّحِيمٌ ﴿٥﴾

6 Und wenn einer von den Polytheisten dich um
Schutz bittet, so gewähre ihm Schutz, bis er das
Wort Gottes hört. Danach laß ihn den Ort erreichen, in dem er in Sicherheit ist. Dies, weil sie
Leute sind, die nicht Bescheid wissen. – Wie sollten die Polytheisten Gott und seinem Gesandten
gegenüber einen Vertrag geltend machen, ausgenommen die, mit denen ihr bei der heiligen
Moschee einen Vertrag abgeschlossen habt?
Solange sie sich euch gegenüber recht verhalten,
verhaltet auch ihr euch ihnen gegenüber recht.
Gott liebt die Gottesfürchtigen. 8 Wie sollten sie
dies tun, wo sie doch, wenn sie die Oberhand über
euch bekommen, euch gegenüber weder Verwandtschaft noch Schutzbund beachten? Sie stellen euch zufrieden mit ihrem Munde, aber ihre
Herzen sind voller Ablehnung. Und die meisten
von ihnen sind Frevler. 9 Sie haben die Zeichen
Gottes für einen geringen Preis verkauft und so
die Menschen von seinem Weg abgewiesen.
Schlimm ist, was sie immer wieder getan haben.
10 Sie beachten einem Gläubigen gegenüber
weder Verwandtschaft noch Schutzbund. Das sind
die, die Übertretungen begehen. 11 Wenn sie
umkehren, das Gebet verrichten und die Abgabe
entrichten, dann sind sie eure Brüder in der Religion. Wir legen die Zeichen im einzelnen dar für
Leute, die Bescheid wissen. 12 Wenn sie aber nach
Vertragsabschluß ihre Eide brechen und eure Religion angreifen, dann kämpft gegen die Anführer

وَإِنْ أَحَدٌ مِّنَ ٱلْمُشْرِكِينَ ٱسْتَجَارَكَ فَأَجِرْهُ حَتَّىٰ يَسْمَعَ
كَلَـٰمَ ٱللَّهِ ثُمَّ أَبْلِغْهُ مَأْمَنَهُۥ ۚ ذَٰلِكَ بِأَنَّهُمْ قَوْمٌ لَّا يَعْلَمُونَ ﴿٦﴾
كَيْفَ يَكُونُ لِلْمُشْرِكِينَ عَهْدٌ عِندَ ٱللَّهِ وَعِندَ رَسُولِهِۦٓ
إِلَّا ٱلَّذِينَ عَـٰهَدتُّمْ عِندَ ٱلْمَسْجِدِ ٱلْحَرَامِ فَمَا ٱسْتَقَـٰمُوا۟
لَكُمْ فَٱسْتَقِيمُوا۟ لَهُمْ ۚ إِنَّ ٱللَّهَ يُحِبُّ ٱلْمُتَّقِينَ ﴿٧﴾ كَيْفَ
وَإِن يَظْهَرُوا۟ عَلَيْكُمْ لَا يَرْقُبُوا۟ فِيكُمْ إِلًّا وَلَا ذِمَّةً ۚ
يُرْضُونَكُم بِأَفْوَٰهِهِمْ وَتَأْبَىٰ قُلُوبُهُمْ وَأَكْثَرُهُمْ فَـٰسِقُونَ ﴿٨﴾
ٱشْتَرَوْا۟ بِـَٔايَـٰتِ ٱللَّهِ ثَمَنًا قَلِيلًا فَصَدُّوا۟ عَن سَبِيلِهِۦٓ ۚ
إِنَّهُمْ سَآءَ مَا كَانُوا۟ يَعْمَلُونَ ﴿٩﴾ لَا يَرْقُبُونَ فِى مُؤْمِنٍ إِلًّا
وَلَا ذِمَّةً ۚ وَأُو۟لَـٰٓئِكَ هُمُ ٱلْمُعْتَدُونَ ﴿١٠﴾ فَإِن تَابُوا۟ وَأَقَامُوا۟
ٱلصَّلَوٰةَ وَءَاتَوُا۟ ٱلزَّكَوٰةَ فَإِخْوَٰنُكُمْ فِى ٱلدِّينِ ۗ وَنُفَصِّلُ
ٱلْـَٔايَـٰتِ لِقَوْمٍ يَعْلَمُونَ ﴿١١﴾ وَإِن نَّكَثُوٓا۟ أَيْمَـٰنَهُم مِّنۢ
بَعْدِ عَهْدِهِمْ وَطَعَنُوا۟ فِى دِينِكُمْ فَقَـٰتِلُوٓا۟ أَئِمَّةَ ٱلْكُفْرِ ۙ

des Unglaubens. Für sie gibt es ja keine Eide. Vielleicht werden sie aufhören. 13 Wollt ihr nicht
gegen Leute kämpfen, die ihre Eide gebrochen
haben und im Begriff gewesen sind, den Gesandten zu vertreiben, wobei sie zuerst gegen euch
vorgegangen sind? Fürchtet ihr sie? Gott hat eher
darauf Anspruch, daß ihr Ihn fürchtet, so ihr gläubig seid. 14 Kämpft gegen sie, so wird Gott sie
durch eure Hände peinigen, sie zuschanden
machen und euch gegen sie unterstützen, die
Brust gläubiger Leute wieder heil machen 15 und
den Groll ihrer Herzen entfernen. Und Gott wendet sich, wem Er will, wieder zu. Und Gott weiß
Bescheid und ist weise. 16 Oder meint ihr, daß ihr
in Ruhe gelassen werdet, bevor Gott in Erfahrung
gebracht hat, wer von euch sich eingesetzt und
sich außer Gott, seinem Gesandten und den Gläubigen keinen Freund genommen hat? Und Gott
hat Kenntnis von dem, was ihr tut.

إِنَّهُمْ لَآ أَيْمَـٰنَ لَهُمْ لَعَلَّهُمْ يَنتَهُونَ ﴿١٢﴾ أَلَا تُقَـٰتِلُونَ قَوْمًا
نَّكَثُوٓا۟ أَيْمَـٰنَهُمْ وَهَمُّوا۟ بِإِخْرَاجِ ٱلرَّسُولِ وَهُم بَدَءُوكُمْ أَوَّلَ
مَرَّةٍ ۚ أَتَخْشَوْنَهُمْ ۚ فَٱللَّهُ أَحَقُّ أَن تَخْشَوْهُ إِن كُنتُم مُّؤْمِنِينَ ﴿١٣﴾
قَـٰتِلُوهُمْ يُعَذِّبْهُمُ ٱللَّهُ بِأَيْدِيكُمْ وَيُخْزِهِمْ وَيَنصُرْكُمْ عَلَيْهِمْ
وَيَشْفِ صُدُورَ قَوْمٍ مُّؤْمِنِينَ ۙ ﴿١٤﴾ وَيُذْهِبْ غَيْظَ قُلُوبِهِمْ ۗ
وَيَتُوبُ ٱللَّهُ عَلَىٰ مَن يَشَآءُ ۗ وَٱللَّهُ عَلِيمٌ حَكِيمٌ ﴿١٥﴾ أَمْ
حَسِبْتُمْ أَن تُتْرَكُوا۟ وَلَمَّا يَعْلَمِ ٱللَّهُ ٱلَّذِينَ جَـٰهَدُوا۟ مِنكُمْ
وَلَمْ يَتَّخِذُوا۟ مِن دُونِ ٱللَّهِ وَلَا رَسُولِهِۦ وَلَا ٱلْمُؤْمِنِينَ
وَلِيجَةً ۚ وَٱللَّهُ خَبِيرٌۢ بِمَا تَعْمَلُونَ ﴿١٦﴾

Varianten: 9,1–16

Basmala: vorhanden (bei Ibn Mas'ūd, Ṭalḥa, al-Rabī' Ibn Khuthaym).

9,1: barā'atun: barā'atan (laut Zamakhsharī II, S. 242).
mina llāhi: mini llāhi (nach den Rezitatoren von Nadjrān).

9,3: adhānun: idhnun (bei 'Ikrima; nach al-Ḍaḥḥāk, al-Djaḥdarī).
anna llāha: inna llāha (laut Zamakhsharī II, S. 245).
wa rasūluhū: wa rasūlahū; oder: wa rasūlihī: bei seinem Gesandten (Schwurformel) (laut Zamakhsharī II, S. 245).
fahuwa: fahwa (nach Abū 'Amr, Kisā'ī).

9,4: lam yanquṣūkum: lam yanquḍūkum: die euch (die Verträge) nicht gebrochen haben (laut Zamakhsharī II; S. 247).
ilayhim: ilayhum (nach Ḥamza).

9,6: ma'manahū: māmanahū (nach Warsh, al-Sūsī).

9,7: kayfa yakūnu lil-mushrikīna: laysa lil-mushrikīna: Die Polytheisten können ... keinen (Vertrag geltend machen) (bei Ibn Mas'ūd).
'ahdun: 'ahdu (bei Ibn Mas'ūd); hinzugefügt: 'inda llāhi wa dhimmatun: keinen Vertrag bei Gott und keinen Schutzbund (bei Ibn Mas'ūd nach einigen Gewährsmännern).

9,8: yaẓharū: yuẓāhirū: (anderen) geholfen, die Oberhand über euch zu bekommen (bei Ibn 'Abbās; nach Ibn Qays).
lā yarqubū fīkum: lā yarqubūna fī mu'minīna: den Gläubigen gegenüber ... beachten (bei 'Ikrima).
illan: īlan (bei Ṭalḥa; 'Ikrima, Ibn 'Umar).

9,12: a'immata: a(y'i)mmata: [Aussprache: zwischen y und '] (nach Nāfi', Ibn Kathīr, Abū 'Amr).
lā aymāna: lā īmāna: keinen Glauben bzw. keine Treue (laut Zamakhsharī II, S. 251).

9,14: 'alayhim: 'alayhum (nach Ḥamza, Kisā'ī).
wa yashfi: wa yashfī: (bei Ubayy).

9,15: wa yatūbu: wa yatūba (laut Zamakhsharī II, S. 253).

Kommentar

9,1(1): **Aufkündigung von seiten Gottes und seines Gesandten an diejenigen unter den Polytheisten, mit denen ihr einen Vertrag abgeschlossen habt:** Das Wort *barā'a* bedeutet Unschuldserklärung (vgl. 9,3), Freispruch (54,43). Die muslimischen Kommentatoren deuten es hier, wie in 9,3 als eine Erklärung mit dem Hinweis darauf, daß man nun keine Schuld trägt, wenn man sich nicht mehr den eingegangenen Abmachungen entsprechend verhält, d. h. daß die Beziehungen zwischen den Parteien nunmehr aufgelöst werden. Daher auch die Übersetzung: Aufkündigung, d. h. Aufkündigung des Friedens-Vertrags von Ḥudaybiya (628).

In 54,43 bedeutet das Wort Freispruch. Daraufhin hat Blachère den Vers übersetzt, als sei er ein Freispruch zugunsten derer, mit denen die Muslime durch einen Vertrag gebunden sind. Dies würde dann besser zur Ausnahme in 9,4 passen. Die muslimischen Kommentatoren bieten hier eine einsichtige Erklärung, indem sie die Vertragspartner in 9,1 als diejenigen ansehen, die ihre Abmachungen nicht eingehalten haben oder deren festgesetzte Frist abgelaufen war, während in 9,4 bestätigt wird, daß die dort Gemeinten treu zu den eingegangenen Verpflichtungen geblieben sind. Man kann sich also, ohne den Text zu vergewaltigen, für die eine oder andere Deutung entscheiden.

Diese Aufkündigung der Abmachungen ist nach den Angaben der muslimischen Kommentatoren während der Wallfahrt von 631, bei der Abū Bakr vom Propheten Muḥammad als Leiter eingesetzt war, proklamiert worden.

9,2(2): **Nun zieht im Land vier Monate umher:** In diesen Monaten ist es den Muslimen verboten, die Gegner zu bekämpfen und zu töten; deswegen werden sie in 9,5 auch heilige Monate genannt. Diese vier Monate sind hier nicht mit den offiziellen vier »heiligen Monaten« (9,36) zu verwechseln[1]. Zur Frage, welche Monate das sind, gibt es verschiedene Äußerungen: Die vier Monate sind nach al-Zuhrī Shawwāl (10. Monat), Dhū l-qa'da (11. Monat), Dhū l-ḥidjja (12. Monat) und Muḥarram (1. Monat); – oder sie beginnen am 20. Dhū l-ḥidjja und erstrecken sich über Muḥarram, Ṣafar und Rabīʿ al-awwal bis zum 10. Rabīʿ al-ākhar; – oder sie gehen vom 10. Dhū l-qa'da bis zum 10. Rabīʿ al-awwal[2].

Die Muslime sollen also den Vertrag nicht verlängern, die einberaumte Zeit benutzen und sich dem Willen Gottes fügen.

1. Diese »heiligen Monate« sind Dhū l-qa'da (11. Monat des Mondkalenders), Dhū l-ḥidjja (12. Monat), Muḥarram (1. Monat) und Rdjab (7. Monat), also nicht vier Monate hintereinander, wie dies im Vers 9,2 und 9,5 festgelegt ist.
2. Vgl. Zamakhsharī II, S. 244; Rāzī VIII, 15, S. 228.

und wißt, daß ihr Gottes Willen nicht vereiteln könnt: wörtlich: daß ihr Gott nicht ohnmächtig machen könnt; → 6,134.

und daß Gott die Ungläubigen zuschanden macht: Sie werden im Diesseits getötet und im Jenseits gepeinigt (so Ibn 'Abbās). → 2,85.

9,3(3): **Und Bekanntmachung von seiten Gottes und seines Gesandten an die Menschen am Tag der großen Wallfahrt: Gott ist der Polytheisten ledig, und auch sein Gesandter:** Die Wallfahrt von 631 wird hier die große Wallfahrt genannt, weil an deren Riten Muslime wie Polytheisten teilnahmen. Ḥasan al-Baṣrī will sogar, daß sie in jenem Jahr mit dem Termin für alle Gemeinschaften zusammenfiel: Es war die Wallfahrt der Muslime und der Polytheisten, sowie das Fest der Juden und der Christen. Andere denken eher daran, daß es sich um den Tag der Versammlung am Berg 'Arafāt bzw. in der Ebene von Minā, oder einfach um die übliche Wallfahrt im Gegensatz zum Pilgerbesuch (*'umra*) handelte[3].

Wenn ihr umkehrt, ist es besser für euch: Wenn ihr den Polytheismus ablegt und den Glauben annehmt.

Wenn ihr euch abkehrt, so wißt, daß ihr Gottes Willen nicht vereiteln könnt: → 9,2.

Und verkünde denen, die ungläubig sind, eine schmerzhafte Pein: → 3,21. Zum gesamten Satz siehe auch 9,74.

9,4:(4): **Mit Ausnahme derer von den Polytheisten, mit denen ihr einen Vertrag geschlossen habt und die euch in nichts fehlen lassen und niemandem gegen euch beigestanden haben:** Man kann diesen Vers an der zweiten Hälfte des vorherigen Verses (9,3) anschließen; ähnlich in 9,7. Oder, wie muslimische Kommentatoren denken, ist der Vers mit 9,1 (so al-Zadjjādj) oder mit 9,2 (so Zamakhsharī) zu verbinden[4]. Dann wären aber die Verse 9,2–3 bzw. 9,3 als Einschub zu betrachten.

Die Treue zu den eingegangenen Abmachungen zeigt sich darin, daß die Polytheisten gegen die Muslime nicht vorgehen und kämpfen, weder direkt, d. h. persönlich, noch indirekt, d. h. durch Unterstützung der Feinde der Muslime.

3. Vgl. Zamakhsharī II, S. 244–245; Rāzī VIII, 15, S. 229–230.
4. Vgl. Zamakhsharī II, S. 245–246; Rāzī VIII, 15, S. 232.

So erfüllt ihnen gegenüber ihren Vertrag bis zu der ihnen eingeräumten Frist: *atimmū*: vollständig einhalten, erfüllen. Wenn der Partner Vertragstreue zeigt, so besteht der Koran darauf, daß die Muslime auch ihrerseits die Abmachungen voll respektieren; → 5, 1; siehe Exkurs S. 255–258. Dies gehöre ja zu den Eigenschaften der Gottesfürchtigen.

Gott liebt die Gottesfürchtigen: → 3,76.

9,5(5): **Wenn die heiligen Monate abgelaufen sind:** *insalakha:* abgestreift, abgelaufen sind.

Das sind die vier Monate, von denen in 9,2 die Rede ist, die mit einem Verbot, zu kämpfen und zu töten, belegt sind.

dann tötet die Polytheisten, wo immer ihr sie findet: → 2,191; 4,89.91.

greift sie, belagert sie und lauert ihnen auf jedem Weg auf: Es ist der Aufruf zum totalen Kampf gegen die feindlichen Polytheisten: sie töten, gefangennehmen, belagern und ihnen auflauern. Es gibt dann nur eine Möglichkeit, dieser totalen Auseinandersetzung zu entrinnen: die Annahme des islamischen Glaubens und die ehrliche Glaubenspraxis.

Wenn sie umkehren, das Gebet verrichten und die Abgabe entrichten: auch in 9,11.

dann laßt sie ihres Weges ziehen: Sie dürfen dann sich frei bewegen, ihre Anliegen verfolgen und sogar in die heilige Moschee treten.

Gott ist voller Vergebung und barmherzig: → 2,173.

9,6(6): **Und wenn einer von den Polytheisten dich um Schutz bittet, so gewähre ihm Schutz, bis er das Wort Gottes hört:** Der Satz richtet sich an Muḥammad und berücksichtigt den Fall, daß einer von den Polytheisten, auch nach Ablauf der festgesetzten Frist, begehrt, die Botschaft des Korans zu hören oder die Argumente und Beweise der Muslime kennenzulernen. In diesem Fall ist der Polytheist nicht der Bekämpfung durch die Muslime ausgesetzt. Denn der Kampf zielt darauf, die Polytheisten zum islamischen Glauben zu führen und so die Feindschaft zwischen ihnen und den Muslime zu beenden. Was der aufgenommene Gast zu hören bekommt, kann sich auf den gesamten Koran erstrekken, oder nur auf einen Teil davon, oder auch auf die Beweise für die Wahrheit des Islam.

Die Dauer dieser Schonzeit wird hier nicht festgesetzt. Wer sucht, sich von der Wahrheit des Islam zu überzeugen, kann manchmal eine längere Zeit brauchen. Er gehört ja zu den Leuten, die nicht Bescheid wissen (Ende des Verses 9,6), daher wird oft eine kurze Belehrung nicht ausreichen[5].

Danach laß ihn den Ort erreichen, in dem er in Sicherheit ist: z. B. in das Gebiet seines Stammes oder seiner Familie. Erst dann tritt die Pflicht, ihn und die übrigen Polytheisten zu bekämpfen, wieder in Kraft[6].

Dies, weil sie Leute sind, die nicht Bescheid wissen: → 2,13.

9,7(7): **Wie sollen die Polytheisten Gott und seinem Gesandten gegenüber einen Vertrag geltend machen, ausgenommen die, mit denen ihr bei der heiligen Moschee einen Vertrag abgeschlossen habt?:** Diese letzten haben sich loyal verhalten und die getroffenen Abmachungen nicht gebrochen.

Solange sie sich euch gegenüber recht verhalten, verhaltet auch ihr euch ihnen gegenüber recht. Gott liebt die Gottesfürchtigen: so bereits in 9,4.

9,8(8): **Wie sollten sie dies tun, wo sie doch, wenn sie die Oberhand über euch bekommen, euch gegenüber weder Verwandtschaft noch Schutzbund beachten?:** auch in 9,10. – *illan:* außer der Bedeutung Verwandtschaft (nach al-Farrā') wie in der Übersetzung findet man für das Wort auch folgende Deutungen: Vertrag, Eid, Gottheit bzw. Gott.

Wie wollten sie einen Vertrag oder irgendwelche Verpflichtungen geltend machen? Die Polytheisten pflegen doch die Verträge zu brechen und Untreue zu zeigen.

Sie stellen euch zufrieden mit ihrem Munde, aber ihre Herzen sind voller Ablehnung: siehe ähnlich → 3,167.

Und die meisten von ihnen sind Frevler: → 3,110. Die meisten, nicht alle, denn es könnte sein, daß einige von ihnen nach den Maßstäben ihrer Überzeugung recht handeln. Ibn 'Abbās meint sogar, daß es möglich ist, daß einige von ihnen sich doch bekehrt und den Islam angenommen haben.

5. Vgl. Rāzī VIII, 15, S. 236. Zamakhsharī merkt an, daß nach al-Suddī und al-Ḍaḥḥāk dieser Vers durch die allgemeine Anweisung in 9,5, die Polytheisten überall zu töten und zu bekämpfen, aufgehoben ist; II, S. 248–249.

6. Paret meint, daß der Inhalt dieses Verses eine gewisse Beruhigung der Verhältnisse voraussetzt (Der Koran. Kommentar und Konkordanz, S. 196).

9,9(9): **Sie haben die Zeichen Gottes für einen geringen Preis verkauft:** → 2,41. Im allgemeinen wird dieser Vorwurf an die Adresse der Juden gerichtet, so daß einige muslimische Kommentatoren meinen, hier sei eine Gruppe von Juden, die den Polytheisten beim Brechen ihrer Verträtge geholfen hat, angesprochen.

und so die Menschen von seinem Weg abgewiesen: auch in 9,34; → 2,217. → 4,167.

Schlimm ist, was sie immer wieder getan haben: → 5,66.
Zu den letzten zwei Sätzen siehe auch 58,15–16; 63,2.

9,10(10): **Sie beachten einem Gläubigen gegenüber weder Verwandtschaft noch Schutzbund:** siehe oben 9,8.

Das sind die, die Übertretungen begehen: im Hinblick auf das, was die Abmachungen beinhalten und was die Bestimmungen Gottes festlegen.

9,11(11): **Wenn sie umkehren, das Gebet verrichten und die Abgabe entrichten:** siehe oben 9,5.

dann sind sie eure Brüder in der Religion: dann gehören sie als gläubige Muslime zu euch und entziehen sich damit der Bekämpfung. → 3,103.

Wir legen die Zeichen im einzelnen dar für Leute, die Bescheid wissen: zu diesem Einschub siehe → 6,55; auch 6,97; 7,32; 10,5; 41,3; vgl. 6,98; 30,28.

9,12(12): **Wenn sie aber nach Vertragsabschluß ihre Eide brechen und eure Religion angreifen, dann kämpft gegen die Anführer des Unglaubens:** zum Ausdruck »Anführer des Unglaubens« (*a 'immata l-kufri*) siehe auch 28,41.

Für sie gibt es keine Eide: d. h. wenn sie Eide leisten, sind es in Wirklichkeit keine Eide, denn sie respektieren keine Eide.
Eine andere mögliche Übersetzung lautet: Es gibt zu ihren Gunsten keine Eide (die man also geltend machen könnte); siehe 68,39.

Vielleicht werden sie aufhören: Vielleicht bringt sie die Bekämpfung durch die Muslime zur Vernunft und zu einer besseren Einschätzung der Lage, so daß sie mit ihrer Feindschaft und Untreue aufhören.

9,13(13): **Wollt ihr nicht gegen Leute kämpfen, die ihre Eide gebrochen haben und im Begriff gewesen sind, den Gesandten zu vertreiben, wobei sie zuerst gegen euch vorgegangen sind?:** Dieser Vers beziehe sich auf Ereignisse vor der Eroberung Mekkas, als die Polytheisten den Friedensvertrag von Ḥudaybiya mißachtet haben (so Ibn ʿAbbās), deswegen müsse er in die Zeit vor diese Eroberung datiert werden. Die meisten Kommentatoren bestehen darauf, daß der Vers wie die übrigen in dieser Sure in die Zeit nach der Eroberung Mekkas gehöre (so u. a. Ḥasan al-Baṣrī). Die Versuche, den Gesandten zu vertreiben, können sich auf die Lage in Mekka beziehen, oder auch auf die Lage in Medina oder einfach auf die Versuche der Polytheisten, die imstande gewesen wären, Muḥammad aus Medina selbst zu vertreiben[7].

Übrigens muß man anmerken, daß ein Vers, der sich eventuell auf eine Begebenheit bezieht, nicht unbedingt in die Zeit dieser Begebenheit selbst datiert werden muß. Er kann später entstanden sein und nur Bezug auf das ältere Ereignis nehmen.

Die Polytheisten haben auch selbst damit angefangen, die Muslime zu bekämpfen, z. B. bei der Schlacht zu Badr, oder als sie die Verbündeten eines Stammes der Muslime bekämpften.

Fürchtet ihr sie? Gott hat eher darauf Anspruch, daß ihr Ihn fürchtet: → 2,150.

so ihr gläubig seid: → 2,91.

9,14(14): **Kämpft gegen sie, so wird Gott sie durch eure Hände peinigen, sie zuschanden machen und euch gegen sie unterstützen:** durch Töten, Gefangennahme, Erbeuten ihres Vermögens[8].

die Brust gläubiger Leute wieder heil machen: zum Ausdruck siehe, bezogen auf die Wirkung des Korans, auch 10,57; 17,82; 41,44.

9,15(15): **und den Groll ihrer Herzen entfernen:** Ein solch vernichtender Erfolg gegen die Feinde soll die Muslime endgültig von den Nachstellungen der Polytheisten entschädigen.

7. Vgl. Rāzī VIII, 15, S. 243.
8. Rāzī beschäftigt sich mit einem Einwand: Der Koran bekräftigt in 8,33: »Aber Gott konnte sie wohl unmöglich peinigen, während du noch in ihrer Mitte warst ...«. Wie paßt dies zum Vers 9,14? Rāzī antwortet, daß er in 8,33 um die Peinigung der totalen Ausrottung geht, während hier verschiedene Arten der partiellen Peinigung beschrieben werden. Man kann auch darauf hinweisen, daß zur Zeit der Entstehung von 9,14 Muḥammad nicht mehr unter den Polytheisten weilte.

Und Gott wendet sich, wem Er will, wieder zu: Die Absicht ist nicht die totale Ausrottung der Ungläubigen. Eine Hoffnung besteht immer: Gottes eigene Entscheidung, sich den Menschen zuzuwenden. Er erwartet jedoch, daß sie umkehren. Siehe 9,27; → 2,37; → 3,128.

Und Gott weiß Bescheid und ist weise: → 2,32.

9,16(16): **Oder meint ihr, daß ihr in Ruhe gelassen werdet, bevor Gott in Erfahrung gebracht hat, wer von euch sich eingesetzt:** → 3,142. Der Kampf ist auch für die Muslime eine Bewährungsprobe.

und sich außer Gott, seinem Gesandten und den Gläubigen keinen Freund genommen hat?: → 3,118. Das arabische Wort für Freund lautet hier *walīdjatan,* d. h. den man in die Runde einführt; je nach der Lage ist dieser Freund ein Vertrauter (wie in 3,118) oder ein Eindringling.

Und Gott hat Kenntnis von dem, was ihr tut: → 2,234.

17 Es steht den Polytheisten nicht zu, in den
Moscheen Gottes zu verweilen und Dienst zu tun,
wo sie gegen sich selbst bezeugen, ungläubig zu
sein. Deren Werke sind wertlos, und sie werden im
Feuer ewig weilen. 18 In den Moscheen Gottes verweilen und Dienst tun dürfen nur die, die an Gott
und den Jüngsten Tag glauben, das Gebet verrichten, die Abgabe entrichten und niemanden fürchten
außer Gott. Mögen diese zu denen gehören, die
[19¾] der Rechtleitung folgen! *19 Wollt ihr etwa die
Tränkung der Pilger und den Dienst in der heiligen Moschee so bewerten, wie (die Werke dessen),
der an Gott und den Jüngsten Tag glaubt und sich
auf dem Weg Gottes einsetzt? Sie sind bei Gott
nicht gleich. Und Gott leitet die ungerechten
Leute nicht recht. 20 Diejenigen, die glauben und
ausgewandert sind und sich auf dem Weg Gottes
mit ihrem Vermögen und mit ihrer eigenen Person eingesetzt haben, haben eine höhere Rangstufe bei Gott. Das sind die Erfolgreichen. 21 Ihr
Herr verkündet ihnen eine Barmherzigkeit von
sich und Wohlgefallen und Gärten, in denen sie
beständige Wonne haben; 22 darin werden sie auf
immer ewig weilen. Bei Gott steht ein großartiger
Lohn bereit.

23 O ihr, die ihr glaubt, nehmt euch nicht eure
Väter und eure Brüder zu Freunden, wenn sie den

مَا كَانَ لِلْمُشْرِكِينَ أَن يَعْمُرُوا۟ مَسَٰجِدَ ٱللَّهِ شَٰهِدِينَ عَلَىٰٓ أَنفُسِهِم بِٱلْكُفْرِ ۚ أُو۟لَٰٓئِكَ حَبِطَتْ أَعْمَٰلُهُمْ وَفِى ٱلنَّارِ هُمْ خَٰلِدُونَ ۝١٧ إِنَّمَا يَعْمُرُ مَسَٰجِدَ ٱللَّهِ مَنْ ءَامَنَ بِٱللَّهِ وَٱلْيَوْمِ ٱلْءَاخِرِ وَأَقَامَ ٱلصَّلَوٰةَ وَءَاتَى ٱلزَّكَوٰةَ وَلَمْ يَخْشَ إِلَّا ٱللَّهَ ۖ فَعَسَىٰٓ أُو۟لَٰٓئِكَ أَن يَكُونُوا۟ مِنَ ٱلْمُهْتَدِينَ ۝١٨ ۞ أَجَعَلْتُمْ سِقَايَةَ ٱلْحَآجِّ وَعِمَارَةَ ٱلْمَسْجِدِ ٱلْحَرَامِ كَمَنْ ءَامَنَ بِٱللَّهِ وَٱلْيَوْمِ ٱلْءَاخِرِ وَجَٰهَدَ فِى سَبِيلِ ٱللَّهِ ۚ لَا يَسْتَوُۥنَ عِندَ ٱللَّهِ ۗ وَٱللَّهُ لَا يَهْدِى ٱلْقَوْمَ ٱلظَّٰلِمِينَ ۝١٩ ٱلَّذِينَ ءَامَنُوا۟ وَهَاجَرُوا۟ وَجَٰهَدُوا۟ فِى سَبِيلِ ٱللَّهِ بِأَمْوَٰلِهِمْ وَأَنفُسِهِمْ أَعْظَمُ دَرَجَةً عِندَ ٱللَّهِ ۚ وَأُو۟لَٰٓئِكَ هُمُ ٱلْفَآئِزُونَ ۝٢٠ يُبَشِّرُهُمْ رَبُّهُم بِرَحْمَةٍ مِّنْهُ وَرِضْوَٰنٍ وَجَنَّٰتٍ لَّهُمْ فِيهَا نَعِيمٌ مُّقِيمٌ ۝٢١ خَٰلِدِينَ فِيهَآ أَبَدًا ۚ إِنَّ ٱللَّهَ عِندَهُۥٓ أَجْرٌ عَظِيمٌ ۝٢٢ يَٰٓأَيُّهَا ٱلَّذِينَ ءَامَنُوا۟ لَا تَتَّخِذُوٓا۟ ءَابَآءَكُمْ وَإِخْوَٰنَكُمْ أَوْلِيَآءَ إِنِ ٱسْتَحَبُّوا۟ ٱلْكُفْرَ عَلَى ٱلْإِيمَٰنِ ۚ

Unglauben dem Glauben vorziehen. Diejenigen von euch, die sie zu Freunden nehmen, das sind die, die Unrecht tun. 24 Sprich: Wenn eure Väter, eure Söhne, eure Brüder, eure Gattinnen und eure Verwandten, ein Vermögen, das ihr erworben habt, eine Handelsware, die ihr fürchtet nicht loszuwerden, und Wohnungen, die euch gefallen, euch lieber sind als Gott und sein Gesandter und der Einsatz auf seinem Weg, dann wartet ab, bis Gott mit seinem Befehl kommt. Gott leitet die frevlerischen Leute nicht recht. 25 Gott hat euch an vielen Orten unterstützt, und auch am Tag von Ḥunayn, als eure große Zahl euch gefiel, von euch aber nichts abwenden konnte. Die Erde wurde euch eng trotz ihrer Weite. Daraufhin kehrtet ihr den Rücken. 26 Dann sandte Gott seine ruhespendende Gegenwart auf seinen Gesandten und auf die Gläubigen herab. Und Er sandte Truppen, die ihr nicht sehen konntet, herab und peinigte diejenigen, die ungläubig waren. Das ist die Vergeltung für die Ungläubigen. 27 Und Gott wendet sich danach gnädig zu, wem Er will. Und Gott ist voller Vergebung und barmherzig.
28 O ihr, die ihr glaubt, die Polytheisten sind unrein, so sollen sie nach diesem ihrem Jahr sich der heiligen Moschee nicht mehr nähern. Und wenn ihr fürchtet, (deswegen) arm zu werden, so wird Gott euch von seiner Huld reich machen, wenn Er will. Gott weiß Bescheid und ist weise.

وَمَن يَتَوَلَّهُم مِّنكُمْ فَأُوْلَٰٓئِكَ هُمُ ٱلظَّٰلِمُونَ ﴿٢٣﴾ قُلْ إِن
كَانَ ءَابَآؤُكُمْ وَأَبْنَآؤُكُمْ وَإِخْوَٰنُكُمْ وَأَزْوَٰجُكُمْ
وَعَشِيرَتُكُمْ وَأَمْوَٰلٌ ٱقْتَرَفْتُمُوهَا وَتِجَٰرَةٌ تَخْشَوْنَ كَسَادَهَا
وَجِهَادٍ فِى سَبِيلِهِۦ فَتَرَبَّصُوا۟ حَتَّىٰ يَأْتِىَ ٱللَّهُ بِأَمْرِهِۦ ۗ وَٱللَّهُ
لَا يَهْدِى ٱلْقَوْمَ ٱلْفَٰسِقِينَ ﴿٢٤﴾ لَقَدْ نَصَرَكُمُ ٱللَّهُ فِى مَوَاطِنَ
كَثِيرَةٍ ۙ وَيَوْمَ حُنَيْنٍ ۙ إِذْ أَعْجَبَتْكُمْ كَثْرَتُكُمْ فَلَمْ تُغْنِ عَنكُمْ
شَيْـًٔا وَضَاقَتْ عَلَيْكُمُ ٱلْأَرْضُ بِمَا رَحُبَتْ ثُمَّ وَلَّيْتُم
مُّدْبِرِينَ ﴿٢٥﴾ ثُمَّ أَنزَلَ ٱللَّهُ سَكِينَتَهُۥ عَلَىٰ رَسُولِهِۦ وَعَلَى
ٱلْمُؤْمِنِينَ وَأَنزَلَ جُنُودًا لَّمْ تَرَوْهَا وَعَذَّبَ ٱلَّذِينَ كَفَرُوا۟ ۚ
وَذَٰلِكَ جَزَآءُ ٱلْكَٰفِرِينَ ﴿٢٦﴾ ثُمَّ يَتُوبُ ٱللَّهُ مِنۢ بَعْدِ
ذَٰلِكَ عَلَىٰ مَن يَشَآءُ ۗ وَٱللَّهُ غَفُورٌ رَّحِيمٌ ﴿٢٧﴾ يَٰٓأَيُّهَا ٱلَّذِينَ
ءَامَنُوٓا۟ إِنَّمَا ٱلْمُشْرِكُونَ نَجَسٌ فَلَا يَقْرَبُوا۟ ٱلْمَسْجِدَ ٱلْحَرَامَ
بَعْدَ عَامِهِمْ هَٰذَا ۚ وَإِنْ خِفْتُمْ عَيْلَةً فَسَوْفَ يُغْنِيكُمُ ٱللَّهُ
مِن فَضْلِهِۦٓ إِن شَآءَ ۚ إِنَّ ٱللَّهَ عَلِيمٌ حَكِيمٌ ﴿٢٨﴾

Varianten: 9,17–28

9,17: masādjida: masdjida: in der Moschee (bei Ibn ʿAbbās, ʿAṭāʾ ibn Abī Rabāḥ; nach Ibn Kathīr, Abū ʿAmr).

9,19: siqāyata: suqya (bei al-Rabīʿ ibn Khuthaym; nach Abū Qays, Abū ʿImrān); suqāta: die Tränker (bei Ubayy, Ibn al-Zubayr, Saʿīd ibn Djubayr; nach Abū Ḥaywa).
ʿimārata: ʿamārata (bei Ibn al-Zubayr); ʿimārata l-masdjidi l-ḥarāmi: ʿamarata l-masdjida l-ḥarāma (bei Saʿīd ibn Djubayr nach einigen Gewährsmännern).

9,21: yubashshiruhum: yubshiruhum (bei Ibn Masʿūd); yabshuruhum (nach Ḥamza).
ruḍwānin: riḍwānin (nach Abū Bakr).

9,23: auliyāʾa ini: auliyāʾa yini (nach Nāfiʿ, Ibn Kathīr, Abū ʿAmr).

9,24: wa ʿashīratukum: wa ʿashāʾirukum (bei Ubayy; nach Ḥasan al-Baṣrī); ʿashīrātukum (nach Abū Bakr).

9,28 ʿaylatan: ʿāʾilatan (bei Ibn Masʿūd; nach ʿAlqama ibn Qays und anderen).

Kommentar

9,17(17): **Es steht den Polytheisten nicht zu, in den Moscheen Gottes zu verweilen und Dienst zu tun:** Man kann das Wort *ʿimārata* auch wie folgt übersetzen: (die Moscheen Gottes) zu pflegen und aufzubauen.

Der religiöse Grund für dieses Verbot wird im nächsten Satz deutlich gemacht.

wo sie gegen sich selbst bezeugen, ungläubig zu sein: → 6,130. Es geht um den Dienst in den Moscheen allgemein oder speziell in der heiligen Moschee zu Mekka.

Der Unglaube ist die unüberwindbare Trennungslinie zwischen den Muslimen und den Polyheisten von Mekka. Diese bestanden auf dem Dienst der Götzen, auf der Zurückweisung der prophetischen Sendung Muḥammads und der Ablehnung der Botschaft des Korans. Vielleicht haben sogar einige von ihnen in übertriebenem Eifer diese Haltung auch öffentlich bekannt.

Der Koran bekräftigt weiter unten, daß die Polytheisten unrein sind (9,28). Daher dürfen sie in den Moscheen Gottes, die rein gehalten werden sollen (vgl. 2,125), nicht Dienst tun.

Deren Werke sind wertlos, und sie werden im Feuer ewig weilen: → 2,217. *ewig weilen:* → 2,39.

9,18(18): **In den Moscheen Gottes verweilen und Dienst tun dürfen nur die, die an Gott und den Jüngsten Tag glauben, das Gebet verrichten, die Abgabe entrichten:** Dies ist im Koran die allgemeine Beschreibung der Gläubigen: → 2,3.

und niemanden fürchten außer Gott: siehe oben 9,13.

Mögen diese zu denen gehören, die der Rechtleitung folgen!: Diese zurückhaltende Formulierung bedeutet, daß die Gläubigen, wenn sie glauben, ihre religiösen Pflichten erfüllen und gottesfürchtig leben, zwar von sich aus keine absolute Sicherheit in bezug auf ihr Heil besitzen, wohl aber die Hoffnung haben, in der Rechtleitung zu sein und damit den Lohn Gottes zu erhalten (vgl. → 7,56: »Und ruft Ihn in Furcht und Begehren an«; ähnlich in 32,16). Wenn dies der Fall mit den Gläubigen ist, wie kommen denn die Polytheisten dazu, sich auf ihre Leistungen zu verlassen und Anspruch auf den Lohn Gottes anzumelden[1]?

1. Der letzte Satz faßt die Glossierung der Stelle bei Zamakhsharī II, S. 255 zusammen. Rāzī zitiert diese Stelle und urteilt, sie sei die beste Erklärung der koranischen Aussage; vgl. VIII, 16, S. 12.

9,19(19): **Wollt ihr etwa die Tränkung der Pilger und den Dienst in der heiligen Moschee so bewerten, wie (die Werke dessen), der an Gott und den Jüngsten Tag glaubt und sich auf dem Weg einsetzt?:** Hier sind eindeutig die Polytheisten, die in der heiligen Moschee zu Mekka Dienst taten, gemeint. Sie stehen nicht auf der gleichen Stufe wie die Gläubigen, vor allem, wenn diese sich für die Sache des Islam einsetzen. Zum Thema siehe → 3,163; → 6,50.

Sie sind bei Gott nicht gleich: zum Ausdruck vgl. → 4,95; → 5,100.

Und Gott leitet die ungerechten Leute nicht recht: Anders als in 9,18 in bezug auf die Gläubigen (»Mögen diese ...), wird hier ganz entschieden bekräftigt, daß Gott die ungerechten Leute nicht rechtleitet.

9,20(20): **Diejenigen, die glauben und ausgewandert sind und sich auf dem Weg Gottes mit ihrem Vermögen und mit ihrer eigenen Person eingesetzt haben, haben eine höhere Rangstufe bei Gott:** ähnlich in → 2,218; → 4,95; 9,88.

Das sind die Erfolgreichen: siehe auch 24,52; – 22,111; 59,20; vgl. → 3,185; → 4,13. Der Erfolg bezieht sich hier vor allem auf das Jenseits, wie der nächste Vers deutlich macht.

9,21(21): **Ihr Herr verkündet ihnen eine Barmherzigkeit von sich und Wohlgefallen:** verkündet: → 2,25; auch in 17,9; 18,2; 42,23; Wohlgefallen: → 3,15.

und Gärten, in denen sie beständige Wonne haben: Gegensatz zum üblichen Ausdruck »beständige Pein« *(ʿadhāb muqīm)*: → 5,37.

Zum Thema siehe → 3,15; 4,114; 9,72; 89,28.

9,22(22): **darin werden sie auf immer ewig weilen:** → 2,25.

Bei Gott steht ein großartiger Lohn bereit: wörtlich: Gott, bei Ihm ist ein großartiger Lohn. → 3,172; → 4,40.

9,23(23): **O ihr, die ihr glaubt, nehmt euch nicht eure Väter und eure Brüder zu Freunden, wenn sie den Unglauben dem Glauben vorziehen:** Hier wird noch einmal bekräftigt, daß die Trennungslinie zwischen Glauben und

Unglauben unüberwindbar ist, auch wenn die nächsten Angehörigen betroffen sind. Es konnte nämlich vorkommen, daß in der ein und selben Familie die einen bereits Muslime und die anderen noch Polytheisten waren.

Diejenigen von euch, die sie zu Freunden nehmen, das sind die, die Unrecht tun: zum Thema vgl. → 3,28.

9,24(24): **Wenn eure Väter, eure Söhne, eure Brüder, eure Gattinnen und eure Verwandten, ein Vermögen, das ihr erworben habt, eine Handelsware, die ihr fürchtet nicht loszuwerden, und Wohnungen, die euch gefallen:** Hier werden die persönlichen Beziehungen und die materiellen Interessen als die üblichen Hindernisse auf dem Weg der Menschen zum Glauben und zur Glaubenstreue angesehen und aufgelistet.

euch lieber sind als Gott und sein Gesandter und der Einsatz auf seinem Weg, dann wartet ab, bis Gott mit seinem Befehl kommt: Dieser Befehl bedeutet das Hereinbrechen einer Strafe.

Gott leitet die frevlerischen Leute nicht recht: → 5,108.

9,25(25): **Gott hat euch an vielen Orten unterstützt:** zum Beispiel bei der Schlacht zu Badr (624).

Dieser Vers will den Muslimen Mut machen. Es ist zwar schwer, die von Gott gewollte und im vorherigen Vers aufgezeigte Priorität zu setzen, aber die Erfahrung mit Gottes Eingreifen zugunsten der Muslime macht deutlich, daß die Muslime doch den größeren Nutzen von der Treue zu Gott und zu seinen Geboten ziehen. Das Beispiel der Schlacht von Ḥunayn[2] soll es belegen.

und auch am Tag von Ḥunayn, als eure große Zahl euch gefiel, von euch aber nichts abwenden konnte: → 3,10.116.

Die Gegner waren mit einer stärkeren Truppe ausgerückt.

Die Erde wurde euch eng trotz ihrer Weite: auch in 9,118.

2. Die Ortschaft Ḥunayn liegt zwischen Mekka und Ṭā'if. Die Schlacht konfrontierte Muḥammad mit den Bewohnern von Ṭā'if und ihren Verbündeten aus den Reihen der arabischen Stämme. Der Waffengang fand nach der Eroberung Mekkas durch die Muslime, Ende Januar 630, statt. Vgl. *F. Buhl:* Das Leben Muhammeds, 3. Auflage, Heidelberg 1961, S. 311–313; *W. Montgomery Watt/Alford T. Welch:* Der Islam I, Stuttgart 1980, S. 110–111.

Daraufhin kehrtet ihr den Rücken: Die Lage der Muslime schien sehr ungünstig zu sein. Die Muslime fühlten sich unterlegen und fingen an, Angst zu haben. Aber die Mekkaner erhörten den Aufruf Muḥammads, sich mit ihm den Feinden entgegenzustellen: Sie brachten etwa 2000 Mann zusammen.

9,26(26): **Dann sandte Gott seine ruhespendende Gegenwart auf seinen Gesandten und auf die Gläubigen herab:** auch in 9,40; 48,26; – 48,4.18. *sakīna* (ruhespendende Gegenwart): → 2,28.

Und er sandte Truppen, die ihr nicht sehen konntet, herab und peinigte diejenigen, die ungläubig waren: Das sind Engel. Die Kommentatoren sind sich über ihre Zahl nicht einig und auch darüber, ob sie in den Kampf eingegriffen haben oder ob ihr Beistand darin bestand, den Muslimen innerlich Mut zu machen[3]. Siehe auch 9,40: 33,9.

Das ist die Vergeltung für die Ungläubigen: Tod, Gefangennahme, Plünderung, Verschleppung ihrer Angehörigen.

9,27(27): **Und Gott wendet sich danach gnädig zu, wem Er will:** Da wird eine Tür für die reumütigen Gegner der Muslime offen gehalten, → 9,15.

Und Gott ist voller Vergebung und barmherzig: → 2,173.

9,28(28): **O ihr, die ihr glaubt, die Polytheisten sind unrein:** wegen ihres Unglaubens, der ihnen verwehrt, die Gemeinschaft der Gläubigen zu genießen.

so sollen sie nach diesem ihrem Jahr sich der heiligen Moschee nicht mehr nähern: Diese Entscheidung wurde während der Wallfahrt des 9. Jahres (also im März 631) verkündet. Sie sind damit ab der Wallfahrt des darauffolgenden Jahres vom Betreten der heiligen Moschee zu Mekka selbst bzw. aller heiligen Stätten in Mekka und ihrer Umgebung ausgeschlossen.

Und wenn ihr fürchtet, (deswegen) arm zu werden: wegen des Ausbleibens der Pilger und der entsprechenden Einnahmen.

so wird Gott euch von seiner Huld reich machen, wenn Er will: ähnlich in → 4,130.

3. Vgl. Rāzī VIII, 16, S. 23.

Das ist die Verheißung, daß andere Ortschaften sich zum Islam bekennen und die fehlenden Einnahmen ersetzen werden (so Muqātil). Oder es ist mit der Entrichtung des Tributs durch die Schutzbürger aus den Reihen z. B. der Juden und der Christen erfolgt (so Ḥasan al-Baṣrī)[4].

Gott weiß Bescheid und ist weise: → 2,32.

4. Vgl. Zamakhsharī II, S. 261-262; Rāzī VIII. 16, S. 27.

9,29–35

29 Kämpft gegen diejenigen, die nicht an Gott und nicht an den Jüngsten Tag glauben und nicht verbieten, was Gott und sein Gesandter verboten haben, und nicht der Religion der Wahrheit angehören – von denen, denen das Buch zugekommen ist, bis sie von dem, was ihre Hand besitzt, Tribut entrichten als Erniedrigte. 30 Die Juden sagen: »ʿUzayr ist Gottes Sohn.« Und die Christen sagen: »Christus ist Gottes Sohn.« Das ist ihre Rede aus ihrem eigenen Munde. Damit reden sie wie die, die vorher ungläubig waren. Gott bekämpfe sie! Wie leicht lassen sie sich doch abwenden! 31 Sie nahmen sich ihre Gelehrten und ihre Mönche zu Herren neben Gott, sowie auch Christus, den Sohn Marias. Dabei wurde ihnen doch nur befohlen, einem einzigen Gott zu dienen. Es gibt keinen Gott außer Ihm. Preis sei Ihm! (Erhaben ist Er) über das, was sie (Ihm) beigesellen. 32 Sie wollen das Licht Gottes mit ihrem Mund auslöschen. Aber Gott besteht darauf, sein Licht zu vollenden, auch wenn es den Ungläubigen zuwider ist. 33 Er ist es, der seinen Gesandten mit der Rechtleitung und der Religion der Wahrheit gesandt hat, um ihr die Oberhand zu verleihen über alle Religion, auch wenn es den Polytheisten

قَٰتِلُواْ

ٱلَّذِينَ لَا يُؤۡمِنُونَ بِٱللَّهِ وَلَا بِٱلۡيَوۡمِ ٱلۡأٓخِرِ وَلَا يُحَرِّمُونَ
مَا حَرَّمَ ٱللَّهُ وَرَسُولُهُۥ وَلَا يَدِينُونَ دِينَ ٱلۡحَقِّ مِنَ ٱلَّذِينَ
أُوتُواْ ٱلۡكِتَٰبَ حَتَّىٰ يُعۡطُواْ ٱلۡجِزۡيَةَ عَن يَدٖ وَهُمۡ
صَٰغِرُونَ ﴿٢٩﴾ وَقَالَتِ ٱلۡيَهُودُ عُزَيۡرٌ ٱبۡنُ ٱللَّهِ وَقَالَتِ
ٱلنَّصَٰرَى ٱلۡمَسِيحُ ٱبۡنُ ٱللَّهِۚ ذَٰلِكَ قَوۡلُهُم بِأَفۡوَٰهِهِمۡۖ
يُضَٰهِـُٔونَ قَوۡلَ ٱلَّذِينَ كَفَرُواْ مِن قَبۡلُۚ قَٰتَلَهُمُ ٱللَّهُۚ أَنَّىٰ
يُؤۡفَكُونَ ﴿٣٠﴾ ٱتَّخَذُوٓاْ أَحۡبَارَهُمۡ وَرُهۡبَٰنَهُمۡ أَرۡبَابٗا مِّن
دُونِ ٱللَّهِ وَٱلۡمَسِيحَ ٱبۡنَ مَرۡيَمَ وَمَآ أُمِرُوٓاْ إِلَّا لِيَعۡبُدُوٓاْ
إِلَٰهٗا وَٰحِدٗاۖ لَّآ إِلَٰهَ إِلَّا هُوَۚ سُبۡحَٰنَهُۥ عَمَّا يُشۡرِكُونَ ﴿٣١﴾
يُرِيدُونَ أَن يُطۡفِـُٔواْ نُورَ ٱللَّهِ بِأَفۡوَٰهِهِمۡ وَيَأۡبَى ٱللَّهُ إِلَّآ أَن
يُتِمَّ نُورَهُۥ وَلَوۡ كَرِهَ ٱلۡكَٰفِرُونَ ﴿٣٢﴾ هُوَ ٱلَّذِيٓ أَرۡسَلَ
رَسُولَهُۥ بِٱلۡهُدَىٰ وَدِينِ ٱلۡحَقِّ لِيُظۡهِرَهُۥ عَلَى ٱلدِّينِ كُلِّهِۦ

[20] zuwider ist. *34 O ihr, die ihr glaubt, viele von
den Gelehrten und den Mönchen verzehren das
Vermögen der Menschen durch Betrug und weisen (sie) vom Weg Gottes ab. Denjenigen, die
Gold und Silber horten und es nicht auf dem Weg
Gottes spenden, verkünde eine schmerzhafte Pein,
35 am Tag, da im Feuer der Hölle darüber angeheizt wird und damit ihre Stirn, ihre Seiten und
ihr Rücken gebrandmarkt werden. Dies ist, was
ihr für euch selbst gehortet habt. So kostet, was
ihr immer wieder gehortet habt.

وَلَوْ كَرِهَ ٱلْمُشْرِكُونَ ﴿٣٣﴾ ۞ يَٰٓأَيُّهَا ٱلَّذِينَ ءَامَنُوٓا۟ إِنَّ
كَثِيرًا مِّنَ ٱلْأَحْبَارِ وَٱلرُّهْبَانِ لَيَأْكُلُونَ أَمْوَٰلَ ٱلنَّاسِ
بِٱلْبَٰطِلِ وَيَصُدُّونَ عَن سَبِيلِ ٱللَّهِ ۗ وَٱلَّذِينَ يَكْنِزُونَ
ٱلذَّهَبَ وَٱلْفِضَّةَ وَلَا يُنفِقُونَهَا فِى سَبِيلِ ٱللَّهِ فَبَشِّرْهُم
بِعَذَابٍ أَلِيمٍ ﴿٣٤﴾ يَوْمَ يُحْمَىٰ عَلَيْهَا فِى نَارِ جَهَنَّمَ فَتُكْوَىٰ
بِهَا جِبَاهُهُمْ وَجُنُوبُهُمْ وَظُهُورُهُمْ ۖ هَٰذَا مَا كَنَزْتُمْ
لِأَنفُسِكُمْ فَذُوقُوا۟ مَا كُنتُمْ تَكْنِزُونَ ﴿٣٥﴾

Varianten: 9,29–35

9,30: ‘Uzayrun: ‘Uzayru (nach den Rezitatoren außer ‘Āṣim, Kisā’ī, Abū ‘Amr).
yuḍāhi’ūna: yuḍāhūna (nach den Rezitatoren außer ‘Āṣim, Kisā’ī).
9,35: yuḥmā: tuḥmā (nach Ibn ‘Āmir nach einigen Gewährsmännern).
fatukwā: fayukwā (nach Abū Ḥaywa).
ẓuhūruhum: buṭūnuhum: ihre Bäuche (bei Ubayy).
taknizūna: taknuzūna (laut Zamakhsharī II, S. 269).

Kommentar

9,29(29): **Kämpft gegen diejenigen, die nicht an Gott und nicht an den Jüngsten Tag glauben und nicht verbieten, was Gott und sein Gesandter verboten haben, und nicht der Religion der Wahrheit angehören – von denen, denen das Buch zugekommen ist:** Dieser Vers hat den muslimischen Kommentatoren einiges Kopfzerbrechen bereitet. Daher die unterschiedlichen Deutungen seines Inhalts[1]:

– Die Muslime werden hier aufgefordert, gegen die Juden und die Christen zu kämpfen. Die Gründe für diese Aufforderung werden aufgezählt.

– Die Juden und die Christen glauben nicht an Gott. Aber der Koran hat an mehreren Stellen betont, daß seine Botschaft in Übereinstimmung steht mit der Tora und dem Evangelium (2,97; 3,3; 4,47; 5,48; 35,31), und er bekräftigt an die Adresse der Juden und der Christen: »Wir glauben an das, was zu uns herabgesandt und zu euch herabgesandt wurde. Unser Gott und euer Gott ist einer« (29,46). Da bemühen sich die muslimischen Kommentatoren um eine passende Interpretation des koranischen Vorwurfes:

= Die Juden oder einige von Ihnen glauben nicht an Gott, oder sie glauben nicht richtig an Gott, da sie ja, wie der Vers 9,30 zeigt, ʿUzayr zum Sohne Gottes erklären.

= Die Christen glauben nicht mehr richtig an Gott, da sie an die Gottheit Jesu Christi glauben und ihren Glauben an die Trinität bekennen.

– Die Juden und die Christen glauben nicht an den Jüngsten Tag: Da dies in dieser pauschalen Formulierung nicht stimmt, am wenigsten für die Christen, lautet die Deutung: Ihre Vorstellungen entsprechen nicht den Vorstellungen des islamischen Glaubens, daher sei wohl angebracht, die verneinende Formulierung des Verses zu gebrauchen.

– Die Juden und die Christen entsprechen in ihrer Lehre und in ihrem Wandel den Geboten und Verboten Gottes und seines Gesandten, nicht.

= Der hier gemeinte Gesandte ist für die einen Muḥammad.

= Andere meinen, es gehe um den Gesandten der jeweiligen Religionsgemeinschaft, also um Mose bzw. um Jesus Christus.

– Die Juden und die Christen gehören nicht der Religion der Wahrheit, d. h. dem Islam bzw. der wahren Religion ihres jeweiligen Gesandten, an.

– Nicht alle Juden und Christen weisen diese Merkmale auf. Eigentlich fallen die Aufrichtigen nicht unter die Weisung dieses Verses. Aber, da der Kampf die gesamte Gemeinschaft trifft, kann man in der Praxis nur schwer zwischen den verschiedenen Gruppen unterscheiden[2].

1. Vgl. Rāzī VIII, 16, S. 29–34; Manār X, S. 279–290.
2. Vgl. Rāzī VIII, 16, S. 29.

nicht der Religion der Wahrheit angehören: zum Vorwurf gegen die Christen siehe → 4,171; → 5,77; – zum Ausdruck vgl. 9,33; 48,28; 61,9.

bis sie von dem, was ihre Hand besitzt, Tribut entrichten als Erniedrigte: Der Ausdruck *ʿan yadin* hat verschiedene Deutungen erfahren:
- Bezogen auf die Hand des Gebers:
  = von dem, was ihre Hand besitzt, d. h. ohne Überforderung und ungerechte Behandlung;
  = aus freiwilliger Hand;
  = bar von Hand zu Hand, nicht als später zu zahlende Schuld.
- Bezogen auf die Hand des Nehmers:
  = aus der Position des Herrschers, in dessen Hand die Sache liegt;
  = aus Gnade des Siegers, in dessen Hand die Entscheidung über Leben und Tod liegt[3].

Daß der Koran nicht vorschreibt, die Juden und die Christen, die er in die Nähe der Polytheisten rückt, total zu bekämpfen, ist auf dem Hintergrund seiner positiven Einschätzung ihres jeweiligen Gesandten, ihrer heiligen Schriften und ihrer früheren Generationen, die aufrichtig im Glauben waren, zu verstehen[4].

Was nun die Erniedrigung betrifft, so soll sie den Tributzahlern durch besondere demütigende Behandlung zugefügt werden, oder sie erfolgt einfach durch die Entrichtung des Tributs selbst[5]. Sie hat den Sinn, den Schutzbürgern als Anlaß zu dienen, sich mit den Vorzügen des Islam zu befassen und zur islamischen Religion überzutreten[6].

wahum ṣāghirūna (als Erniedrigte): → 7,13.

3. Vgl. Zamakhsharī II, S. 262–263; zitiert auch bei Rāzī VIII, 16, S. 31. – Auch westliche Islamwissenschaftler vertreten diese verschiedenen Deutungen: vgl. die Anmerkung zum Vers 9,29 bei *R. Paret:* Der Koran. Kommentar und Konkordanz, S. 199–200; zu den dort erwähnten Beiträgen siehe bei *R. Paret* (Hrsg.): Der Koran (Wege der Forschung, Band CCCXXVI), Darmstadt 1975: *Franz Rosenthal:* Qur'ān 9,29: *Al-jizyata ʿan yadin,* S. 283–287; *C. Cahen:* Coran IX-29: ḥattā yuʿṭū l-Ǧizyata ʿan yadin wa-hum ṣāġirūna, S. 289–292; *Meīr M. Bravmann/Cl. Cahen:* A propos de Qurān IX-29; ḥattā yuʿṭū l-ǧizyata wa-hum ṣāġirūna, S. 293–294; *M. J. Kister:* »ʿan yadin« (Qur'ān, IX/29). An attempt at interpretation, S. 295–303.

4. Rāzī VIII, 16, S. 33, 34. Auf S. 34 fügt Rāzī hinzu: »An und für sich gibt es keinen Unterschied zwischen ihnen und den Polytheisten.«

5. Vgl. Rāzī VIII, 16, S. 31-32.

6. Vgl. Rāzī VIII, 16, S. 34.

Exkurs: Die Rechtsstellung der Juden und der Christen im islamischen Staat[7]

Das klassische Rechtssystem des Islam geht von einer einheitlichen Gesellschaft aus, der Gesellschaft der Muslime, welche ihre Beziehungen zu den Minderheiten aufgrund von geschlossenen Verträgen regelt. Der Rechtsstatus der Minderheiten beruht hier auf einem Vertrag zwischen Eroberern und Unterworfenen, zwischen Siegern und Besiegten, einem Vertrag, der aus den Muslimen die eigentlichen vollen Bürger des Landes und aus den anderen nur »Schutzbürger« macht.

Das Schutzabkommen beinhaltet hauptsächlich die Pflicht der Schutzbürger, der islamischen Obrigkeit, die das Land nach islamischem Recht und Gesetz regiert, untertan zu sein, sich dem islamischen Staat gegenüber loyal zu verhalten und die vereinbarten Tribute und Abgaben, Eigentums- und Kopfsteuern, zu entrichten. Im Gegenzug dazu verpflichtet sich der islamische Staat das Leben der Schutzbürger und die ihnen zugestandenen Rechte zu schützen.

Im folgenden sollen nun die wichtigsten Punkte angesprochen werden, die die rechtliche Stellung der Schutzbürger deutlich machen.

Die Religionsfreiheit der Schutzbürger

Der Islam respektiert die Gewissensfreiheit der Schutzbürger und garantiert ihnen ihre Religionsfreiheit. So dürfen sie nicht dazu gezwungen werden, ihre eigene Religion zu verlassen und den Islam anzunehmen. Darüber hinaus beinhaltet die Religions- und Kultfreiheit der Schutzbürger das Recht, ihre Kinder und ihre Glaubensgenossen in der eigenen Religion bzw. Konfession zu unterweisen. Auch steht ihnen das Recht zu, die Kulthandlungen ihrer Religion zu vollziehen. Der Staat erlegt ihnen jedoch die Einschränkung auf, die Zeremonien ihres Kultes nur innerhalb der Kultgebäude und in einer Weise zu vollziehen, die dem religiösen Empfinden und dem Überlegenheitsgefühl der Muslime nicht widerstrebt.

7. Zum Thema vgl. *Ibn Qayyim al-Djauziyya:* Aḥkām ahl al-dhimma, hrsg. Von Ṣubḥī al-Ṣāliḥ, 2 Bände, 3. Auflage, Beirut 1983; Manār X, S. 290–306; *Louis Gardet:* La cité musulmane. Vie sociale et politique, 2. Auflage, Paris 1961; *Majid Khadduri:* War and peace in the law of Islam, Baltimore 1955, 2. Auflage, 1979; *Antoine Fattal:* Le statut légal des non-musulmans en pays d'Islam, Beirut 1958; *Albrecht Noth:* Möglichkeiten und Grenzen islamischer Toleranz, in: Saeculum 29 (Freiburg/München 1978), S. 190–204; *Rudi Paret:* Toleranz und Intoleranz im Islam, in: Saeculum 21 (Freiburg/München 1970), S. 344–365. *A. Th. Khoury:* Toleranz im Islam, München/Mainz 1980; 2. Auflage, Altenberge 1986; *Ders.:* Islam: Frieden oder »heiliger Krieg«?, in: Frieden – was ist das?, hrsg. A. Th. Khoury/P. Hünermann, Herderbücherei 1144, Freiburg 1984, S. 51–75; *Ders.:* Christen unterm Halbmond. Religiöse Minderheiten unter der Herrschaft des Islams, Freiburg 1994; *Bernard Lewis:* Die Juden in der islamischen Welt, München 1987.

Die Bestimmungen in bezug auf die Kultgebäude selbst sehen folgende Regelung vor. Wo das Interesse der islamischen Gemeinschaft keine andere, entgegenkommende Maßnahme empfiehlt, wird den Schutzbürgern verboten, in größeren Ortschaften und in deren nahem Umland neue Kultgebäude zu errichten. Was die Renovierung und Restaurierung bestehender Kultgebäude und den Wiederaufbau zerfallener Kirchen und Synagogen betrifft, so wird sie von den Gründern der großen Rechtsschulen erlaubt. Spätere Juristen treten für harte Maßnahmen ein. Sie würden am liebsten jede Restaurierung bestehender Kirchen überhaupt nicht zulassen. Wo sich dies aber nicht durchsetzen läßt, stellen sie fest, daß die Instandsetzung der jüdischen bzw. christlichen Kultgebäude wie Synagogen, Kirchen, Klöster, Privatkapellen, Einsiedeleien nicht der Anlaß werden darf, den Altbau zu erweitern. Es darf nur der alte Zustand wiederhergestellt werden, und zwar ohne die kleinste Änderung.

Mischehen zwischen Schutzbefohlenen und Muslimen

Ein Schutzbürger darf keine muslimische Frau heiraten, denn eine solche Ehe birgt in sich eine direkte Gefährdung des Glaubens der muslimischen Frau. Wenn sie irrtümlich zustande kommt, muß sie aufgelöst werden. Ein Schutzbürger, der im Wissen um die Rechtslage und das bestehende Verbot, dennoch eine muslimische Frau heiratet, muß bestraft werden.

Ein Muslim darf eine freie Frau aus den Reihen der Leute des Buches, wie Juden und Christen im Koran bezeichnet werden, heiraten, so bestimmt es der Koran selbst (5,5). Ein Spruch des Propheten Muḥammad sagt jedoch von den Zarathustrianern: »Heiratet ihre Frauen nicht und eßt ihre Opfergaben nicht.« Solche Ehen werden jedoch von den Rechtsgelehrten nicht empfohlen. Es sprächen viele Gründe dagegen. Z. B. darf die nicht-muslimische Frau Dinge tun, die für einen Muslim verboten sind: Sie darf die Kirche besuchen, Wein trinken, Schweinefleisch essen. Dadurch wird sie zu einem ständigen Herd der Verunreinigung für ihren Mann, mit dem sie lebt und Geschlechtsverkehr hat, und auch für ihre Kinder, die sie stillt bzw. ernährt, ganz abgesehen davon, daß sie für die religiöse Erziehung der Kinder nicht geeignet ist. Sollte sie sogar aus dem Gebiet der Feinde stammen, dann besteht immer wieder die Gefahr, daß ihre Kinder dazu neigen, zu den Feinden überzulaufen oder zumindest ihre Bindungen an die islamische Gemeinschaft lascher gestalten.

Der eine Vorteil solcher Ehen bestehe darin, daß die Frau sich eventuell veranlaßt fühlen könnte, den Islam anzunehmen.

Die Jüdin bzw. die Christin, die einen Muslim heiratet, genießt die Rechte einer muslimischen Frau. Im übrigen genießt sie bei einigen Einschränkungen die Freiheiten, die ihr von ihrer Religion her zustehen.

Prozeßrecht und Rechtsprechung

Die juristische Tradition des Islam stellt im allgemeinen fest, daß die jeweilige Religionsgemeinschaft innere Verwaltungsautonomie genießt und für die Rechtsprechung in den Anliegen ihrer Angehörigen zuständig ist. Dennoch bleibt die allgemeine Zuständigkeit der islamischen Richter bestehen. Die Fälle, die unter ihre ausschließliche Zuständigkeit fallen, sind die, bei denen die Parteien verschiedenen Konfessionen angehören. Auch in Streitsachen zwischen einem Muslim und einem Schutzbürger und in strafrechtlichen Sachen, bei denen die staatliche Oberhoheit vorausgesetzt wird, ist der muslimische Richter die einzig zuständige Instanz. Endlich hat der muslimische Richter das Interesse des Staates und der islamischen Gemeinschaft in allen Fällen zu schützen, in denen die allgemeine Ordnung des Staates gestört oder gefährdet wird. In all diesen Fällen hat der muslimische Richter immer nach den Bestimmungen des islamischen Gesetzes zu entscheiden.

Der muslimische Richter, der von sich aus tätig wird oder in einer Sache angerufen wird, muß die streitenden Parteien, auch wenn ein Muslim im Streit mit einem Schutzbürger liegt, gleich gerecht behandeln. Dennoch gilt das Zeugnis von Schutzbürgern als wenig aussagekräftig. Auf jeden Fall darf das Zeugnis von Schutzbürgern gegen einen Muslim nicht angenommen werden, es sei denn, die Umstände des Verfahrens und der Gegenstand des Streitfalles lassen es angezeigt erscheinen, eine andere Gewichtung vorzunehmen.

In Strafsachen gilt oft eine Ungleichwertigkeit von Muslimen und Schutzbürgern. Am Beispiel der Strafe für Mord und Totschlag soll dies verdeutlicht werden. Der Koran schreibt im Fall des Tötens folgende Regelung vor: »O ihr, die ihr glaubt, vorgeschrieben ist euch bei Totschlag die Wiedervergeltung: der Freie für den Freien, der Sklave für den Sklaven, das Weib für das Weib. Wenn einem von seinem Bruder etwas nachgelassen wird, dann soll die Beitreibung *(des Blutgeldes)* auf rechtliche Weise und die Leistung an ihn auf gute Weise erfolgen« (2,178). Angenommen, ein Muslim ermordet einen Schutzbürger: In diesem Fall plädiert Abū Ḥanīfa für die Hinrichtung des Schuldigen. Die anderen Schulgründer meinen, daß der vorhin zitierte Koranvers hier keine Anwendung findet, denn Gerechtigkeit bedeutet die Gleichheit der beiden Parteien bei der Wiedervergeltung, was von einem Muslim und einem Schutzbürger nicht behauptet werden kann.

Die wirtschaftliche Stellung der Schutzbürger

Das islamische Rechtssystem garantiert den Schutzbürgern die Unverletzbarkeit ihres Eigentums und räumt ihnen die Freiheit ein, Handel zu betreiben und unternehmerische Tätigkeiten zu entfalten.

Das Recht auf Eigentum und Erwerbstätigkeit wird durch die gleichen Sanktionen geschützt wie das Eigentumsrecht der Muslime selbst. In Verlängerung ihres Eigentumsrechtes haben die Schutzbürger die Möglichkeit, mit den Muslimen

Geschäftsverträge zu schließen, deren Gültigkeit und Verbindlichkeit nicht angezweifelt werden.

Rechtsstellung der Schutzbürger im politischen Bereich

Die Ungleichheit der Bewohner des Landes aufgrund ihrer Religionszugehörigkeit tritt am deutlichsten im politischen Bereich zutage. Denn es geht hier um die Ausübung der Macht im Staat, und diese ist nach islamischem Recht ausschließlich den Muslimen vorbehalten. So sind sich die muslimischen Rechtsgelehrten darüber einig, daß der Zugang zu hohen Ämtern der Exekutive im Staat den Schutzbürgern verwehrt werden muß. Denn, so lauten ihre Argumente, der Koran verbietet es, die Nicht-Muslime wenigstens in empfindlichen Bereichen des öffentlichen Lebens, zu Freunden zu nehmen und ihnen den Vorzug vor den Gläubigen zu geben (vgl. 3,28.118; 4,115.144; 5,51.57; 60,1). Auch betont er: »Gott wird nie den Ungläubigen eine Möglichkeit geben, gegen die Gläubigen vorzugehen« (4,141). Und nach der Überlieferung des Ḥadīth habe Muḥammad unterstrichen: »Der Islam herrscht und wird nicht beherrscht« (Buhhārī). Der Zugang zu hohen Ämtern würde im Widerspruch stehen zur niedrigen Stellung der Schutzbürger im Staat.

Zusammenfassend kann man feststellen, daß das klassische Rechtssystem des Islam die Bildung einer Gesellschaft mit zwei Klassen von Bürgern vorsieht. Die einen, die Muslime, sind die eigentlichen Bürger; die anderen werden toleriert, ihnen wird ein Lebensraum verschafft, aber ihre Rechte sind nur die, die ihnen der islamische Staat gewährt. Und diese gewährten Rechte gehen von einer grundsätzlichen Ungleichheit und Ungleichwertigkeit von Muslimen und Schutzbürgern aus. Muslime und Nicht-Muslime sind ja nicht gleichberechtigt im Staat, sie sind nicht alle Träger der gleichen Grundrechte und der gleichen Grundpflichten. Sie sind auch nicht grundsätzlich gleichgestellt vor dem Gesetz. Die Nicht-Muslime sind zwar in den Augen des Islam nicht recht- und schutzlos, sie werden nicht den Muslimen als freie Beute preisgegeben. Dennoch werden sie im eigenen Land als Bürger zweiter Klasse behandelt. Diese Mischung von Toleranz und Intoleranz, diese partielle Integration der Nicht-Muslime im Staat und ihr Verweisen in einen Rechtsstatus von Fremden wird nicht nur in den spekulativen Ausführungen des islamischen Rechtssystems sanktioniert, sie fand immer wieder in der Praxis – wenn auch nicht überall mit derselben Strenge – ihren Niederschlag und machte die Lebensgeschichte der Schutzbürger, Juden und Christen, unter dem Druck der islamischen Mehrheit – abgesehen von wohltuenden Ausnahmen – oft und immer wieder zu einer Leidensgeschichte.

9,30(30): **Die Juden sagen: »ʿUzayr ist Gottes Sohn«:** Gemeint ist Ezra, Esdras, der in der zweiten Hälfte des 5. Jahrhunderts vor Christus vom babylonischen Exil der Israeliten in Begleitung einer Anzahl von Juden nach Palästina zurückkehrte. Dort schrieb er nach der Überlieferung die verlorengegangenen Bücher der Tora wieder auf und verkündete sie dem Volk. Im apokryphen 4. Ezra-Buch (auch Apokalypse des Ezra genannt) wird erklärt, daß Ezra zum Himmel entrückt wurde (1,7)[8]. Die Juden verehrten ihn in besonderer Weise: vgl. Sanhedrin 21b, Jebamot 86b[9].

Die muslimischen Kommentatoren berichten, daß ein Jude (so ʿUbayd ibn ʿUmayr) oder eine Gruppe von Juden (so Ibn ʿAbbās) eine Aussage wie die von Koran beanstandete gemacht haben. Rāzī denkt auch an die Möglichkeit, daß eine solche Aussage in früherne Zeiten gefallen sei[10].

Und die Christen sagen: »Christus ist Gottes Sohn«: siehe → 5,17.

Das ist ihre Rede aus ihrem eigenen Mund: auch in 33,4; – 24,15.

Der Ausdruck bedeutet entweder, daß sie ohne Beweis für ihre Aussage daherreden; oder, daß sie ihren irrigen Glauben offen bekennen.

Damit reden sie wie die, die vorher ungläubig waren: Dieser Satz könnte herangezogen werden, um zu erklären, wie der Koran seinen Vorwurf in 9,29 meint, daß die Juden und die Christen an Gott und den Jüngsten Tag nicht glauben.

Man findet bei den muslimischen Kommentatoren drei Deutungsmöglichkeiten für diesen Satz:
– *sie*, das sind die Juden und die Christen: Sie reden hier wie die ungläubigen und die Polytheisten.
– Oder das sind die Christen, die in ihrer Rede über Jesus den Juden mit deren Rede über ʿUzayr gleichen.
– Oder das sind die Christen, die in ihrer Rede denen aus ihren Reihen gleich sind, die früher in ähnlicher Weise geredet haben[11].

Gott bekämpfe sie! Wie leicht lassen sie sich doch abwenden!: auch in 63,4; → 5,75.

9,31(31): **Sie nahmen sich ihre Gelehrten und ihre Mönche zu Herren neben Gott:** Die Gelehrten sind die religiösen Anführer der Juden, und die Mönche werden hier als die herausragenden Persönlichkeiten bei den Christen

8. Zu Ezra siehe den Beitrag von *A. van den Born/H. Haag:* Esdras, in: Bibellexikon, 2. Auflage, Zürich 1982, Sp. 436–437.

9. Vgl. *Abraham Geiger:* Judaism and Islam, Neudruck, New York 1970, S. 154; *J. Horovitz:* Koranische Untersuchungen, S. 127–128; *Heinrich Speyer:* Die biblischen Erzählungen im Qoran, S. 413.

10. Vgl. Rāzī VIII, 16, S. 35.

11. Vgl. Zamakhsharī II, S. 264; Rāzī VIII, 16, S. 37; Manār X, S. 340.

angesehen[12]. Der Koran prangert hier den schlechten Einfluß der jüdischen Rabbiner und der christlichen Mönche an, die ihre Autorität mißbrauchen, um ihre Ansprüche zu bekräftigen, die Gefolgschaft der Menschen zu erzielen und auch ihre eigene Gier zu befriedigen (9,34).

zu Herren neben Gott: → 3,64; → 3,79–80.

sowie auch Christus, den Sohn Marias: → 5,116.

Dabei wurde ihnen doch nur befohlen, einem einzigen Gott zu dienen. Es gibt keinen Gott außer Ihm: zum Thema siehe → 5,117; 98,5; – 12,40; 17,23; auch 39,10.

Preis sei Ihm! (Erhaben ist Er) über das, was sie (Ihm) beigesellen: auch in 10,18; 52,43; 59,23; – mit dem Ausdruck *wa taʿālā* (erhaben ist Er): 16,1; 28,68; 30,40; 39,67; erhaben ist Er …: 7,190; 16,3; 23,92; 27,73.

9,32(32): **Sie wollen das Licht Gottes mit ihrem Mund auslöschen:** Hier wirft der Koran den Juden und den Christen vor, aktive Feindschaft dem Islam gegenüber zu zeigen, und religiös wie politisch gefährlich zu sein.

Aber Gott besteht darauf, sein Licht zu vollenden, auch wenn es den Ungläubigen zuwider ist: fast wörtlich auch in 61,8.

9,33(33): **Er ist es, der seinen Gesandten mit der Rechtleitung und der Religion der Wahrheit gesandt hat, um ihr die Oberhand zu verleihen über alle Religion, auch wenn es den Polytheisten zuwider ist:** auch in 61,9; – 48,28.

Der Ausdruck *liyuẓhirahū ʿalā l-dīni kullihī* kann auch auf den Gesandten Muḥammad bezogen werden (so Ibn ʿAbbās); die Übersetzung würde dann lauten: um ihn über die gesamte Religion zu informieren[13].

Das Ende des Verses richtet sich plötzlich an die Polytheisten. Gemeint sind wahrscheinlich auch alle Nicht-Muslime, im Kontext hier vor allem die Juden und die Christen. Die Verheißung lautet: Der Islam wird über alle anderen Religonen siegen; vgl. die Forderung, daß der Religion gänzlich nur noch Gott gehört: → 2,193; → 8,39.

12. Vgl. *E. Beck:* Das christliche Mönchtum im Koran, in: Studia Orientalia 13, 3 (Helsinki 1946), S. 8–17.

13. Vgl. Manār X, S. 389–390.

9,34(34): **O ihr, die ihr glaubt, viele von den Gelehrten und den Mönchen:** siehe oben 9,31. *viele*, nicht alle.

verzehren das Vermögen der Menschen durch Betrug: auch in → 2,188; 4,29.161.

Der Betrug besteht darin, daß sie Bestechungsgelder annehmen, um die scharfen Bestimmungen des Gesetzes zu lindern, oder daß sie das Wohlgefallen Gottes an den Gehorsam ihnen gegenüber binden, oder daß sie behaupten, daß ihre Religion durch viele Spenden unterstützt werden soll[14].

und weisen (sie) vom Weg Gottes ab: siehe den Vorwurf gegen die Leute des Buches in → 3,99; gegen die Juden in → 4,161.

Denjenigen, die Gold und Silber horten und es nicht auf dem Weg Gottes spenden: Der Vorwurf richtet sich weiterhin gegen die Gelehrten und die Mönche, oder - wie einige muslimische Kommentatoren meinen - gegen diejenigen unter den Muslimen, die die gesetzliche Abgabe von ihrem Vermögen nicht entrichteten. Man kann auch an alle Fälle dieser Art denken, ob sie nun in den Reihen der Nicht-Muslime oder der Muslime auftreten[15].

verkünde eine schmerzhafte Pein: → 3,21.

9,35(35): **am Tag, da im Feuer der Hölle darüber angeheizt wird und damit ihre Stirn, ihre Seiten und ihr Rücken gebrandmarkt werden:** über Gold und Silber wird angeheizt und mit dem so heißt gewordenen Gold und Silber werden ihre Körper gebrandmarkt.

Wörtlich: Ihre Stirne, ihre Seiten und ihre Rücken.

Dies ist, was ihr für euch gehortet habt: Die zwei letzten Sätze des Verses sind wohl die Worte, die von den Engeln an sie gerichtet werden.

So kostet, was ihr immer wieder gehortet habt: ähnlich in 29,55; 39,24; *kostet*: → 3,106.

14. Vgl. Rāzī VIII, 16, S. 43.
15. Vgl. Zamakhsharī II, S. 266; Rāzī VIII, 16, S. 44; Ibn Kathīr II, S. 335–336; Manār X, S. 403–408.

36 Die Zahl der Monate bei Gott ist zwölf Monate, im Buch Gottes festgestellt am Tag, da Er die Himmel und die Erde erschaffen hat. Vier davon sind heilig. Das ist die richtige Religion. So tut euch selbst in ihnen kein Unrecht. Und kämpft gegen die Polytheisten allesamt, wie sie gegen euch allesamt kämpfen. Und wißt, Gott ist mit den Gottesfürchtigen. 37 Der Brauch des verschobenen Monats zeugt von mehr Unglauben. Damit werden diejenigen, die ungläubig sind, irregeführt, so daß sie ihn in einem Jahr für profan und in einem (anderen) Jahr für heilig erklären, um die Zahl dessen, was Gott für heilig erklärt hat, auszugleichen; so erklären sie für profan, was Gott für heilig erklärt hat. Ihr schlechtes Tun ist ihnen verlockend gemacht worden. Gott leitet die ungläubigen Leute nicht recht.

إِنَّ عِدَّةَ ٱلشُّهُورِ

عِندَ ٱللَّهِ ٱثْنَا عَشَرَ شَهْرًا فِى كِتَٰبِ ٱللَّهِ يَوْمَ خَلَقَ
ٱلسَّمَٰوَٰتِ وَٱلْأَرْضَ مِنْهَآ أَرْبَعَةٌ حُرُمٌ ۚ ذَٰلِكَ ٱلدِّينُ ٱلْقَيِّمُ ۚ
فَلَا تَظْلِمُوا۟ فِيهِنَّ أَنفُسَكُمْ ۚ وَقَٰتِلُوا۟ ٱلْمُشْرِكِينَ كَآفَّةً كَمَا
يُقَٰتِلُونَكُمْ كَآفَّةً ۚ وَٱعْلَمُوٓا۟ أَنَّ ٱللَّهَ مَعَ ٱلْمُتَّقِينَ ﴿٣٦﴾
إِنَّمَا ٱلنَّسِىٓءُ زِيَادَةٌ فِى ٱلْكُفْرِ ۖ يُضَلُّ بِهِ ٱلَّذِينَ كَفَرُوا۟
يُحِلُّونَهُۥ عَامًا وَيُحَرِّمُونَهُۥ عَامًا لِّيُوَاطِـُٔوا۟ عِدَّةَ مَا حَرَّمَ ٱللَّهُ
فَيُحِلُّوا۟ مَا حَرَّمَ ٱللَّهُ ۚ زُيِّنَ لَهُمْ سُوٓءُ أَعْمَٰلِهِمْ ۗ وَٱللَّهُ لَا يَهْدِى
ٱلْقَوْمَ ٱلْكَٰفِرِينَ ﴿٣٧﴾

Varianten: 9,36–37

9,37: al-nasīʾu: al-nasiyyu (nach Warsh); al-nasyu (bei Djaʿfar al-Ṣādiq; nach al-Zuhrī, al-Ashhab); al-nasā (laut Zamakhsharī II, S. 270); al-nasʾu (bei Ṭalḥa; nach Ibn Kathīr, al-Sulamī); al-nasūʾu (bei Mudjāhid, Ṭalḥa nach einigen Gewährsmännern).
yuḍallu: yuḍillu: (Damit) führt Er (oder: er, man) ... in die Irre (bei Ibn Masʿūd; nach Ḥasan al-Baṣrī, Yaʿqūb); yaḍillu: gehen ... irre (nach den Rezitatoren außer Ḥafṣ, Ḥamza, Kisāʾī); yaḍallu (laut Zamakhsharī II, S. 270).
li-yuwāṭiʾū: li-yuwaṭṭiʾū (nach al-Zuhrī).
zuyyina lahum sūʾu: zayyana lahum sūʾa: Er hat ihnen ihr schlechtes Tun verlockend gemacht (bei Ibn Masʿūd; nach Zayd ibn ʿAlī).
sūʾu aʿmālihim: sūʾu waʿmālihim (nach Nāfiʿ, Ibn Kathīr, Abū ʿAmr).

Kommentar

9,36(36): **Die Zahl der Monate bei Gott ist zwölf Monate, im Buch Gottes festgestellt am Tag, da Er die Himmel und die Erde erschaffen hat:** Der Hintergrund der Feststellungen des Korans in den Versen 9,36–37 ist folgender: Die Araber machten einen Vergleich zwischen dem Mondkalender und dem Sonnenkalender. Das Sonnenjahr war um einige Tage länger als das Mondjahr mit seinen anerkannten heiligen Monaten: Es waren drei aufeinanderfolgende Monate: Dhū l-qaʿda (11. Monat), Dhū l-ḥidjja (12. Monat; Monat der Wallfahrt), Muḥarram (1. Monat), und ein Monat zu Beginn der zweiten Hälfte des Jahres: Radjab (7. Monat). In diesen heiligen Monaten waren Kampfhandlungen und Beutezüge verboten. Darüber hinaus war Dhū l-ḥidjja dem Vollzug der Wallfahrtsriten gewidmet. Nun brachte der Unterschied zwischen Sonnen- und Mondjahr mit sich, daß die Zeiten und Riten zu verschiedenen Jahreszeiten im Sonnenkalender fielen. Wenn sie in den Winter fielen, gingen den Leuten viele Gelegenheiten verloren, ihren Lebensunterhalt zu sichern: Große Zahlen von Pilgern blieben aus, und die im Winter zu den Jahresmärkten mitgebrachten Waren, waren eher dürftig. Wenn die heiligen Zeiten mit den schönen Monaten des Jahres zusammenfielen, konnten die Kämpfer der Stämme ihre Feinde, die gerade auf Reisen oder mit ihren Herden unterwegs waren, nicht mehr bekämpfen, bzw. sie durften die vorbeiziehenden Karawanen nicht überfallen.

Um diesen ungünstigen Umstand des Mondkalenders mit dem Sonnenjahr auszugleichen, pflegte man einen Schaltmonat einzuführen, was die Zahl der Monate auf dreizehn erhöhte (vgl. die Reaktion des Korans: das Jahr hat 12 Monate: 9,36), oder den einen oder anderen heiligen Monat zu verschieben (vgl. 9,37). Gegen diesen Brauch stellt der Koran fest, daß die Zahl der Monate von Gott selbst festgelegt worden ist und die Einhaltung der heiligen Monate, wie sie überliefert worden sind, der richtigen Religion entspricht. Die Menschen sollen nicht im Streben nach irdischem Gewinn die Ordnung Gottes verändern und die Monate hin und her schieben[1].

bei Gott: im Wissen Gottes und entsprechend seiner Entscheidung. – *Im Buch Gottes:* Das ist die bei Gott aufbewahrte Tafel (85,22), so Ibn ʿAbbās. Einige denken an den Koran selbst, der die Sonne und den Mond als Maßstäbe für die »Zahl der Jahre und die Zeitrechnung« bezeichnet (10,5) und der von den Neumonden sagt: »Sie sind für die Zeitbestimmungen ... und für die Wallfahrt« (2,189). Schließlich meint Abū Muslim al-Iṣfahānī, daß das Wort *Buch* hier einfach die Entscheidung und Bestimmung Gottes bedeutet[2].

1. Vgl. Rāzī VIII, 16, S. 51–52, 55–56; Zamakhsharī II, S. 269–270.
2. Vgl. Rāzī VIII, 16, S. 53.

Vier davon sind heilig: Die Namen dieser Monate sind oben angegeben worden. Die Monate werden heilig genannt, weil in ihnen das Verbot bestand, zu kämpfen oder Rache zu nehmen, und weil in dieser Zeit, präziser im Dhū l-ḥidjja, die Wallfahrt stattfand, auch weil die Menschen dazu aufgerufen werden, in diesen Monaten um so eifriger das Böse zu meiden und das Gute zu tun, endlich weil die Übertretung der Gebote Gottes in diesen Monaten eine schwerere Strafe und das Gute eine größere Belohnung nach sich zieht.

Das ist die richtige Religion: → 6,161. Das ist die richtige Art, religiös zu sein; oder: Das ist die in der Schöpfung Gottes festgelegte, unabänderliche Ordnung (so Ḥasan al-Baṣrī); oder: Das ist die richtige Zeitrechnung.

So tut euch selbst in ihnen kein Unrecht: *in ihnen,* d. h. in diesen vier Monaten (so die Meinung der Mehrheit der Kommentatoren), oder in diesen zwölf Monaten (so Ibn ʿAbbās). *Unrecht,* das ist der Brauch des verschobenen Monats, von dem im 9,37 die Rede ist (Rāzī bevorzugt diese Deutung), oder es geht um das Verbot der Kampfhandlungen und der Gewaltanwendung in diesen Monaten, oder auch das allgemeine Verbot, Böses zu tun und Übertretungen zu begehen[3].

Und kämpft gegen die Polytheisten allesamt, wie sie gegen euch allesamt kämpfen: Das Wort allesamt *(kāffatan)* kann entweder auf das Verb kämpft bzw. kämpfen (kämpft alle zusammen gegen die Polytheisten, wie sie alle zusammen gegen euch kämpfen), oder auf das Objekt (kämpft gegen alle Polytheisten, wie sie gegen euch alle kämpfen) (so Ibn ʿAbbās) bezogen werden.

Der Satz wird gegen die Meinung einer Minderheit von Autoren verstanden als Gebot, die Polytheisten auch in den heiligen Monaten zu bekämpfen; siehe dazu die Bestimmungen in → 2,190–194; 2,217.

Und wißt, Gott ist mit den Gottesfürchtigen: → 2,194.

9,37(37): **Der Brauch des verschobenen Monats:** wörtlich: das Verschieben. Zur Sache siehe die Ausführungen oben[4].

zeugt von mehr Unglauben: Zu den übrigen Werken des Unglaubens und des Ungehorsams wird auch diese Übertretung der Ordnung Gottes hinzugefügt.

3. Vgl. Zamakhsharī II, S. 269; Rāzī VIII, 16, S. 55.

4. Vgl. auch die Untersuchung von *Axel Moberg:* An-Nasīʾ (Koran 9,37) in der islamischen Tradition, Lund/Leipzig 1931; dazu *J. Fück:* Zu *an-nasī* (Koran 9,37), in: Orientalische Literaturzeitschrift (OLZ) 1933, Sp. 280–283.

Damit werden diejenigen, die ungläubig sind, irregeführt, so daß sie ihn in einem Jahr für profan und in einem (anderen) Jahr für heilig erklären, um die Zahl dessen, was Gott für heilig erklärt hat, auszugleichen; so erklären sie für profan, was Gott für heilig erklärt hat: Es gibt zwei Möglichkeiten, sich die Regelung vorzustellen:

– Ein Schaltmonat wurde in die Gruppe der drei aufeinanderfolgenden heiligen Monate zwischengeschoben; dann wurde er in einem Jahr anstelle eines der heiligen Monate für heilig erklärt, oder er wurde in einem anderen Jahr als profan betrachtet, er diente lediglich, die lange heilige Zeit zu unterbrechen.

– Oder – wie es öfter mit dem Monat Dhū l-ḥidjja geschah, damit die Wallfahrtsriten in eine günstige Zeit fallen konnten – wurde ein anderer Monat als heilig betrachtet anstelle eines der heiligen Monate, welcher dann für profan erklärt wurde. Damit wurde durch die willkürliche Übertragung des heiligen Charakters von einem Monat auf den anderen und die entsprechende Aberkennung der Heiligkeit anderer Monate die Ordnung Gottes angetastet.

Ihr schlechtes Tun ist ihnen verlockend gemacht worden: → 2,212.

Gott leitet die ungläubigen Leute nicht recht: → 2,264.

38 O ihr, die ihr glaubt, was ist mit euch, daß ihr, wenn zu euch gesagt wird: »Rückt aus auf dem Weg Gottes«, euch schwer bis zur Erde neigt? Gefällt euch das diesseitige Leben mehr als das jenseitige? Aber die Nutznießung des diesseitigen Lebens ist im (Vergleich mit dem) Jenseits nur gering(zuschätzen).
39 Wenn ihr nicht ausrückt, peinigt Er euch mit einer schmerzhaften Pein und nimmt an eurer Stelle ein anderes Volk, und ihr könnt Ihm keinen Schaden zufügen. Gott hat Macht zu allen Dingen.
40 Wenn ihr ihn nicht unterstützt, so hat Gott ihn (schon damals) unterstützt, als diejenigen, die ungläubig sind, ihn zusammen mit einem zweiten Mann vertrieben haben. Sie waren beide in der Höhle, und er sagte zu seinem Gefährten: »Sei nicht traurig. Gott ist mit uns.« Da sandte Gott seine Ruhe spendende Gegenwart auf ihn herab und stärkte ihn mit Truppen, die ihr nicht sehen konntet. Und Er machte das Wort derer, die ungläubig sind, unterlegen. Siehe, Gottes Wort ist überlegen. Und Gott ist mächtig und weise.
41 Rückt aus, ob leicht oder schwer, und setzt euch mit eurem Vermögen und mit eurer eigenen Person auf dem Weg Gottes ein. Das ist besser für euch, so ihr Bescheid wißt.

يَـٰٓأَيُّهَا ٱلَّذِينَ ءَامَنُوا۟ مَا لَكُمْ
إِذَا قِيلَ لَكُمُ ٱنفِرُوا۟ فِى سَبِيلِ ٱللَّهِ ٱثَّاقَلْتُمْ إِلَى ٱلْأَرْضِ ۚ
أَرَضِيتُم بِٱلْحَيَوٰةِ ٱلدُّنْيَا مِنَ ٱلْـَٔاخِرَةِ ۚ فَمَا مَتَـٰعُ ٱلْحَيَوٰةِ
ٱلدُّنْيَا فِى ٱلْـَٔاخِرَةِ إِلَّا قَلِيلٌ ﴿٣٨﴾ إِلَّا تَنفِرُوا۟ يُعَذِّبْكُمْ
عَذَابًا أَلِيمًا وَيَسْتَبْدِلْ قَوْمًا غَيْرَكُمْ وَلَا تَضُرُّوهُ شَيْـًٔا ۗ
وَٱللَّهُ عَلَىٰ كُلِّ شَىْءٍ قَدِيرٌ ﴿٣٩﴾ إِلَّا تَنصُرُوهُ فَقَدْ نَصَرَهُ ٱللَّهُ
إِذْ أَخْرَجَهُ ٱلَّذِينَ كَفَرُوا۟ ثَانِىَ ٱثْنَيْنِ إِذْ هُمَا فِى ٱلْغَارِ
إِذْ يَقُولُ لِصَـٰحِبِهِۦ لَا تَحْزَنْ إِنَّ ٱللَّهَ مَعَنَا ۖ فَأَنزَلَ ٱللَّهُ
سَكِينَتَهُۥ عَلَيْهِ وَأَيَّدَهُۥ بِجُنُودٍ لَّمْ تَرَوْهَا وَجَعَلَ كَلِمَةَ
ٱلَّذِينَ كَفَرُوا۟ ٱلسُّفْلَىٰ ۗ وَكَلِمَةُ ٱللَّهِ هِىَ ٱلْعُلْيَا ۗ وَٱللَّهُ عَزِيزٌ
حَكِيمٌ ﴿٤٠﴾ ٱنفِرُوا۟ خِفَافًا وَثِقَالًا وَجَـٰهِدُوا۟ بِأَمْوَٰلِكُمْ
وَأَنفُسِكُمْ فِى سَبِيلِ ٱللَّهِ ۚ ذَٰلِكُمْ خَيْرٌ لَّكُمْ إِن كُنتُمْ

42 Ginge es um nahe Güter oder eine mäßige
Reise, würden sie dir folgen. Aber die Entfernung
ist ihnen zu weit. Und sie werden bei Gott
schwören: »Wenn wir es könnten, würden wir mit
euch hinausziehen.« Sie stürzen sich dabei selbst
ins Verderben. Und Gott weiß, daß sie ja lügen.
43 Gott verzeihe dir! Warum hast du sie befreit?
(Hättest du nur gewartet), bis dir deutlich geworden war, wer die Wahrheit sagt, und du die Lügner
in Erfahrung gebracht hast! 44 Diejenigen, die an
Gott und den Jüngsten Tag glauben, bitten dich
nicht um Befreiung davon, sich mit ihrem Vermögen und mit ihrer eigenen Person einzusetzen.
Und Gott weiß über die Gottesfürchtigen
Bescheid. 45 Um Befreiung bitten dich nur diejenigen, die an Gott und den Jüngsten Tag nicht
glauben und deren Herzen zweifeln; und in ihrem
[20¼] Zweifel zögern sie. *46 Hätten sie wirklich ausziehen wollen, hätten sie sich dafür gerüstet. Aber
ihr Ausmarsch war Gott zuwider, so hielt Er sie
zurück. Und es wurde gesagt: »Sitzt daheim mit
denen, die daheim sitzen.« 47 Würden sie mit
euch ausziehen, würden sie euch nur noch Verschlechterung bringen und unter euch schnell
umherlaufen im Trachten danach, (euch) der Versuchung auszusetzen. Und unter euch gibt es welche, die sehr auf sie hören. Und Gott weiß über
die Bescheid, die Unrecht tun. 48 Sie haben

تَعْلَمُونَ ﴿٤١﴾ لَوْ كَانَ عَرَضًا قَرِيبًا وَسَفَرًا قَاصِدًا
لَّٱتَّبَعُوكَ وَلَٰكِنۢ بَعُدَتْ عَلَيْهِمُ ٱلشُّقَّةُ ۚ وَسَيَحْلِفُونَ بِٱللَّهِ
لَوِ ٱسْتَطَعْنَا لَخَرَجْنَا مَعَكُمْ يُهْلِكُونَ أَنفُسَهُمْ وَٱللَّهُ يَعْلَمُ
إِنَّهُمْ لَكَٰذِبُونَ ﴿٤٢﴾ عَفَا ٱللَّهُ عَنكَ لِمَ أَذِنتَ لَهُمْ
حَتَّىٰ يَتَبَيَّنَ لَكَ ٱلَّذِينَ صَدَقُوا۟ وَتَعْلَمَ ٱلْكَٰذِبِينَ ﴿٤٣﴾
لَا يَسْتَـْٔذِنُكَ ٱلَّذِينَ يُؤْمِنُونَ بِٱللَّهِ وَٱلْيَوْمِ ٱلْءَاخِرِ أَن
يُجَٰهِدُوا۟ بِأَمْوَٰلِهِمْ وَأَنفُسِهِمْ ۗ وَٱللَّهُ عَلِيمٌۢ بِٱلْمُتَّقِينَ ﴿٤٤﴾
إِنَّمَا يَسْتَـْٔذِنُكَ ٱلَّذِينَ لَا يُؤْمِنُونَ بِٱللَّهِ وَٱلْيَوْمِ ٱلْءَاخِرِ
وَٱرْتَابَتْ قُلُوبُهُمْ فَهُمْ فِى رَيْبِهِمْ يَتَرَدَّدُونَ ﴿٤٥﴾
۞ وَلَوْ أَرَادُوا۟ ٱلْخُرُوجَ لَأَعَدُّوا۟ لَهُۥ عُدَّةً وَلَٰكِن كَرِهَ ٱللَّهُ
ٱنۢبِعَاثَهُمْ فَثَبَّطَهُمْ وَقِيلَ ٱقْعُدُوا۟ مَعَ ٱلْقَٰعِدِينَ ﴿٤٦﴾
لَوْ خَرَجُوا۟ فِيكُم مَّا زَادُوكُمْ إِلَّا خَبَالًا وَلَأَوْضَعُوا۟ خِلَٰلَكُمْ
يَبْغُونَكُمُ ٱلْفِتْنَةَ وَفِيكُمْ سَمَّٰعُونَ لَهُمْ ۗ وَٱللَّهُ عَلِيمٌۢ

schon früher danach getrachtet, euch der Versuchung auszusetzen, und gegen dich Intrigen getrieben, bis die Wahrheit kam und der Befehl Gottes erschien, obwohl es ihnen zuwider war.
49 Unter ihnen gibt es welche, die sagen: »Befreie mich und führe mich nicht in Versuchung.« In Versuchung sind sie doch gefallen. Und die Hölle umfaßt die Ungläubigen. 50 Wenn dich Gutes trifft, tut es ihnen leid; und wenn dich ein Unglück trifft, sagen sie: »Wir haben unsere Angelegenheit schon vorher selbst übernommen.« Und sie kehren sich erfreut ab. 52 Sprich: Uns wird nur das treffen, was Gott uns bestimmt hat. Er ist unser Schutzherr. Auf Gott sollen die Gläubigen vertrauen. 52 Sprich: Erwartet ihr für uns etwas anderes als eine der beiden schönsten Sachen? Wir erwarten für euch, daß Gott euch trifft mit einer Pein von Ihm oder durch unsere Hände. So wartet nur ab, wir warten mit euch ab.

بِٱلظَّٰلِمِينَ ﴿٤٧﴾ لَقَدِ ٱبۡتَغَوُاْ ٱلۡفِتۡنَةَ مِن قَبۡلُ وَقَلَّبُواْ لَكَ
ٱلۡأُمُورَ حَتَّىٰ جَآءَ ٱلۡحَقُّ وَظَهَرَ أَمۡرُ ٱللَّهِ وَهُمۡ كَٰرِهُونَ ﴿٤٨﴾
وَمِنۡهُم مَّن يَقُولُ ٱئۡذَن لِّي وَلَا تَفۡتِنِّيٓۚ أَلَا فِي ٱلۡفِتۡنَةِ سَقَطُواْۗ
وَإِنَّ جَهَنَّمَ لَمُحِيطَةُۢ بِٱلۡكَٰفِرِينَ ﴿٤٩﴾ إِن تُصِبۡكَ حَسَنَةٞ
تَسُؤۡهُمۡۖ وَإِن تُصِبۡكَ مُصِيبَةٞ يَقُولُواْ قَدۡ أَخَذۡنَآ أَمۡرَنَا مِن
قَبۡلُ وَيَتَوَلَّواْ وَّهُمۡ فَرِحُونَ ﴿٥٠﴾ قُل لَّن يُصِيبَنَآ إِلَّا مَا كَتَبَ
ٱللَّهُ لَنَا هُوَ مَوۡلَىٰنَاۚ وَعَلَى ٱللَّهِ فَلۡيَتَوَكَّلِ ٱلۡمُؤۡمِنُونَ ﴿٥١﴾
قُلۡ هَلۡ تَرَبَّصُونَ بِنَآ إِلَّآ إِحۡدَى ٱلۡحُسۡنَيَيۡنِۖ وَنَحۡنُ نَتَرَبَّصُ
بِكُمۡ أَن يُصِيبَكُمُ ٱللَّهُ بِعَذَابٖ مِّنۡ عِندِهِۦٓ أَوۡ بِأَيۡدِينَاۖ
فَتَرَبَّصُوٓاْ إِنَّا مَعَكُم مُّتَرَبِّصُونَ ﴿٥٢﴾

Varianten: 9,38–52

9,38: (llāhi) ththāqaltum: tathāqaltum (bei Ibn Mas'ūd, al-A'mash); a-ththāqaltum: (was ist mit euch ...?) habt ihr euch schwer... geneigt? (laut Zamakhsharī II, S. 271).

9,40: idh akhradjahū lladhīna kafarū thāniya thnayni: idh humā thānī thnayni: als sie beide einer von zweien waren (laut Zamakhsharī II, S. 272).
wa-kalimatu: wa-kalimata: und (Er machte) das Wort (Gottes) ... (nach Ya'qūb).

9,42: ba'udat: ba'idat (nach 'Īsā ibn 'Umar).
'alayhimu: 'alayhimi (nach Abū 'Amr); 'alayhumu (nach Ḥamza, Kisā'ī).
l-shuqqatu: l-shiqqatu (nach 'Īsā ibn 'Umar).
lawi staṭa'nā: lawu staṭa'nā (laut Zamakhsharī II, S. 273–274).

9,46: 'uddatan: 'iddatan; 'uddahū (laut Zamakhsharī II, S. 275).

9,47: zādūkum: zādakum: würde es euch ... bringen (bei Ibn Mas'ūd, Ubayy; nach Ibn Abī 'Abla).
wa la'auḍa'ū: wa la'arqaṣū (bei Ibn al-Zubayr); wa la'aufaḍū (laut Zamakhsharī II, S. 277).

9,48: qallabū: qalabū (laut Zamakhsharī II, S. 277).

9,49: yaqūlu 'dhan: yaqūlu wdhan (nach Warsh, al-Sūsī).
walā taftinnī: walā tuftinnī (laut Zamakhsharī II, S. 277).
saqaṭū: saqaṭa (bei Ubayy).

9,50: fariḥūna: fāriḥūna (bei al-Rabī' ibn Khuthayn; nach Ibn Dharr, Abu Ḥaṣīn).

9,51: lan yuṣībanā: hal yuṣībunā: wird uns etwas anderes treffen als das (nach Ibn Mas'ūd); lan yuṣayyibanā (bei Ibn Mas'ūd nach einigen Gewährsmännern, Ṭalḥa).

9,52: hal tarabbaṣūna: hal ttarabbaṣūna (nach al-Bazzī).

Kommentar

9,38(38): **O ihr, die ihr glaubt, was ist mit euch, daß ihr, wenn zu euch gesagt wird: »Rückt aus auf dem Weg Gottes«, euch schwer bis zur Erde neigt?:** Nach der islamischen Tradition in der Gefolgschaft von Ibn ʿAbbās geht es in diesem ganzen Abschnitt (9,38–52) sowie im Rest der Sure um den Feldzug gegen Tabūk an der Nordgrenze Arabiens zum byzantinischen Reich (November 630). Die Muslime wurden im Sommer dazu aufgerufen, an diesem Feldzug teilzunehmen. Das Unternehmen erwies sich aus verschiedenen Gründen als schwer durchsetzbar:
– Der Zeitpunkt schien ungünstig zu sein: Hitze (9,81.120) und Dürre.
– Die große Entfernung machte eine kostspielige, über das gewohnte Maß gehende Vorbereitung (Versorgung und Ausrüstung) notwendig.
– Man fürchtete auch, die Zeit der Ernte in Medina zu verpassen.
– Der Kampf gegen die Truppen der Byzantiner schien einigen Muslime zu risikoreich.

Ähnliches Thema auch in → 3,167; siehe auch 9,81–86. *euch schwer bis zur Erde neigt:* ähnlicher Ausdruck in 7,176.

Gefällt euch das diesseitige Leben mehr als das jenseitige? Aber die Nutznießung des diesseitigen Lebens ist im (Vergleich mit dem) Jenseits nur gering(zuschätzen): → 2,36.

9,39(39): **Wenn ihr nicht ausrückt, peinigt Er euch mit einer schmerzhaften Pein:** im Diesseits und/oder im Jenseits.

und nimmt an eurer Stelle ein anderes Volk: → 4,133.

und ihr könnt Ihm keinen Schaden zufügen: → 3,144. Denn Gott ist auf niemanden angewiesen. Einige Kommentatoren beziehen das Pronomen auf Muḥammad: ihr könnt ihm ...

Gott hat Macht zu allen Dingen: → 2,20.

9,40(40): **Wenn ihr ihn nicht unterstützt:** Muḥammad.

so hat Gott ihn (schon damals) unterstützt, als diejenigen, die ungläubig sind, ihn zusammen mit einem zweiten Mann vertrieben haben: wörtlich: vertrieben haben als zweiten von zweien. Der zweite Mann ist Abū Bakr, der

Muḥammad am Tag, an der die Auswanderung von Mekka nach Medina begonnen hatte (622), begleitet und sich mit ihm in einer Höhle in der Nähe von Mekka drei Tage lang vor den feindlichen Mekkanern versteckt hatte.

Zur Vertreibung durch die Ungläubigen siehe auch → 8,30.

Sie waren beide in der Höhle, und er sagte zu seinem Gefährten: »Sei nicht traurig. Gott ist mit uns«: Muḥammad tröstet hier Abū Bakr, der vor den heranrückenden Mekkanern Angst hatte, sie könnten vor allem dem Propheten Muḥammad Schaden zufügen. Die Worte Muḥammads zeugen von seiner inneren Zuversicht und seinem Vertrauen in Gott.

Da sandte Gott seine Ruhe spendende Gegenwart auf ihn herab und stärkte ihn mit Truppen, die ihr nicht sehen konntet: auf Muḥammad. Andere, wie Ibn ʿAbbās, denken hier eher an Abū Bakr, da ja der Prophet die innere Ruhe und Gelassenheit bereits besaß. Wenn man diese Deutung übernimmt, müßte dann der zweite Satz mit der Aussage: »so hat Gott ihn unterstützt …« verbunden werden. Die Übersetzung würde lauten: Und Er hat ihn (d. h. Muḥammad) mit Truppen gestärkt[1].

Zur *sakīna* (Ruhe spendende Gegenwart) siehe → 2,248; 9,26. Zu den Truppen siehe → 9,26.

Und Er machte das Wort derer, die ungläubig sind, unterlegen. Siehe, Gottes Wort ist überlegen: Gottes Wille und Entscheide haben immer die Oberhand über die Bestrebungen der Menschen.

Und Gott ist mächtig und weise: → 2,129.

9,41(41): **Rückt aus, ob leicht oder schwer:** Die Muslime sollen ausrücken, in welcher Lage sie sich auch befinden: ob es ihnen leicht oder schwer fällt, ob sie viele oder wenige Angehörige zu Hause hinterlassen, ob sie leichte oder schwere Waffen zu tragen haben, ob sie zu Fuß oder auf Reittieren ausrücken, ob sie jung oder alt, gesund oder krank sind[2].

und setzt euch mit eurem Vermögen und mit eurer eigenen Person auf dem Weg Gottes ein: Die meisten Kommentatoren deuten diesen Satz wie folgt: Man muß sich mit der eigenen Person einsetzen; wenn man es nicht kann, dann muß man sich mit seinem Vermögen einsetzen, indem man aus eigenem

1. Vgl. zu diesem Komplex Rāzī VIII, 16, S. 68.71; Ibn Kathīr II, S. 343; Bayḍāwī I, S. 502; Manār X, S. 429–431.
2. Vgl. Zamakhsharī II, S. 272–273; übernommen von Rāzī VIII, 16, S. 72.

Vermögen für einen Ersatz sorgt. Wer nun aus triftigen Gründen (Krankheit, hohem Alter) oder wegen fehlenden Vermögens weder persönlich noch durch einen Ersatz am Einsatz der Muslime teilnehmen kann, ist davon befreit.

Das ist besser für euch, so ihr Bescheid wißt: oder: Das ist gut für euch ...; → 2,184.

9,42(42): **Ginge es um nahe Güter oder eine mäßige Reise, würden sie dir folgen. Aber die Entfernung ist ihnen zu weit:** Einige der Angeredeten weigerten sich wohl, dem Aufruf zu folgen. Hier wird über die Vorwände gesprochen, die sie vorlegten. Da der Feldzug zu weit in den Norden führte, schien den Verweigerern der Weg zu strapaziös, und sie schätzten die Chancen, unter günstigen Bedingungen Beute zu machen, als gering. Vgl. auch 9,81–96.

qāṣidan: mäßig, leicht zu bewältigen. In 31,19 findet man auch das verwandte Adjektiv *muqtaṣid* (»Halte das rechte Maß in deinem Gang«).

Und sie werden bei Gott schwören: »Wenn wir es könnten, würden wir mit euch hinausziehen.« Sie stürzen sich dabei selbst ins Verderben. Und Gott weiß, daß sie ja lügen: ähnlicher lügnerischer Schwur in 3,167; 9,95–96.

9,43(43): **Gott verzeihe dir! Warum hast du sie befreit:** wörtlich: Warum hast du ihnen erlaubt, d. h. sich der Teilnahme am Einsatz zu entziehen.

(Hättest du nur gewartet), bis dir deutlich geworden ist, wer die Wahrheit sagt, und du die Lügner in Erfahrung gebracht hast!: Offensichtlich wird hier die Entscheidung Muḥammads angesprochen, die Zauderer zu Hause zu lassen, als zu schnell getroffen betrachtet. Muḥammad, der wahrscheinlich keine schwachen Elemente, deren Haltung die Moral der übrigen hätte beeinträchtigen können, in den Reihen seiner Truppen haben wollte, wäre besser beraten, wenn er gewartet hätte, bis deutlich geworden ist, wer diese ungewünschten Elemente sind und in welcher genauen Zahl sie auftreten.

In allen Fällen, bei denen keine Offenbarung vorlag – so der Kommentar der muslimischen Autoren – bemühte sich Muḥammad, zu einer passenden Entscheidung zu kommen. Dabei konnte es vorkommen, daß er eine unpassende Entscheidung traf, die nicht gerade das Beste für die Gemeinde nach sich zog[3].

3. Vgl. die Glossierung von Manār X, S. 465, der sich gegen die als despektierlich empfundene Deutung des Zamakhsharī (II, S. 274: Dort spricht er von *djināya,* Verfehlung), verwahrt und auch die spitzfindigen Bemühungen Rāzīs (VIII, 16, S. 75–77), die Unfehlbarkeit des Propheten auch im vorliegenden Fall zu verteidigen, als übertrieben empfindet.

9,44(4): **Diejenigen, die an Gott und den Jüngsten Tag glauben, bitten dich nicht um Befreiung davon, sich mit ihrem Vermögen und mit ihrer eigenen Person einzusetzen. Und Gott weiß über die Gottesfürchtigen Bescheid:** → 4,95; 9,86–88; zum Thema der Verse 9,44–45 siehe auch 9,81–93.

Befreiung: wörtlich: um Erlaubnis (daheim zu sitzen und am Feldzug nicht teilzunehmen).

Der Text läßt auch folgende Übersetzung zu: »Diejenigen ... bitten dich nicht um Erlaubnis, sich mit ihrem Vermögen ...« Sie tun es ja sowieso in freiwilligem Einsatz.

9,45(45): **Um Befreiung bitten dich nur diejenigen, die an Gott und den Jüngsten Tag nicht glauben und deren Herzen zweifeln:** auch in 24,50; 49,15; → 2,282. Oder: Um Erlaubnis bitten ...

und in ihrem Zweifel zögern sie: Wer an Gott nicht glaubt, ist wenig bereit, seine als beschwerlich betrachteten Entscheidungen zu befolgen. Und wer an den Jüngsten Tag nicht glaubt, hofft nicht auf die Verheißung des jenseitigen Lohnes für die Kämpfer des Islam. Daher auch die zögerliche Haltung und das Hinschauen auf die Chancen, leichte Beute zu machen.

9,46(46): **Hätten sie wirklich ausziehen wollen, hätten sie sich dafür gerüstet:** Hier wird auf den lügnerischen Schwur der Verweigerer in 9,42 Bezug genommen.

Aber ihr Ausmarsch war Gott zuwider, so hielt Er sie zurück: Damit wird bekräftigt, daß die Entscheidung Muḥammads, sie zu befreien, im Grunde richtig war. Hätte er aber ein wenig länger gewartet, wäre sie vielleicht noch in ihren Nebenwirkungen wirksamer ausgefallen.

Und es wurde gesagt: »Sitzt daheim mit denen, die daheim sitzen«: Über die Zurückgebliebenen siehe auch 9,83–93 passim. Aber wessen Spruch ist dies? Man findet hier folgende Antworten: Der, der hier sagt, ist der Satan, oder die einen von ihnen zu den anderen, oder Muḥammad oder endlich Gott selbst[4].

9,47(47): **Würden sie mit euch ausziehen, würden sie euch nur noch Verschlechterung bringen und unter euch schnell umherlaufen im Trachten danach, (euch) der Versuchung auszusetzen:** Sie würden unter euch Zweifel und Zwietracht säen und euch durcheinanderbringen.

4. Vgl. Zamakhsharī II, S. 275–276; Rāzī VIII, 16, S. 82.

Und unter euch gibt es welche, die sehr auf sie hören: oder: sehr für sie horchen, d. h. das sind ihre Spione, die ihnen die gehörten Dinge weiter mitteilen (so Mudjāhid und Ibn Zayd).

Und Gott weiß über die Bescheid, die Unrecht tun: → 2,95.

9,48(48): **Sie haben schon früher danach getrachtet, euch der Versuchung auszusetzen, und gegen dich Intrigen getrieben:** *früher:* vor dem Feldzug gegen Tabūk. Die muslimischen Kommentatoren führen mehrere Beispiele für solche Machenschaften gegen die Muslime und solche Intrigen gegen Muḥammad an.

bis die Wahrheit kam und der Befehl Gottes erschien, obwohl es ihnen zuwider ist: Es ist die Wahrheit des Korans und der Sendung Muḥammads. Der Befehl Gottes hat zugunsten der Botschaft des Islam seine Macht erwiesen.

Eine andere mögliche Übersetzung lautet: und der Befehl Gottes die Oberhand erhielt[5].

9,49(49): **Und unter ihnen gibt es welche, die sagen: »Befreie mich und führe mich nicht in Versuchung«:** ohne deine Erlaubnis zu Hause zu bleiben und am Feldzug nicht teilzunehmen[6].

In Versuchung sind sie doch gefallen: Denn sie wenden ein, daß sie die lange Reise in der Hitze nicht bestehen können und daß ohne ihre Anwesenheit ihre Familien und Angehörigen zugrunde gehen müssen. Damit stellen sie sich gegen Gott und seinen Gesandten.

fitna (Versuchung): → 2,102; über die Art der Versuchung siehe u. a. → 4,91.

Und die Hölle umfaßt die Ungläubigen: auch in 29,54.

9,50(50): **Wenn dich Gutes trifft, tut es ihnen leid; und wenn dich ein Unglück trifft, sagen sie: »Wir haben unsere Angelegenheit schon vorher selbst übernommen.« Und sie kehren sich erfreut ab:** → 3,120.

Vor dem Unglück und der Niederlage haben wir für unsere Sache gesorgt und haben uns von dir losgesagt, so daß wir nun dem Unglück, das dich traf, entrinnen konnten.

5. Diese Übersetzung findet Unterstützung bei Zamakhsharī II, S. 277; Manār X, S. 475.
6. Rāzī merkt hier an, daß diese Äußerung ernst oder eben nur ironisch gemeint sein kann (VIII, 16, S. 86).

9,51(51): **Sprich: Uns wird nur das treffen, was Gott uns bestimmt hat:** wörtlich: für uns geschrieben hat. → 2,187; zum Thema siehe auch → 6,38; 20,52; 22,70; 27,75; 35,11; 57,22; 64,11; – 36,12.

Er ist unser Schutzherr: → 2,286.

Auf Gott sollen die Gläubigen vertrauen: → 3,122.

9,52(52): **Sprich: Erwartet ihr für uns etwas anderes als eine der beiden schönsten Sachen?:** zu streben und dann die jenseitige schöne Belohnung zu erhalten, oder zu siegen und die schöne Beute im Diesseits und den schönen Lohn im Diesseits zu erlangen.

Wir erwarten für euch, daß Gott euch trifft mit einer Pein von Ihm oder durch unsere Hände: → 9,14. Pein Gottes im Diesseits und/oder im Jenseits.

So wartet nur ab, wir warten mit euch ab: ähnlich in → 6,158.

53 Sprich: Ihr mögt freiwillig oder widerwillig
spenden, es wird von euch doch nicht angenommen
werden. Ihr seid ja frevlerische Leute. 54 Und
nichts anderes verhindert, daß ihre Spenden von
ihnen angenommen werden, als daß sie Gott und
seinen Gesandten verleugnen, nur nachlässig zum
Gebet hingehen und nur widerwillig spenden.
55 Nicht sollen dir ihr Vermögen und ihre Kinder
gefallen. Gott will sie ja im diesseitigen Leben
damit peinigen, und daß ihre Seele (im Tod) dahinschwindet, während sie ungläubig sind. 56 Und sie
schwören bei Gott, daß sie zu euch gehören. Sie
gehören aber nicht zu euch, sondern sie sind Leute,
die ängstlich sind. 57 Würden sie einen Zufluchtsort oder Höhlen oder einen Schlupfgang finden, sie
würden schnellstens dorthin flüchten.
58 Und unter ihnen gibt es welche, die gegen dich
wegen der Almosen nörgeln. Wenn ihnen etwas
davon gegeben wird, sind sie zufrieden. Wenn
ihnen nichts davon gegeben wird, geraten sie
gleich in Groll. 59 Wären sie doch mit dem
zufrieden, was Gott und sein Gesandter ihnen
zukommen ließen, und würden sie doch sagen
»Gott genügt uns. Gott wird uns etwas von seiner
Huld zukommen lassen, und auch sein Gesandter.
[20½] Auf Gott richten wir unsere Wünsche«! *60 Die

قُلْ أَنفِقُوا۟ طَوْعًا
أَوْ كَرْهًا لَّن يُتَقَبَّلَ مِنكُمْ ۖ إِنَّكُمْ كُنتُمْ قَوْمًا فَـٰسِقِينَ ﴿٥٣﴾
وَمَا مَنَعَهُمْ أَن تُقْبَلَ مِنْهُمْ نَفَقَـٰتُهُمْ إِلَّآ أَنَّهُمْ كَفَرُوا۟ بِٱللَّهِ
وَبِرَسُولِهِۦ وَلَا يَأْتُونَ ٱلصَّلَوٰةَ إِلَّا وَهُمْ كُسَالَىٰ وَلَا يُنفِقُونَ
إِلَّا وَهُمْ كَـٰرِهُونَ ﴿٥٤﴾ فَلَا تُعْجِبْكَ أَمْوَٰلُهُمْ وَلَآ أَوْلَـٰدُهُمْ ۚ
إِنَّمَا يُرِيدُ ٱللَّهُ لِيُعَذِّبَهُم بِهَا فِى ٱلْحَيَوٰةِ ٱلدُّنْيَا وَتَزْهَقَ أَنفُسُهُمْ
وَهُمْ كَـٰفِرُونَ ﴿٥٥﴾ وَيَحْلِفُونَ بِٱللَّهِ إِنَّهُمْ لَمِنكُمْ وَمَا هُم
مِّنكُمْ وَلَـٰكِنَّهُمْ قَوْمٌ يَفْرَقُونَ ﴿٥٦﴾ لَوْ يَجِدُونَ مَلْجَـًٔا
أَوْ مَغَـٰرَٰتٍ أَوْ مُدَّخَلًا لَّوَلَّوْا۟ إِلَيْهِ وَهُمْ يَجْمَحُونَ ﴿٥٧﴾
وَمِنْهُم مَّن يَلْمِزُكَ فِى ٱلصَّدَقَـٰتِ فَإِنْ أُعْطُوا۟ مِنْهَا رَضُوا۟
وَإِن لَّمْ يُعْطَوْا۟ مِنْهَآ إِذَا هُمْ يَسْخَطُونَ ﴿٥٨﴾ وَلَوْ أَنَّهُمْ
رَضُوا۟ مَآ ءَاتَىٰهُمُ ٱللَّهُ وَرَسُولُهُۥ وَقَالُوا۟ حَسْبُنَا ٱللَّهُ سَيُؤْتِينَا
ٱللَّهُ مِن فَضْلِهِۦ وَرَسُولُهُۥٓ إِنَّآ إِلَى ٱللَّهِ رَٰغِبُونَ ﴿٥٩﴾

Almosen sind bestimmt für die Armen, die
Bedürftigen, die, die damit befaßt sind, die, deren
Herzen vertraut gemacht werden (sollen), die
Gefangenen, die Verschuldeten, für den Einsatz
auf dem Weg Gottes und für den Reisenden. Es ist
eine Rechtspflicht von seiten Gottes. Und Gott
weiß Bescheid und ist weise.
61 Und unter ihnen gibt es welche, die dem Propheten Leid zufügen und sagen: »Er ist (nur)
Ohr.« Sprich: Ein Ohr zum Guten für euch. Er
glaubt an Gott und glaubt den Gläubigen, und (er
ist) eine Barmherzigkeit für die von euch, die
gläubig sind. Für diejenigen aber, die dem Gesandten Gottes Leid zufügen, ist eine schmerzhafte
Pein bestimmt. 62 Sie schwören euch bei Gott,
um euch zufriedenzustellen. Aber Gott – und
(auch) sein Gesandter – hat eher darauf Anspruch,
daß sie Ihn zufriedenstellen, so sie gläubig sind.
63 Wissen sie denn nicht, daß für den, der sich
Gott und seinem Gesandten widersetzt, das Feuer
der Hölle bestimmt ist, in dem er ewig weilen
wird? Das ist die gewaltige Schande.

* إِنَّمَا ٱلصَّدَقَٰتُ لِلْفُقَرَآءِ وَٱلْمَسَٰكِينِ وَٱلْعَٰمِلِينَ عَلَيْهَا
وَٱلْمُؤَلَّفَةِ قُلُوبُهُمْ وَفِى ٱلرِّقَابِ وَٱلْغَٰرِمِينَ وَفِى سَبِيلِ ٱللَّهِ
وَٱبْنِ ٱلسَّبِيلِ ۖ فَرِيضَةً مِّنَ ٱللَّهِ ۗ وَٱللَّهُ عَلِيمٌ حَكِيمٌ ﴿٦٠﴾
وَمِنْهُمُ ٱلَّذِينَ يُؤْذُونَ ٱلنَّبِىَّ وَيَقُولُونَ هُوَ أُذُنٌ ۚ قُلْ أُذُنُ خَيْرٍ
لَّكُمْ يُؤْمِنُ بِٱللَّهِ وَيُؤْمِنُ لِلْمُؤْمِنِينَ وَرَحْمَةٌ لِّلَّذِينَ ءَامَنُوا۟
مِنكُمْ ۚ وَٱلَّذِينَ يُؤْذُونَ رَسُولَ ٱللَّهِ لَهُمْ عَذَابٌ أَلِيمٌ ﴿٦١﴾
يَحْلِفُونَ بِٱللَّهِ لَكُمْ لِيُرْضُوكُمْ وَٱللَّهُ وَرَسُولُهُۥٓ أَحَقُّ أَن
يُرْضُوهُ إِن كَانُوا۟ مُؤْمِنِينَ ﴿٦٢﴾ أَلَمْ يَعْلَمُوٓا۟ أَنَّهُۥ مَن يُحَادِدِ
ٱللَّهَ وَرَسُولَهُۥ فَأَنَّ لَهُۥ نَارَ جَهَنَّمَ خَٰلِدًا فِيهَا ۚ ذَٰلِكَ ٱلْخِزْىُ
ٱلْعَظِيمُ ﴿٦٣﴾

Varianten: 9,53–63

9,53: karhan: kurhan (nach Ḥamza, Kisā'ī).
9,54: tuqbala: tutaqabbala (bei Ibn Mas'ūd); yuqbala (nach Ḥamza, Kisā'ī).
nafaqātuhum: nafaqatuhum (laut Zamakhsharī II, S. 280).
9,57: maghārātin: mughāratin (laut Zamkhsharī II, S. 281).
muddakhalan: madkhalan, mudkhalan (laut Zamakhsharī II, S. 281); mutadakhkhalan (bei Ubayy); mundakhalan (bei Ubayy nach einigen Gewährsmännern; Mu'ādh).
la-wallau: la-wa'lau (bei Ubayy).
yadjmaḥūna: yadjmizūna (bei Anas ibn Mālik).
9,58: yalmizuka: yalmuzuka, yulammizuka, yulāmizuka (laut Zamakhsharī II, S. 282).
9,60: al-mu'allafati: al-muwallafati (nach Warsh).
farīḍatan: farīḍatun (laut Zamakhsharī II, S. 283).
9,61: al-nabiyya: al-nabī'a (nach Nāfi').
udhunun / udhunu: udhnun / udhnu (nach Nāfi').
udhunu khayrin: hinzugefügt: wa raḥmatin: und zur Barmherzigkeit (bei Ibn Mas'ūd); udhunun khayrun (lakum): ein Ohr, etwas Gutes (für euch) (nach 'Āṣim, Abū Bakr).
raḥmatun: raḥmatin (bei Ibn Mas'ūd, al-A'mash; nach Ḥamza, Kisā'ī); raḥmatan (nach Ibn 'Āmir, Ibn Abī 'Abla).
9,63: alam ya'lamū: alam ta'lamū: wißt ihr denn nicht (laut Zamakhsharī II, S. 285); alam ya'lam: weiß er nicht (bei Ubayy).

Kommentar

9,53(53): **Sprich: Ihr mögt freiwillig oder widerwillig spenden:** Ob ihr, nach dem Beispiel einiger Leute, anbietet, Befreiung vom persönlichen Einsatz zu erhalten gegen Spenden von Vermögen, oder ob ihr unter Zwang von seiten des Propheten Muḥammad oder von seiten eurer Anführer etwas von eurem Vermögen abgeben müßt.

es wird von euch doch nicht angenommen werden. Ihr seid ja frevlerische Leute: Weder Gott noch der Prophet wird diese Spenden von euch annehmen, denn euer Frevel macht sie wertlos.

9,54(54): **Und nichts anderes verhindert, daß ihre Spenden von ihnen angenommen werden, als daß sie Gott und seinen Gesandten verleugnen:** Hier wird das bekräftigt, was zum Schluß des vorherigen Verses gesagt wurde.

nur nachlässig zum Gebet hingehen. → 4,142.

und nur widerwillig spenden: Ihr heuchlerisches Handeln kann es nicht verbergen, daß sie in Wirklichkeit nun widerwillig bereit zum Spenden sind.

9,55(55): **Nicht sollen dir ihr Vermögen und ihre Kinder gefallen:** d. h. das, was als Schmuck des Lebens und Zeichen des Wohlstandes und der Macht betrachtet wird; auch in 9,85; → 3,10.116. Dies alles ist in den Augen Gottes nur die Gelegenheit, sie auf die Probe zu stellen und sie wegen ihres Unglaubens und Fehlverhaltens der Pein zu unterwerfen.

Gott will sie ja im diesseitigen Leben damit peinigen, und daß ihre Seele (im Tod) dahinschwindet, während sie ungläubig sind: Was nach außen wie eine Begnadung aussieht, ist in Wirklichkeit eine Versuchung und wird ihnen im Diesseits zur Pein oder zur diesseitigen Ursache der jenseitigen Pein. Mudjāhid, al-Suddī und Qatāda, um der Verlegenheit zu entrinnen, die hier angesprochene Pein als eine diesseitige zu verstehen, lesen den Satz wie folgt: Nicht sollen dir ihr Vermögen und ihre Kinder – Gott will sie ja damit peinigen – im diesseitigen Leben.

9,56(56): **Und sie schwören bei Gott, daß sie zu euch gehören. Sie gehören aber nicht zu euch, sondern sie sind Leute, die ängstlich sind:** Sie haben Angst vor dem Einsatz und dem möglichen Tod.

9,57(57): **Würden sie einen Zufluchtsort oder Höhlen oder einen Schlupfgang finden, sie würden schnellstens dorthin flüchten:** Damit könnten sie – so ihre Erwartung – den Gefahren des Einsatzes für die Sache des Islam entrinnen.

9,58(58): **Und unter ihnen gibt es welche, die gegen dich wegen der Almosen nörgeln:** *nörgeln:* auch in 9,79. Die Berichte, die den Hintergrund dieser Aussage näher bestimmen, beziehen den Unmut der Angesprochenen auf die Verteilung der Almosen.

Wenn ihnen etwas davon gegeben wird, sind sie zufrieden. Wenn ihnen nichts davon gegeben wird, geraten sie gleich in Groll: Sie wollen am Einsatz nicht teilnehmen, aber bei der Verteilung der Almosen bedacht werden.

9,59(59): **Wären sie doch mit dem zufrieden, was Gott und sein Gesandter ihnen zukommen ließen, und würden sie doch sagen: »Gott genügt uns. Gott wird uns etwas von seiner Huld zukommen lassen, und auch sein Gesandter:** Es wird ihnen empfohlen, genügsam zu sein und sich auf das weise Handeln des Gesandten zu verlassen.

Auf Gott richten wir unsere Wünsche«!: Der Glaube ist eigentlich nicht das Mittel, an der Beute und den Almosen der Muslime teilzuhaben, sondern ein Mittel, sich auf Gott auszurichten, entweder im Trachten nach seiner jenseitigen Belohnung oder – wie es bei den Mystikern der Fall ist – in der Suche nach seinem Antlitz und zur Vertiefung ihrer religiösen Einstellung.

9,60(60): **Die Almosen sind bestimmt für die Armen, die Bedürftigen:** In diesem Vers werden acht Personenkreise bzw. Anliegen genannt, für die die Almosen bestimmt sind: Man muß diese Almosen für einige von ihnen verwenden (so Abū Ḥanīfa) oder auf sie alle verteilen, so daß jede Gruppe ein Achtel der Gesamteinkünfte erhält (so Shāfiʿī).

Die muslimischen Autoren sind sich nicht einig, worin der Unterschied zwischen den Armen und den Bedürftigen besteht. Man findet die Meinung, daß der Arme mittelloser ist als der Bedürftige; man findet aber auch die umgekehrte Deutung, oder auch die Meinung, daß es keinen Unterschied zwischen beiden Gruppen besteht[1].

1. Vgl. Rāzī VIII, 16, S. 109–113; Manār X, S. 490–493.

Die muslimischen Kommentatoren meinen, daß die gesetzliche Abgabe zugunsten der Muslime verwendet werden muß, während das freiwillige Almosen auch an Nicht-Muslime gegeben werden darf[2].

die, die damit befaßt sind: Das sind diejenigen Beamten, die mit der Eintreibung der gesetzlichen Abgaben betraut sind. Da sie ihre Kräfte dafür einsetzen, erhalten sie einen Anteil an den eingetriebenen Einkünften: soviel wie ein üblicher Lohn (so Shāfiʿī), oder soviel wie das Achtel der Einkünfte (so Mudjāhid, al-Ḍaḥḥāk).

die, deren Herzen vertraut gemacht werden (sollen): Der Ausdruck bezeichnet die Neubekehrten, die man in ihrem noch jungen Glauben durch besondere Zuwendungen stärken und festigen soll, oder auch die, die man zur Unterstützung der Interessen der Muslime gewinnen will[3].

die Gefangenen: wörtlich: die Nackten; → 2,177.

die Verschuldeten, für den Einsatz auf dem Weg Gottes und für den Reisenden: zum Reisenden → 2,177.

Es ist eine Rechtspflicht von seiten Gottes: auch in → 4,11.214.

Und Gott weiß Bescheid und ist weise: → 2,32.

9,61(61): **Und unter ihnen gibt es welche, die dem Propheten Leid zufügen und sagen: »Er ist (nur) Ohr«:** d. h. er glaubt wohl alles, was er hört, oder was man ihm sagt.

Sprich: Ein Ohr zum Guten für euch: Er ist nicht darauf aus, euch auszuhorchen, eure inneren Gedanken und verborgenen Haltungen bloßzustellen. Seine Diskretion kommt euch zugute.

Er glaubt an Gott und glaubt den Gläubigen: Er schenkt den Gläubigen einen Vorschuß an Vertrauen.

Weiter **9,61**(62): **und (er ist) eine Barmherzigkeit für die von euch, die gläubig sind:** → 6,157 (bezogen auf den Koran).

2. Vgl. Rāzī VIII, 16, S. 117; Manār X, S. 293.
3. Manār (X, S. 494–496) gibt eine Liste von einzelnen Personen oder von Gruppen unter den Muslimen und der Ungläubigen, die unter diesen Begriff fallen.

Für diejenigen aber, die dem Gesandten Gottes Leid zufügen, ist eine schmerzhafte Pein bestimmt: → 2,10.

9,62(63): **Sie schwören euch bei Gott, um euch zufriedenzustellen:** siehe auch 9,96.

Aber Gott – und auch sein Gesandter – hat eher darauf Anspruch, daß sie Ihn zufriedenstellen, so sie gläubig sind: Die Heuchler sollen in erster Linie nicht das Wohlwollen der Muslime suchen, sondern sie sollen sich bemühen, durch eine unverfälschte Aufrichtigkeit Gottes Wohlwollen und eine milde Behandlung von seiten seines Gesandten zu erlangen.

9,63(64): **Wissen sie denn nicht, daß für den, der sich Gott und seinem Gesandten widersetzt:** auch in 58,5.20; ähnlich in → 4,115.

das Feuer der Hölle bestimmt ist, in dem er ewig weilen wird?: → 2,25.39.

Das ist die gewaltige Schande: → 2,85.

64 Die Heuchler befürchten, daß eine Sure auf sie
herabgesandt wird, die ihnen das kundtut, was in
ihren Herzen ist. Sprich: Spottet nur! Gott wird
ans Licht bringen, was ihr befürchtet. 65 Und
wenn du sie fragst, sagen sie sicherlich: »Wir hielten ausschweifende Reden und trieben nur unser
Spiel.« Sprich: Wolltet ihr denn über Gott und
seine Zeichen und seinen Gesandten spotten?
66 Entschuldigt euch nicht! Ihr seid ungläubig
geworden, nachdem ihr geglaubt hattet. Wenn
Wir auch einer Gruppe von euch verzeihen, so
peinigen Wir eine andere Gruppe dafür, daß sie
Übeltäter waren.
67 Die Heuchler und die Heuchlerinnen stammen
voneinander. Sie gebieten das Verwerfliche und
verbieten das Rechte und halten ihre Hände
geschlossen. Vergessen haben sie Gott, und so hat
Er sie vergessen. Die Heuchler sind die wahren
Frevler. 68 Versprochen hat Gott den Heuchlern
und den Heuchlerinnen und den Ungläubigen das
Feuer der Hölle, darin werden sie ewig weilen. Es
ist ihr Genüge. Und Gott hat sie verflucht, und
bestimmt ist für sie eine beständige Pein. 69 Es ist
wie mit denen, die vor euch lebten. Sie hatten eine
stärkere Kraft als ihr und mehr Vermögen und
Kinder. Sie nützten ihren Anteil aus, dann habt
ihr euren Anteil ausgenützt, wie die, die vor euch

ٱلْعَظِيمُ ﴿٦٣﴾ يَحْذَرُ ٱلْمُنَٰفِقُونَ أَن تُنَزَّلَ عَلَيْهِمْ سُورَةٌ
تُنَبِّئُهُم بِمَا فِى قُلُوبِهِمْ ۚ قُلِ ٱسْتَهْزِءُوٓا۟ إِنَّ ٱللَّهَ مُخْرِجٌ
مَّا تَحْذَرُونَ ﴿٦٤﴾ وَلَئِن سَأَلْتَهُمْ لَيَقُولُنَّ إِنَّمَا كُنَّا نَخُوضُ
وَنَلْعَبُ ۚ قُلْ أَبِٱللَّهِ وَءَايَٰتِهِۦ وَرَسُولِهِۦ كُنتُمْ تَسْتَهْزِءُونَ ﴿٦٥﴾
لَا تَعْتَذِرُوا۟ قَدْ كَفَرْتُم بَعْدَ إِيمَٰنِكُمْ ۚ إِن نَّعْفُ عَن طَآئِفَةٍ
مِّنكُمْ نُعَذِّبْ طَآئِفَةًۢ بِأَنَّهُمْ كَانُوا۟ مُجْرِمِينَ ﴿٦٦﴾ ٱلْمُنَٰفِقُونَ
وَٱلْمُنَٰفِقَٰتُ بَعْضُهُم مِّنۢ بَعْضٍ ۚ يَأْمُرُونَ بِٱلْمُنكَرِ
وَيَنْهَوْنَ عَنِ ٱلْمَعْرُوفِ وَيَقْبِضُونَ أَيْدِيَهُمْ ۚ نَسُوا۟ ٱللَّهَ
فَنَسِيَهُمْ ۚ إِنَّ ٱلْمُنَٰفِقِينَ هُمُ ٱلْفَٰسِقُونَ ﴿٦٧﴾ وَعَدَ ٱللَّهُ
ٱلْمُنَٰفِقِينَ وَٱلْمُنَٰفِقَٰتِ وَٱلْكُفَّارَ نَارَ جَهَنَّمَ خَٰلِدِينَ
فِيهَا ۚ هِىَ حَسْبُهُمْ ۚ وَلَعَنَهُمُ ٱللَّهُ ۖ وَلَهُمْ عَذَابٌ مُّقِيمٌ ﴿٦٨﴾
كَٱلَّذِينَ مِن قَبْلِكُمْ كَانُوٓا۟ أَشَدَّ مِنكُمْ قُوَّةً وَأَكْثَرَ أَمْوَٰلًا
وَأَوْلَٰدًا فَٱسْتَمْتَعُوا۟ بِخَلَٰقِهِمْ فَٱسْتَمْتَعْتُم بِخَلَٰقِكُمْ كَمَا

lebten, ihren Anteil ausgenützt haben. Und ihr habt ausschweifende Reden gehalten wie die Reden, die sie gehalten haben. Deren Werke sind wertlos im Diesseits und Jenseits. Das sind die Verlierer. 70 Ist denn der Bericht über die, die vor ihnen lebten, nicht zu ihnen gelangt, das Volk Noachs, die ʿĀd und Thamūd, das Volk Abrahams und die Gefährten von Madyan und die verschwundenen Städte? Ihre Gesandten kamen zu ihnen mit den deutlichen Zeichen. Und es ist bestimmt nicht Gott, der ihnen Unrecht getan hat, sondern sie haben sich selbst Unrecht getan.
71 Die gläubigen Männer und Frauen sind untereinander Freunde. Sie gebieten das Rechte und verbieten das Verwerfliche, verrichten das Gebet und entrichten die Abgabe und gehorchen Gott und seinem Gesandten. Siehe, Gott wird sich ihrer erbarmen. Gott ist mächtig und weise. 72 Gott hat den gläubigen Männern und Frauen Gärten versprochen, unter denen Bäche fließen und in denen sie ewig weilen werden, und gute Wohnungen in den Gärten von Eden. Ein Wohlgefallen von Gott ist aber größer. Das ist der großartige Erfolg.

ٱسْتَمْتَعَ ٱلَّذِينَ مِن قَبْلِكُم بِخَلَٰقِهِمْ وَخُضْتُمْ كَٱلَّذِى
خَاضُوٓا۟ ۚ أُو۟لَٰٓئِكَ حَبِطَتْ أَعْمَٰلُهُمْ فِى ٱلدُّنْيَا وَٱلْءَاخِرَةِ ۖ
وَأُو۟لَٰٓئِكَ هُمُ ٱلْخَٰسِرُونَ ﴿٦٩﴾ أَلَمْ يَأْتِهِمْ نَبَأُ ٱلَّذِينَ مِن
قَبْلِهِمْ قَوْمِ نُوحٍ وَعَادٍ وَثَمُودَ وَقَوْمِ إِبْرَٰهِيمَ وَأَصْحَٰبِ مَدْيَنَ
وَٱلْمُؤْتَفِكَٰتِ ۚ أَتَتْهُمْ رُسُلُهُم بِٱلْبَيِّنَٰتِ ۖ فَمَا كَانَ ٱللَّهُ
لِيَظْلِمَهُمْ وَلَٰكِن كَانُوٓا۟ أَنفُسَهُمْ يَظْلِمُونَ ﴿٧٠﴾ وَٱلْمُؤْمِنُونَ
وَٱلْمُؤْمِنَٰتُ بَعْضُهُمْ أَوْلِيَآءُ بَعْضٍ ۚ يَأْمُرُونَ بِٱلْمَعْرُوفِ
وَيَنْهَوْنَ عَنِ ٱلْمُنكَرِ وَيُقِيمُونَ ٱلصَّلَوٰةَ وَيُؤْتُونَ ٱلزَّكَوٰةَ
وَيُطِيعُونَ ٱللَّهَ وَرَسُولَهُۥٓ ۚ أُو۟لَٰٓئِكَ سَيَرْحَمُهُمُ ٱللَّهُ ۚ إِنَّ ٱللَّهَ
عَزِيزٌ حَكِيمٌ ﴿٧١﴾ وَعَدَ ٱللَّهُ ٱلْمُؤْمِنِينَ وَٱلْمُؤْمِنَٰتِ
جَنَّٰتٍ تَجْرِى مِن تَحْتِهَا ٱلْأَنْهَٰرُ خَٰلِدِينَ فِيهَا وَمَسَٰكِنَ
طَيِّبَةً فِى جَنَّٰتِ عَدْنٍ ۚ وَرِضْوَٰنٌ مِّنَ ٱللَّهِ أَكْبَرُ ۚ ذَٰلِكَ
هُوَ ٱلْفَوْزُ ٱلْعَظِيمُ ﴿٧٢﴾

Varianten: 9,64–72

9,64: tunazzalu: tunzalu (nach Ibn Kathīr, Abū ʿAmr).
ʿalayhimi: ʿalyhimu (nach Ḥamza, Kisāʾī).
9,65: tastahziʾūna: tastahziyūna, tastahzūna (nach Ḥamza).
9,66: in naʿfu: in yaʿfu: wenn Er ... vergibt (laut Zamakhsharī II, S. 287); in yuʿfa: wenn ... vergeben wird (nach den Rezitatoren außer ʿĀṣim); in tuʿfa: wenn ... vergeben wird (bei Mudjāhid).
nuʿadhdhib: tuʿadhdhab: wird gepeinigt (nach den Rezitatoren außer ʿĀṣim).
9,70: rusuluhum: rusluhum (nach Abū ʿAmr).
9,72: wa riḍwānun: wa ruḍwānun (nach Abū Bakr).

Kommentar

9,64(65): **Die Heuchler befürchten, daß eine Sure auf sie herabgesandt wird, die ihnen das kundtun, was in ihren Herzen ist. Sprich: Spottet nur:** Die Pronomen *sie, ihnen, ihren* beziehen sich auf die Heuchler oder die zwei ersten auf die Muslime und das dritte auf die Heuchler.

Abū Muslim al-Iṣfahānī meint im Hinblick auf die Reaktion: »Spottet nur«, daß die Heuchler ihre Furcht vor einer demaskierenden Offenbarung nur aus Spott zum Ausdruck brachten. Andere Kommentatoren rechnen damit, daß die Heuchler ernstlich besorgt waren, als sie feststellten, daß Muḥammad ihre intimen Gedanken und geheimen Gespräche immer wieder offenlegte. Oder die hier gemeinten Heuchler waren im Zweifel über die Echtheit der Botschaft Muḥammads und fürchteten, daß eine Offenbarung ihre innerlich gehegten Zweifel bloßstellen könnte[1].

Gott wird ans Licht bringen, was ihr befürchtet: d. h. die Offenbarung, deren Herabsendung ihr befürchtet, oder eure geheimen Gedanken oder interne Gespräche. → 2,72.

9,65(66): **Und wenn du sie fragst, sagen sie sicherlich: »Wir hielten ausschweifende Reden und trieben nur unser Spiel«:** Sie entschuldigen sich, indem sie behaupten, daß sie ihre Reden nur zum Spaß gehalten haben, wie man sich so unterwegs zum Zeitvertrieb zu unterhalten pflegt. → 4,140; 9,69.

Sprich: Wolltet ihr denn über Gott und seine Zeichen und seinen Gesandten spotten?: Ein solcher Spott gehört in die Kategorie der Lästerung und zeugt eher von einer ungläubigen Einstellung.

9,66(67): **Entschuldigt euch nicht!:** siehe auch 9,94; 66,7; – 77,36; vgl. 7,164.

Ihr seid ungläubig geworden, nachdem ihr geglaubt hattet: so wenigstens habt ihr in den Augen der Muslime gegolten. Zum Thema siehe → 2,109; 9,74; 63,3.

1. Vgl. Zamakhsharī II, S. 286; Rāzī VIII, 16, S. 123–124. Beide Autoren erwähnen auch eine weitere Deutungsmöglichkeit, die zu folgender Übersetzung führt: Die Heuchler sollen befürchten ...

Wenn Wir auch einer Gruppe von euch verzeihen: weil ihre Beteiligung am Verbrechen geringer war.

so peinigen Wir eine andere Gruppe dafür, daß sie Übeltäter waren: weil sie auf ihrer Haltung beharren. Zum Gegensatz verzeihen/peinigen siehe → 2,284; 33,24.

9,67(68): **Die Heuchler und die Heuchlerinnen stammen voneinander:** zum Ausdruck vgl. → 3,34. Ähnlich in bezug auf die gläubigen Männer und Frauen in 9,71.

Sie gebieten das Verwerfliche und verbieten das Rechte. Das ist eine Haltung, die im Gegensatz zu der der Gläubigen steht: 9,71; → 3,104.

und halten ihre Hände geschlossen: sie weigern sich, für die Sache Gottes und des Islam zu spenden; → 2,245.

Vergessen haben sie Gott, und so hat Er sie vergessen. Die Heuchler sind die wahren Frevler: Gott vergessen: → 7,51.

9,68(69): **Versprochen hat Gott den Heuchlern und den Heuchlerinnen und den Ungläubigen das Feuer der Hölle, darin werden sie ewig weilen:** → 4,140. Hier werden die Heuchler den Ungläubigen gleichgesetzt. Über die Verheißung an die Gläubigen siehe unten 9,72.

Und Gott hat sie verflucht: → 3,87.

und bestimmt ist für sie eine beständige Pein: → 5,37.

9,69(70): **Es ist wie mit denen, die vor euch lebten. Sie hatten eine stärkere Kraft und mehr Vermögen und Kinder:** ähnlich in → 6,6; 28,78; 30,9; 41,15; 47,13. Wörtlich: die vor euch waren.

Sie nützten ihren Anteil aus, dann habt ihr euren Anteil ausgenützt, wie die, die vor euch lebten, ihren Anteil ausgenützt haben: zur Würdigung des Diesseits als Nutznießung siehe → 2,36.

Und ihr habt ausschweifende Reden gehalten wie die Reden, die sie gehalten haben: Die früheren Generationen, die sich auf das Diesseits konzentriert haben, wurden durch Strafgerichte heimgesucht (siehe 9,70). Hier werden die Heuchler ihnen gleichgesetzt, ihnen wird folgerichtig auch ein ähnliches Strafgericht angedroht.

Deren Werke sind wertlos im Diesseits und Jenseits: sie sind im Diesseits vergangen und verschwunden, und sie haben für die Erlangung der Belohnung des Jenseits keinen Wert. → 2,217.

Das sind die Verlierer: → 2,27.

9,70(71): **Ist denn der Bericht über die, die vor ihnen lebten, nicht zu ihnen gelangt:** auch in 14,9; 64,5; – 38,21; → 6,5. Wörtlich: die vor ihnen waren.

das Volk Noachs, die ʿĀd und Thamūd, das Volk Abrahams und die Gefährten von Madyan und die verschwundenen Städte?: zu Noachs → 7,59; zu ʿĀd → 7,65–72; zu Thamūd → 7,73–79; zu Abraham → 2,124; → 6,74; zu Madyan → 7,85–93; 22,44; zu den verschwundenen Städten (im Zusammenhang mit der Geschichte von Lot) → 7,80–84.

Ihre Gesandten kamen zu ihnen mit den deutlichen Zeichen: aber sie haben den Glauben verweigert und sind der Strafe anheimgefallen.

Und es ist bestimmt nicht Gott, der ihnen Unrecht getan hat, sondern sie haben sich selbst Unrecht getan: → 3,117[2].

9,71(72): **Die gläubigen Männer und Frauen sind untereinander Freunde:** Sie schulden einander Freundschaft und Hilfsbereitschaft. Siehe die gleiche Feststellung in bezug auf Juden und Christen → 5,51, auf die Ungläubigen → 8,72.

Sie gebieten das Rechte und verbieten das Verwerfliche: → 3,104.

verrichten das Gebet und entrichten die Abgabe und gehorchen Gott und seinem Gesandten: Das sind Eigenschaften der Gläubigen, die im Koran immer wieder unterstrichen werden.

2. Vgl. *Muhammad Kamil Husain:* The Meaning of ẓulm in the Qurʾān, in: The Muslim World 49 (1959), S. 196–212.

Siehe, Gott wird sich ihrer erbarmen. Gott ist mächtig und weise: → 2,129.

9,72&73): **Gott hat den gläubigen Männern und Frauen Gärten versprochen, unter denen Bäche fließen und in denen sie ewig weilen werden:** → 2,25; 3,15. Diese Verheißung steht im Gegensatz zur Androhung an die Adresse derer Heuchler in 9,68.

und gute Wohnungen in den Gärten von Eden: auch in 13,23; 16,31; 18,31; 19,61; 20,76; 35,33; 38,50; 40,8; 61,12; 98,8. Siehe die *Bibel,* Gen 2,15; 3,23–24 und viele andere Stellen.

Ein Wohlgefallen von Gott ist aber größer: → 3,15. Das Wohlgefallen Gottes ist weit wichtiger als die Wonnen der Gärten im Paradies.

Das ist der großartige Erfolg: → 4,13. Zu den zwei letzten Sätzen → 5,119.

73 O Prophet, setz dich gegen die Ungläubigen
und die Heuchler ein und fasse sie hart an. Ihre
Heimstätte ist die Hölle – welch schlimmes Ende!
74 Sie schwören bei Gott, sie hätten es nicht
gesagt. Aber sie haben wohl das Wort des Unglaubens gesagt und sind, nachdem sie den Islam angenommen hatten, ungläubig geworden. Sie waren
im Begriff, das auszuführen, was sie (doch) nicht
erreicht haben. Und nichts ließ sie grollen, als daß
Gott es war – und (auch) sein Gesandter –, der sie
von seiner Huld reich gemacht hat. Wenn sie aber
umkehren, ist es besser für sie. Und wenn sie sich
abkehren, wird Gott sie mit einer schmerzhaften
Pein peinigen im Diesseits und Jenseits. Und sie
werden auf der Erde weder Freund noch Helfer
[20¾] haben. *75 Unter ihnen gibt es welche, die ein
bindendes Versprechen mit Gott eingegangen
waren: »Wenn Er uns etwas von seiner Huld
zukommen läßt, dann werden wir Almosen geben
und zu den Rechtschaffenen gehören.« 76 Als Er
ihnen nun etwas von seiner Huld hatte zukommen lassen, geizten sie damit, und sie machten
kehrt und wandten sich ab. 77 Als Folge davon
setzte Er in ihre Herzen Heuchelei bis zum Tag,
an dem sie Ihm begegnen werden. Dies dafür, daß
sie Gott gegenüber brachen, was sie Ihm verspro-

يَـٰٓأَيُّهَا ٱلنَّبِىُّ جَـٰهِدِ ٱلْكُفَّارَ
وَٱلْمُنَـٰفِقِينَ وَٱغْلُظْ عَلَيْهِمْ ۚ وَمَأْوَىٰهُمْ جَهَنَّمُ ۖ وَبِئْسَ
ٱلْمَصِيرُ ﴿٧٣﴾ يَحْلِفُونَ بِٱللَّهِ مَا قَالُوا۟ وَلَقَدْ قَالُوا۟ كَلِمَةَ ٱلْكُفْرِ
وَكَفَرُوا۟ بَعْدَ إِسْلَـٰمِهِمْ وَهَمُّوا۟ بِمَا لَمْ يَنَالُوا۟ ۚ وَمَا نَقَمُوٓا۟
إِلَّآ أَنْ أَغْنَىٰهُمُ ٱللَّهُ وَرَسُولُهُۥ مِن فَضْلِهِۦ ۚ فَإِن يَتُوبُوا۟ يَكُ
خَيْرًا لَّهُمْ ۖ وَإِن يَتَوَلَّوْا۟ يُعَذِّبْهُمُ ٱللَّهُ عَذَابًا أَلِيمًا فِى ٱلدُّنْيَا
وَٱلْـَٔاخِرَةِ ۚ وَمَا لَهُمْ فِى ٱلْأَرْضِ مِن وَلِىٍّ وَلَا نَصِيرٍ ﴿٧٤﴾
۞ وَمِنْهُم مَّنْ عَـٰهَدَ ٱللَّهَ لَئِنْ ءَاتَىٰنَا مِن فَضْلِهِۦ لَنَصَّدَّقَنَّ
وَلَنَكُونَنَّ مِنَ ٱلصَّـٰلِحِينَ ﴿٧٥﴾ فَلَمَّآ ءَاتَىٰهُم مِّن فَضْلِهِۦ
بَخِلُوا۟ بِهِۦ وَتَوَلَّوا۟ وَّهُم مُّعْرِضُونَ ﴿٧٦﴾ فَأَعْقَبَهُمْ نِفَاقًا
فِى قُلُوبِهِمْ إِلَىٰ يَوْمِ يَلْقَوْنَهُۥ بِمَآ أَخْلَفُوا۟ ٱللَّهَ مَا وَعَدُوهُ

chen hatten, und daß sie logen. 78 Wissen sie denn nicht, daß Gott über ihre Geheimnisse und ihre vertraulichen Gespräche Bescheid weiß, und daß Gott die unsichtbaren Dinge alle weiß?
79 Diejenigen, die gegen die Freiwilligen unter den Gläubigen wegen der Almosen nörgeln und auch gegen die, die nichts als ihren Einsatz zu leisten vermögen, mäkeln und sie verhöhnen – Gott verhöhnt sie, und bestimmt ist für sie eine schmerzhafte Pein. 80 Bitte um Vergebung für sie, oder bitte nicht um Vergebung für sie. Wenn du auch siebzigmal um Vergebung für sie bittest, Gott wird ihnen niemals vergeben. Dies, weil sie Gott und seinen Gesandten verleugneten. Und Gott leitet die frevlerischen Leute nicht recht.

وَبِمَا كَانُوا۟ يَكْذِبُونَ ﴿٧٧﴾ أَلَمْ يَعْلَمُوٓا۟ أَنَّ ٱللَّهَ يَعْلَمُ سِرَّهُمْ
وَنَجْوَىٰهُمْ وَأَنَّ ٱللَّهَ عَلَّـٰمُ ٱلْغُيُوبِ ﴿٧٨﴾ ٱلَّذِينَ يَلْمِزُونَ
ٱلْمُطَّوِّعِينَ مِنَ ٱلْمُؤْمِنِينَ فِى ٱلصَّدَقَـٰتِ وَٱلَّذِينَ لَا يَجِدُونَ
إِلَّا جُهْدَهُمْ فَيَسْخَرُونَ مِنْهُمْ ۙ سَخِرَ ٱللَّهُ مِنْهُمْ وَلَهُمْ عَذَابٌ
أَلِيمٌ ﴿٧٩﴾ ٱسْتَغْفِرْ لَهُمْ أَوْ لَا تَسْتَغْفِرْ لَهُمْ إِن تَسْتَغْفِرْ
لَهُمْ سَبْعِينَ مَرَّةً فَلَن يَغْفِرَ ٱللَّهُ لَهُمْ ۚ ذَٰلِكَ بِأَنَّهُمْ كَفَرُوا۟
بِٱللَّهِ وَرَسُولِهِۦ ۗ وَٱللَّهُ لَا يَهْدِى ٱلْقَوْمَ ٱلْفَـٰسِقِينَ ﴿٨٠﴾

Varianten: 9,73–80

9,73: wa ghluẓ: wa ghalliẓ (bei Ibn ʻAbbās).
9,74: yanālū: yanalū (bei al-Rabīʻ ibn Khuthaym; nach Ibn Qays).
9,75: la-naṣṣaddaqanna wal-nakūnanna: la-naṣṣaddaqan wal-nakūnan (laut Zamakhsharī II, S. 293).
9,77: yakdhibūna: yukādhibūna (bei Ubayy; nach Ibn Qays); yukadhdhibūna: verleugnen (laut Zamakhsharī II, S. 293).
9,78: alam yaʻlamū: alam taʻlamū: Wißt ihr nicht (bei ʻAlī ibn Abī Ṭālib).
al-ghuyūbi: al-ghiyūbi (nach Abū Bakr, Ḥamza).
9,79: yalmizūna: yalmuzūna (laut Zamakhsharī II, S. 293).
djuhdahum: djahdahum (laut Zamakhsharī II, S. 293).

Kommentar

9,73(74) **O Prophet, setz dich gegen die Ungläubigen und die Heuchler ein und fasse sie hart an:** ähnlich in 66,9; auch 25,52. *fasse sie hart an:* vgl. 9,123.

Es geht hier kaum um den bewaffneten Kampf gegen die Ungläubigen und die Heuchler; es geht eher um die Auseinandersetzung und um eine härtere Behandlung im alltäglichen Zusammenleben.

Ihre Heimstätte ist die Hölle – welch schlimmes Ende!: → 3,151; 4,97.

9,74(75): **Sie schwören bei Gott, sie hätten es nicht gesagt. Aber sie haben wohl das Wort des Unglaubens gesagt:** Auch wenn man nicht genau ausmachen kann, welches Ereignis bzw. welche Aussage hier angeprangert wird, es bleibt, daß es sich um eine Einstellung und um Reden handelt, die der Koran als Äußerungen bewertet, die den inneren Unglauben der Heuchler verraten.

Als Gegenstück zum Wort des Unglaubens kann man auf das Wort der Gottesfurcht (48,26) hinweisen.

und sind, nachdem sie den Islam angenommen hatten, ungläubig geworden: → 9,66.

Sie waren im Begriff, das auszuführen, was sie (doch) nicht erreicht haben: Hatten sie vor, Muḥammad zu beseitigen, und zwar durch Ermordung oder durch Bestellung eines Gegners (war es ʿAbd Allāh ibn Ubayy?), der die Leitung der Gemeinschaft übernehmen sollte? Der Koran stellt hier fest, daß ihre Machenschaften keinen Erfolg gehabt haben.

Und nichts ließ sie grollen, als daß Gott es war – und (auch) sein Gesandter –, der sie von seiner Huld reich gemacht hat: Durch die Huld Gottes und die gute Behandlung des Propheten haben sie doch Anteil am Reichtum der Gemeinschaft erhalten. Ist es wirklich ein Grund, fragt der Koran ironisch, den Muslimen zu grollen? *grollen:* → 5,59.

Wenn sie aber umkehren, ist es besser für sie: zum Thema → 2,160.

Und wenn sie sich abkehren, wird Gott sie mit einer schmerzhaften Pein peinigen im Diesseits und im Jenseits: → 2,10.104; 4,173.

Und sie werden auf der Erde weder Freund noch Helfer haben: → 2,107.

9,75(76): **Unter ihnen gibt es welche, die ein bindendes Versprechen mit Gott eingegangen waren:** auch in 33,14.23; 48,10.

»Wenn Er uns etwas von seiner Huld zukommen läßt: → 3,170. Die Kommentatoren bringen hier einige Berichte über Einzelpersonen, die ein solches Begehren geäußert haben, dann aber nach erlangter Gnade ihr Versprechen nicht hielten.

dann werden wir Almosen geben und zu den Rechtschaffenen gehören«: 63,10; – 28,27.

9,76(77): **Als Er ihnen nun etwas von seiner Huld hatte zukommen lassen, geizten sie damit:** → 3,180.

sie machten kehrt und wandten sich ab: → 2,83.

9,77(78): **Als Folge davon setzte Er in ihren Herzen Heuchelei bis zum Tag, an dem sie Ihm begegnen werden:** Ihre Heuchelei setzt Gott[1] in ihre Herzen als Folge ihres Tuns, sie ist zugleich auch Grund für ihre Bestrafung durch Gott.

Von den Ḥadīth, die die Eigenschaften der Heuchler beschreiben, sei hier nur einer wiedergegeben werden:

Nach ʿAbd Allāh ibn ʿAmr

Vier Laster machen einen zum Heuchler. Wenn eines davon sich in einem Menschen befindet, befindet sich in ihm eine Eigenschaft des Heuchlers, bis er sich deren entledigt. (Heuchler ist der) der, wenn er spricht, lügt; der, wenn er verspricht, sein Versprechen nicht hält; der, wenn er streitet, ausfällig wird; der, wenn er eine Vereinbarung schließt, (seinen Partnern) hinterhältig überfällt.

Bukhārī; Muslim; Abū Dāwūd; Tirmidhī

Dies dafür, daß sie Gott gegenüber brachen, was sie Ihm versprochen hatten, und daß sie immer wieder logen: siehe → 2,10.

1. Rāzī wendet sich gegen die Deutung, die als Subjekt für *setzte* nicht Gott annimmt, sondern das Verhalten der Heuchler; vgl. VIII, 16, S. 145.

9,78(79): **Wissen sie denn nicht, daß Gott über ihre Geheimnisse und ihre vertraulichen Gespräche Bescheid weiß:** siehe 43,80; → 2,33; vertrauliche Gespräche: → 4,114.

und daß Gott die unsichtbaren Dinge alle weiß?: → 5,109.

9,79(80): **Diejenigen, die gegen die Freiwilligen unter den Gläubigen wegen der Almosen nörgeln:** siehe das Nörgeln gegen Muḥammad in → 9,58.

Man könnte eventuell auch übersetzen: die gegen diejenigen unter den Gläubigen, die im Hinblick auf die Almosen freiwillige Gaben machen, nörgeln.

und auch gegen die, die nichts als ihren Einsatz zu leisten vermögen, mäkeln: oder: die nur das leisten, was sie können.

Die Berichte erwähnen, daß die Heuchler den großzügigen Spendern Sucht nach Ansehen und Anerkennung vorwarfen, und den Minderbemittelten anlasteten, daß sie durch ihre geringe und wenig hilfreiche Abgaben ihren Familien unnötige Entbehrungen auferlegten, nur um zusammen mit den Wohlhabenden und Reichen erwähnt zu werden.

und sie verhöhnen: → 2,212.

Gott verhöhnt sie: ähnlich: Gott spottet ihrer: 2,15.

und bestimmt ist für sie eine schmerzhafte Pein: → 2,10.104.

9,80(81): **Bitte um Vergebung für sie, oder bitte nicht um Vergebung für sie. Wenn du auch siebzigmal um Vergebung für sie bittest, Gott wird ihnen niemals vergeben:** ähnlich in 63,6. – Bitte um Vergebung: → 2,199. Die Verweigerung der Vergebung ist bedingt auch durch die verstockte Haltung der frevlerischen Heuchler (63,5: Und wenn zu ihnen gesagt wird: »Kommt her, daß der Gesandte Gottes für euch um Vergebung bittet«, wenden sie den Kopf zur Seite, und du siehst, wie sie sich in Hochmut abwenden).

Dies, weil sie Gott und seinen Gesandten verleugneten: Das Verharren in der Haltung des Unglaubens vereitelt die Bitte um Vergebung.

Und Gott leitet die frevlerischen Leute nicht recht: → 5,108; 9,24.

81 Es freuen sich die Zurückgelassenen darüber, daß sie im Gegensatz zum Gesandten Gottes daheim geblieben sind, und es ist ihnen zuwider, sich mit ihrem Vermögen und mit ihrer eigenen Person auf dem Weg Gottes einzusetzen. Und sie sagen: »Rückt nicht in der Hitze aus.« Sprich: Das Feuer der Hölle ist noch heißer; wenn sie es doch begreifen könnten! 82 Sie sollen ein wenig lachen, und sie sollen viel weinen zur Vergeltung für das, was sie erworben haben. 83 Wenn Gott dich zu einer Gruppe von ihnen zurückkehren läßt und sie dich um Erlaubnis bitten hinauszuziehen, dann sprich: Niemals werdet ihr mit mir ausziehen, und nie werdet ihr mit mir gegen einen Feind kämpfen. Ihr habt das erste Mal daran Gefallen gefunden, daheim zu sitzen. So sitzet daheim mit den Zurückgebliebenen. 84 Und bete niemals über einen von ihnen, der gestorben ist, und stehe nicht bei seinem Grab. Sie haben Gott und seinen Gesandten verleugnet, und sie starben als Frevler. 85 Nicht sollen ihr Vermögen und ihre Kinder dir gefallen. Gott will sie ja im Diesseits damit peinigen, und auch daß ihre Seele (im Tod) dahinschwindet, während sie ungläubig sind. 86 Und wenn eine Sure herabgesandt wird: »Glaubt an Gott und setzt euch mit seinem Gesandten ein«, dann bitten dich die Wohlhabenden unter ihnen

فَرِحَ ٱلْمُخَلَّفُونَ بِمَقْعَدِهِمْ خِلَٰفَ رَسُولِ ٱللَّهِ وَكَرِهُوٓا۟
أَن يُجَٰهِدُوا۟ بِأَمْوَٰلِهِمْ وَأَنفُسِهِمْ فِى سَبِيلِ ٱللَّهِ وَقَالُوا۟ لَا
تَنفِرُوا۟ فِى ٱلْحَرِّ ۗ قُلْ نَارُ جَهَنَّمَ أَشَدُّ حَرًّا ۚ لَّوْ كَانُوا۟
يَفْقَهُونَ ﴿٨١﴾ فَلْيَضْحَكُوا۟ قَلِيلًا وَلْيَبْكُوا۟ كَثِيرًا جَزَآءًۢ
بِمَا كَانُوا۟ يَكْسِبُونَ ﴿٨٢﴾ فَإِن رَّجَعَكَ ٱللَّهُ إِلَىٰ طَآئِفَةٍ
مِّنْهُمْ فَٱسْتَـْٔذَنُوكَ لِلْخُرُوجِ فَقُل لَّن تَخْرُجُوا۟ مَعِىَ أَبَدًا
وَلَن تُقَٰتِلُوا۟ مَعِىَ عَدُوًّا ۖ إِنَّكُمْ رَضِيتُم بِٱلْقُعُودِ أَوَّلَ مَرَّةٍ
فَٱقْعُدُوا۟ مَعَ ٱلْخَٰلِفِينَ ﴿٨٣﴾ وَلَا تُصَلِّ عَلَىٰٓ أَحَدٍ مِّنْهُم
مَّاتَ أَبَدًا وَلَا تَقُمْ عَلَىٰ قَبْرِهِۦٓ ۚ إِنَّهُمْ كَفَرُوا۟ بِٱللَّهِ وَرَسُولِهِۦ
وَمَاتُوا۟ وَهُمْ فَٰسِقُونَ ﴿٨٤﴾ وَلَا تُعْجِبْكَ أَمْوَٰلُهُمْ وَأَوْلَٰدُهُمْ ۚ
إِنَّمَا يُرِيدُ ٱللَّهُ أَن يُعَذِّبَهُم بِهَا فِى ٱلدُّنْيَا وَتَزْهَقَ أَنفُسُهُمْ
وَهُمْ كَٰفِرُونَ ﴿٨٥﴾ وَإِذَآ أُنزِلَتْ سُورَةٌ أَنْ ءَامِنُوا۟ بِٱللَّهِ
وَجَٰهِدُوا۟ مَعَ رَسُولِهِ ٱسْتَـْٔذَنَكَ أُو۟لُوا۟ ٱلطَّوْلِ مِنْهُمْ وَقَالُوا۟

um Befreiung und sagen: »Laß uns mit denen bleiben, die daheim sitzen.« 87 Sie finden daran Gefallen, mit den Zurückgebliebenen zu sein, und versiegelt wurden ihre Herzen, so daß sie nicht begreifen. 88 Aber der Gesandte und diejenigen, die mit ihm glauben, setzen sich mit ihrem Vermögen und mit ihrer eigenen Person ein. Für sie sind die guten Dinge bestimmt, und das sind die, denen es wohl ergeht. 89 Bereitet hat Gott für sie Gärten, unter denen Bäche fließen; darin werden sie ewig weilen. Das ist der großartige Erfolg.

90 Und diejenigen von den arabischen Beduinen, die sich entschuldigen wollen, kommen her, um Befreiung zu erbitten. Und daheim sitzen diejenigen, die Gott und seinen Gesandten belügen. Treffen wird diejenigen unter ihnen, die ungläubig sind, eine schmerzhafte Pein.

ذَرۡنَا نَكُن مَّعَ ٱلۡقَٰعِدِينَ ﴿٨٦﴾ رَضُواْ بِأَن يَكُونُواْ مَعَ
ٱلۡخَوَالِفِ وَطُبِعَ عَلَىٰ قُلُوبِهِمۡ فَهُمۡ لَا يَفۡقَهُونَ ﴿٨٧﴾ لَٰكِنِ
ٱلرَّسُولُ وَٱلَّذِينَ ءَامَنُواْ مَعَهُۥ جَٰهَدُواْ بِأَمۡوَٰلِهِمۡ وَأَنفُسِهِمۡۚ
وَأُوْلَٰٓئِكَ لَهُمُ ٱلۡخَيۡرَٰتُۖ وَأُوْلَٰٓئِكَ هُمُ ٱلۡمُفۡلِحُونَ ﴿٨٨﴾
أَعَدَّ ٱللَّهُ لَهُمۡ جَنَّٰتٖ تَجۡرِي مِن تَحۡتِهَا ٱلۡأَنۡهَٰرُ خَٰلِدِينَ فِيهَاۚ
ذَٰلِكَ ٱلۡفَوۡزُ ٱلۡعَظِيمُ ﴿٨٩﴾ وَجَآءَ ٱلۡمُعَذِّرُونَ مِنَ ٱلۡأَعۡرَابِ
لِيُؤۡذَنَ لَهُمۡ وَقَعَدَ ٱلَّذِينَ كَذَبُواْ ٱللَّهَ وَرَسُولَهُۥۚ سَيُصِيبُ
ٱلَّذِينَ كَفَرُواْ مِنۡهُمۡ عَذَابٌ أَلِيمٞ ﴿٩٠﴾

Varianten: 9,81–90

9,81: bimaqʻadihim khilāfa: biʼan qaʻadū khalfa (bei Ibn Masʻūd).
9,83: istaʼdhanūka: istādhanūka (nach Warsch, al-Sūsī).
maʻiya (abadan): maʻī (nach Abū Bakr, Ḥamza, Kisāʼī).
maʻiya (ʻaduwwan): maʻī (nach den Rezitatoren außer Ḥafs).
al-khālifīna: al-khalifīna (bei ʻIkrima; nach Ibn al-Samayfaʻ, Abū Nahīk).
9,90: al-muʻadhdhirūna: al-muʻtadhirūna (bei Saʻīd ibn Djubayr, al-Rabīʻ ibn Khuthaym; nach Abū Shaykh, Abū Ḥaṣīn); al-muʻdhirūna, al-muʻ ʻadhdhirūna (laut Zamakhsharī II, S. 300).
kadhabū: kadhdhabū: der Lüge zeihen (bei Ubayy).

Kommentar

9,81(82): **Es freuen sich die Zurückgelassenen darüber, daß sie im Gegensatz zum Gesandten daheim geblieben sind, und es ist ihnen zuwider, sich mit ihrem Vermögen und mit ihrer eigenen Person auf dem Weg Gottes einzusetzen:** Gemeint sind hier einmal mehr die Heuchler, die am Feldzug gegen Tabūk nicht teilgenommen haben; zum Thema siehe 9,38; 9,81–96; 3,167.

al-mukhllafūna (die Zurückgelassenen): auch in 9,118; 48,11–12.15–16. Sie haben um Befreiung gebeten und sind in Medina zurückgelassen worden. Oder sie sind zwar aus eigener Entscheidung daheim gebleiben, weil sie jedoch für den Erfolg des Unternehmens von geringer Bedeutung waren, galten sie als Zurückgelassene. Muḥammad hat wohl eingesehen, daß ihre Anwesenheit die Eintracht der Kämpfer eher stören als stärken würde, deswegen hat der Koran festgelegt, daß sie nicht ausrücken sollen (9,83).

khilāfa (im Gegensatz zum Gesandten): oder (wie in 17,76) einfach: nach dem Gesandten (so al-Akhfash).

Und sie sagen: »Rückt nicht in der Hitze aus«: → 9,38.

Sprich: Das Feuer der Hölle ist noch heißer; wenn sie doch begreifen könnten!: siehe 8,65.

9,82(83): **Sie sollen ein wenig lachen, und sie sollen viel weinen:** Sie haben keine Veranlassung, sich über ihre Verweigerung zu freuen. Im Gegenteil, auch wenn sie im Diesseits lachen, werden sie im Jenseits viel weinen müssen. Siehe ähnlich in 53,60.

zur Vergeltung für das, was sie erworben haben: 5,38; 9,95; ähnliche Formulierungen in 32,17; 41,14; 56,24; – 17,98; 18,106.

9,83(84): **Wenn Gott dich zu einer Gruppe von ihnen zurückkehren läßt und sie dich um Erlaubnis bitten hinauszuziehen:** Die hier erwähnte Gruppe bezeichnet vielleicht Männer, die wohl aufrichtig und aus triftigen Gründen entschuldigt waren (vgl. 9,91). Oder es ist eine Gruppe von Heuchlern, die – nach der Rückkehr Muḥammads nach Medina unversehrt und erfolgreich – ihre Haltung ändern wollte. Wenn nun die Heuchler bitten, mit ihm ausrücken zu dürfen, dann hat Muḥammad dieses Ansinnen zurückzuweisen.

dann sprich: Niemals werdet ihr mit mir ausziehen, und nie werdet ihr mit mir gegen einen Feind kämpfen. Ihr habt das erste Mal daran Gefallen gefunden, daheim zu sitzen: beim Feldzug gegen Tabūk; vgl. 9,86.87.

So sitzet daheim mit den Zurückgebliebenen: oder: mit den Zuwiderhandelnden, oder: mit den Schlechten[1].

9,84(85): **Und bete niemals über einen von ihnen, der gestorben ist, und stehe nicht bei seinem Grab. Sie haben Gott und seinen Gesandten verleugnet:** Auch im Tod und über den Tod hinaus soll die Trennungslinie zwischen den Muslimen auf der einen und den Ungläubigen und den Heuchlern auf der anderen Seite bestehen bleiben.

und sie starben als Frevler: ähnlich in → 2,161 (als Ungläubige).

9,85(86): **Nicht sollen ihr Vermögen und ihre Kinder dir gefallen. Gott will sie ja im Diesseits damit peinigen, und auch daß ihre Seele (im Tod) dahinschwindet, während sie ungläubig sind:** fast wörtlich in → 9,55.

9,86(87): **Und wenn eine Sure herabgesandt wird: »Glaubt an Gott und setzt euch mit dem Gesandten ein«, dann bitten dich die Wohlhabenden unter ihnen um Befreiung und sagen: »Laß uns mit denen bleiben, die daheim sitzen«:** zum Thema siehe 9,44–45; 4,95–96. Zu den Verweigerern siehe 4,95–96; 9,38–57.81–96.

Sure: eine ganze Sure oder ein Teil davon. Einige meinten, es gehe um die Sure 9 selbst. – *ulū l-ṭauli:* die Wohlhabenden (Ibn ʿAbbās, Ḥasan al-Baṣrī), oder: die Vornehmen, die Ansehen genießen (al-Aṣamm).

9,87(88): **Sie finden daran Gefallen, mit den Zurückgebliebenen zu sein:** In diesem Satz steht nicht *al-mukhallafīna* (die Zurückgelassenen: 9,81), und auch nicht *al-khālifīna* (die Zurückgebliebenen: 9,83), sondern *al-khawālif:* Diese Form kann auf Männer bezogen werden, sie wird aber üblicherweise auf weibliche Personen bezogen; dann müßte man hier präziser übersetzen: mit den zurückgebliebenen Frauen zu sein (so al-Farrā').

und versiegelt wurden ihre Herzen, so daß sie nicht begreifen: siehe 63,3; → 2,7.

1. Vgl. Rāzī VIII, 16, S. 154.

9,88(89): **Aber der Gesandte und diejenigen, die mit ihm glauben, setzen sich mit ihrem Vermögen und mit ihrer eigenen Person ein:** im Gegensatz zu den Heuchlern: 9,81.

Für sie sind die guten Dinge bestimmt: *al-khayrātu:* die Erfüllung ihrer Anliegen im Diesseits und der Lohn des Jenseits. Einige denken hier als Parallele zu 55,70 (Darin sind gute und schöne Frauen: *khayrātun ḥisānun*) an die Paradiesesjungfrauen.

und das sind die, denen es wohl ergeht: → 3,104.

9,89(90): **Bereitet hat Gott für sie Gärten, unter denen Bäche fließen; darin werden sie ewig weilen:** → 2,25.

Das ist der großartige Erfolg: → 4,13.

9,90(91): **Und diejenigen von den arabischen Beduinen, die sich entschuldigen wollen, kommen her, um Befreiung zu erbitten:** Die Haltung der arabischen Beduinen ähnelt der der Heuchler. Dies zeigt, daß ihre Bindung an die islamische Gemeinschaft noch nicht fest genug war.

Und daheim sitzen diejenigen, die Gott und seinen Gesandten belügen: Die Bitte um Befreiung stützt sich nicht auf triftige Gründe, sondern es sind nur Vorwände, um sich den Mühen des Einsatzes zu entziehen.

Treffen wird diejenigen unter ihnen, die ungläubig sind: Hier macht der Koran doch einen Unterschied zwischen den aufrichtigen und den verlogenen Bittstellern, die Befreiung begehren.

eine schmerzhafte Pein: → 2,85; ähnliche Drohung in 9,52; 24,63.

91 Für die Schwachen, die Kranken und für diejenigen, die nichts zum Spenden haben, ist es kein
Grund zur Bedrängnis, wenn sie sich gegenüber
Gott und seinem Gesandten aufrichtig verhalten.
Die Rechtschaffenen können nicht belangt werden
– Gott ist voller Vergebung und barmherzig –, 92
und auch nicht diejenigen, die, wenn sie zu dir
kommen, damit du sie mitreiten läßt, und du sagst:
»Ich finde keine Tiere, daß ich euch mitreiten lassen kann«, sich abkehren, während ihre Augen
von Tränen überfließen aus Traurigkeit darüber,
11. Teil daß sie nichts zum Spenden haben. *93 Belangt wer-
[21] den diejenigen, die dich um Befreiung bitten,
obwohl sie reich sind. Sie finden daran Gefallen, mit
den Zurückgebliebenen zu sein. Gott hat ihre Herzen versiegelt, so daß sie nicht Bescheid wissen. 94
Sie entschuldigen sich bei euch, wenn ihr zu ihnen
zurückkommt. Sprich: Entschuldigt euch nicht. Wir
glauben es euch doch nicht. Gott hat uns etwas von
den Berichten über euch kundgetan. Und Gott wird
euer Tun sehen, und auch sein Gesandter. Dann
werdet ihr zu dem, der über das Unsichtbare und das
Offenbare Bescheid weiß, zurückgebracht, und Er
wird euch kundtun, was ihr zu tun pflegtet. 95 Sie
werden euch bei Gott schwören, wenn ihr zu ihnen
zurückkehrt, damit ihr euch von ihnen abwendet.
So wendet euch von ihnen ab, sie sind ein Greuel.

لَّيْسَ عَلَى ٱلضُّعَفَآءِ
وَلَا عَلَى ٱلْمَرْضَىٰ وَلَا عَلَى ٱلَّذِينَ لَا يَجِدُونَ مَا يُنفِقُونَ حَرَجٌ
إِذَا نَصَحُوا۟ لِلَّهِ وَرَسُولِهِۦ ۚ مَا عَلَى ٱلْمُحْسِنِينَ مِن سَبِيلٍ ۚ
وَٱللَّهُ غَفُورٌ رَّحِيمٌ ﴿٩١﴾ وَلَا عَلَى ٱلَّذِينَ إِذَا مَآ أَتَوْكَ
لِتَحْمِلَهُمْ قُلْتَ لَآ أَجِدُ مَآ أَحْمِلُكُمْ عَلَيْهِ تَوَلَّوا۟ وَّأَعْيُنُهُمْ
تَفِيضُ مِنَ ٱلدَّمْعِ حَزَنًا أَلَّا يَجِدُوا۟ مَا يُنفِقُونَ ﴿٩٢﴾
۞ إِنَّمَا ٱلسَّبِيلُ عَلَى ٱلَّذِينَ يَسْتَـْٔذِنُونَكَ وَهُمْ أَغْنِيَآءُ ۚ
رَضُوا۟ بِأَن يَكُونُوا۟ مَعَ ٱلْخَوَالِفِ وَطَبَعَ ٱللَّهُ عَلَىٰ قُلُوبِهِمْ
فَهُمْ لَا يَعْلَمُونَ ﴿٩٣﴾ يَعْتَذِرُونَ إِلَيْكُمْ إِذَا رَجَعْتُمْ إِلَيْهِمْ ۚ
قُل لَّا تَعْتَذِرُوا۟ لَن نُّؤْمِنَ لَكُمْ ۖ قَدْ نَبَّأَنَا ٱللَّهُ مِنْ أَخْبَارِكُمْ ۚ
وَسَيَرَى ٱللَّهُ عَمَلَكُمْ وَرَسُولُهُۥ ثُمَّ تُرَدُّونَ إِلَىٰ عَٰلِمِ ٱلْغَيْبِ
وَٱلشَّهَٰدَةِ فَيُنَبِّئُكُم بِمَا كُنتُمْ تَعْمَلُونَ ﴿٩٤﴾ سَيَحْلِفُونَ
بِٱللَّهِ لَكُمْ إِذَا ٱنقَلَبْتُمْ إِلَيْهِمْ لِتُعْرِضُوا۟ عَنْهُمْ ۖ فَأَعْرِضُوا۟
عَنْهُمْ ۖ إِنَّهُمْ رِجْسٌ ۖ وَمَأْوَىٰهُمْ جَهَنَّمُ جَزَآءًۢ بِمَا كَانُوا۟

Ihre Heimstätte ist die Hölle zur Vergeltung für
das, was sie erworben haben. 96 Sie schwören
euch, damit ihr mit ihnen zufrieden seid. Auch
wenn ihr mit ihnen zufrieden seid, so ist Gott
nicht zufrieden mit den frevlerischen Leuten.
97 Die arabischen Beduinen sind stärker dem
Unglauben und der Heuchelei verfallen, und es
paßt eher zu ihnen, daß sie die Bestimmungen
dessen, was Gott auf seinen Gesandten herabgesandt hat, nicht kennen. Und Gott weiß Bescheid
und ist weise. 98 Und unter den arabischen Beduinen gibt es welche, die das, was sie spenden, als
erzwungene Zahlung ansehen und für euch die
Schicksalswendungen erwarten. Über sie wird die
Schicksalswendung des Unheils kommen. Und
Gott hört und weiß alles. 99 Und unter den arabischen Beduinen gibt es welche, die an Gott und
den Jüngsten Tag glauben und das, was sie spenden, als Mittel ansehen, Gott näherzukommen
und die Gebete des Gesandten zu erhalten. Es ist
sicher für sie ein Mittel, (Gott) näherzukommen.
Gott wird sie in seine Barmherzigkeit eingehen
lassen. Gott ist voller Vergebung und barmherzig.
100 Mit den Allerersten der Auswanderer und der
Helfer und denjenigen, die ihnen in Rechtschaffenheit gefolgt sind, ist Gott zufrieden, und sie
sind mit Ihm zufrieden. Und Er hat für sie Gärten
bereitet, unter denen Bäche fließen; darin werden
sie auf immer ewig weilen. Das ist der großartige
Erfolg.

يَكْسِبُونَ ﴿٩٥﴾ يَحْلِفُونَ لَكُمْ لِتَرْضَوْا۟ عَنْهُمْ ۖ فَإِن تَرْضَوْا۟
عَنْهُمْ فَإِنَّ ٱللَّهَ لَا يَرْضَىٰ عَنِ ٱلْقَوْمِ ٱلْفَـٰسِقِينَ ﴿٩٦﴾
ٱلْأَعْرَابُ أَشَدُّ كُفْرًا وَنِفَاقًا وَأَجْدَرُ أَلَّا يَعْلَمُوا۟ حُدُودَ
مَآ أَنزَلَ ٱللَّهُ عَلَىٰ رَسُولِهِۦ ۗ وَٱللَّهُ عَلِيمٌ حَكِيمٌ ﴿٩٧﴾
وَمِنَ ٱلْأَعْرَابِ مَن يَتَّخِذُ مَا يُنفِقُ مَغْرَمًا وَيَتَرَبَّصُ بِكُمُ
ٱلدَّوَآئِرَ ۚ عَلَيْهِمْ دَآئِرَةُ ٱلسَّوْءِ ۗ وَٱللَّهُ سَمِيعٌ عَلِيمٌ ﴿٩٨﴾ وَمِنَ
ٱلْأَعْرَابِ مَن يُؤْمِنُ بِٱللَّهِ وَٱلْيَوْمِ ٱلْـَٔاخِرِ وَيَتَّخِذُ مَا يُنفِقُ
قُرُبَـٰتٍ عِندَ ٱللَّهِ وَصَلَوَٰتِ ٱلرَّسُولِ ۚ أَلَآ إِنَّهَا قُرْبَةٌ لَّهُمْ ۚ
سَيُدْخِلُهُمُ ٱللَّهُ فِى رَحْمَتِهِۦٓ ۚ إِنَّ ٱللَّهَ غَفُورٌ رَّحِيمٌ ﴿٩٩﴾
وَٱلسَّـٰبِقُونَ ٱلْأَوَّلُونَ مِنَ ٱلْمُهَـٰجِرِينَ وَٱلْأَنصَارِ وَٱلَّذِينَ
ٱتَّبَعُوهُم بِإِحْسَـٰنٍ رَّضِىَ ٱللَّهُ عَنْهُمْ وَرَضُوا۟ عَنْهُ وَأَعَدَّ
لَهُمْ جَنَّـٰتٍ تَجْرِى تَحْتَهَا ٱلْأَنْهَـٰرُ خَـٰلِدِينَ فِيهَآ أَبَدًا ۚ
ذَٰلِكَ ٱلْفَوْزُ ٱلْعَظِيمُ ﴿١٠٠﴾

Varianten: 9,91–100

9,91: al-ḍuʿafāʾi: al-ḍaʿfā (bei Ubayy; nach Abū ʿImrān al-Djannī); al-ḍaʿfä (bei al-Rabīʿ ibn Khuthaym).
ghafūrun: vorgeschoben: li ahli l-isāʾati: (Gott ist) zu denen, die Böses tun (bei Ibn ʿAbbās).
9,93: yastaʾdhinūka: yastādhinūka (nach Warsh, al-Sūsī).
9,95: ilayhim: ilayhum (nach Ḥamza, Kisāʾī).
maʾwāhum: māwāhum (nach al-Sūsī).
9,98: ʿalayhim: ʿalayhum (nach Ḥamza, Kisāʾī).
al-sauʾi: al-sūʾi (nach Ibn Kathīr, Abū ʿAmr).
9,99: qurubātin: qurbātin (nach den Rezitatoren außer ʿĀṣim, Ḥafṣ, Warsh); qurbatan (bei al-Rabīʿ ibn Khuthaym; nach Abū ʿImrān, Abū Ḥaṣīn).
wa ṣalawāti: wa ṣalāta (bei al-Rabīʿ ibn Khuthaym; nach Abū Ḥaṣīn, Ibn Qays).
qurbatan: qurubatan (nach Nāfiʿ).
9,100: wal-anṣāri: wal anṣāru: und den Helfern (bei ʿUmar).
walladhīna: alladhīna (bei ʿUmar).
taḥtahā: min taḥtihā (nach Ibn Kathīr).

Kommentar

9,91(92): **Für die Schwachen, die Kranken und für diejenigen, die nichts zum Spenden haben, ist es kein Grund zur Bedrängnis:** Die Greise, diejenigen, die eine schwache Konstitution haben, die Kranken und diejenigen, die nicht für Rüstung, Wegzehrung und Reittier sorgen können, sind von der Teilnahme an Kampfhandlungen und Feldzügen befreit.

die Schwachen: → 2,282; *ḥaradj* (Grund zur Bedrängnis): → 5,6; 24,61; 48,17.

wenn sie sich gegenüber Gott und seinem Gesandten aufrichtig verhalten: wenn ihr Verhalten der Sache Gottes dient, z. B. wenn sie keine Falschmeldungen verbreiten, den Kämpfern moralische und sonstige Unterstützung zukommen lassen.

Die Rechtschaffenen können nicht belangt werden: weil sie aus triftigen Gründen am bewaffneten Einsatz nicht teilgenommen haben.

Gott ist voller Vergebung und barmherzig: → 2,173.

9,92(93): **und auch nicht diejenigen, die, wenn sie zu dir kommen, damit du sie mitreiten läßt, und du sagst: »Ich finde keine Tiere, daß ich euch mitreiten lassen kann«, sich abkehren, während ihre Augen von Tränen überfließen aus Traurigkeit darüber, daß sie nichts zum Spenden haben:** Man könnte auch übersetzen: und auch nicht für diejenigen (d. h. ist es kein Grund zur Bedrängnis ...).

9,93(94): **Belangt werden diejenigen, die dich um Befreiung bitten, obwohl sie reich sind:** Befreiung von der Teilnahme am Einsatz und am Kampf; 9,86.

Sie finden daran Gefallen, mit den Zurückgebliebenen zu sein: Auch hier kann man die Form als auf die Frauen bezogen betrachten: mit den zurückgebliebenen Frauen; → 9,87.

Gott hat ihre Herzen versiegelt, so daß sie nicht Bescheid wissen: ähnlich bereits in 9,87.

9,94(95): **Sie entschuldigen sich bei euch, wenn ihr zu ihnen zurückkommt:** siehe bereits 9,83.

Sprich: Entschuldigt euch nicht. Wir glauben es euch doch nicht: Die vorgebrachten Vorwände sind keine wirkliche Entschuldigung.

Gott hat uns etwas von den Berichten über euch kundgetan: Muḥammad und die Muslime wurden über ihre inneren Beweggründe informiert. Deswegen sind die Gläubigen wenig geneigt, ihnen zu glauben und die vorgebrachten Gründe anzunehmen.

Und Gott wird euer Tun sehen, und auch sein Gesandter. Dann werdet ihr zu dem, der über das Sichtbare und das Offenbare Bescheid weiß, zurückgebracht, und Er wird euch kundtun, was ihr zu tun pflegtet: auch in 9,105; 62,8. *der über das Offenbare ... Bescheid weiß:* → 6,73.

9,95(96): **Sie werden euch bei Gott schwören, wenn ihr zu ihnen zurückkehrt:** siehe auch 9,42; 9,83;

damit ihr euch von ihnen abwendet: d. h. damit ihr ihnen verzeiht und sie nicht weiter tadelt.

So wendet euch von ihnen ab: zwar nicht durch Verzeihung, sondern durch Ausgrenzung.

sie sind ein Greuel: → 5,90: 6,145.

Ihre Heimstätte ist die Hölle zur Vergeltung für das, was sie erworben haben: auch in 10,8; → 9,73.

9,96(97): **Sie schwören euch, damit ihr mit ihnen zufrieden seid:** auch in 9,62; 9,95.

Auch wenn ihr mit ihnen zufrieden seid, so ist Gott nicht zufrieden mit den frevlerischen Leuten: siehe auch 9,8.

9,97(98): **Die arabischen Beduinen sind stärker dem Unglauben und der Heuchelei verfallen, und es paßt eher zu ihnen, daß sie die Bestimmungen dessen, was Gott auf seinen Gesandten herabgesandt hat, nicht ken-**

nen: Der Koran prangert hier den Unglauben der arabischen Beduinen und ihre religiöse Unwissenheit über die Beweise des Glaubens und die Bestimmungen des Gesetzes Gottes an. Siehe auch 49,14.

Und Gott weiß Bescheid und ist weise: → 2,32. Er kennt die Geheimnisse der Herzen und läßt seine Weisheit bei der Festlegung seiner Rechtsbestimmungen walten.

9,98(99): **Und unter den arabischen Beduinen gibt es welche, die das, was sie spenden, als erzwungene Zahlung ansehen:** Sie spenden nicht freiwillig, deswegen gilt ihnen ihre Spende als erzwungene Zahlung und als Verlust.

und für euch die Schicksalswendungen erwarten: Sie erwarten, daß der Erfolg euch nicht mehr beschieden wird, daß die Feinde und Gegner euch doch besiegen werden und daß ihr deswegen Unheil erfahren werdet.

Über sie wird die Schicksalswende des Unheils kommen: oder: die böse Schicksalswende (wie in 48,6).

Und Gott hört und weiß alles: Er hört ihre Reden und kennt ihre inneren Absichten; → 2,127.

9,99(100): **Und unter den arabischen Beduinen gibt es welche, die an Gott und den Jüngsten Tag glauben:** Der Koran will nicht alle Beduinen verurteilen, er unterscheidet doch in der großen Menge diejenigen, die als Gläubige zu gelten haben.

und das, was sie spenden, als Mittel ansehen, Gott näherzukommen und die Gebete des Gesandten zu erhalten: Muḥammad pflegte, ein Segensgebet über den Spendern zu sprechen; siehe 9,103[1].

Es ist sicher für sie ein Mittel, (Gott) näherzukommen. Gott wird sie in seine Barmherzigkeit eingehen lassen: → 7,151.

Gott ist voller Vergebung und barmherzig: → 2,173.

1. Theoretisch könnte man auch die »Gebete des Gesandten« auf das Wort *Mittel* beziehen: Ihre Spenden und auch die Gebete des Gesandten sind die Mittel, Gott näherzukommen und sein Wohlgefallen zu erlangen.

9,100(101): **Mit den Allerersten der Auswanderer und der Helfer und denjenigen, die ihnen in Rechtschaffenheit gefolgt sind:** oder: die ihnen rechtschaffene Taten nachsagen. Siehe auch 8,74–75.

ist Gott zufrieden, und sie sind mit Ihm zufrieden. Und Er hat für sie Gärten bereitet, unter denen Bäche fließen; darin werden sie auf immer ewig weilen. Das ist der großartige Erfolg: → 5,119. Zum zweiten und dritten Satz siehe auch → 9,89.

Da die nächsten Verse sich wieder mit den arabischen Beduinen befassen, wirkt dieser Vers als ein unvermittelter Einschub.

101 Und unter den arabischen Beduinen in eurer
Umgebung und auch unter den Bewohnern von
Medina gibt es Heuchler, die in der Heuchelei
geübt sind. Du kennst sie nicht, aber Wir kennen
sie. Wir werden sie zweimal peinigen, dann werden sie einer gewaltigen Pein zugeführt werden.
102 Andere bekennen ihre Sünden, sie vermischen
eine gute mit einer anderen schlechten Tat. Möge
Gott sich ihnen gnädig zuwenden! Gott ist voller
Vergebung und barmherzig. 103 Nimm von ihrem
Vermögen ein Almosen, mit dem du sie rein
machst und läuterst, und bitte um Segen für sie.
Dein Gebet ist für sie eine Beruhigung. Und Gott
hört und weiß alles. 104 Wissen sie denn nicht,
daß es Gott ist, der die Umkehr von seinen Dienern annimmt und die Almosen nimmt, und daß
Gott der ist, der sich gnädig zuwendet, und der
Barmherzige? 105 Und sprich: Handelt doch. Gott
wird euer Tun sehen, und auch sein Gesandter
und die Gläubigen. Und ihr werdet zu dem, der
über das Unsichtbare und das Offenbare Bescheid
weiß, zurückgebracht, und Er wird euch kundtun,
was ihr zu tun pflegtet. 106 Andere werden
zurückgestellt, bis der Befehl Gottes eintrifft. Entweder peinigt Er sie, oder Er wendet sich ihnen
gnädig zu. Und Gott weiß Bescheid und ist weise.

وَمِمَّنْ حَوْلَكُم مِّنَ ٱلْأَعْرَابِ
مُنَٰفِقُونَ ۖ وَمِنْ أَهْلِ ٱلْمَدِينَةِ ۙ مَرَدُوا۟ عَلَى ٱلنِّفَاقِ لَا تَعْلَمُهُمْ ۖ
نَحْنُ نَعْلَمُهُمْ ۚ سَنُعَذِّبُهُم مَّرَّتَيْنِ ثُمَّ يُرَدُّونَ إِلَىٰ عَذَابٍ
عَظِيمٍ ﴿١٠١﴾ وَءَاخَرُونَ ٱعْتَرَفُوا۟ بِذُنُوبِهِمْ خَلَطُوا۟ عَمَلًا
صَٰلِحًا وَءَاخَرَ سَيِّئًا عَسَى ٱللَّهُ أَن يَتُوبَ عَلَيْهِمْ ۚ إِنَّ ٱللَّهَ
غَفُورٌ رَّحِيمٌ ﴿١٠٢﴾ خُذْ مِنْ أَمْوَٰلِهِمْ صَدَقَةً تُطَهِّرُهُمْ
وَتُزَكِّيهِم بِهَا وَصَلِّ عَلَيْهِمْ ۖ إِنَّ صَلَوٰتَكَ سَكَنٌ لَّهُمْ ۗ
وَٱللَّهُ سَمِيعٌ عَلِيمٌ ﴿١٠٣﴾ أَلَمْ يَعْلَمُوٓا۟ أَنَّ ٱللَّهَ هُوَ يَقْبَلُ ٱلتَّوْبَةَ
عَنْ عِبَادِهِۦ وَيَأْخُذُ ٱلصَّدَقَٰتِ وَأَنَّ ٱللَّهَ هُوَ ٱلتَّوَّابُ
ٱلرَّحِيمُ ﴿١٠٤﴾ وَقُلِ ٱعْمَلُوا۟ فَسَيَرَى ٱللَّهُ عَمَلَكُمْ وَرَسُولُهُۥ
وَٱلْمُؤْمِنُونَ ۖ وَسَتُرَدُّونَ إِلَىٰ عَٰلِمِ ٱلْغَيْبِ وَٱلشَّهَٰدَةِ
فَيُنَبِّئُكُم بِمَا كُنتُمْ تَعْمَلُونَ ﴿١٠٥﴾ وَءَاخَرُونَ مُرْجَوْنَ
لِأَمْرِ ٱللَّهِ إِمَّا يُعَذِّبُهُمْ وَإِمَّا يَتُوبُ عَلَيْهِمْ ۗ وَٱللَّهُ عَلِيمٌ

107 (Es gibt auch) diejenigen, die sich eine (eigene) Moschee genommen haben aus Schadenslust und Unglauben, zum Anstiften von Zwietracht zwischen den Gläubigen und als Beobachtungsort für den, der zuvor gegen Gott und seinen Gesandten Krieg geführt hat. Sie werden sicher schwören: »Wir haben nur das Beste gewollt.« Aber Gott bezeugt, daß sie ja nur Lügner sind. 108 Stell dich niemals in ihr zum Gebet hin. Eine Moschee, die vom ersten Tag an auf die Gottesfurcht gegründet worden ist, hat eher darauf Anspruch, daß du dich in ihr hinstellst. In ihr sind Männer, die es lieben, sich zu reinigen. Und Gott liebt die, die sich reinigen. 109 Ist der, der seinen Bau auf die Furcht Gottes und sein Wohlgefallen gegründet hat, besser oder der, der seinen Bau auf den Rand eines brüchigen Hanges gegründet hat, worauf er mit ihm ins Feuer der Hölle abstürzt? Und Gott leitet die ungerechten Leute nicht recht. 110 Ihr Bau, den sie gebaut haben, wird unablässig Zweifel in ihren Herzen hervorrufen, es sei denn, ihre Herzen zerreißen. Und Gott weiß Bescheid und ist weise.

حَكِيمٌ ﴿١٠٦﴾ وَٱلَّذِينَ ٱتَّخَذُواْ مَسۡجِدٗا ضِرَارٗا وَكُفۡرٗا
وَتَفۡرِيقَۢا بَيۡنَ ٱلۡمُؤۡمِنِينَ وَإِرۡصَادٗا لِّمَنۡ حَارَبَ ٱللَّهَ وَرَسُولَهُۥ
مِن قَبۡلُۚ وَلَيَحۡلِفُنَّ إِنۡ أَرَدۡنَآ إِلَّا ٱلۡحُسۡنَىٰۖ وَٱللَّهُ يَشۡهَدُ
إِنَّهُمۡ لَكَٰذِبُونَ ﴿١٠٧﴾ لَا تَقُمۡ فِيهِ أَبَدٗاۚ لَّمَسۡجِدٌ أُسِّسَ
عَلَى ٱلتَّقۡوَىٰ مِنۡ أَوَّلِ يَوۡمٍ أَحَقُّ أَن تَقُومَ فِيهِۚ فِيهِ رِجَالٞ
يُحِبُّونَ أَن يَتَطَهَّرُواْۚ وَٱللَّهُ يُحِبُّ ٱلۡمُطَّهِّرِينَ ﴿١٠٨﴾
أَفَمَنۡ أَسَّسَ بُنۡيَٰنَهُۥ عَلَىٰ تَقۡوَىٰ مِنَ ٱللَّهِ وَرِضۡوَٰنٍ خَيۡرٌ
أَم مَّنۡ أَسَّسَ بُنۡيَٰنَهُۥ عَلَىٰ شَفَا جُرُفٍ هَارٖ فَٱنۡهَارَ بِهِۦ
فِي نَارِ جَهَنَّمَۗ وَٱللَّهُ لَا يَهۡدِي ٱلۡقَوۡمَ ٱلظَّٰلِمِينَ ﴿١٠٩﴾
لَا يَزَالُ بُنۡيَٰنُهُمُ ٱلَّذِي بَنَوۡاْ رِيبَةٗ فِي قُلُوبِهِمۡ إِلَّآ أَن تَقَطَّعَ
قُلُوبُهُمۡۚ وَٱللَّهُ عَلِيمٌ حَكِيمٌ ﴿١١٠﴾

Varianten: 9,101–110

9,101: sa-nu'adhdhibuhum: sa-tu'adhdhibuhum: Du wirst sie peinigen (bei Ubayy).
9,102: 'alayhim: 'alayhum (nach Ḥamza, Kisā'ī).
9,103: tuṭahhiruhum: tuṭhiruhum (laut Zamakhsharī II, S. 307).
ṣalātaka: ṣalawātika (nach den Rezitatoren außer Ḥafṣ, Ḥamza, Kisā'ī).
9,104: alam ya'lamū: alam ta'lamū: wißt ihr nicht (bei Ubayy).
9,106: murdjauna: murdja'ūna (nach den Rezitatoren außer Ḥafṣ, Nāfi', Ḥamza, Kisā'ī).
'alīmun ḥakīmun: ghafūrun raḥīmun: er ist voller Vergebung und barmherzig (bei Ibn Mas'ūd).
9,107: walladhīna (ttakhadhū): alladhīna (nach Nāfi', Ibn 'Āmir).
9,108: yataṭahharū: yaṭṭahharū (bei Ṭalḥa, al-A'mash).
9,109: afaman: amman (bei al-Rabī' ibn Khuthaym).
assasa bunyānahū (2 mal): ussisa bunyānuhū: dessen Bau gegründet wurde (nach Nāfi', Ibn 'Āmir).
ridwānin: ruḍwānin (nach Abū Bakr).
djurufin: djurfin (nach Abū Bakr, Ḥamza, Ibn 'Āmir)
fanhāra bihī: fanhāra bihī qawā'iduhū: seine Fundamente mit ihm abstürzen (bei Ibn Mas'ūd); fanhārat bihī qawā'iduhū (bei Ubayy).
9,110: illā an: ilā an: bis (nach Ḥasan al-Baṣrī).
an taqaṭṭa'a qulūbuhum: an tuqaṭṭa'a qulūbuhum: ihre Herzen werden zerrissen (nach den Rezitatoren außer Ḥafṣ, Ibn 'Āmir, Ḥamza); an yuqṭa'a qulūbuhum (laut Zamakhsharī II, S. 313); an tuqṭa'a qulūbuhum (bei Ṭalḥa nach einigen Gewährsmännern); an taqṭa'a qulūbahum: Du ihre Herzen zerreißt (nach Ibn Kathīr); walau quṭṭi'at qulūbuhum: auch wenn ihre Herzen zerrissen werden (bei Ibn Mas'ūd), walau qaṭṭa'ta qulūbahum: auch wenn Du ihre Herzen zerreißt (bei Ibn Mas'ūd und Ṭalḥa nach einigen Gewährsmännern); ḥattā taqṭa'a qulūbahum: bis du ihre Herzen zerreißt (bei Ubayy, Ṭalḥa); an tuqṭa'a qulūbuhum fī l-qabri: ihre Herzen im Grabe zerreißen (bei 'Ikrima).

Kommentar

9,101(102): **Und unter den arabischen Beduinen in eurer Umgebung und auch unter den Bewohnern von Medina gibt es Heuchler, die in der Heuchelei geübt sind:** Man kann auch übersetzen: Und unter den arabischen Beduinen in eurer Umgebung gibt es Heuchler, und auch unter den Bewohnern von Medina gibt es welche, die in der Heuchelei geübt sind.

Die Beduinen in der Nähe von Medina und die Bewohner Medinas werden auch in 9,120–121 zusammen erwähnt.

maradū: sie sind in der Heuchelei geübt und beharren darauf.

Du kennst sie nicht, aber Wir kennen sie: ähnlich in 8,60.

Wir werden sie zweimal peinigen: Entweder ist es eine doppelte Pein, oder es geht um die Pein im Diesseits (z. B durch Tötung, Verschleppung, Besteuerung, Bloßstellung, Beschämung) und die Pein im Grab (u. a. durch die Schläge, die ihnen die Engel auf das Gesicht und auf den Rücken verabreichen). Die jenseitige Pein wird im nächsten Satz erwähnt.

dann werden sie einer gewaltigen Pein zugeführt werden: → 2,85.

9,102(103): **Andere bekennen ihre Sünden:** Es sind Heuchler, die ihre Haltung bereuen, oder es sind Muslime, die aus Trägheit am Feldzug gegen Tabūk nicht teilgenommen haben und nun ihr Verhalten bereuen.

sie vermischen eine gute mit einer anderen schlechten Tat: d. h. sie verbinden die früher begangene schlechte Tat mit der nun gezeigten guten Tat. Gerade im Hinblick auf diese gute Tat besteht das Vertrauen, daß Gott ihnen vergeben wird.

Möge Gott sich ihnen gnädig zuwenden! Gott ist voller Vergebung und barmherzig: → 2,173.

9,103(104): **Nimm von ihrem Vermögen ein Almosen:** das nicht mit der gesetzlichen Abgabe (*zakāt*) verwechselt werden darf (so Ḥasan al-Baṣrī). Andere meinen, es war doch die *zakāt*. Das Nehmen dieser Abgabe würden bedeuten, daß sie wieder als vollwertige Mitglieder der Gemeinschaft gelten. Die meisten

Rechtsgelehrten deuten diesen Satz als eine allgemeine Regel ohne Bezug auf die hier erwähnten Heuchler.

mit dem du sie rein machst und läuterst: oder (ein Almosen), das sie rein macht und läutert; oder: das sie rein macht und mit dem du sie läuterst.

und bitte um Segen für sie: wörtlich: bete über ihnen.

Dein Gebet ist für sie eine Beruhigung: ein Hinweis darauf, daß sie nun wieder mit dem Wohlgefallen Gottes rechnen dürfen.

Und Gott hört und weiß alles: → 2,127.

9,104(105): **Wissen sie denn nicht, daß es Gott ist, der die Umkehr von seinen Dienern annimmt und die Almosen nimmt:** auch in 42,25; – 40,3.

Wissen sie nicht: die Reumütigen oder die, die noch nicht bereut haben, die hier zur Reue und Umkehr bewogen werden sollen. – *die Almosen nimmt:* Wenn der Prophet die Almosen der Reumütigen nimmt, so ist es, als hätte sie Gott genommen.

und daß Gott der ist, der sich gnädig zuwendet, und der Barmherzige: → 2,37.

9,105(106): **Und sprich: Handelt doch. Gott wird euer Tun sehen, und auch sein Gesandter und die Gläubigen. Und ihr werdet zu dem, der über das Unsichtbare und das Offenbare Bescheid weiß, zurückgebracht, und Er wird euch kundtun, was ihr zu tun pflegtet:** fast wörtlich bereits in 9,94.

Dieser Vers wirkt an dieser Stelle wie ein unerwarteter Einschub.

9,106(107): **Andere werden zurückgestellt, bis der Befehl Gottes eintrifft:** Das ist eine dritte Gruppe neben den Heuchlern und den Reumütigen. Sie ließen sich Zeit mit der Bekundung ihrer Reue. Gott wird in seinem Befehl über sie entscheiden.

Entweder peinigt Er sie, oder Er wendet sich ihnen gnädig zu: → 3,128.

Und Gott weiß Bescheid und ist weise: → 2,32.

9,107(108): **Und es gibt diejenigen, die sich eine (eigene) Moschee genommen haben:** Es seien zehn Männer, die eine eigene Fraktion bilden wollten und deren Absicht als eine böse entlarvt wird. Die muslimischen Kommentatoren erwähnen hier den Namen von Abū ʿĀmir, der vor dem Islam Christ und Mönch wurde. Als nun Muḥammad mit seiner Predigt begann, feindete er ihn an und bekämpfte ihn. Als bei der Schlacht von Ḥunayn seine Anhänger geschlagen wurden, floh er nach Syrien und schrieb seinen Anhängern, sie sollen eine Gegen-Moschee bauen und auf ihn warten, bis er mit byzantinischen Truppen kommt und Muḥammad vertreibt[1]. Vielleicht meinten die Erbauer der Moschee, daß sie Muḥammad dafür gewinnen könnten, in dieser Moschee zu beten (siehe 9,108), in der auch Abū ʿĀmir beten würde.

Moschee: aus dem Arabischen *masdjid*, Anbetungsstätte.

aus Schadenslust und Unglauben, zum Anstiften von Zwietracht zwischen den Gläubigen und als Beobachtungsort für den, der zuvor gegen Gott und seinen Gesandten Krieg geführt hat: Das Wort *irṣād* bedeutet Warteort (al-Zadjjādj), Warteort in feindlicher Absicht (Ibn Qutayba), Vorbereitungsort (die meisten Autoren). Da der Koran das Wort in seinen Derivaten im Sinne von auflauern gebraucht (vgl. 9,5; 72,9.27; 78,21; 89,14), wurde es hier mit Beobachtungsort übersetzt.

Sie werden sicher schwören: »Wir haben nur das Beste gewollt«: ähnliche Antwort in → 2,11. Vielleicht weisen sie auf eine mögliche Versöhnung zwischen den beiden Kontrahenten Muḥammad und Abū ʿĀmir, wenn beide in derselben Moschee beten, hin.

Aber Gott bezeugt, daß sie ja nur Lügner sind: Das ist eine nur vorgeschobene Behauptung, um ihre bösen Absichten zu verschleiern.

9,108(109): **Stell dich niemals in ihr zum Gebet hin:** Muḥammad soll das Angebot bzw. die Bitte, in der Gegen-Moschee zu beten, abschlagen.

Eine Moschee, die vom ersten Tag an auf die Gottesfurcht gegründet worden ist, hat eher darauf Anspruch, daß du dich in ihr hinstellst: Muḥammad soll der Moschee, in der bisher die Muslime gebetet haben, treu bleiben.

In ihr sind Männer, die es lieben, sich zu reinigen: von den Sünden und Verfehlungen, oder einfach – so die Meinung der Mehrheit der Kommentatoren – von der kultischen Unreinheit durch den Vollzug der vorgeschriebenen Reinigungsriten.

1. Vgl. Zamakhsharī II, S. 309–311; Rāzī VIII, 16, S. 198.

Und Gott liebt die, die sich reinigen: → 2,222.

9,109(110): **Ist der, der seinen Bau auf die Furcht Gottes und sein Wohlgefallen gegründet hat, besser oder der, der seinen Bau auf den Rand eines brüchigen Hanges gegründet hat, worauf er mit ihm ins Feuer der Hölle abstürzt?:** Einiges in diesem Vers erinnert an die Rede Jesu vom Haus auf dem Felsen und dem Haus auf dem Sand: *Evangelium,* Mt 7,24–27; Lk 6,47–49.

Und Gott leitet die ungerechten Leute nicht recht: → 2,258.

9,110(111): **Ihr Bau, den sie gebaut haben, wird unablässig Zweifel in ihren Herzen hervorrufen, es sie denn, ihre Herzen zerreißen:** aus Bedauern und Reue, oder einfach durch den Tod, der erst ihre Zweifel beenden kann. Diese zweite Deutung erlaubt dann eine Übersetzung, die den Sachverhalt deutlicher macht: bis ihre Herzen zerreißen.

Und Gott weiß Bescheid und ist weise: → 2,32.

[21¼] 111 Gott hat von den Gläubigen ihre eigene Person und ihr Vermögen dafür erkauft, daß ihnen das Paradies gehört, insofern sie auf dem Weg Gottes kämpfen und so töten oder getötet werden. Das ist ein Ihm obliegendes Versprechen in Wahrheit in der Tora und im Evangelium und im Koran. Und wer hält seine Abmachung treuer ein als Gott? So seid froh über das Kaufgeschäft, das ihr abgeschlossen habt. Und das ist der großartige Erfolg. 112 Diejenigen, die umkehren, (Gott) dienen, loben, umherziehen, sich verneigen, sich niederwerfen, das Rechte gebieten und das Verwerfliche verbieten, die Bestimmungen Gottes einhalten ... Und verkünde den Gläubigen eine Frohbotschaft.

113 Der Prophet und diejenigen, die glauben, haben nicht für die Polytheisten um Vergebung zu bitten, auch wenn es Verwandte wären, nachdem es ihnen deutlich geworden ist, daß sie Gefährten der Hölle sind. 114 Die Bitte Abrahams um Vergebung für seinen Vater erfolgte nur aufgrund eines Versprechens, das er ihm gegeben hatte. Als es ihm aber deutlich wurde, daß er ein Feind Gottes war, sagte er sich von ihm los. Abraham war voller Trauer und langmütig.

۞ إِنَّ ٱللَّهَ ٱشْتَرَىٰ مِنَ
ٱلْمُؤْمِنِينَ أَنفُسَهُمْ وَأَمْوَٰلَهُم بِأَنَّ لَهُمُ ٱلْجَنَّةَ ۚ يُقَـٰتِلُونَ
فِى سَبِيلِ ٱللَّهِ فَيَقْتُلُونَ وَيُقْتَلُونَ ۖ وَعْدًا عَلَيْهِ حَقًّا فِى
ٱلتَّوْرَىٰةِ وَٱلْإِنجِيلِ وَٱلْقُرْءَانِ ۚ وَمَنْ أَوْفَىٰ بِعَهْدِهِۦ مِنَ
ٱللَّهِ ۚ فَٱسْتَبْشِرُوا۟ بِبَيْعِكُمُ ٱلَّذِى بَايَعْتُم بِهِۦ ۚ وَذَٰلِكَ هُوَ
ٱلْفَوْزُ ٱلْعَظِيمُ ﴿١١١﴾ ٱلتَّـٰٓئِبُونَ ٱلْعَـٰبِدُونَ ٱلْحَـٰمِدُونَ
ٱلسَّـٰٓئِحُونَ ٱلرَّٰكِعُونَ ٱلسَّـٰجِدُونَ ٱلْـَٔامِرُونَ بِٱلْمَعْرُوفِ
وَٱلنَّاهُونَ عَنِ ٱلْمُنكَرِ وَٱلْحَـٰفِظُونَ لِحُدُودِ ٱللَّهِ ۗ وَبَشِّرِ
ٱلْمُؤْمِنِينَ ﴿١١٢﴾ مَا كَانَ لِلنَّبِىِّ وَٱلَّذِينَ ءَامَنُوٓا۟ أَن يَسْتَغْفِرُوا۟
لِلْمُشْرِكِينَ وَلَوْ كَانُوٓا۟ أُو۟لِى قُرْبَىٰ مِنۢ بَعْدِ مَا تَبَيَّنَ لَهُمْ
أَنَّهُمْ أَصْحَـٰبُ ٱلْجَحِيمِ ﴿١١٣﴾ وَمَا كَانَ ٱسْتِغْفَارُ إِبْرَٰهِيمَ لِأَبِيهِ
إِلَّا عَن مَّوْعِدَةٍ وَعَدَهَآ إِيَّاهُ فَلَمَّا تَبَيَّنَ لَهُۥٓ أَنَّهُۥ عَدُوٌّ لِّلَّهِ
تَبَرَّأَ مِنْهُ ۚ إِنَّ إِبْرَٰهِيمَ لَأَوَّٰهٌ حَلِيمٌ ﴿١١٤﴾ وَمَا كَانَ ٱللَّهُ لِيُضِلَّ

115 Gott kann unmöglich Leute irreführen, nachdem Er sie recht geleitet hat, bis Er ihnen deutlich macht, wovor sie sich hüten sollen. Gott weiß über alle Dinge Bescheid. 116 Gott gehört die Königsherrschaft der Himmel und der Erde. Er macht lebendig und läßt sterben. Ihr habt außer Gott weder Freund noch Helfer. 117 Gott hat sich dem Propheten, den Auswanderern und den Helfern zugewandt, die ihm in der Stunde der Bedrängnis gefolgt sind, nachdem die Herzen einer Gruppe von ihnen fast abgewichen wären. Ihnen hat Er sich dann zugewandt – Er hat Mitleid mit ihnen und ist barmherzig –, 118 und auch den dreien, die zurückgelassen wurden, bis die Erde ihnen trotz ihrer Weite eng wurde und ihre Seelen sich beengt fühlten und sie begriffen, daß es vor Gott keine andere Zuflucht gibt als zu Ihm. Darauf wandte Er sich ihnen zu, damit sie umkehren. Gott ist der, der sich zuwendet, der Barmherzige. 119 O ihr, die ihr glaubt, fürchtet Gott und seid mit denen, die die Wahrheit sagen.

قَوْمًا بَعْدَ إِذْ هَدَىٰهُمْ حَتَّىٰ يُبَيِّنَ لَهُم مَّا يَتَّقُونَ ۚ إِنَّ ٱللَّهَ
بِكُلِّ شَىْءٍ عَلِيمٌ ﴿١١٥﴾ إِنَّ ٱللَّهَ لَهُۥ مُلْكُ ٱلسَّمَٰوَٰتِ
وَٱلْأَرْضِ ۖ يُحْىِۦ وَيُمِيتُ ۚ وَمَا لَكُم مِّن دُونِ ٱللَّهِ مِن وَلِىٍّ
وَلَا نَصِيرٍ ﴿١١٦﴾ لَّقَد تَّابَ ٱللَّهُ عَلَى ٱلنَّبِىِّ وَٱلْمُهَٰجِرِينَ
وَٱلْأَنصَارِ ٱلَّذِينَ ٱتَّبَعُوهُ فِى سَاعَةِ ٱلْعُسْرَةِ مِنۢ بَعْدِ مَا كَادَ
يَزِيغُ قُلُوبُ فَرِيقٍ مِّنْهُمْ ثُمَّ تَابَ عَلَيْهِمْ ۚ إِنَّهُۥ بِهِمْ
رَءُوفٌ رَّحِيمٌ ﴿١١٧﴾ وَعَلَى ٱلثَّلَٰثَةِ ٱلَّذِينَ خُلِّفُوا۟ حَتَّىٰٓ
إِذَا ضَاقَتْ عَلَيْهِمُ ٱلْأَرْضُ بِمَا رَحُبَتْ وَضَاقَتْ عَلَيْهِمْ
أَنفُسُهُمْ وَظَنُّوٓا۟ أَن لَّا مَلْجَأَ مِنَ ٱللَّهِ إِلَّآ إِلَيْهِ ثُمَّ تَابَ عَلَيْهِمْ
لِيَتُوبُوٓا۟ ۚ إِنَّ ٱللَّهَ هُوَ ٱلتَّوَّابُ ٱلرَّحِيمُ ﴿١١٨﴾ يَٰٓأَيُّهَا ٱلَّذِينَ
ءَامَنُوا۟ ٱتَّقُوا۟ ٱللَّهَ وَكُونُوا۟ مَعَ ٱلصَّٰدِقِينَ ﴿١١٩﴾

Varianten: 9,111–119

9,111: bi anna lahumhu l-djannata: bil-djannati: für das Paradies (bei Ibn Mas'ūd, 'Umar, al-A'mash).
fa-yaqtulūna wa yuqtalūna: fa-yuqtalūna wa yaqtulūna: und so getötet werden und töten (nach Ḥamza, Kisā'ī).
al-qur'āni: al-qurāni (nach Abū Bakr).
9,112: al-tā'ibūna l-'ābidūna ... wal-nāhūna: al-tā'ibīna usw. ... (bei Ibn Mas'ūd, Ubayy, al-A'mash).
wal-ḥāfiẓūna: wal-ḥāfiẓīna (bei Ibn Mas'ūd, Ubayy).
9,113: lil-nabiyyi: lil-nabī'i (nach Nāfi')
9,114: wa mā kāna stighfāru ibrāhīma: wa mā staghfara ibrāhīmu (bei Ṭalḥa, al-Rabī' ibn Khuthaym); wa mā yastaghfiru ibrāhīmu (bei Ṭalḥa nach einigen Gewährsmännern).
ibrāhīma (2 mal): ibrāhāma (nach Hishām).
9,117: 'alā l-nabiyyi: alā l-nabī'i (nach Nāfi').
mā kāda yazīghu qulūbu farīqin: mā zāghat qulūbu ṭā'ifatin (bei Ibn Mas'ūd); mā kāda tazīghu ... (nach den Rezitatoren außer Ḥafṣ, Ḥamza); mā kādat tazīghu (bei Ubayy); mā zāghat ... (bei al-Rabī' ibn Khuthaym).
ra'ūfun: ra'ufun (nach Abū 'Amr, Abū Bakr, Ḥamza, Kisā'ī).
9,118: alladhīna khullifū: al-mukhallafīna (bei Ubayy, al-A'mash); alladhīna khalafū: die gefolgt sind (laut Zamakhsharī II, S. 318); alladhīna khālafū: die zuwiderhandelten (bei Ubayy nach einigen Gewährsmännern, Dja'far al-Ṣādiq, 'Alī ibn Abī Ṭālib; nach Zayd ibn 'Alī, Abū Radjā').
'alayhimu: 'alayhumu (nach Ḥamza, Kisā'ī); 'alayhimi (nach Abū 'Amr).
9,119: ma'a: mina: (seid) von (denen) ... (bei Ibn Mas'ūd, Ibn 'Abbās).
al-ṣādiqīna: al-ṣādiqayni: mit den beiden, die die Wahrheit sagen (bei Ibn Mas'ūd, Ibn 'Abbās).

Kommentar

9,111(112): **Gott hat von den Gläubigen ihre eigene Person und ihr Vermögen dafür erkauft:** siehe → 4,74. wörtlich: ihre Seelen ... erkauft: → 2,90.207.

Hier werden wieder allgemein die Vorzüge des Einsatzes und des Kampfes für die Sache des Islam unterstrichen.

daß ihnen das Paradies gehört, insofern sie auf dem Weg Gottes kämpfen und so töten oder getötet werden: zum Thema siehe 2,154; 3,157–158.169.195; 4,74.100; 22,58; 47,4; 61,10–12; – 2,218.

Das ist ein Ihm obliegendes Versprechen in Wahrheit in der Tora und im Evangelium und im Koran: Die Übereinstimmung der drei biblischen Traditionen in diesem Punkt kann nur dann erzielt werden, wenn man nicht direkt von den Kampfhandlungen und der Kriegführung, sondern vom Martyrium ausgeht: Wer sein Leben für die Sache Gottes hingibt, wird sie gewinnen[1], denn als Zeuge Gottes wird er das Wohlgefallen Gottes und damit das Heil erlangen.

Und wer hält seine Abmachung treuer ein als Gott?: ähnlich in → 4,87–122.

So seid froh über das Kaufgeschäft, das ihr abgeschlossen hat. Und das ist der großartige Erfolg: → 4,13.

9,112(113): **Diejenigen, die umkehren, (Gott) dienen, loben, umherziehen, sich verneigen, sich niederwerfen:** Da der Satz unvollständig bleibt, ergänzen die muslimischen Autoren mit: Es sind diejenigen, die ...; oder: Diejenigen, die ..., sind auch Gefährten des Paradieses. Einige deuten den Satz wie folgt: Diejenigen, die umkehren, sind die, die (Gott) dienen ...

al-sā'iḥūna: umherziehen (auch in 66,5 bezogen auf die Frauen). Das sind nach der Meinung der Mehrheit der Kommentatoren die, die asketisch leben, fasten und ohne Wegzehrung umherziehen (al-Azharī); oder es sind die, die auf der Suche nach Erkenntnis und Wissen unterwegs sind ('Ikrima); oder die hinauszie-

1. Vgl. die Aussagen im *Evangelium:* »Wer sein Leben um meinetwillen und um des Evangeliums willen verliert, wird es retten«: Mk 8,35; Mt 10,39; 16,25; Lk 9,24; 17,33. – Den Manār stört es nicht, daß man keine Belegstellen in der Tora und im Evangelium findet, da die heute von den Juden und den Christen bewahrten Texte nicht ohne Verfälschung geblieben seien: XI, S. 49.

hen, um auszuwandern oder an den Feldzügen teilzunehmen (Abū Muslim al-Iṣfahānī)[2].

das Rechte gebieten und das Verwerfliche verbieten: → 3,104.

und die Bestimmungen Gottes einhalten ... Und verkünde den Gläubigen eine Frohbotschaft: → 2,223. Dieser letzte Satz zeigt, daß die oben aufgezählten Eigenschaften als Tugenden der Gläubigen betrachtet werden.

9,113(114): **Der Prophet und diejenigen, die glauben, haben nicht für die Polytheisten um Vergebung zu bitten, auch wenn es Verwandte wären, nachdem es ihnen deutlich geworden ist, daß sie Gefährten der Hölle sind:** indem sie feststellen, daß sie den Glauben verweigern oder daß sie in ihrem Unglauben gestorben sind; vgl. bereits 9,80.

9,114(115): **Die Bitte Abrahams um Vergebung für seinen Vater erfolgte aufgrund eines Versprechens, das er ihm gegeben hatte:** vgl. die diesbezüglichen Aussagen des Korans: 19,47; 60,4.

Als es ihm aber deutlich wurde, daß er ein Feind Gottes war, sagte er sich von ihm los: siehe 14,41; 19,47; 26,86; 60,4.

Abraham war voller Trauer und langmütig: auch in 11,75; voller Trauer angesichts des Unheils, das die Menschen befällt, und deswegen in seinem demütigen Glauben geneigt, für sie um Vergebung zu bitten.

9,115(116): **Gott kann unmöglich Leute irreführen, nachdem Er sie recht geleitet hat, bis Er ihnen deutlich macht, wovor sie sich hüten sollen:** d. h. vor der Übertretung seiner Gebote und Verbote (als Grund für ihre Verurteilung) oder auch vor dem Höllenfeuer (als Strafe für ihren Ungehorsam, siehe 2,24; 3,131).

Gott weiß über alle Dinge Bescheid: → 2,29.

9,116(117): **Gott gehört die Herrschaft der Himmel und der Erde. Er macht lebendig und läßt sterben. Ihr habt außer Gott weder Freund noch Helfer:** auch in → 2,107.

2. Vgl. Zamakhsharī II, S. 314; Rāzī VIII, 16, S. 209; Manār XI, S. 52–54.

9,117(118): **Gott hat sich dem Propheten, den Auswanderern und den Helfern zugewandt, die ihm in der Stunde der Bedrängnis gefolgt sind, nachdem die Herzen einer Gruppe von ihnen fast abgewichen wären:** Der Vers nimmt Bezug auf eine Haltung bzw. Handlung, die nicht ideal ausgefallen war; siehe → 9,43. Er bekräftigt, daß Gott diese verziehen hat.

Die Stunde der Bedrängnis kann sich auf die Schwierigkeiten des Feldzuges gegen Tabūk oder (so Abū Muslim al-Iṣfahānī) allgemein auf andere schwierige Situationen beziehen.

Ihnen hat Er sich dann zugewandt – Er hat Mitleid mit ihnen und ist barmherzig: siehe auch die Aussage über die Gnade Gottes am Tag von Ḥunayn: 9,26–27.

9,118(119): **und auch den dreien, die zurückgelassen wurden:** Nach den Angaben der Kommentatoren geht es um die Dichter Ka'b ibn Mālik, Hilāl ibn Umayya und Marāra ibn al-Rabī'. Sie wurden zurückgelassen, d. h. sie haben am Feldzug gegen Tabūk nicht teilgenommen (siehe den Ausdruck bereits in 9,81), oder ihr Fall wurde zurückgestellt, bis die Offenbarung für sie Vergebung oder Strafe festlegt (siehe dazu 9,106)[3].

bis die Erde ihnen trotz ihrer Weite eng wurde: → 9,25.

und ihre Seelen sich beengt fühlten und sie begriffen, daß es vor Gott keine andere Zuflucht gibt als zu Ihm: Muḥammad hatte den Muslimen und selbst ihren eigenen Frauen befohlen, sie zu meiden. Dies dauerte etwa 50 Tage oder mehr und führte für sie zu einer unerträglichen Situation[4].

Darauf wandte Er sich ihnen zu, damit sie umkehren. Gott ist der, der sich zuwendet, der Barmherzige: → 2,37.

9,119(120): **O ihr, die ihr glaubt, fürchtet Gott und seid mit denen, die die Wahrheit sagen:** ähnlich auch in 4,9; 33,70.

3. Ibn Kathīr II, S. 381, findet diese zweite Erklärung einfach und treffend.
4. Zum Begriff Seele *(nafs)* siehe *Régis Blachère:* Note sur le substantif *nafs* ›souffle vital‹, ›âme‹ dans le Coran, in: Semitica 1 (1948), S. 69–77.

120 Die Bewohner von Medina und die arabischen
Beduinen in ihrer Umgebung dürfen nicht hinter
dem Gesandten Gottes zurückbleiben und sich
selbst ihm vorziehen. Dies, weil sie weder auf dem
Weg Gottes Durst oder Mühsal oder Hunger erleiden noch einen Schritt unternehmen, der die
Ungläubigen in Groll versetzt, noch einem Feind
etwas zufügen, ohne daß dadurch ein gutes Werk
für sie aufgezeichnet würde. Gott läßt den Lohn
der Rechtschaffenen nicht verlorengehen. 121
Und sie geben keine Spende, ob klein oder groß,
und sie überqueren kein Tal, ohne daß es für sie
aufgezeichnet würde, damit Gott ihnen das Beste
vergelte von dem, was sie getan haben.
[21½] *122 Die Gläubigen dürfen nicht allesamt ausrücken. Möge doch von jeder Abteilung von ihnen
eine Gruppe ausrücken, so daß sie selbst sich in
der Religion belehren lassen und ihre Leute, wenn
sie zu ihnen zurückkehren, warnen, auf das sie auf
der Hut seien. 123 O ihr, die ihr glaubt, kämpft
gegen diejenigen von den Ungläubigen, die in
eurer Nähe sind. Sie sollen von eurer Seite Härte
spüren. Und wißt, daß Gott mit den Gottesfürchtigen ist.

مَا كَانَ لِأَهْلِ

ٱلْمَدِينَةِ وَمَنْ حَوْلَهُم مِّنَ ٱلْأَعْرَابِ أَن يَتَخَلَّفُوا۟ عَن
رَّسُولِ ٱللَّهِ وَلَا يَرْغَبُوا۟ بِأَنفُسِهِمْ عَن نَّفْسِهِۦ ۚ ذَٰلِكَ بِأَنَّهُمْ
لَا يُصِيبُهُمْ ظَمَأٌ وَلَا نَصَبٌ وَلَا مَخْمَصَةٌ فِى سَبِيلِ ٱللَّهِ
وَلَا يَطَـُٔونَ مَوْطِئًا يَغِيظُ ٱلْكُفَّارَ وَلَا يَنَالُونَ مِنْ عَدُوٍّ
نَّيْلًا إِلَّا كُتِبَ لَهُم بِهِۦ عَمَلٌ صَٰلِحٌ ۚ إِنَّ ٱللَّهَ لَا يُضِيعُ أَجْرَ
ٱلْمُحْسِنِينَ ﴿١٢٠﴾ وَلَا يُنفِقُونَ نَفَقَةً صَغِيرَةً وَلَا كَبِيرَةً
وَلَا يَقْطَعُونَ وَادِيًا إِلَّا كُتِبَ لَهُمْ لِيَجْزِيَهُمُ ٱللَّهُ أَحْسَنَ
مَا كَانُوا۟ يَعْمَلُونَ ﴿١٢١﴾ * وَمَا كَانَ ٱلْمُؤْمِنُونَ لِيَنفِرُوا۟ كَآفَّةً ۚ
فَلَوْلَا نَفَرَ مِن كُلِّ فِرْقَةٍ مِّنْهُمْ طَآئِفَةٌ لِّيَتَفَقَّهُوا۟ فِى ٱلدِّينِ
وَلِيُنذِرُوا۟ قَوْمَهُمْ إِذَا رَجَعُوٓا۟ إِلَيْهِمْ لَعَلَّهُمْ يَحْذَرُونَ ﴿١٢٢﴾
يَٰٓأَيُّهَا ٱلَّذِينَ ءَامَنُوا۟ قَٰتِلُوا۟ ٱلَّذِينَ يَلُونَكُم مِّنَ ٱلْكُفَّارِ
وَلْيَجِدُوا۟ فِيكُمْ غِلْظَةً ۚ وَٱعْلَمُوٓا۟ أَنَّ ٱللَّهَ مَعَ ٱلْمُتَّقِينَ ﴿١٢٣﴾

124 Wenn eine Sure herabgesandt wird, dann gibt
es unter ihnen welche, die sagen: »Wen von euch
hat denn diese (Sure) im Glauben bestärkt?« Im
Glauben bestärkt hat diese wohl diejenigen, die
glauben, und sie sind froh. 125 Aber diejenigen, in
deren Herzen Krankheit ist, macht sie zu einem
noch größeren Greuel, als sie es schon sind. Und
sie sterben als Ungläubige. 126 Sehen sie denn
nicht, daß sie jedes Jahr einmal oder zweimal der
Versuchung ausgesetzt werden? Aber dann kehren
sie nicht um, und sie bedenken es nicht. 127 Und
wenn eine Sure herabgesandt wird, schauen sie
einander an: »Sieht euch jemand?«, dann entfernen sie sich. Möge Gott ihre Herzen (von der
Rechtleitung) fernhalten, weil sie ja Leute sind,
die nicht begreifen! 128 Zu euch ist nun ein
Gesandter aus eurer Mitte gekommen. Er leidet,
wenn ihr in Bedrängnis seid, er sorgt sich um
euch, er hat Mitleid mit den Gläubigen und ist
barmherzig. 129 Wenn sie sich abkehren, dann
sprich: Mir genügt Gott. Es gibt keinen Gott außer
Ihm. Auf Ihn vertraue ich. Und Er ist der Herr des
majestätischen Thrones.

وَإِذَا مَآ أُنزِلَتۡ سُورَةٞ فَمِنۡهُم مَّن يَقُولُ أَيُّكُمۡ زَادَتۡهُ
هَٰذِهِۦٓ إِيمَٰنٗاۚ فَأَمَّا ٱلَّذِينَ ءَامَنُواْ فَزَادَتۡهُمۡ إِيمَٰنٗا وَهُمۡ
يَسۡتَبۡشِرُونَ ﴿١٢٤﴾ وَأَمَّا ٱلَّذِينَ فِي قُلُوبِهِم مَّرَضٞ فَزَادَتۡهُمۡ
رِجۡسًا إِلَىٰ رِجۡسِهِمۡ وَمَاتُواْ وَهُمۡ كَٰفِرُونَ ﴿١٢٥﴾ أَوَلَا يَرَوۡنَ
أَنَّهُمۡ يُفۡتَنُونَ فِي كُلِّ عَامٖ مَّرَّةً أَوۡ مَرَّتَيۡنِ ثُمَّ لَا يَتُوبُونَ
وَلَا هُمۡ يَذَّكَّرُونَ ﴿١٢٦﴾ وَإِذَا مَآ أُنزِلَتۡ سُورَةٞ نَّظَرَ بَعۡضُهُمۡ
إِلَىٰ بَعۡضٍ هَلۡ يَرَىٰكُم مِّنۡ أَحَدٖ ثُمَّ ٱنصَرَفُواْۚ صَرَفَ ٱللَّهُ
قُلُوبَهُم بِأَنَّهُمۡ قَوۡمٞ لَّا يَفۡقَهُونَ ﴿١٢٧﴾ لَقَدۡ جَآءَكُمۡ رَسُولٞ
مِّنۡ أَنفُسِكُمۡ عَزِيزٌ عَلَيۡهِ مَا عَنِتُّمۡ حَرِيصٌ عَلَيۡكُم بِٱلۡمُؤۡمِنِينَ
رَءُوفٞ رَّحِيمٞ ﴿١٢٨﴾ فَإِن تَوَلَّوۡاْ فَقُلۡ حَسۡبِيَ ٱللَّهُ لَآ إِلَٰهَ
إِلَّا هُوَۖ عَلَيۡهِ تَوَكَّلۡتُۖ وَهُوَ رَبُّ ٱلۡعَرۡشِ ٱلۡعَظِيمِ ﴿١٢٩﴾

Varianten: 9,120–129

9,122: min kulli firqatin ṭā'ifatun: min kulli ṭā'ifatin ʿuṣbatun: von jeder Gruppe ein Trupp (bei Ibn Masʿūd).
radjaʿū: inqalabū (bei Ibn Masʿūd).
ilayhim: ilayhum (nach Ḥamza).

9,123: ghilẓatan: ghalẓatan, ghulẓatan (laut Zamakhsharī II, S. 324).

9,126: awa lā yarauna: awa lam yarau (bei al-Aʿmash); awa lam tarau: seht ihr denn nicht (bei Ibn Masʿūd nach einigen Gewährsmännern); awa lā tarā: siehst du denn nicht (bei Ibn Masʿūd, Ubayy, Ṭalḥa, al-Aʿmash); awa lā tarä (mit *imāla*) (bei al-Rabīʿ ibn Khuthaym).
(marratayni) thumma lā yatūbūna walā hum yadhdhakkarūna: wa mā yatadhakkarūna: Aber sie bedenken es nicht (bei Ibn Masʿūd).

9,128: min anfusikum: min anfasikum: aus der Reihe eurer Wertvollsten (nach Fāṭima und ʿĀ'isha laut Zamakhsharī II, S. 325).
ra'ūfun: ra'ufun (nach Abū ʿAmr, Abū Bakr, Ḥamza, Kisā'ī).

9,129: al-ʿaẓīmi: al-ʿaẓīmu: der majestätische (Herr des Thrones) (laut Zamakhsharī II, S. 325).

Kommentar

9,120(121): **Die Bewohner von Medina und die arabischen Beduinen in ihrer Umgebung:** Bereits in 9,101 werden sie zusammen erwähnt.

dürfen nicht hinter dem Gesandten Gottes zurückbleiben und sich selbst ihm vorziehen: und für sich das ablehnen, was der Gesandte für sich selbst annimmt; hier: selbst daheim bleiben wollen, wenn der Gesandte mit seinen Truppen zum Feldzug ausrückt und all die Erschwernisse erleidet, von denen im nächsten Satz die Rede ist. – *zurückbleiben:* → 9,81.

Dies, weil sie weder auf dem Weg Gottes Durst oder Mühsal oder Hunger erleiden noch einen Schritt unternehmen, der die Ungläubigen in Groll versetzt: zum letzten Halbsatz siehe auch 48,29; – 33,25; → 3,119.

noch einem Feind etwas zufügen, ohne daß dadurch ein gutes Werk für sie aufgezeichnet würde: Neben die Erschwernisse und die eigenen Bemühungen (Spenden, Ausmarsch) werden deren gute Folgen hingestellt (9,120–121): Niederhaltung der Ungläubigen und Zurückschlagen der Feinde im Diesseits und der Lohn dieser guten Taten im Jenseits.

aufgezeichnet: → 2,272.

Gott läßt den Lohn der Rechtschaffenen nicht verlorengehen: → 2,143.

9,121(122): **Und sie geben keine Spende, ob klein oder groß:** → 2,270.

und sie überqueren kein Tal, ohne daß es für sie aufgezeichnet würde, damit Gott ihnen das Beste vergelte von dem, was sie getan haben: Entweder bezieht sich das Beste auf die Taten oder auf die Vergeltung; in diesem letzten Fall würde die Übersetzung lauten: für das, was sie getan haben.

Zum Ausdruck und zum Thema siehe 16,96–97; 24,38; 29,7; 39,35; – 46,16; ähnlich auch in 10,26; 18,88; 41,50; 53,31; 57,10.

9,122(123): **Die Gläubigen dürfen nicht allesamt ausrücken. Möge doch von jeder Abteilung von ihnen eine Gruppe ausrücken, so daß sie selbst in der Religion belehren lassen und ihre Leute, wenn sie zu ihnen zurückkehren, warnen, auf daß sie auf der Hut seien:** Dieser Vers kann, wie hier in der Übersetzung geschieht, als auf die Situation bezogen werden, bei der die Muslime zum Kampf ausrücken. Da seinerzeit die Rechtsbestimmungen des Islam unter Muḥammad weiterhin neu definiert, ergänzt und vervollständigt wurden, erschien es nicht ratsam, daß sich alle am Feldzug beteiligen. Dieser Vers stellt fest, daß die Pflicht zum Einsatz für den Islam nicht Sache aller einzelnen Muslime, sondern Pflicht der Gemeinschaft ist in dem Sinne, daß es genügt, wenn eine Gruppe von den Muslimen ausrückt. Die übrigen sollen in Medina bleiben, um sich in der Religion belehren zu lassen, d. h. die Bestimmungen des Korans und des Propheten Muḥammad zu hören und in ihren Konsequenzen für ihr Leben und für das Leben der Gemeinschaft zu begreifen. So können sie die übrigen, die ausgerückt sind, wenn sie zurückkommen, selbst belehren, ermahnen und warnen, daß sie die nun ergangenen Gebote und Verbote und die neuen Rechtsbestimmungen befolgen und sich vor Übertretungen hüten[1].

Man kann aber auch den Vers in einen anderen Kontext stellen: Es geht um die Stämme, die sich entschieden hatten, sich mit dem Islam zu befassen und die neue Religion anzunehmen. Der Vers bestimmt, daß sie nicht alle auf einmal nach Medina kommen sollen. Es genüge, wenn eine Gruppe käme, und, wenn sie zurückgehe, können sie die übrigen unterweisen[2].

Die muslimischen Kommentatoren erinnern daran, daß dieser Vers die Bedeutung des religiösen Wissens und die wichtige Aufgabe der Gelehrten unterstreicht. In diesem Zusammenhang seien hier einige Ḥadīth wiedergegeben[3].

Nach Abū l-Dardā'

Wer sich auf den Weg macht, um nach Wissen zu suchen, dem ebnet Gott dafür einen Weg zum Paradies ... Die Gelehrten sind die Erben der Propheten. Die Propheten haben weder Dinare noch Drachmen vererbt, sie haben nur das Wissen vererbt. Wer es erwirbt, erwirbt einen beträchtlichen Anteil.

Tirmidhī; Abū Dāwūd

1. Das ist die Deutung von Ibn ʿAbbās. Ḥasan al-Baṣrī dagegen glossiert: Die ausgerückte Gruppe läßt sich in der Religion belehren, d. h. sie stellen fest, wie die wahre Religion die Oberhand über die Ungläubigen gewinnt. Wenn sie dann zurückkehren, können sie davon Zeugnis geben; vgl. Rāzī VIII, 16, S. 231.

2. Vgl. *Rudi Paret:* Sure 9,122 und der Ǧihād, in: Die Welt des Islams, N.S. 2 (1953), S. 232–236. Diese Deutung hat den Nachteil, daß sie den Vers als Fremdkörper erscheinen läßt in einem Abschnitt, der den Anweisungen im Hinblick auf den Kampf und die Feldzüge gewidmet ist.

3. Eine Anzahl von Ḥadīth über das Wissen wird in meinem Buch zitiert: *A. Th. Khoury:* So sprach der Prophet. Worte aus der islamischen Überlieferung (GTB785), Gütersloh 1988, S. 61–66.

Nach Sahl ibn Sa'd

Bei Gott, wenn Gott durch deine Unterweisung einen einzigen Mann rechtleitet, so ist es besser als (eine Menge) roter Kamele.

Bukhārī; Muslim; Abū Dāwūd

Nach Ka'b ibn Mālik

Wer nach Wissen trachtet, (nur) um mit den Gelehrten gleichzuziehen, oder um mit den Toren zu streiten oder um die Blicke der Menschen auf sich zu ziehen, den wird Gott ins Feuer eingehen lassen.

Tirmidhī; Ibn Mādja

9,123(124): **O ihr, die ihr glaubt, kämpft gegen diejenigen von den Ungläubigen, die in eurer Nähe sind:** Nach dem Feldzug gegen Tabūk, der nicht besonders erfolgreich war, spricht sich der Koran hier für eine Strategie aus, die die Feinde erst in der umittelbaren Umgebung niederzukämpfen sucht und von da an immer weiter gegen die Feinde der nächsten Gegend vorgeht.

Sie sollen von eurer Seite Härte spüren: siehe auch 9,73; 66,9; ähnlich auch in 48,29 (Muḥammad ist der Gesandte Gottes. Und diejenigen, die mit ihm sind, sind den Ungläubigen gegenüber heftig, gegeneinander aber barmherzig).

Und wißt, daß Gott mit den Gottesfürchtigen ist: → 2,194.

9,124(125): **Wenn eine Sure herabgesandt wird:** eine ganze Sure oder ein Teil davon.

dann gibt es unter ihnen welche, die sagen: »Wen von euch hat denn diese (Sure) im Glauben bestärkt?«: wörtlich: bei wem hat diese den Glauben vermehrt? → 8,2.

Die Ungläubigen spotten hier.

Im Glauben bestärkt hat diese wohl diejenigen, die glauben, und sie sind froh: siehe auch 3,171; 30,48.

9,125(126): **Aber diejenigen, in deren Herzen Krankheit ist:** → 2,10.

macht sie zu einem größeren Greuel, als sie es schon sind: wörtlich: sie vermehrt bei ihnen das Greuel über (dem bestehenden) Greuel; → 9,95.

Und sie sterben als Ungläubige: auch in 9,55.85.

9,126(127): **Sehen sie denn nicht, daß sie jedes Jahr einmal oder zweimal der Versuchung ausgesetzt werden?:** durch Krankheit (Ibn ʿAbbās), oder durch Dürre und Hunger (Mudjāhid), oder durch Einsatz und Kampfhandlungen (Qatāda), oder dadurch, daß der Prophet ihre inneren Gedanken bloßstellt (Muqātil)[4].

Die Versuchung ist dafür da, daß sie zur Besinnung kommen und sich bekehren; vgl. zum Thema etwa 5,71.

Aber dann kehren sie nicht um, und sie bedenken es nicht: ähnlich 25,50; → 2,221.

9,127(128): **Und wenn eine Sure herabgesandt wird:** siehe oben 9,124.

schauen sie einander an: »Sieht euch jemand?«, dann entfernen sie sich: Wenn niemand sieht, daß sie da sind oder daß sie dabei sind, sich zu entfernen, dann können sie sich schadlos entfernen. Man kann auch glossieren: Wenn jemand zu euch hinblickt in der Absicht, euch zu entlarven, dann sollt ihr euch entfernen.

Möge Gott ihre Herzen (von der Rechtleitung) fernhalten: ähnlich in 7,146; 24,43.

weil sie ja Leute sind, die nicht begreifen!: → 8,65.

9,128(129): **Zu euch ist nun ein Gesandter aus eurer Mitte gekommen:** d. h. als Mensch oder als Araber oder als Mitglied der Diener des Tempels oder aus eurem Clan.

Er leidet, wenn ihr in Bedrängnis seid: → 2,220.

er sorgt sich um euch, er hat Mitleid mit den Gläubigen und ist barmherzig: ähnlich auch in 48,29.

4. Vgl. Rāzī VIII, 16 S. 238–239.

9,129(130): **Wenn sie sich abkehren:** → 2,137.

dann sprich: Mir genügt Gott: 9,59; → 3,173.

Es gibt keinen Gott außer Ihm: → 2,163.

Auf Ihn vertraue ich: auch in 10,71; 11,56.88; 12,67; 13,30; 42,10; → 3,122.

Und Er ist der Herr des majestätischen Thrones: auch in 23,86; 27,26; – 23,116; – 21,22; → 7,54.

Bibliographie

'Ardjūn, Muḥammad al-Ṣādiq: Al-Mausū'a fī samāḥat al-Islām, Bd. I, Kairo 1972.

Bayḍāwī, Nāṣir al-Dīn Abū l-Khayr: Anwār al-tanzīl wa asrār al-ta'wīl, 2 Bände, Istanbul 1296H/1889.
Beck, E.: Das christliche Mönchtum im Koran, in: Studia Orientalia 13, 3 (Helsinki 1946), S. 8–17.
Bell, Richard: Muhammad's Pilgrimage Proclamation, in: Journal of the Royal Asiatic Society (1937), S. 233–244.
–, Introduction to the Qur'ān, Edinburgh 1953.
Blachère, Régis: Note sur le substantif *nafs* ›souffle vital‹, ›âme‹ dans le Coran, in: Semitica 1 (1948), S. 69–77.
–, Le Coran II, Paris 1951.
Born, A. van den/Haag, H.: Esdras, in: Bibellexikon, 2. Auflage, Zürich 1982, Sp. 436–437.
Bravmann, Meïr M./Cahen, Cl.: A propos de Qurān IX-29; ḥattā yu' ṭū l-ğizyata wa-hum ṣāġirūna, in: R. Paret: Der Koran (Wege der Forschung), Darmstadt 1975, S. 293–294.
Buhl, F.: Über Vergleichungen und Gleichnisse im Qur'ân, in: Acta Orientalia 2 (1924), S. 1–11.
–, Faßte Muḥammad seine Verkündigung als eine universelle, auch für Nichtaraber bestimmte Religion auf?, in: Islamica 2 (1926), S. 135–149.
–, Das Leben Muhammeds, 3. Auflage, Heidelberg 1961.

Cahen, Claude: Coran IX-29: ḥattā yu'ṭū l-Ǧizyata 'an yadin wa-hum ṣāġirūna, in: R. Paret: Der Koran (Wege der Forschung), Darmstadt 1975, S. 289–292.

Fattal, Antoine: Le statut légal des non-musulmans en pays d'Islam, Beirut 1958.
Fück, Johannes: Zu *an-nasī'* (Koran 9,37), in: Orientalische Literaturzeitschrift (OLZ), Leipzig 1993, Sp. 280–283.

Gardet, Louis: La cité musulmane. Vie sociale et politique, 2. Auflage, Paris 1961.
Geiger, Abraham: Judaism and Islam, Neudruck: New York 1970.

Horovitz, Joseph: Koranische Untersuchungen, Berlin/Leipzig 1926.
Husaīn, Muhammad Kamil (Kenneth Cragg): The Meaning of ẓulm in the Qur'ān, in: The Muslim World 49 (1959), S. 196–212.

Ibn Kathīr, Abū l-Fidā' Ismā'īl: Tafsīr al-Qur'ān al-'aẓīm, 4 Bände, Kario 1408 H/1988.
Ibn Qayyim al-Djauziyya: Aḥkām ahl al-dhimma, hrsg. von Ṣubḥī al-Ṣāliḥ, 2 Bände, 3. Auflage, Beirut 1983.
Ibn Qudāma: Al-Mughnī, hrsg. von Muḥayṣin/Sh. M. Ismā'īl, Kairo o. J., Band - VIII.

Khadduri, Majid: War and peace in the law of Islam, Baltimore 1955, 2. Auflage 1979.
Khoury, Adel Theodor: Gottesbegriff im Streit von Theologie und Philosophie. Bemerkungen zum islamischen Voluntarismus, in: D. Papenfuß/J. Söring (Hg.): Transzendenz und Immanenz. Philosophie und Theologie in der veränderten Welt, Stuttgart 1977, S. 169–178.
–, Einführung in die Grundlagen des Islams, (Religionswissenschaftliche Studien 27), 4. Auflage, Altenberge 1995.
–, Toleranz im Islam, 2. Auflage, Altenberge 1986.
–, Islam: Frieden oder »heiliger Krieg«?, in: Frieden – was ist das?, hrsg, von A. Th. Khoury/P. Hünermann (Herderbücherei 1144), Freiburg 1984, S. 51–75.
–: Der Koran. Übersetzung von Adel Theodor Khoury. Unter Mitwirkung von Muhammad Salim Abdullah, (GTB 783), 2. Auflage, Gütersloh 1993.
–: So sprach der Prophet. Worte aus der islamischen Überlieferung, (GTB 785), Gütersloh 1988.
–, Der Koran. Arabisch-Deutsch: Übersetzung und wissenschaftlicher Kommentar, Bd. I, Gütersloh 1990; Bd. II, Gütersloh 1991; Bd. III, Gütersloh 1992; Bd. IV, Gütersloh 1993; Bd. V, Gütersloh 1994; Bd. VI, Gütersloh 1995.
–, Wer war Muḥammad? Lebensgeschichte und prophetischer Anspruch (Herder Taschenbuch 1719), Freiburg 1990.
–, Christen unterm Halbmond. Religiöse Minderheiten unter der Herrschaft des Islams, Freiburg 1994.
Kister, M. J.: »'an yadin« (Qur'ān, IX/29). An attempt at interpretation, in: R. Paret: Der Koran (Wege der Forschung), Darmstadt 1975, S. 295–303.

Lewis, Bernard: Die Juden in der islamischen Welt, München 1987.
Masson, Denise: Le Coran et la révélation judéo-chrétienne, 2 Bände, Paris 1958.
Manār: Tafsīr al-Qur'ān al-ḥakīm (Tafsīr al-Manār) Muḥammad 'Abduh/ Muḥammad Rashīd Riḍā, 11 Bde., Kairo 1325–1353 H/1907–1934. Neudruck in 12 Bänden, Kairo 1367–1375 H/1948–1956; erneuter Neudruck in 12 Bänden, Beirut o. J.

Moberg, Axel: An-Nasī' (Koran 9,37) in der islamischen Tradition, Lund/Leipzig 1931.

Nöldeke, Th./F. Schwally: Geschichte des Qorāns, Bd. I: Über den Ursprung des Qorāns, 2. Auflage, Leipzig 1909.
Noth, Albrecht: Möglichkeiten und Grenzen islamischer Toleranz, in: Sacculum 29 (Freiburg/München 1978), S, 190–204.

Paret, Rudi: Der Koran. Kommentar und Konkordanz, (Taschenbuchausgabe), 3. Auflage, Stuttgart 1986.
–, Sure 9,122 und der Ǧihād, in: Die Welt des Islams N.. 2 (1953), S. 232–236.
–, Toleranz und Intoleranz im Islam, in: Saeculum 21 (Freiburg/München 1970), S. 344–365.
–, Der Koran (Wege der Forschung, Bd. CCCXXVI), Darmstadt 1975.

al-Rāzī, Fakhr al-Dīn: Mafātīḥ al-ghayb, 16 Bände (32 Teile), Beirut 1990.
Rosenthal, Franz: Qur'ān: *Al-djizyata 'an yadin,* in: R. Paret: Der Koran (Wege der Forschung), Darmstadt 1975, S. 283–287.

Sarakhsī: Al-Mabsūṭ, Ausgabe Beirut, 3. Auflage, 1978, Bd. V.
Speyer, Heinrich: Die biblischen Erzählungen im Qoran, 2., unveränderte Auflage, Hildesheim 1961.
Stieglecker, Hermann: Die Glaubenslehren des Islam, 2. Auflage, Paderborn 1983.

Ṭabarī: Djāmi' al-bayān fī tafsīr al-Qur'ān, 30 Teile in 10 Bänden, Kairo 1323–1329 H/1900–1911.
Ṭabāṭabā'ī, Ḥusayn: Al-Mīzān fī tafsīr al-Qur'ān, 20 Bände, 3. Auflage, Beirut 1393 h/1973 (Shī'it).

Watt, W. Montgomery/Welch, Alford T.: Der Islam I, Stuttgart 1980.
Wehr, Hans: Zum Ausdruck sā'a mathalan al-qaumu, Beitrag in: ZDMG 101 (1951), S. 114–115.

Zamakhsharī: al-Kashshāf, 4 Bände., 3. Auflage, Beirut 1987.

KORANSTELLEN

1,1 33, 207
1,2 77, 129
2,2 33
2,2–3 151
2,3 208, 301
2,4 33, 47
2,6 190
2,7 114, 177, 374
2,10 99, 253, 348, 365, 366, 367, 411
2,11 78, 109, 130, 144, 393, 164, 207
2,13 129, 292
2,14 192
2,15 179, 367
2,18 94, 130, 177, 221
2,19 145
2,20 241, 333
2,22 78
2,23 97, 190
2,24 402
2,25 73, 302, 348, 358, 375
2,26 146, 177
2,27 46, 112, 114, 132, 177, 233, 255, 357
2,28 47, 78, 152
2,29 43, 77, 269, 271, 402
2,30 93, 96, 162, 169, 193, 209, 231, 241, 242, 253
2,32 304, 347, 383, 392, 394
2,33 367
2,34 43, 44, 58, 75, 99, 147
2,35–39 45
2,35 45, 75
2,36 333, 356
2,37 295, 392, 403
2,38 58, 75
2,39 58, 72, 132, 171, 177, 179, 192, 301, 348
2,41 163, 207
2,44 163
2,45 130
2,47 133
2,48 77
2,49–50 126
2,49 130, 133
2,50 132, 133
2,51 144, 147, 148
2,52 223
2,53 145, 152
2,54 46, 47, 109, 145, 146, 164
2,55 144, 150
2,57 57, 161, 223
2,58–59 161
2,59 46, 162
2,60 57, 99, 161, 208
2,61 149, 163, 219
2,62 58, 150
2,63 145, 146, 164, 163
2,64 78, 148, 224
2,65 162
2,66 146
2,67 133, 146
3,72 355
2,73 78
2,74 131
2,78 151
2,79 60, 113
2,80 55, 58
2,82 72
2,83 366
2,84 127
2,85 290, 348, 375, 391
2,87 147
2,88 43
2,89 74
2,90 401
2,91 207, 294
2,92 147
2,94 311
2,95 253, 337
2,96 234, 254, 270
2,97 260
2,99 146
2,100 255
2,102 47, 127, 150, 222, 337
2,103 164
2,104 365, 367
2,105 224
2,107 130, 132, 150, 152, 179, 191, 365, 402
2,112 130
2,114 243
2,117 242

2,118 192
2,199 34
2,120 33, 73, 171
2,121 112, 161
2,124 357
2,125 301
2,126 57, 212, 219
2,127 191, 253, 242, 254, 259, 383, 392
2,129 253, 259, 268, 334, 358
2,137 234, 413
2,139 56
2,143 164, 409
2,150 294
2,151 209
2,153 130, 260
2,154 222, 401
2,160 365
2,161 374
2,163–165 89
2,163 152, 413
2,164 78, 89
2,167 77, 233
2,168 46, 269
2,169 55, 58
2,170 33, 55, 97
2,171 94, 177, 221
2,173 208, 269, 291, 304, 381, 383, 391
2,175 208
2,177 241, 347
2,178 315
2,181 220
2,184 109, 335
2,187 338
2,188 223, 319
2,189 97, 243, 323
2,190–194 324
2,190 77
2,191 222, 255, 291
2,192 220
2,193 234, 318
2,194 324, 411
2,196 212, 222, 245
2,199 367
2,201 151
2,203 222
2,206 72, 259
2,207 410
2,208 33
2,210 243
2,212 325, 367
2,213 91, 188
2,216 93
2,217 147, 232, 233, 293, 324, 357
2,218 271, 302, 401
2,219 171, 179, 191
2,220 164, 412
2,221 78, 131, 209, 412
2,222 101, 394
2,223 402
2,232 130
2,233 72
2,234 295
2,245 356
2,247 97
2,248 333
2,249 260
2,250 130, 211
2,252 47
2,253 56, 144
2,255 77
2,256 147, 171
2,257 33
2,258 394
2,264 75, 325
2,266 223
2,268 55
2,270 409
2,271 223
2,272 259, 409
2,275 233
2,282 56, 336, 381
2,284 356
2,286 46, 150, 151, 234, 338
3,3 311
3,6 43
3,7 76
3,10 75, 223, 303, 345
3,11 126, 254
2,13 223
3,14 93
3,15 97, 302, 358
3,18 56
3,21 56, 290, 319
3,24 253
3,27 77
3,28 270, 303, 316
3,34 356
3,41 193

3,45	128
3,50	151
3,54	113, 231
3,55	171
3,61	74
3,62	171
3,64	318
3,76	291
3,77	132
3,79–80	318
3,81	152
3,83	133
3,87	356
3,96	133
3,99	74, 110, 319
3,103	259, 293
3,104	191, 356, 357, 375, 402
3,106	60, 75, 212, 233, 319
3,110	114, 292
3,112	149
3,113	161
3,116	75, 223, 303, 345
3,117	357
3,118	295
3,119	243, 409
3,120	163, 220, 337
3,122	111, 338, 413
3,123–126	210
3,123	29, 223
3,124	210
3,125	210
3,126	211
3,127	98, 210
3,128	295, 392
3,131	402
3,132	94, 193
3,137	110
3,138	192
3,142	295
3,144	333
3,145	268
3,147	57, 101
3,151	58, 212, 219, 365
3,152	242, 243
3,156	233
3,157–158	410
3,157	75
3,162	219
3,163	208, 302
3,167	292, 333, 335, 373
3,169	222, 401
4,170	366
3,171	163, 411
3,172	223, 302
3,173	259, 413
3,175	47
3,178	179
3,179	192
3,180	366
3,181	253
3,182	212, 254
3,185	302
3,190	89
3,195	127, 271, 401
3,199	161
4,1	43, 189
4,9	403
4,11–13	271
4,11	347
4,13	302, 358, 375, 401
4,15	100
4,18–19	44
4,28	260
4,29	319
4,38	47
4,40	302
4,47	162, 311
4,58	33
4,59	76, 243
4,65	33
4,74	401
4,75	99, 132
4,76	47
4,78–79	131
4,79	152
4,84	260
4,87–122	401
4,88	179
4,89	270, 291
4,90	199, 259, 270
4,91	291, 337
4,94	199, 267
4,95–96	374
4,95	302, 336
4,97	99, 130, 253, 365
4,100	401
4,114	302, 367
4,115	212, 316, 348
4,130	304
4,133	86, 333

4,140	355
4,141	111, 316
4,142	345
4,144	316
4,146	56
4,148	193
4,153	147
4,154	162
4,158	193
4,160	151
4,161	319
4,163–165	92
4,167	293
4,170	73
4,171	126, 163, 312
4,172	190, 193
4,173	365
4,175	148
4,214	347
5,1	256, 291
5,2	232
5,4	151
5,5	314
5,6	33, 381
5,12	151
5,13	162
5,17	317
5,19	169
5,26	112
5,27	170
5,31	46
5,33	130
5,37	302, 356
5,38	373
5,41	188
5,48	311
5,51	316, 357
5,56	260
5,57	76, 316
5,59	130, 365
5,66	293
5,67	93
5,71	412
5,73	268
5,75	317
5,77	312
5,87	77
5,88	77
5,90	382
5,92	212
5,98	163
5,100	302
5,103	57, 188
5,104	55, 97
5,108	303, 367
5,109	367
5,110	223
5,116	318
5,117	318
5,119	358, 384
6,1	77
6,2	179
6,4	131
6,5	357
6,6	34, 43, 356
6,12	77
6,13	145
6,14	145
6,15	92
6,21	59, 111
6,22	59, 191
6,23	60
6,24	59, 77
6,25	131, 147, 231
6,31	188
6,32	164
6,33	76
6,37	131, 192, 232
6,38	338
6,39	177, [redacted]
6,42	112
6,43	114
6,44	72, 112, 113, 162
6,45	98, 210
6,46	57, 78
6,47	34
6,48	58
6,49	162
6,50	188, 192, 302
6,51	77
6,52–54	99
6,54	150
6,55	76, 146, 170, 293
6,61	59
6,63–64	189
6,63	77
6,67	129
6,70	76
6,73	382
6,74	93, 357

6,75	179
6,86	100
6,90	33
6,91	93
6,93	231
6,97	57, 293
6,98	293
6,99	76, 78, 89
6,102	77
6,104	192
6,111	133
6,112	35
6,113	74
6,115	133
6,118	208
6,120	57, 149
6,121	47
6,124	44
6,125	33, 97, 211
6,130–131	169
6,130	34, 58, 59, 76, 301
6,131	170, 178, 193
6,134	258, 290
6,138–141	57
6,138	149
6,141	57, 133
6,145	57, 382
6,146–147	151
6,147	150
6,150	74
6,151	57, 58
6,152	47, 109, 255
6,154	76, 146, 150
6,155–156	169
6,155	94
6,157	76, 98, 150, 347
6,158	97, 338
6,163	145
6,165	96, 131, 163
7,1–9	30, 33–35
7,3	47, 56, 232
7,4–5	27
7,4	113
7,5	254
7,7	92
7,10–27	36–40, 43–47
7,10	45
7,11–27	26
7,13	147, 312
7,16	109
7,17	43
7,18	44, 177
7,22	46
7,23	148
7,26	45, 56, 131, 255
7,27	45, 46, 56
7,28–58	26
7,28–39	48–52, 55–60
7,28	27, 58
7,29	27
7,30	47, 177
7,31–34	25
7,31	47
7,32	293
7,33	27, 147
7,35	144
7,36–53	27
7,38	177
7,40–58	62–68, 72–78
7,40	58, 72
7,43	76
7,44–47	25
7,45	110
7,46–49	25
7,46	75
7,47	149
7,48	72
7,49	73
7,51	356
7,52	150
7,53	73
7,54	413
7,55	27
7,56	27, 109, 301
7,59–102	89, 92
7,59–84	80–88, 89–101, 169
7,59–64	26, 92
7,59	27, 96, 98, 109, 357
7,60	96, 99, 127
7,61	96
7,62	46, 96, 100
7,63–79	26
7,63	96
7,64	97, 101, 132, 162
7,65–72	26, 92, 94, 357
7,65	27, 56, 94, 95, 98, 109
7,66	93, 95, 99, 111
7,67–69	94
7,68	46, 93, 110, 132
7,69	93, 95, 99

7,70 95, 100, 110, 127
7,71 95
7,72 95, 199
7,73–79 92, 98, 357
7,73 27, 92, 109, 127
7,74 96, 97
7,75 93, 110, 132
7,77 97
7,78 112
7,79 46, 93, 112
7,80–84 26, 92, 100, 357
7,82 110
7,84 232
7,85–102 102–106, 109–114
7,85–93 26, 109, 357
7,85 27, 78, 92, 98, 109, 127
7,86 74, 223
7,87 110
7,88 93, 99
7,89 220
7,90 93
7,91 100
7,93 46, 93, 100
7,94–102 92
7,94–95 27
7,96–99 28
7,96 28, 72
7,97–98 34
7,99 113
7,100 28
7,101 114, 171
7,103–141 26, 116–122, 126–133
7,103 110
7,104 93
7,109 93
7,110 129
7,119 44
7,123 127
7,127 93
7,128 28, 113, 132
7,133 131
7,134 97, 211
7,136 147
7,137 28, 113
7,142–158 134–140, 144–152
7,142–156 26
7,146 34, 132, 412
7,147 178
7,148 148
7,149 46
7,150 75, 114
7,151 383
7,154 149
7,155 100
7,156–176 25
7,156 27
7,157–158 26
7,157 151, 152
7,158 27, 151
7,159–171 26, 154–158, 161–164
7,159 27
7,160 163
7,162 97
7,163–171 25
7,163 162
7,164 355
7,166 100
7,168 161, 170
7,169 27
7,172–176 166, 169–171
7,172–174 26
7,172–173 90
7,172 27, 89, 114
7,173 27, 150
7,175–176 26
7,176 177, 333
7,177–186 26, 172–174, 177–179
7,178 27
7,186–188 27
7,186 27
7,187–206 180–184, 187–193
7,187–188 26
7,189–190 26
7,190–191 189
7,190 189, 318
7,191–198 26
7,192 191
7,193 191
7,194 191
7,197 190
7,199–206 26
7,205 77
8,1–19 197
8,1–14 202–204, 207–212
8,1 198, 207, 241, 243
8,2 199, 411
8,3 199
8,4 271
8,5–18 198
8,7 209

8,8	198
8,9	245
8,10	198
8,14	220
8,15–29	214–216, 219–224
8,15–16	219
8,15	243
8,18	198, 212
8,19	198
8,20–29	197, 198
8,22	254
8,26	110
8,28	198
8,29	241
8,30–40	226–228, 231–234
8,30–38	197, 198
8,30–36	197
8,30–35	197
8,30	197, 334
8,31	232
8,33	294
8,37	198
8,38	220
8,39–54	198
8,39–44	198
8,39	199, 318
8,41–48	236–238, 241–245
8,41	207
8,42	243
8,43	243
8,44	242
8,45–54	198
8,46	242
8,49–66	246–250, 253–260
8,50–51	212
8,50	212
8,52	126, 254
8,53	199
8,54	126, 132
8,55–58	198
8,57	199
8,58	199
8,59–66	198
8,59	198
8,60	259, 391
8,61	199
8,64	197, 259
8,65	373, 412
8,66	198
8,67–75	262–264, 267–271
8,67–71	197, 198
8,72–75	197, 198, 270
8,72	270, 271, 357
8,73	199
8,74–75	384
8,74	152, 208, 209
8,75	270
9,1–37	276
9,1–16	282–286, 289–295
9,1–12	276
9,1	275, 276, 278, 290
9,2	290, 291
9,3	278, 289, 290
9,4	257, 276, 278, 289, 292
9,5	293, 393
9,6	278, 292
9,7	114, 257, 276, 278
9,8	276, 293, 382
9,10	292
9,11	57, 291
9,12	132, 278
9,13–16	276
9,13	132, 276, 278, 301
9,14	338
9,15	276, 304
9,16	278
9,17–28	296–298, 301–305
9,17–22	277
9,17–18	276
9,17	59
9,18	302
9,22–24	277
9,22	223
9,24	278, 367
9,25–27	277
9,25–26	278
9,25	403
9,26	334
9,27	295
9,28	277, 301
9,29–35	306–308, 311–319
9,29	44, 163, 277, 317
9,30–36	277
9,30	311
9,31	319
9,33	73, 278, 312
9,34	293, 318
9,36–37	320, 323–325
9,36	271, 289, 323
9,37–38	277

9,38–127	276
9,38–57	374
9,38–52	277, 326–330, 333–338
9,38	373
9,40	278, 304
9,41	278
9,42	336, 382
9,43	403
9,44–45	336, 374
9,51	271
9,52	374
9,53–80	277
9,53–63	340–342, 345–348
9,54	278
9,55	374, 412
9,58	367
9,59	278, 413
9,62	278, 382
9,63	278
9,64–72	350–352, 355–358
9,65	278
9,66	365
9,67	76
9,68	358
9,69	355
9,70	114
9,71	278, 356
9,72	278, 302, 356
9,73–80	360–362, 365–367
9,73	382, 411
9,74	290, 355
9,79	278, 346
9,80	402
9,81–96	277, 335, 373, 374
9,81–93	336
9,81–90	368–370, 373–375
9,81–86	333
9,81	333, 374, 375, 403, 409
9,83–93	336
9,83	373, 374, 382
9,85	345, 412
9, 86–88	336
9,86	376, 381
9,87	260, 376, 381
9,88	302
9,89	384
9,90	278
9,91–100	376–378, 381–384
9,91	278, 373
9,94	278, 355, 392
9,95–96	335
9,95	373, 382, 412
9,96	348
9,97–106	277
9,99	149, 278
9,100	270, 271
9,101–110	386–388, 391–394
9,103	383
9,105	278, 382
9,106	403
9,107–110	277
9,108	101
9,111–119	396–398, 401–403
9,111–114	277
9,113–114	276
9,115–119	277
9,116	152, 278
9,118	303, 373
9,120–129	404–406, 409–413
9,120–123	277
9,120–121	391, 409
9,120	333
9,122	410
9,123	365
9,124–127	277
9,124	208, 412
9,127	269
9,128–129	276, 277
10,2	127
10,3	77
10,4	56
10,5	57, 293, 323
10,7	132
10,8	382
10,10	73, 75
10,12	72, 112
10,13	114
10,14	131
10,18	318
10,19	268
10,23	147
10,24	34, 112
10,26	409
10,34	56
10,35	73
10,39	76
10,43	191
10,48–49	187
10,48	187
10,49	188

10,48	97
10,49	58
10,50	34
10,52	60, 147
10,56	47
10,57	294
10,58	75
10,62	232
10,71–73	92
10,71	191, 413
10,73	94
10,74	114
10,75–92	126
10,75	126
10,76–82	127
10,76	127
10,78	97
10,79	128
10,80	128
10,81	128
10,90–91	10, 90, 132
10,90	133
10,92	132
10,94	33
10,108	73
10,101	179
10,109	110
11,3	92, 268
11,12	33
11,13–14	190
11,14	76
11,19	74, 110
11,21	77
11,25–49	92
11,25–26	92
11,25	179
11,26	92
11,29	133
11,31	34
11,32	97
11,34	46
11,41	187
11,45	110
11,47	46
11,50–60	94
11,50	92, 94, 95, 96
11,51	95
11,52	95
11,53–54	191
11,53	95, 97
11,55–56	152
11,56–57	95
11,56	95, 413
11,57	94, 95, 96
11,58	95, 97
11,59–60	95
11,60	94
11,61–68	98
11,61	92, 98
11,62	97
11,63	98
11,64	98
11,65	100
11,66	97
11,67	100
11,68	102
11,70	100
10,75	402
11,77–83	100
11,78	101
11,81	101
11,82	101
11,84–95	109
11,84	92, 109
11,85	109
11,86	109
11,87	97
11,88	98, 413
11,94	97, 100
11,95	112
11,96–99	126
11,96–97	126
11,104	58
11,110	268
11,119	45
12,11	46
12,21	188
12,32	44, 74
12,40	97, 188, 318
12,67	413
12,68	188
12,76	171, 179
12,84	100
12,86	93
12,96	93
12,100	191
12,101	191
12,107	34, 72, 113
12,110	72
13,2–4	89

13,2	77
13,3	187
13,7	90
13,11	254
13,12	78
13,14	190
13,15	193
13,16	77, 188
13,23	358
13,28	208
13,30	413
13,33	179
13,38	90
13,43	99
14,3	74
14,4	90
14,6	126
14,7	162
14,9–14	91
14,9	100, 114, 357
14,11	90
14,23	75
14,28	254
14,32	77
14,33	77
14,41	402
14,44	179
14,50	72
15,5	58
15,6	179
15,14	72
15,19	187
15,20	43
15,23	47
15,27	44
15,28	44
15,32–33	43
15,34–35	44
15,36–38	44
15,41–43	45
15,47	72
15,57–77	100
15,59–60	101
15,73	100
15,74	101
15,78–79	109
15,79	132
15,80–84	98
15,82	99
15,84	75
15,87	33
15,89	179
15,92	34
16,1	148, 318
16,3	318
16,12	77
16,17	190
16,26	113
16,31	358
16,32	75
16,36	56, 90
16,38	188
16,45	113
16,44	171
16,53–54	189
16,56	34
16,61	58
16,80–81	43
16,93	34
16,96–97	409
16,108	178
17,1	133
17,9	402
17,13	131
17,18	45
17,23	318
17,27	47
17,34	114, 258
17,39	45
17,53	191
17,59	98, 100
17,61–62	43
17,62	44
17,63	45
17,68	113
17,69	113
17,70	43
17,76	373
17,82	294
17,97	177
17,98	373
17,101–103	126
17,101	131
17,103	132
17,107	161
17,110	77, 178
18,2	302
18,17	47, 177
18,20	110
18,28	171

18,29 72
18,31 358
18,37 44
18,52 190
18,53 72
18,57 35, 190
18,59 34
18,88 409
18,99 190
19,104 56
18,105 35
18,106 373
19,47 188, 402
19,57 171
19,59 163
19,61 358
19,83 47
19,86 72
19,93 100
20,5 77
20,8 178
20,9 126
20,16 171
20,17–21 127
20,22–23 127
20,40 109
20,40 109
20,47 127
20,51 338
20,55 56
20,56–57 127
20,58–60 128
20,63 127
20,65 128
20,66 128
20,69 128
20,70 129
20,71 129, 130
20,74 72, 127
20,76 358
20,77 133
20,78 132
20,79 126
20,80 144
20,86 148
20,87–89 147
20,102 72, 187
20,105 187
20,106–107 187
20,117–124 45
20,120 45
20,121 46
20,128 114
20,129 268
20,132 130
21,6 34
21,14 34
21,15 34
21,22 413
21,25 90
21,26 190
21,31 187
21,33 77
21,35 163
21,38 187
21,46 34
21,47 35
21,63 147
21,65 147
21,71 100, 133
21,74–75 100, 101
21,75 149
21,76–77 92, 94
21,81 77, 133
21,86 78
21,87 34
21,90 78
21,95 34
21,97 34
21,104 56, 188
21,105 113
21,109 255
22,1–2 188
22,1 187
22,5 44
22,9–10 212
22,10 212, 254
22,25 77, 178
22,35 208
22,44 126, 357
22,45 34
22,46 177
22,49 179
22,50 209
22,58 401
22,70 338
22,78 234
22,111 302
23,2 208
23,8 256

23,12 44
23,14 77
23,23 92
23,23–30 92
23,25 179
23,27 268
23,29 318
23,31–41 94
23,32 95, 96
23,33–34 95, 111
23,33 74, 95
23,34 95
23,35–37 95
23,38 95
23,40 95
23,41 95
23,43 58, 100
23,45–48 126
23,45 126
23,46 126
23,57 208
23,60 208
23,70 179
23,77 72
23,78 43
23,86 413
23,94 75, 149
23,97 191
23,101 187
23,102 35
23,103 35
23,107 34
23,111 133
23,116 413
24,14 268
24,15 317
24,26 209
24,36 193
23,38 409
24,43–44 89
24,43 412
24,44 89
24,50 336
24,52 302
24,61 381
24,63 375
25,1 77
25,3 188, 190
25,10 77
25,15 94
25,21 100
25,22 72
25,35–36 126
25,37 92
25,40 100, 101
25,43 171
25,44 177
25,48 78
25,49 78
25,52 365
25,59 77
25,61 77
26,16 93
26,17 126
26,27 179
26,29 130
26,30–31 126
26,32 126
26,33 126
26,34–51 127
26,34 127
26,35 127
26,36–37 128
26,41 128
26,43–44 128
26,45 128
26,46–48 129
26,49 129, 130
26,50 130, 179
26,59 113, 132
26,63 133
26,66–67 132
26,86 402
26,105–122 92
26,107 93
26,123–140 94
26,124 94
26,125 93, 96
26,126 94
26,127 95
26,128–135 95
26,131 94
26,132–135 95
26,135 92, 95
26,136–137 95
26,136 96
26,138 95
26,139 95
26,141–149 98
26,142 98

26,143 93
26,149 99
26,154 127
26,155–156 98
26,157 100
26,160–175 100
26,162 93
26,167 101
26,170–172 101
26,173 101
26,176–191 109
26,176 109
26,178 93
26,183 109
26,202 113
26,207 75
27,7–14 126
27,10 127
27,12 127, 131
27,13–14 126, 127
27,13 127
27,14 110
27,19 149
27,26 413
27,37 44, 127
27,45–53 98
27,45 98
27,47 131
27,50 113
27,54 100
27,55 133
27,57 101
27,58 100, 101
27,61 187
27,62 33
27,63 78
27,64 56
27,66 94
27,69 72
27,71 187
27,73 318
27,75 338
27,87 187
27,88 187
27,90 147
28,3–42 126
28,4 126
28,5–6 132
28,12 46
28,20 46
28,22–23 109
28,27 366
28,31 127
23,32 127
28,36–37 127
28,36 127
28,38 130
28,39 147
28,40 126, 132
28,41 293
28,43 192
28,50 171
28,53 161
28,54 133
28,57 223
28,59 34
28,64 190
28,68 318
28,78 34, 75, 76, 356
28,83 130
29,7 409
29,13 34
29,14–15 92
29,14 34
29,15 94
29,19 56
29,23 179
29,25 60
29,26 100
29,28–35 100
29,29 97, 101
29,31 34, 254
29,32–33 101
29,34 101
29,36–37 109
29,36 109, 179
29,37 100
29,39–40 126
29,48 170
29,50 179
29,53 113
29,54 337
29,55 72, 319
29,61 77
29,64 222
29,67 223
29,65 189
30,6 188
30,8 179
30,9 114, 356

30,11 56
30,12 72
30,17–25 89
30,22 89
30,24 78
30,27 56
30,28 293
30,30 89, 188
30,40 318
30,46 78
30,47 132
30,48 78, 411
30,56 271
30,58 170
30,65 77
31,3 78
31,19 335
31,20 77
31,21 97
31,34 187
32,4 77
32,7 44
32,9 43
32,12 72
32,13 45
32,14 76
32,16 78, 301
32,17 373
32,22 35, 72
23,24 133
32,26 114
32,27 78
33,4 317
33,9 304
33,14 366
33,15 114
33,22 208
33,23 366
33,24 356
33,25 409
33,27 113
33,31 208
33,33 211
33,41 243
23,44 75
23,60 403
23,63 187
33,67–68 60
34,4 209
34,8 179
34,18 133
34,28 188
34,29 187
34,30 58
34,34 100
34,36 188
34,42 188
34,49 56
35,3 77
35,9 78
35,10 72
35,13 77
35,14 190, 191
35,24 73, 90
35,25 114
35,34 73
35,31 311
35,33 358
35,40 190
36,12 338
36,18–19 131
36,18 268
36,19 101
36,45 94
36,48 187
36,54 147
36,58 75
36,60–61 90
37,36 179
37,39 147
37,40–43 209
37,75–82 92
37,76 94
37,82 94
37,92 147
37,113 133
37,133–138 100
37,134–136 101
37,171 268
38,4 127
38,5 72
38,13 100
38,15 95
38,21 357
38,26 76
38,50 358
38,60–61 60
39,70 179
38,75–76 43
38,76 44

38,77–78	44
38,79–80	44
38,81	44
38,84–85	45
38,85	45
39,5	77
39,8	112, 189
39,10	318
39,13	92
39,23	208
39,24	60, 319
39,35	409
39,36–37	177
39,45	74
39,49	76, 112, 189
39,50	75
39,62	77
39,66	145
33,67	318
39,71	58, 59, 72
39,73	72, 75
39,74–75	73
39,74	113
40,3	150, 392
40,7	151
40,8	358
40,17	147
40,22	114
40,23–46	126
40,23–24	126, 127
40,26	130
40,30–32	92
40,33	179
40,56	191
40,57	188
40,58	33
40,62	77
40,64	77
40,73–74	59
40,75	147
40,78	114, 170
40,82	75
40,83	114
41,3	57, 293
41,7	74
41,10	187
41,11–12	373
41,13–16	94
41,13	95, 98
41,14	100, 373
41,15–16	373
41,15	147, 356
41,17–18	98
41,25	177
41,29	60
41,36	191
41,37	89
41,38	193
41,44	294
41,45	268
41,47	187
41,50	131, 356
42,8	148
42,10	413
42,14	268
42,23	302
42,25	392
42,37	72
42,42	147
43,9	89
43,11	78
43,14	130
43,19	190
43,22–24	97
43,24	100
43,25	132
43,32	75
44,33	147
43,26	126
43,44	34
43,46–56	126
43,46	93
43,47–48	131
43,47	126
43,49–50	132
43,50	132
43,55–56	132
43,55	132
43,55	148
43,67	59
43,76	254
43,79	113
43,80	367
43,85	77, 187
44,7–8	152
44,14	179
44,17–33	126
44,18	93, 126
44,23–24	133
44,28	113

44,32	76
45,6	179
45,20	192
45,22	147
45,23	171, 179
45,25	148
45,26	188
45,27	170
45,28	147
45,66	113
46,4	190
46,5	190
46,9	179
46,15	145
46,16	409
46,18	177
46,20	147
46,21–26	94
46,21	92, 94, 95
46,22	95, 97
46,23	76, 93, 95, 96, 133, 187
46,24–25	95
46,25–26	94
46,25	72
46,26	95
47,4	267
47,13	356
47,27	253
47,30	75
47,37	189
48,4	208
48,6	383
48,9	151
48,10	132, 366
48,17	381
48,28	73, 312, 318
48,29	409, 412
49,9	207
49,10	94, 207
49,14	383
49,15	336
50,6	179
50,11	78
50,12–13	126
50,13	100
50,14	109
50,27	187
50,43	47
51,12	187
51,31–37	100
51,35–37	101
51,38–40	126
51,38–39	127
51,39	179
51,40	132
51,41–42	94, 95
51,43–45	98
51,44	100
51,50	179
51,51	179
51,52	127, 179
52,9	188
52,10	187
52,16	147
52,19	57
52,29	179
52,35	77
52,43	318
52,48	110
53,23	97
53,31	409
53,55	97
53,60	373
54,1	187
54,9–16	92
54,9	179
54,11	72
54,13	94
54,18–21	94
54,19–20	95
54,23–31	98
54,27–29	98
54,29	100
54,34–35	101
54,34	101
54,41–42	126
54,43	289
54,47	72
55,15	44
55,16–77	97
55,37	187
55,41	72, 75
55,70	375
55,78	77
56,4	187
56,5	187
56,24	373
57,2	152
57,4	77
57,10	409

57,13	74
57,22	338
57,25	47
57,26	163
58,5	348
58,15–16	293
58,17	75
58,18	56
58,20	348
59,10	72
59,13	260
59,20	302
59,21	171
59,23	318
59,24	177
60,1	316
60,4	402
61,8	318
61,9	73, 312, 318
61,10–12	401
61,12	358
62,5	177
62,8	382
63,2	293
63,3	355, 374
63,4	317
63,5	367
63,6	367
63,10	179, 366
64,5	357
64,6	114
64,11	338
66,5	401
66,7	147, 355
66,9	365, 411
66,10	100, 101
67,1	77
67,16	113
67,17	113
67,23	43
67,25	187
67,26	179, 187
68,2	179
68,19	192
68,29	34
68,31	34
68,39	293
68,44–45	178
68,48	110
68,51	179
69,4–8	94
69,4–5	98
69,4	95
69,6–7	95
69,9–10	126
69,13–15	188
69,13	187
69,16	187
69,24	57
69,28	75
69,42	33
70,1–7	187
70,9	187
70,18	75
71,1–28	92
71,2	179
71,17–18	56
71,25	94
72,9	393
72,11	163
72,27	393
73,14	187
73,15–16	126
74,5	211
74,7	110
74,8	187
74,31	208
75,1–13	188
75,6	187
75,8–9	188
75,23–24	75
76,24	110
76,27	187
76,31	149
77,7–14	188
77,8	187
77,18	72
77,36	355
77,43	57
77,50	179
78,19	72
78,21	393
79,6	100
79,15–16	126
79,23	128
79,24	130
79,34	187
79,42	187
80,38–41	75
81,1–14	188

81,1 187
81,2 187
81,3 187
81,22 179
82,1–5 188
85,13 56
85,17–18 126
85,22 323
86,15–16 113, 179
88,1 72
89,6–8 94
89,6–7 95
89,9 98, 99
89,10 126
89,14 393
89,28 302
90,20 72
91,11–15 98
91,13–14 98
91,14 100
92,11 75
95,8 110
98,5 318
98,8 358
101,6 35
101,8 35
104,1–3 75
104,6–9 72
111,2 75
114,4 45
114,5 45

BIBELSTELLEN

Gen
2,15 358
3,1–13 45
3,23–24 . . . 358

Ex
3,10 126
4,1–4 127
4,6–8 127
17,8–16 . . . 133
23,23–24 . . 133
32,1–35 . . . 147
32,30–35 . . 150
33,4 147
33,18–23 . . 144
34,11–17 . . 133

Num
11,16–30 . . 150
22,5–24 . . . 170
31,8 170
31,10 170

(4.Ezra-Buch
1,7 . . . . . . .317)

Mt
7,17 78
7,24–27 . . . 394
10,39 401
12,33 78
13,3–9 78
19,24 72

Mk
4,1–9 78
8,35 401
10,25 72

Lk
6,47–49 . . . 394
8,4–8 78
9,24 401
16,24–25 . . . 76
17,33 401
18,25 72

PERSONEN

Aaron 147, 148, 149
'Abbās 269
'Abd Allāh ibn Anas 366
'Abd Allāh ibn Ubayy 365
'Abduh, Muḥammad 13, 189
Abdullah, Muhammad Salim 10, 21
Abraham 147, 357
Abū 'Āmir 170, 393
Abū 'Amr 54, 70, 88, 108, 124, 142, 143, 160, 168, 176, 186, 206, 218, 230, 240, 252, 266, 288, 300, 310, 322, 332, 354, 380, 400, 408
Abū Bakr (Khalif) 267
Abū Bakr (Rezitator) 54, 70, 124, 142, 160, 186, 240, 252, 300, 344, 254, 264, 372, 390, 400, 408
Abū l-Dardā' 148, 410
Abū Dāwūd 366, 410, 411
Abū l-Djauzā' 88
Abū Ḥanīfa 193, 241, 315, 346
Abū Ḥaṣīn 322, 372, 380
Abū Ḥaywa 124, 252, 310
Abū Hurayra 169, 193, 268
Abū 'Imrān 300, 380
Abū Muslim al-Iṣfahānī 144, 171, 323, 355, 402, 403
Abū l-Mutawakkil 186
Abū Nahīk 108, 142, 372
Abū Qays 300
Abū Radjā' 88, 400
Abū Razīn 54, 70
Abū l-Sammāl 42, 160, 186
Abū Shaykh 372
Abū 'Ubayda 131
Abū Wadjra al-Sa'dī 142
Adam 26, 43, 46, 47, 152, 169, 189
al-Akhfash 373
'Ā'isha 408
'Alī 54, 124, 142, 160, 218, 271, 279, 364, 400
'Alqama → Ibn Qays
al-A'mash 35, 42, 54, 70, 108, 124, 143, 160, 230, 252, 266, 332, 344, 390, 400, 408
Anas ibn Mālik 124, 344
al-A'radj, Ḥumayd 54
'Ardjūn, al-Ṣādiq 255–258, 415
al-Aṣamm, Abū Bakr 187, 244, 374
al-Ashhab al-'Aqīlī 252, 322
'Āṣim 42, 54, 70, 124, 142, 160, 176, 186, 252, 310, 344, 354, 380
al-Aslamī, Abū Baraza 34
'Aṭā' 56, 100, 148, 149, 193, 206, 300
al-Azharī 401

Bayḍāwī 13, 232, 334, 415
al-Bazzī 218, 240, 332
Beck, E. 318, 415
Bell, Richard 13, 14, 276, 279, 415
Bergsträsser, G. 14
Bileam 170
Blachère, Régis 13, 25, 403, 415
Born, A. van den 317, 415
Bravmann, Meïr M. 312, 415
Buhl, Frants 14, 152, 171, 303, 415
Bukhārī 73, 257, 268, 276, 366, 411

Cahen, Claude 312, 415

al-Ḍaḥḥāk 35, 169, 186, 292, 347
Dja'far al-Ṣādiq 143, 206, 322, 400
al-Djaḥdarī 42, 88, 142, 176, 288
Al-Djaunī, Abū 'Imrān 70
Eva 26, 189
Ezra 317

al-Farrā' 74, 111, 129, 374
Fattal, Antoine 313, 415
Flügel, Gustav 21
Fück, Johannes 324, 415

Gardet, Luois 313, 415
Geiger, Abraham 317, 415

Ḥafṣ 32, 71, 88, 124, 142, 160, 218, 322, 372, 380, 390, 400
Ḥafṣa 142
Ḥamīd ibn Qays 70
Ḥamza 32, 42, 54, 70, 71, 88, 124, 125, 142, 143, 160, 176, 186, 218, 230, 252, 266, 288, 322, 344, 354, 364, 372, 380, 390, 400, 408
Ḥasan al-Baṣrī 42, 43, 47, 54, 56, 58, 70, 74, 88, 96, 100, 111, 124, 129, 142, 146, 148, 149, 160, 170, 187, 193, 218, 244, 252, 266, 290, 300, 305, 322, 324, 374, 390, 391, 410
Hilāl ibn Umayya 403
Hirschfeld, H. 14
Hishām 400
Horovitz, J. 14, 317, 415
Hosea 169
Hūd 26, 27, 92–95, 97, 98, 109
Ḥudhayfa 74
Husain, Muhammad Kamil 357, 415
Ibn 'Abbās 32, 42, 47, 57, 58, 59, 70, 74, 75, 100, 101, 111, 114, 131, 142, 145, 146, 148, 149, 150, 163, 170, 186, 187, 189, 218, 230, 252, 267, 270, 276, 278, 288, 290, 292, 294,

300, 317, 318, 323, 324, 333, 364, 374, 380, 400, 410, 412
Ibn Abī ʿAbla 70, 142, 322, 344
Ibn Abī Isḥāq 70
Ibn ʿĀmir 32, 42, 70, 108, 124, 142, 143, 160, 168, 218, 252, 310, 344, 390
Ibn Dharr 322
Ibn Dhikwān 124
Ibn Dīrīn 70
Ibn Djuraydj 47
Ibn Isḥāq, Muḥammad 268
Ibn Kathīr (Rezitator) 54, 70, 88, 108, 124, 142, 160, 176, 186, 206, 218, 240, 252, 288, 300, 322, 380, 390
Ibn Kathīr (Kommentator) 13, 47, 73, 94, 144, 146, 148, 161, 169, 170, 178, 220, 222, 230, 231, 232, 267, 319, 334, 354, 403, 416
Ibn Mādja 411
Ibn Masʿūd, ʿAbd Allāh 42, 54, 70, 74, 124, 142, 160, 186, 206, 218, 230, 240, 252, 288, 300, 322, 332, 344, 372, 390, 400, 408
Ibn Midjlaz 42, 70, 186
Ibn Muḥayṣin 206
Ibn Qays, ʿAlqama 252, 288, 300, 364, 380
Ibn Qayyim al-Djauziyya 313, 416
Ibn Qudāma 258, 416
Ibn Qurra, Muʿāwiya 142
Ibn al-Samayfaʿ 372
Ibn ʿUmar, ʿAbd Allāh 170, 288
Ibn Waththāb, Yaḥyā 108, 124, 218
Ibn Zayd 337
Ibn al-Zubayr 300, 332
ʿIkrima 42, 70, 142, 160, 169, 171, 206, 207, 218, 252, 288, 372, 390, 401
ʿĪsā ibn ʿUmar al-Thaqafī 54, 332
ʿĪṣma 42

Jeffery, Arthur 14, 21

Kaʿb ibn Mālik 403, 411
al-Kalbī 96, 178
Khan, Inamullah 10, 21
Khoury, Adel Theodor 14, 21, 55, 163, 313, 410, 416
Kisāʾī 32, 42, 54, 70, 71, 88, 124, 125, 142, 143, 160, 176, 186, 206, 209, 218, 230, 252, 288, 310, 322, 332, 344, 354, 372, 380, 390, 400, 408
Kister, M. J. 312, 416

Laḥḥām, Saʿīd Muḥammad 14
Lazarus 76
Lewis, Bernard 313, 416
Lot 26, 92, 93, 109, 357

Maʿbad al-Djahnī 47
Mālik 241
Mālik ibn Dīnār 32, 142
Marāra ibn al-Rabīʿ 403
Masrūq 70
Masson, Denise 14, 126, 416
Maymūn ibn Mahrān 256
Moberg, Axel 324, 416
Mose 25, 26, 27, 109, 126, 127, 129, 131, 132, 144–149, 151, 161, 170
Muʿādh ibn Djabal 42, 124, 142, 240, 337, 344
Muʿāwiya 258
Mudjāhid 35, 42, 43, 54, 56, 59, 124, 129, 143, 163, 170, 193, 206, 207, 218, 230, 233, 252, 322, 345, 347, 354, 412
Muḥammad 26, 27, 28, 73, 92, 99, 149, 151, 152, 161, 163, 170, 179, 189, 191, 210, 220, 231, 233, 241, 243, 245, 255–270, 276, 277, 278, 289, 294, 304, 333–337, 345, 355, 373, 382, 383, 393, 403, 410, 411
Muqātil 58, 177, 197, 305
Muslim 73, 257, 268, 276, 366, 411

Nāfiʿ 42, 54, 70, 71, 88, 101, 124, 125, 142, 143, 160, 168, 176, 186, 206, 218, 230, 240, 252, 266, 288, 300, 322, 344, 380, 390, 400
al-Nakhaʿī 230
Noach 26, 27, 92, 93, 96, 97, 109, 152
Nöldeke, Theodor 14, 417
Noth, Albrecht 313, 417
Nuʿaym ibn Maysara 124

Papenfuß, D. 55
Paret, Rudi 13, 111, 148, 244, 292, 312, 410, 417
Pretzl, O. 14

Qaffāl 189
Qālūn 70, 176
Qatāda 25, 47, 70, 111, 145, 160, 170, 187, 193, 222, 230, 245, 268, 345, 412
Quṭrub 146
al-Rabīʿ ibn Khuthaym 59, 218, 240, 252, 266, 288, 300, 332, 364, 372, 380, 390, 400, 408
Rāzī 13, 34, 43, 44, 45, 46, 47, 55, 57, 58, 59, 73, 74, 75, 78, 88, 92, 96, 97, 98, 99, 110, 111, 114, 128, 129, 131, 132, 142, 144, 145, 146, 148, 149, 151, 152, 161, 162, 163, 169, 170, 171, 177, 178, 186, 188, 189, 192, 193, 207, 208, 209, 210, 211, 219, 220, 221, 222, 231, 232, 242, 243, 245, 255, 266, 267, 268, 270, 275, 276, 289, 290, 292, 294, 301, 304, 305, 311, 312, 317, 319, 322, 323, 324, 334, 336, 337, 346, 347, 355, 374, 393, 402, 410, 412, 417
Riḍā, Muḥammad Rashīd 13

Redslob, Gustav 21
Rosenthal, Franz 312, 417

Sahl ibn Sa'd 411
Sa'īd ibn Abī Waqqāṣ 186
Sa'īd ibn Djubayr 59, 70, 88, 124, 132, 169, 186, 193, 233, 268, 300, 372
Sa'īd ibn al-Musayyab 169, 170
Ṣāliḥ (Prophet) 26, 27, 92, 93, 96, 97, 98, 109
Sālim 70
Sarakhsī 258, 417
Schwally, F. 14
al-Sha'bī 206
Shāfi'ī 193, 241, 346
Shayba 264
Shu'ayb 26, 27, 92, 93, 97, 109–112
Söring, J. 55
Speyer, Heinrich 14, 126, 169, 317, 417
Stieglecker, Hermann 14, 55, 417
al-Suddī 47, 56, 111, 148, 206, 207, 222, 230, 292, 345
al-Sulamī 32, 160, 186, 322
al-Sūsī 32, 54, 88, 108, 124, 142, 168, 176, 252, 288, 332, 372, 380

Ṭabarī 13, 169, 170, 178, 232, 276, 417
Ṭabāṭabā'ī 13, 145, 146, 417
Ṭalḥa 70, 108, 142, 143, 160, 186, 206, 266, 288, 322, 390, 400, 408
Tirmidhī 34, 258, 268, 410, 411

'Ubayd ibn 'Umayr 317
Ubayy 32, 42, 54, 70, 88, 124, 142, 160, 176, 186, 206, 230, 240, 266, 288, 300, 310, 332, 344, 364, 372, 380, 390, 400, 408
'Umar 169, 197, 218, 267, 380, 400
'Umar ibn 'Abd al-'Azīz 160